ŒUVRES
DE
VOLTAIRE.

TOME XLV.

DE L'IMPRIMERIE DE FIRMIN DIDOT FRÈRES,
RUE JACOB, N° 24.

ŒUVRES
DE
VOLTAIRE

AVEC

PRÉFACES, AVERTISSEMENTS,
NOTES, ETC.

PAR M. BEUCHOT.

TOME XLV.

MÉLANGES. — TOME IX.

A PARIS,

CHEZ LEFÈVRE, LIBRAIRE,
RUE DE L'ÉPERON, N° 6.

FIRMIN DIDOT FRÈRES, RUE JACOB, N° 24.

LEQUIEN FILS,
QUAI DES AUGUSTINS, N° 47.

M DCCC XXXI.

L'A, B, C,

OU

DIALOGUES ENTRE A, B, C;

TRADUIT DE L'ANGLAIS DE M. HUET [1].

PREMIER ENTRETIEN.

SUR HOBBES, GROTIUS, ET MONTESQUIEU.

A.

Eh bien ! vous avez lu Grotius, Hobbes, et Montesquieu. Que pensez-vous de ces trois hommes célèbres ?

---

[1] J'ai, de cet ouvrage, trois éditions ayant le même titre : « *L'A, B, C, dialogue curieux traduit de l'anglais de M. Huet*, à Londres, chez Robert Freemann, » mais sous trois millésimes différents ; 1762, in-8° de vij et 160 pages ; 1768, in-8° de iv et 135 pages ; 1769, in-8° de 120 pages. L'édition portant la date de 1762 me parait être l'originale ; mais cette date est supposée. L'*Homme aux quarante écus* (voyez tome XXXIII, page xij, et XXXIV, page 1), qui est cité dans le seizième entretien, ne parut qu'en février 1768. L'A, B, C ne vit le jour que plusieurs mois après. La première lettre où Voltaire en parle est celle à Christin, du 13 novembre 1768. C'est cet ouvrage qu'il désigne dans sa lettre à madame du Deffand, du même mois de novembre, quand il lui dit : « Vous avez demandé *cela*, je vous envoie *cela*. Si votre ami avait lu *cela*. » Plusieurs lettres de Voltaire, du mois de décembre, à diverses personnes, contiennent aussi mention de l'*A, B, C*. C'est au 12 décembre 1768 qu'en parlent les *Mémoires secrets*. Les trois éditions de 1762, 1768, 1769, que j'ai désignées plus haut, ne contenaient que seize entretiens. Celui qui est aujourd'hui le

B.

Grotius m'a souvent ennuyé ; mais il est très savant : il semble aimer la raison et la vertu ; mais la raison et la vertu touchent peu quand elles ennuient : il me paraît de plus qu'il est quelquefois un fort mauvais raisonneur. Montesquieu a beaucoup d'imagination sur un sujet qui semblait n'exiger que du jugement : il se trompe trop souvent sur les faits ; mais je crois qu'il se trompe aussi quelquefois quand il raisonne. Hobbes est bien dur, ainsi que son style, mais j'ai peur que sa dureté ne tienne souvent à la vérité. En un mot, Grotius est un franc pédant, Hobbes un triste philosophe, et Montesquieu un bel esprit humain.

C.

Je suis assez de cet avis. La vie est trop courte, et on a trop de choses à faire pour apprendre de Grotius [1] que, selon Tertullien, « la cruauté, la fraude, « et l'injustice, sont les compagnes de la guerre ; » que « Carnéade défendait le faux comme le vrai ; » qu'Horace a dit dans une satire, « la nature ne peut dis-« cerner le juste de l'injuste [a] ; » que, selon Plutarque,

---

treizième (*Des lois fondamentales*) fut ajouté dans l'édition qui est à la suite de la *Raison par alphabet* (voyez ma Préface du tome XXVI), *sixième édition*, 1769, deux volumes in-8°. L'auteur y fit en même temps d'autres additions, et l'intitula : « *L'A, B, C, dix-sept dialogues traduits de l'anglais de M. Huet.* » Le titre actuel est dans l'édition in-4°, tome XIII, daté de 1771. B.

[1] Ce que l'interlocuteur C dit de Tertullien, de Carnéade... se trouve dans les Prolégomènes du *Droit de la guerre et de la paix*. CL.

[a] « Nec natura potest justo secernere iniquum. »
Ce cruel vers se trouve dans la troisième satire. Horace veut prouver,

« les enfants ont de la compassion ; » que Chrysippe a dit, « l'origine du droit est dans Jupiter ; » que si on en croit Florentin, « la nature a mis entre les hommes « une espèce de parenté ; » que Carnéade a dit que « l'utilité est la mère de la justice. »

contre les stoïciens, que tous les délits ne sont pas égaux. Il faut, dit-il, que la peine soit proportionnée à la faute.

« . . . . Adsit
« Regula, peccatis quæ pœnas irroget æquas. »
I, sat. 3, v. 117-118.

C'est la raison, la loi naturelle qui enseigne cette justice; la nature connaît donc le juste et l'injuste. Il est bien évident que la nature enseigne à toutes les mères qu'il vaut mieux corriger son enfant que de le tuer; qu'il vaut mieux lui donner du pain que de lui crever un œil; qu'il est plus juste de secourir son père que de le laisser dévorer par une bête féroce, et plus juste de remplir sa promesse que de la violer.

Il y a dans Horace, avant ce vers de mauvais exemple,

« Nec natura potest justo secernere iniquum, »

« la nature ne peut discerner le juste de l'injuste »; il y a, dis-je, un autre vers qui semble dire tout le contraire :

« Jura inventa metu injusti fateare necesse est. »
Vers 111.

« Il faut avouer que les lois n'ont été inventées que par la crainte de l'injustice. »

La nature avait donc discerné le juste et l'injuste avant qu'il y eût des lois. Pourquoi serait-il d'un autre avis que Cicéron et que tous les moralistes qui admettent la loi naturelle? Horace était un débauché qui recommande les filles de joie et les petits garçons, j'en conviens; qui se moque des pauvres vieilles, d'accord; qui flatte plus lâchement Octave qu'il n'attaque cruellement des citoyens obscurs, il est vrai; qui change souvent d'opinion, j'en suis fâché : mais je soupçonne qu'il a dit ici tout le contraire de ce qu'on lui fait dire. Pour moi, je lis,

« Et natura potest justo secernere iniquum ; »

les autres mettront un *nec* à la place d'un *et* s'ils veulent. Je trouve le sens du mot *et* plus honnête comme plus grammatical : *et natura potest*, etc.

Si la nature ne discernait pas le juste et l'injuste, il n'y aurait point de différence morale dans nos actions; les stoïciens sembleraient avoir raison de soutenir que tous les délits contre la société sont égaux. Ce qui est fort

J'avoue que Grotius me fait grand plaisir quand il dit, dès son premier chapitre du premier livre, « que « la loi des Juifs n'obligeait point les étrangers. » Je pense avec lui qu'Alexandre et Aristote ne sont point damnés pour avoir gardé leur prépuce, et pour n'avoir pas employé le jour du sabbat à ne rien faire. De braves théologiens se sont élevés contre lui avec leur absurdité ordinaire; mais moi qui, Dieu merci, ne suis point théologien, je trouve Grotius un très bon homme.

J'avoue qu'il ne sait ce qu'il dit, quand il prétend que les Juifs avaient enseigné la circoncision aux autres peuples. Il est assez reconnu aujourd'hui que la petite horde judaïque avait pris toutes ses ridicules coutumes des peuples puissants dont elle était environnée; mais que fait la circoncision au « droit de la « guerre et de la paix [1] ? »

étrange, c'est que saint Jacques semble tomber dans l'excès des stoïciens, en disant dans son Épitre (ch. II, v. 10): « Qui garde toute la loi, et la « viole en un point, est coupable de l'avoir violée en tout. » Saint Augustin, dans une lettre à saint Jérôme, relance un peu l'apôtre saint Jacques, et ensuite l'excuse, en disant que le coupable d'une transgression est coupable de toutes, parcequ'il a manqué à la charité qui comprend tout. O Augustin ! comment un homme qui s'est enivré, qui a forniqué, a-t-il trahi la charité ? Tu abuses perpétuellement des mots : O sophiste africain ! Horace avait l'esprit plus juste et plus fin que toi.

— *N. B.* Cet endroit d'Horace peut d'abord paraître obscur; cependant, en y fesant attention, on trouvera que le poëte dit seulement : Consultez les annales du monde, vous verrez que la crainte de l'injustice a fait naitre l'idée de nos droits. L'instinct ne nous apprend à discerner le juste de l'injuste que comme ce qui flatte nos sens de ce qui les blesse; la raison nous apprend donc que tous les crimes ne sont pas égaux, puisqu'ils ne font pas un tort égal à la société, et que c'est de l'idée de ce tort qu'est née l'idée de justice. *Natura* ne signifie qu'instinct, premier mouvement. K.

[1] L'ouvrage de Grotius est en latin et intitulé : *De Jure belli et pacis*;

A.

Vous avez raison; les compilations de Grotius ne méritaient pas le tribut d'estime que l'ignorance leur a payé. Citer les pensées des vieux auteurs qui ont dit le pour et le contre, ce n'est pas penser. C'est ainsi qu'il se trompe très grossièrement dans son livre de *la vérité du christianisme*, en copiant les auteurs chrétiens qui ont dit que les Juifs, leurs prédécesseurs, avaient enseigné le monde; tandis que la petite nation juive n'avait elle-même jamais eu cette prétention insolente; tandis que, renfermée dans les rochers de la Palestine et dans son ignorance, elle n'avait pas seulement reconnu l'immortalité de l'ame que tous ses voisins admettaient.

C'est ainsi qu'il prouve le christianisme, par Hystaspe et par les sibylles, et l'aventure de la baleine qui avala Jonas, par un passage de Lycophron. Le pédantisme et la justesse de l'esprit sont incompatibles.

Montesquieu n'est pas pédant : que pensez-vous de son *Esprit des lois*[1] ?

B.

Il m'a fait un grand plaisir, parcequ'il y a beaucoup de plaisanteries, beaucoup de choses vraies, hardies, et fortes, et des chapitres entiers dignes des *Lettres persanes* : le chap. XXVII du liv. XIX est un portrait de votre Angleterre, dessiné dans le goût de

---

la première édition est de 1624. Il a été traduit en français par Barbeyrac. B.

[1] Voyez tome XXXI, page 86, et, dans la *Correspondance*, la lettre à Linguet du 15 mars 1767. B.

Paul Véronèse; j'y vois des couleurs brillantes, de la facilité de pinceau, et quelques défauts de costume. Celui de l'inquisition [1], et celui des esclaves nègres [2], sont fort au-dessus de Callot. Partout il combat le despotisme, rend les gens de finance odieux, les courtisans méprisables, les moines ridicules; ainsi tout ce qui n'est ni moine, ni financier, ni employé dans le ministère, ni aspirant à l'être, a été charmé, et surtout en France.

Je suis fâché que ce livre soit un labyrinthe sans fil, et qu'il n'y ait aucune méthode. Je suis encore plus étonné qu'un homme qui écrit sur les lois dise dans sa préface « qu'on ne trouvera point de saillies « dans son ouvrage [3]; » et il est encore plus étrange que son livre soit un recueil de saillies. C'est Michel Montaigne législateur : aussi était-il du pays de Michel Montaigne.

Je ne puis m'empêcher de rire en parcourant plus de cent chapitres qui ne contiennent pas douze lignes, et plusieurs qui n'en contiennent que deux [4]. Il semble que l'auteur ait toujours voulu jouer avec son lecteur dans la matière la plus grave.

On ne croit pas lire un ouvrage sérieux lorsque, après avoir cité les lois grecques et romaines, il parle de celles de Bantam, de Cochin, de Tunquin, d'Achem, de Borneo, de Jacatra, de Formose, comme s'il avait des mémoires fidèles du gouvernement de tous ces

---

[1] Liv. XXV, ch. 13. CL. — [2] Liv. XV, ch. 5. CL.

[3] Dans la préface de l'*Esprit des lois*, il y a : « On ne trouvera point ici ces traits saillants qui semblent caractériser les ouvrages d'aujourd'hui. » B.

[4] Voyez liv. VIII, ch. 1, et XV; et liv. XXV, ch. 1. CL.

pays. Il mêle trop souvent le faux avec le vrai, en physique, en morale, en histoire : il vous dit [1], d'après Puffendorf, que, du temps du roi Charles IX, il y avait vingt millions d'hommes en France. Puffendorf va même jusqu'à vingt-neuf millions : il parlait fort au hasard. On n'avait jamais fait en France de dénombrement ; on était trop ignorant alors pour soupçonner seulement qu'on pût deviner le nombre des habitants par celui des naissances et des morts. La France n'avait point en ce temps la Lorraine, l'Alsace, la Franche-Comté, le Roussillon, l'Artois, le Cambrésis, la moitié de la Flandre ; et aujourd'hui qu'elle possède toutes ces provinces, il est prouvé qu'elle ne contient qu'environ vingt millions d'ames tout au plus, par le dénombrement des feux assez exactement donné en 1751 [2].

Le même auteur assure [3], sur la foi de Chardin, qu'il n'y a que le petit fleuve Cyrus qui soit navigable en Perse. Chardin n'a point fait cette bévue. Il dit au chap. 1, vol. II [4], « qu'il n'y a point de fleuve qui porte « bateau dans le cœur du royaume ; » mais sans compter l'Euphrate, le Tigre, et l'Indus, toutes les provinces frontières sont arrosées de fleuves qui contribuent à la facilité du commerce, et à la fertilité de la

---

[1] Liv. XXXII, ch. 24. B.

[2] Le dénombrement de 1751 ne donnait que vingt millions (voyez tome XXXI, page 102); celui de 1827 en donne près de trente-deux (voyez tome XLI, page 186). B.

[3] Liv. XXIV, ch. 26. B.

[4] L'édition de 1735 des *Voyages de Chardin* est divisée par chapitres, ainsi que celle qu'a donnée Langlès en 1811, dix volumes in-8° et atlas. Les premières éditions n'ont pas ces divisions. B.

terre; le Zinderud traverse Ispahan; l'Agi se joint au Kur, etc. Et puis, quel rapport l'*Esprit des lois* peut-il avoir avec les fleuves de la Perse?

Les raisons qu'il apporte de l'établissement des grands empires en Asie, et de la multitude des petites puissances en Europe, semblent aussi fausses que ce qu'il dit des rivières de la Perse[1]. « En Europe, « dit-il, les grands empires n'ont jamais pu subsister: » la puissance romaine y a pourtant subsisté plus de cinq cents ans; et « la cause, continue-t-il, de la du-« rée de ces grands empires, c'est qu'il y a de grandes « plaines. » Il n'a pas songé que la Perse est entrecoupée de montagnes; il ne s'est pas souvenu du Caucase, du Taurus, de l'Ararat, de l'Immaüs, du Saron, dont les branches couvrent l'Asie. Il ne faut ni donner des raisons des choses qui n'existent point, ni en donner de fausses des choses qui existent.

Sa prétendue influence des climats[2] sur la religion est prise de Chardin, et n'en est pas plus vraie; la religion mahométane, née dans le terrain aride et brûlant de La Mecque, fleurit aujourd'hui dans les belles contrées de l'Asie-Mineure, de la Syrie, de l'Égypte, de la Thrace, de la Mysie, de l'Afrique septentrionale, de la Servie, de la Bosnie, de la Dalmatie, de l'Épire, de la Grèce; elle a régné en Espagne, et il s'en est fallu bien peu qu'elle ne soit allée jusqu'à Rome. La religion chrétienne est née dans le terrain pierreux de Jérusalem, et dans un pays de lépreux, où le cochon est un aliment presque mortel, et dé-

---

[1] Liv. XVII, ch. 6. B.
[2] Liv. XXIV, ch. 24, 25, 26. Cl.

fendu par la loi. Jésus ne mangea jamais de cochon, et on en mange chez les chrétiens : leur religion domine aujourd'hui dans des pays fangeux où l'on ne se nourrit que de cochons, comme dans la Vestphalie. On ne finirait pas si on voulait examiner les erreurs de ce genre qui fourmillent dans ce livre.

Ce qui est encore révoltant pour un lecteur un peu instruit, c'est que presque partout les citations sont fausses ; il prend presque toujours son imagination pour sa mémoire.

Il prétend que, dans le *Testament* attribué au cardinal de Richelieu, il est dit[a] « que, si dans le peuple « il se trouve quelque malheureux honnête homme, « il ne faut point s'en servir; tant il est vrai que la « vertu n'est pas le ressort du gouvernement monar- « chique. »

Le misérable *Testament* faussement attribué au cardinal de Richelieu dit précisément tout le contraire. Voici ses paroles, au chap. IV[1] : « On peut dire « hardiment, que de deux personnes dont le mérite « est égal, celle qui est la plus aisée en ses affaires est « préférable à l'autre, étant certain qu'il faut qu'un « pauvre magistrat ait l'ame d'une trempe bien forte, « si elle ne se laisse quelquefois amollir par la consi- « dération de ses intérêts. Aussi l'expérience nous ap- « prend que les riches sont moins sujets à concussion « que les autres, et que la pauvreté contraint un offi- « cier à être fort soigneux du revenu du sac. »

Montesquieu, il faut l'avouer, ne cite pas mieux

---

[a] Liv. III, ch. 5. — [1] Voyez tome XLII, page 63. B.

les auteurs grecs que les français. Il leur fait souvent dire tout le contraire de ce qu'ils ont dit.

Il avance, en parlant de la condition des femmes dans les divers gouvernements, ou plutôt en promettant d'en parler, que chez les Grecs[a] « l'amour n'avait « qu'une forme que l'on n'ose dire. » Il n'hésite pas à prendre Plutarque même pour son garant : il fait dire à Plutarque « que les femmes n'ont aucune part au véritable amour. » Il ne fait pas réflexion que Plutarque fait parler plusieurs interlocuteurs : il y a un Protogène[1] qui déclame contre les femmes, mais Daphneüs prend leur parti ; Plutarque décide pour Daphneus ; il fait un très bel éloge de l'amour céleste et de l'amour conjugal ; il finit par rapporter plusieurs exemples de la fidélité et du courage des femmes. C'est même dans ce dialogue qu'on trouve l'histoire de Camma, et celle d'Éponine, femme de Sabinus, dont les vertus ont servi de sujet à des pièces de théâtre[2].

Enfin il est clair que Montesquieu, dans l'*Esprit des lois*, a calomnié l'esprit de la Grèce, en prenant une objection que Plutarque réfute pour une loi que Plutarque recommande.

[b]« Des cadis ont soutenu que le Grand-Seigneur « n'était point obligé de tenir sa parole ou son ser- « ment, lorsqu'il bornait par là son autorité. »

Ricaut, cité en cet endroit, dit seulement, page 18

---

[a] Liv. VII, ch. 9.

[1] Voyez, dans les *OEuvres morales de Plutarque*, le dialogue *De l'amour*. B.

[2] Passerat, en 1695, Richer, en 1734, Chabanon, en 1762, avaient traité ce sujet. B.

[b] Liv. III, ch. 9.

de l'édition d'Amsterdam, de 1671 : « Il y a même de
« ces gens-là qui soutiennent que le Grand-Seigneur
« peut se dispenser des promesses qu'il a faites avec
« serment, quand, pour les accomplir, il faut donner
« des bornes à son autorité. »

Ce discours est bien vague. Le sultan des Turcs ne
peut promettre qu'à ses sujets ou aux puissances voisines. Si ce sont des promesses à ses sujets, il n'y a
point de serment; si ce sont des traités de paix, il
faut qu'il les tienne comme les autres princes, ou
qu'il fasse la guerre. L'*Alcoran* ne dit en aucun endroit qu'on peut violer son serment, et il dit en cent
endroits qu'il faut le garder. Il se peut que, pour entreprendre une guerre injuste, comme elles le sont
presque toutes, le grand Turc assemble un conseil de
conscience, comme ont fait plusieurs princes chrétiens, afin de faire le mal en conscience; il se peut
que quelques docteurs musulmans aient imité les
docteurs catholiques, qui ont dit qu'il ne faut garder
la foi ni aux infidèles ni aux hérétiques; mais il reste
à savoir si cette jurisprudence est celle des Turcs.

L'auteur de l'*Esprit des lois* donne cette prétendue décision des cadis comme une preuve du despotisme du sultan ; il semble que ce serait au contraire
une preuve qu'il est soumis aux lois, puisqu'il serait
obligé de consulter des docteurs pour se mettre au-dessus des lois. Nous sommes voisins des Turcs,
et nous ne les connaissons pas[1]. Le comte de Marsigli, qui a vécu si long-temps au milieu d'eux, dit
qu'aucun auteur n'a donné une véritable connais-

---

[1] Voyez tome XVI, pages 504, 508, etc. B.

sance ni de leur empire, ni de leurs lois. Nous n'avons eu même aucune traduction tolérable de l'*Alcoran*, avant celle que nous a donnée l'Anglais Sale[1] en 1734. Presque tout ce qu'on a dit de leur religion et de leur jurisprudence est faux, et les conclusions que l'on en tire tous les jours contre eux sont trop peu fondées. On ne doit, dans l'examen des lois, citer que des lois reconnues.

« [a] Tout bas commerce était infame chez les Grecs. » Je ne sais pas ce que Montesquieu entend par bas commerce; mais je sais que, dans Athènes, tous les citoyens commerçaient, que Platon vendit de l'huile, et que le père du démagogue Démosthène était marchand de fer. La plupart des ouvriers étaient des étrangers ou des esclaves : il nous est important de remarquer que le négoce n'était point incompatible avec les dignités dans les républiques de la Grèce, excepté chez les Spartiates, qui n'avaient aucun commerce.

« J'ai ouï plusieurs fois déplorer, dit-il[b], l'aveugle-« ment du conseil de François Ier, qui rebuta Chris-« tophe Colomb qui lui proposait les Indes. » Vous remarquerez que François Ier n'était pas né lorsque Colomb découvrit les îles de l'Amérique.

Puisqu'il s'agit ici de commerce, observons que l'auteur condamne une ordonnance du conseil d'Espagne qui défend d'employer l'or et l'argent en dorure[c]. « Un décret pareil, dit-il, serait semblable à « celui que feraient les états de Hollande, s'ils défen-

---
[1] Voyez tome XL, page 172; XLI, 147. B.
[a] Liv. IV, ch. 8. — [b] Liv. XXI, ch. 22. — [c] Ibid.

« daient la consommation de la cannelle. » Il ne songe pas que les Espagnols, n'ayant point de manufactures, auraient acheté les galons et les étoffes de l'étranger, et que les Hollandais ne pouvaient acheter de la cannelle. Ce qui était très raisonnable en Espagne eût été très ridicule en Hollande.

[a] Si un roi donnait sa voix dans les jugements criminels, « il perdrait le plus bel attribut de sa souve-
« raineté, qui est celui de faire grace. Il serait insensé
« qu'il fît et défît ses jugements. Il ne voudrait pas être
« en contradiction avec lui-même. Outre que cela con-
« fondrait toutes les idées, on ne saurait si un homme
« serait absous ou s'il recevrait sa grace. »

Tout cela est évidemment erroné. Qui empêcherait le souverain de faire grace après avoir été lui-même au nombre des juges? comment est-on en contradiction avec soi-même, en jugeant selon la loi, et en pardonnant selon sa clémence? En quoi les idées seraient-elles confondues? comment pourrait-on ignorer que le roi lui a publiquement fait grace après la condamnation?

Dans le procès fait au duc d'Alençon[1], pair de France, en 1458, le parlement, consulté par le roi pour savoir s'il avait le droit d'assister au jugement du procès d'un pair de France, répondit qu'il avait trouvé par ses registres que non seulement les rois de France avaient ce droit, mais qu'il était nécessaire qu'ils y assistassent en qualité de premiers pairs.

Cet usage s'est conservé en Angleterre. Les rois

[a] Liv. VI, ch. 5.
[1] Voyez tome XXII, page 40. B.

d'Angleterre délèguent à leur place, dans ces occasions, un grand *steward* qui les représente. L'empereur peut assister au jugement d'un prince de l'empire. Il est beaucoup mieux sans doute qu'un souverain n'assiste point aux jugements criminels : les hommes sont trop faibles et trop lâches ; l'haleine seule du prince ferait trop pencher la balance.

« [a] Les Anglais, pour favoriser la liberté, ont ôté
« toutes les puissances intermédiaires qui formaient
« leur monarchie. »

Le contraire est d'une vérité reconnue. Ils ont fait de la chambre des communes une puissance intermédiaire qui balance celle des pairs. Ils n'ont fait que saper la puissance ecclésiastique, qui doit être une société priante, édifiante, exhortante, et non pas puissante.

« [b] Il ne suffit pas qu'il y ait, dans une monarchie,
« des rangs intermédiaires, il faut encore un dépôt
« de lois.... L'ignorance naturelle à la noblesse, son
« inattention, son mépris pour le gouvernement ci-
« vil, exigent qu'il y ait un corps qui fasse sans cesse
« sortir les lois de la poussière où elles seraient ense-
« velies. »

Cependant le dépôt des lois de l'empire est à la diète de Ratisbonne entre les mains des princes ; ce dépôt est en Angleterre dans la chambre haute ; en Suède, dans le sénat composé de nobles ; et en dernier lieu l'impératrice Catherine II, dans son nouveau code, le meilleur de tous les codes, remet ce dépôt au sénat composé des grands de l'empire.

---

[a] Liv. II, ch. 4. — [b] Ibid.

Ne faut-il pas distinguer entre les lois politiques et les lois de la justice distributive? Les lois politiques ne doivent-elles pas avoir pour gardiens les principaux membres de l'état? Les lois du *tien* et du *mien*, l'ordonnance criminelle[1], n'ont besoin que d'être bien faites et d'être imprimées; le dépôt en doit être chez les libraires. Les juges doivent s'y conformer; et quand elles sont mauvaises, comme il arrive fort souvent, alors ils doivent faire des remontrances à la puissance suprême pour les faire changer.

Le même auteur prétend qu'au [a]Tunquin tous les magistrats et les principaux officiers militaires sont eunuques, et que chez les lamas[b] la loi permet aux femmes d'avoir plusieurs maris. Quand ces fables seraient vraies, qu'en résulterait-il? nos magistrats voudraient-ils être eunuques, et n'être qu'en quatrièmes ou en cinquièmes auprès de mesdames les conseillères?

Pourquoi perdre son temps à se tromper sur les prétendues flottes de Salomon envoyées d'Asiongaber en Afrique[2], et sur les chimériques voyages depuis la mer Rouge jusqu'à celle de Bayonne, et sur les richesses encore plus chimériques de Sofala? Quel rapport entre toutes ces digressions erronées et l'*Esprit des lois*?

Je m'attendais à voir comment les *Décrétales* changèrent toute la jurisprudence de l'ancien code romain; par quelles lois Charlemagne gouverna son empire, et par quelle anarchie le gouvernement féodal le boule-

— [1] De 1670. B. — [a] Liv. XV, ch. 19. — [b] Liv. XVI, ch. 5. — [2] Liv. XXI, ch. 6. Cr.

versa; par quel art et par quelle audace Grégoire VII et ses successeurs écrasèrent les lois des royaumes et des grands fiefs sous l'anneau du pêcheur; par quelles secousses on est parvenu à détruire la législation papale; j'espérais voir l'origine des bailliages qui rendirent la justice presque partout depuis les Othon, et celle des tribunaux appelés *parlements* ou *audiences,* ou *banc du roi,* ou *échiquier;* je desirais de connaître l'histoire des lois sous lesquelles nos pères et leurs enfants ont vécu, les motifs qui les ont établies, négligées, détruites, renouvelées : je n'ai malheureusement rencontré souvent que de l'esprit, des railleries, des imaginations, et des erreurs.

Par quelle raison les Gaulois, asservis et dépouillés par les Romains, continuèrent-ils à vivre sous les lois romaines quand ils furent de nouveau subjugués et dépouillés par une horde de Francs? Quels furent bien précisément les lois et les usages de ces nouveaux brigands?

Quels droits s'arrogèrent les évêques gaulois quand les Francs furent les maîtres? N'eurent-ils pas quelquefois part à l'administration publique avant que le rebelle Pépin leur donnât place dans le parlement de la nation?

Y eut-il des fiefs héréditaires avant Charlemagne? Une foule de questions pareilles se présente à l'esprit. Montesquieu n'en résout aucune.

Quel fut ce tribunal abominable institué par Charlemagne en Vestphalie, tribunal de sang appelé le *conseil veimique*[1], tribunal plus horrible encore que

---

[1] Voyez tome XV, page 407; XXIII, 59, 389; XLII, 448. B.

l'inquisition, tribunal composé de juges inconnus, qui jugeait à mort sur le simple rapport de ses espions, et qui avait pour bourreau le plus jeune des conseillers de ce petit sénat d'assassins? Quoi! Montesquieu me parle des lois de Bantam, et il ne connaît pas les lois de Charlemagne, et il le prend pour un bon législateur!

Je cherchais[1] un guide dans un chemin difficile ; j'ai trouvé un compagnon de voyage qui n'était guère mieux instruit que moi ; j'ai trouvé l'esprit de l'auteur, qui en a beaucoup, et rarement l'esprit des lois ; il sautille plus qu'il ne marche ; il brille plus qu'il n'éclaire ; il satirise quelquefois plus qu'il ne juge ; et il fait souhaiter qu'un si beau génie eût toujours plus cherché à instruire qu'à surprendre.

Ce livre très défectueux est plein de choses admirables dont on a fait de détestables copies. Enfin des fanatiques l'ont insulté par les endroits mêmes qui méritent les remerciements du genre humain.

Malgré ses défauts, cet ouvrage doit être toujours cher aux hommes, parceque l'auteur a dit sincèrement ce qu'il pense, au lieu que la plupart des écrivains de son pays, à commencer par le grand Bossuet, ont dit très souvent ce qu'ils ne pensaient pas. Il a partout fait souvenir les hommes qu'ils sont libres ; il présente à la nature humaine ses titres qu'elle a per-

---

[1] Toutes les éditions portaient : « Je cherchais un fil dans ce labyrinthe ; le fil est cassé presque à chaque article : j'ai trouvé, etc., » lorsqu'en 1818, d'après l'*errata* manuscrit de feu Decroix, l'un des éditeurs de Kehl, je donnai le texte actuel. B.

dus dans la plus grande partie de la terre; il combat la superstition, il inspire la morale.

Je vous avouerai encore combien je suis affligé qu'un livre qui pouvait être si utile soit fondé sur une distinction chimérique. La vertu, dit-il, est le principe des républiques [1], l'honneur l'est des monarchies [2]. On n'a jamais assurément formé des républiques par vertu. L'intérêt public s'est opposé à la domination d'un seul; l'esprit de propriété, l'ambition de chaque particulier, ont été un frein à l'ambition et à l'esprit de rapine. L'orgueil de chaque citoyen a veillé sur l'orgueil de son voisin. Personne n'a voulu être l'esclave de la fantaisie d'un autre. Voilà ce qui établit une république, et ce qui la conserve. Il est ridicule d'imaginer qu'il faille plus de vertu à un Grison qu'à un Espagnol [3].

---

[1] Liv. III, ch. 3. B. — [2] Liv. III, ch. 6. B.

[3] Cette idée de Montesquieu a été regardée par les uns comme un principe lumineux, et par d'autres comme une subtilité démentie par les faits : qu'il nous soit permis d'entrer à cet égard dans quelques discussions.

1° Montesquieu, en disant que la vertu était le principe des républiques, et l'honneur celui des monarchies, n'a point voulu parler, sans doute, des motifs qui dirigent les hommes dans leurs actions particulières. Partout l'intérêt et un certain principe de bienveillance pour les autres qui ne quitte jamais les hommes, sont le motif le plus fréquent, la crainte de l'opinion le second; l'amour de la vertu est le dernier et le plus rare. Dans certains pays, la terreur ou les espérances religieuses tiennent lieu presque généralement de l'amour de la vertu.

Il est donc vraisemblable que, par principes des différents gouvernements, Montesquieu a entendu seulement les motifs qui y font agir les hommes dans leurs actions publiques, dans celles qui ont rapport aux devoirs des citoyens.

Or, sous ce point de vue, les républiques, étant l'espèce de gouvernement où les hommes peuvent tirer le plus d'avantage de l'opinion publique,

Que l'honneur soit le principe des seules monarchies, ce n'est pas une idée moins chimérique; et il le fait bien voir lui-même sans y penser. « La nature « de l'honneur, dit-il au chap. vii du liv. III, est de « demander des préférences et des distinctions. Il est

paraissent devoir être les constitutions dont l'honneur soit plus particulièrement le principe.

2° L'expression de Montesquieu peut avoir encore un autre sens; elle peut signifier que, dans une monarchie, on évite les mauvaises actions comme déshonorantes, et dans une république comme vicieuses. Si par vicieuses on entend contraires à la justice naturelle, cette opinion n'est pas fondée; la morale des républicains est très relâchée; en général, ils se permettent sans scrupule tout ce qui est utile à l'intérêt de la patrie, ou à ce que leur parti regarde comme l'intérêt de la patrie; tout ce qui peut leur mériter l'estime de leurs concitoyens ou de leur parti. Ils sont donc moins guidés par la véritable vertu que par l'honneur et la justice d'opinion.

3° Il y a enfin un troisième sens : Montesquieu a-t-il voulu dire que, dans les monarchies, on fait par amour de la gloire ce que, dans les républiques, on fait par esprit patriotique? Dans ce sens, nous ne pouvons être de son avis; l'amour de la gloire, la crainte de l'opinion est un ressort de tous les gouvernements. Il aurait fallu dire, dans ce sens, que l'honneur et la vertu sont le principe des républiques, et l'honneur seul celui des monarchies; mais il y aurait eu encore une autre observation à faire. C'est qu'il existe dans toute constitution où le bien est possible, un esprit public, un amour de la patrie différent du patriotisme républicain; cet esprit public tient à l'intérêt que tout homme qui n'est point dépravé prend nécessairement au bonheur des hommes qui l'entourent, au penchant naturel que les hommes ont pour ce qui est juste et raisonnable. Une mauvaise constitution, un établissement mal dirigé, choquent l'esprit comme une table dont les pieds n'auraient pas la même forme choquerait les yeux. Il fallait donc se borner à dire que l'amour du bien public n'est pas le même dans les monarchies que dans les républiques; qu'il est, dans ces dernières, plus actif, plus habituel, plus répandu; mais que, dans les monarchies, il est souvent plus éclairé, plus pur, moins contraire à la morale universelle.

Une opinion susceptible de tant de sens différents, et qui, dans aucun, n'est rigoureusement exacte, ne peut guère être utile pour apprendre à juger des effets bons ou mauvais d'une loi. K.

« donc, par la chose même, placé dans le gouverne-
« ment monarchique. »

Certainement, par la chose même, on demandait, dans la république romaine, la préture, le consulat, l'ovation, le triomphe; ce sont là des préférences, des distinctions qui valent bien les titres qu'on achète souvent dans les monarchies, et dont le tarif est fixé. Il y a un autre fondement de son livre qui ne me paraît pas porter moins à faux, c'est la division des gouvernements en républicain, en monarchique, et en despotique [1].

Il a plu à nos auteurs (je ne sais trop pourquoi) d'appeler *despotes* les souverains de l'Asie et de l'Afrique: on entendait autrefois par un despote un petit prince d'Europe, vassal du Turc, et vassal amovible, une espèce d'esclave couronné gouvernant d'autres esclaves. Ce mot *despote*, dans son origine, avait signifié, chez les Grecs, *maître de maison*, *père de famille*. Nous donnons aujourd'hui libéralement ce titre à l'empereur de Maroc, au Grand-Turc, au pape, à l'empereur de la Chine. Montesquieu, au commencement du second livre (chap. 1), définit ainsi le gouvernement despotique: « Un seul homme, sans
« loi et sans règle, entraîne tout par sa volonté et par
« ses caprices. »

Or il est très faux qu'un tel gouvernement existe, et il me paraît très faux qu'il puisse exister. L'*Alcoran* et les commentaires approuvés sont les lois des musulmans: tous les monarques de cette religion jurent sur l'*Alcoran* d'observer ces lois. Les anciens corps de

---

[1] Liv. II, ch. 1.

milice et les gens de loi ont des priviléges immenses ;
et quand les sultans ont voulu violer ces priviléges,
ils ont tous été étranglés, ou du moins solennellement déposés.

Je n'ai jamais été à la Chine, mais j'ai vu plus de
vingt personnes qui ont fait ce voyage, et je crois avoir
lu tous les auteurs qui ont parlé de ce pays ; je sais
beaucoup plus certainement que Rollin ne savait
l'histoire ancienne ; je sais, dis-je, par le rapport unanime de nos missionnaires de sectes différentes, que la Chine est gouvernée par les lois, et
non par une seule volonté arbitraire ; je sais qu'il y
a dans Pékin six tribunaux suprêmes auxquels ressortissent quarante-quatre autres tribunaux ; je sais
que les remontrances faites à l'empereur par ces six
tribunaux suprêmes ont force de loi ; je sais qu'on
n'exécute pas à mort un portefaix, un charbonnier
aux extrémités de l'empire, sans avoir envoyé son
procès au tribunal suprême de Pékin, qui en rend
compte à l'empereur. Est-ce là un gouvernement arbitraire et tyrannique ? L'empereur y est plus révéré
que le pape ne l'est à Rome : mais, pour être respecté,
faut-il régner sans le frein des lois ? Une preuve que
ce sont les lois qui règnent à la Chine, c'est que le
pays est plus peuplé que l'Europe entière ; nous avons
porté à la Chine notre sainte religion, et nous n'y
avons pas réussi. Nous aurions pu prendre ses lois en
échange, mais nous ne savons peut-être pas faire un
tel commerce[1].

---

[1] Montesquieu n'a établi nulle part de distinction entre ce qu'il appelle
monarchie et ce qu'il appelle despotisme : si, dans la monarchie, les corps

Il est bien sûr que l'évêque de Rome est plus despotique que l'empereur de la Chine, car il est infaillible, et l'empereur chinois ne l'est pas : cependant cet évêque est encore assujetti à des lois.

Le despotisme n'est que l'abus de la monarchie, une corruption d'un beau gouvernement. J'aimerais autant mettre les voleurs de grand chemin au rang des corps de l'état, que de placer les tyrans au rang des rois.

A.

Vous ne me parlez pas de la vénalité des emplois de judicature[1], de ce beau trafic des lois que les Français seuls connaissent dans le monde entier. Il faut que ces gens-là soient les plus grands commerçants de l'univers, puisqu'ils vendent et achètent jusqu'au droit de juger les hommes. Comment diable! si j'avais l'honneur d'être né Picard ou Champe-

---

intermédiaires ont le droit négatif, elle devient une aristocratie; s'ils ne l'ont pas, il n'y a d'autre différence entre les monarchies de l'Europe et les empires de l'Orient, que celle des mœurs et des formes légales. Dans tous ces états, il y a des règles générales, des formalités reconnues dont jamais le souverain ne s'écarte. Le conseil du prince y est également supérieur à tous les tribunaux, dont il réforme à son gré les décisions. Le prince y décide également d'une manière arbitraire ce qu'on appelle affaire d'état. Mais, comme il y a plus de lumières en Europe, les tribunaux y sont mieux réglés, et les lois laissent moins de questions à décider à la volonté particulière des juges. Comme les mœurs y sont plus douces, les conseils des rois européans cherchent à montrer de la modération, et ceux des rois asiatiques à inspirer la terreur. Enfin une prison dont le terme n'est pas fixé est la plus forte peine que les monarques européans imposent de leur volonté seule, tandis que les despotes commandent souvent des exécutions sanglantes. Qu'on examine avec attention tous les gouvernements absolus, on n'y verra d'autres différences que celles qui naissent des lumières, des mœurs, des opinions des différents peuples. K.

[1] Voyez ma note, tome XXXIII, page 11. B.

nois, et d'être le fils d'un traitant ou d'un fournisseur de vivres, je pourrais, moyennant douze ou quinze mille écus, devenir, moi septième, le maître absolu de la vie et de la fortune de mes concitoyens! On m'appellerait *monsieur*¹ dans le protocole de mes collègues, et j'appellerais les plaideurs par leur nom tout court, fussent-ils des Châtillon et des Montmorenci, et je serais tuteur des rois² pour mon argent! c'est un excellent marché. J'aurais de plus le plaisir de faire brûler tous les livres qui me déplairaient par celui que Jean-Jacques Rousseau veut faire beau-père du dauphin. C'est un grand droit ᵃ.

B.

Il est vrai que Montesquieu a la faiblesse de dire que la vénalité des charges *est*ᵇ *bonne dans les états monarchiques*. Que voulez-vous? il était président à mortier en province³. Je n'ai jamais vu de mortier, mais je m'imagine que c'est un superbe ornement. Il est bien difficile à l'esprit le plus philosophique de ne pas payer son tribut à l'amour-propre. Si un épicier parlait de législation, il voudrait que tout le monde achetât de la cannelle et de la muscade.

A.

Tout cela n'empêche pas qu'il n'y ait des morceaux excellents dans l'*Esprit des lois*. J'aime les gens qui pensent et qui me font penser. En quel rang mettez-vous ce livre?

¹ Voyez une note de ma Préface du tome XXII. B.
² Le parlement se disait tuteur des rois. B.
ᵃ Voyez *Émile*, liv. V. — ᵇ Liv. V, ch. 19.
³ Au parlement de Bordeaux. B.

B.

Dans le rang des ouvrages de génie qui font desirer la perfection. Il me paraît un édifice mal fondé, et construit irrégulièrement, dans lequel il y a beaucoup de beaux appartements vernis et dorés.

A.

Je passerais volontiers quelques heures dans ces appartements, mais je ne puis demeurer un moment dans ceux de Grotius; ils sont trop mal tournés, et les meubles trop à l'antique: mais vous, comment trouvez-vous la maison que Hobbes a bâtie en Angleterre?

B.

Elle a tout-à-fait l'air d'une prison, car il n'y loge guère que des criminels et des esclaves. Il dit que l'homme est né ennemi de l'homme, que le fondement de la société est l'assemblage de tous contre tous; il prétend que l'autorité seule fait les lois, que la *vérité*[a] ne s'en mêle pas; il ne distingue point la royauté de la tyrannie. Chez lui la force fait tout : il y a bien quelque chose de vrai dans quelques unes de ces idées; mais ses erreurs m'ont si fort révolté que je ne voudrais ni être citoyen de sa ville quand je lis son *De cive*, ni être mangé par sa grosse bête de Léviathan.

C.

Vous me paraissez, messieurs, fort peu contents des livres que vous avez lus; cependant vous en avez fait votre profit.

---

[a] Le mot de *vérité* est là employé assez mal à propos par Hobbes; il fallait dire *justice*.

A.

Oui, nous prenons ce qui nous paraît bon depuis Aristote jusqu'à Locke, et nous nous moquons du reste.

C.

Je voudrais bien savoir quel est le résultat de toutes vos lectures et de vos réflexions.

A.

Très peu de chose.

B.

N'importe ; essayons de nous rendre compte de ce peu que nous savons, sans verbiage, sans pédantisme, sans un sot asservissement aux tyrans des esprits et au vulgaire tyrannisé, enfin avec toute la bonne foi de la raison.

SECOND ENTRETIEN.

SUR L'AME[1].

B.

Commençons. Il est bon, avant de s'assurer de ce qui est juste, honnête, convenable entre les ames humaines, de savoir d'où elles viennent, et où elles vont : on veut connaître à fond les gens à qui on a à faire.

C.

C'est bien dit, quoique cela n'importe guère. Quels que soient l'origine et le destin de l'ame, l'essentiel est qu'elle soit juste ; mais j'aime toujours à traiter cette matière qui plaisait tant à Cicéron. Qu'en pensez-vous, M. A? L'ame est-elle immortelle?

---

[1] Voyez l'article AME, tome XXVI, pages 199-266. B.

A.

Mais, M. C., la question est un peu brusque. Il me semble que, pour savoir par soi-même si l'ame est immortelle, il faut d'abord être bien certain qu'elle existe; et c'est de quoi je n'ai aucune connaissance, sinon par la foi, qui tranche toutes les difficultés. Lucrèce disait, il y a dix-huit cents ans,

« Ignoratur enim quæ sit natura animaï. »
Lucr., I, 113.

on ignore la nature de l'ame; il pouvait dire, on ignore son existence: j'ai lu deux ou trois cents dissertations sur ce grand objet; elles ne m'ont jamais rien appris. Me voilà avec vous comme saint Augustin avec saint Jérôme. Augustin lui dit tout net qu'il ne sait rien de ce qui concerne l'ame. Cicéron, meilleur philosophe qu'Augustin, avait dit souvent la même chose avant lui, et beaucoup plus élégamment. Nos jeunes bacheliers en savent davantage, sans doute; mais moi, je n'en sais rien, et à l'âge de quatre-vingts ans [1] je me trouve aussi avancé que le premier jour.

C.

C'est que vous radotez. N'êtes-vous pas certain que les bêtes ont la vie, que les plantes ont la végétation, que l'air a sa fluidité, que les vents ont leurs cours? Doutez-vous que vous ayez une vieille ame qui dirige votre vieux corps?

A.

C'est précisément parceque je ne sais rien de tout ce que vous m'alléguez, que j'ignore absolument si

[1] Voltaire, né en 1694, avait, en 1768, soixante et quatorze ans. B.

j'ai une ame, quand je ne consulte que ma faible raison. Je vois bien que l'air est agité, mais je ne vois point d'être réel dans l'air qu'on appelle *cours du vent*. Une rose végète, mais il n'y a point un petit individu secret dans la rose qui soit la végétation : cela serait aussi absurde en philosophie que de dire que l'odeur est dans la rose. On a prononcé pourtant cette absurdité pendant des siècles. La physique ignorante de toute l'antiquité disait: L'odeur part des fleurs pour aller à mon nez, les couleurs partent des objets pour venir à mes yeux : on fesait une espèce d'existence à part de l'odeur, de la saveur, de la vue, de l'ouïe; on allait jusqu'à croire que la vie était quelque chose qui fesait l'animal vivant. Le malheur de toute l'antiquité fut de transformer ainsi des paroles en êtres réels : on prétendait qu'une idée était un être; il fallait consulter les idées, les archétypes qui subsistaient je ne sais où. Platon donna cours à ce jargon qu'on appela *philosophie*. Aristote réduisit cette chimère en méthode; de là ces entités, ces quiddités, ces eccéités, et toutes les barbaries de l'école.

Quelques sages s'aperçurent que tous ces êtres imaginaires ne sont que des mots inventés pour soulager notre entendement; que la vie de l'animal n'est autre chose que l'animal vivant; que ses idées sont l'animal pensant, que la végétation d'une plante n'est rien que la plante végétante; que le mouvement d'une boule n'est que la boule changeant de place; qu'en un mot tout être métaphysique n'est qu'une de nos conceptions. Il a fallu deux mille ans pour que ces sages eussent raison.

C.

Mais s'ils ont raison, si tous ces êtres métaphysiques ne sont que des paroles, votre ame, qui passe pour un être métaphysique, n'est donc rien? nous n'avons donc réellement point d'ame?

A.

Je ne dis pas cela : je dis que je n'en sais rien du tout par moi-même. Je crois seulement que Dieu nous accorde cinq sens et la pensée, et il se pourrait bien faire que nous fussions dans Dieu comme disent Aratus et saint Paul[1], et que nous vissions les choses en Dieu, comme dit Malebranche[2].

C.

A ce compte j'aurais donc des pensées sans avoir une ame : cela serait fort plaisant.

A.

Pas si plaisant. Ne convenez-vous pas que les animaux ont du sentiment?

B.

Assurément, et c'est renoncer au sens commun que de n'en pas convenir.

A.

Croyez-vous qu'il y ait un petit être inconnu logé chez eux, que vous nommez *sensibilité*, *mémoire*, *appétit*, ou que vous appelez du nom vague et inexplicable *ame*?

B.

Non, sans doute; aucun de nous n'en croit rien. Les bêtes sentent parceque c'est leur nature, parce-

---

[1] *Actes des Apôtres*, xvii, 28. B.
[2] Voyez, tome XLVI, l'opuscule intitulé *Tout en Dieu*. B.

que cette nature leur a donné tous les organes du sentiment, parceque l'auteur, le principe de toute la nature l'a déterminé ainsi pour jamais.

A.

Eh bien! cet éternel principe a tellement arrangé les choses, que quand j'aurai une tête bien constituée, quand mon cervelet ne sera ni trop humide ni trop sec, j'aurai des pensées, et je l'en remercie de tout mon cœur.

C.

Mais comment avez-vous des pensées dans la tête?

A.

Je n'en sais rien, encore une fois. Un philosophe[1] a été persécuté pour avoir dit, il y a quarante ans[2], dans un temps où l'on n'osait encore penser dans sa patrie : « La difficulté n'est pas de savoir seulement « si la matière peut penser, mais de savoir comment « un être, quel qu'il soit, peut avoir la pensée. » Je suis de l'avis de ce philosophe, et je vous dirai, en bravant les sots persécuteurs, que j'ignore absolument tous les premiers principes des choses.

B.

Vous êtes un grand ignorant, et nous aussi.

A.

D'accord.

B.

Pourquoi donc raisonnons-nous? Comment saurons-

---

[1] Voltaire lui-même. B.

[2] Dans la 13ᵉ des *Lettres philosophiques*; voyez tome XXXVII, page 183; voyez aussi XXXVIII, 42; et LII, 126. B.

nous ce qui est juste ou injuste, si nous ne savons pas seulement ce que c'est qu'une ame?

A.

Il y a bien de la différence : nous ne connaissons rien du principe de la pensée, mais nous connaissons très bien notre intérêt. Il nous est sensible que notre intérêt est que nous soyons justes envers les autres, et que les autres le soient envers nous, afin que tous puissent être sur ce tas de boue le moins malheureux que faire se pourra pendant le peu de temps qui nous est donné par l'Être des êtres pour végéter, sentir, et penser.

TROISIÈME ENTRETIEN.

SI L'HOMME EST NÉ MÉCHANT ET ENFANT DU DIABLE.

B.

Vous êtes Anglais, M. A.; vous nous direz bien franchement votre opinion sur le juste et l'injuste, sur le gouvernement, sur la religion, la guerre, la paix, les lois, etc., etc., etc., etc.

A.

De tout mon cœur; ce que je trouve de plus juste, c'est *liberté* et *propriété*. Je suis fort aise de contribuer à donner à mon roi un million sterling par an pour sa maison, pourvu que je jouisse de mon bien dans la mienne. Je veux que chacun ait sa *prérogative :* je ne connais de lois que celles qui me protègent, et je trouve notre gouvernement le meilleur de la terre, parceque chacun y sait ce qu'il a, ce qu'il doit, et ce qu'il peut. Tout est soumis à la loi, à commencer par la royauté et par la religion.

C.

Vous n'admettez donc pas le droit divin dans la société?

A.

Tout est de droit divin si vous voulez, parceque Dieu a fait les hommes, et qu'il n'arrive rien sans sa volonté divine, et sans l'enchaînement des lois éternelles, éternellement exécutées; l'archevêque de Cantorbéry, par exemple, n'est pas plus archevêque de droit divin que je ne suis né membre du parlement. Quand il plaira à Dieu de descendre sur la terre pour donner un bénéfice de douze mille guinées de revenu à un prêtre, je dirai alors que son bénéfice est de droit divin; mais jusque-là je croirai son droit très humain.

B.

Ainsi tout est convention chez les hommes; c'est Hobbes tout pur.

A.

Hobbes n'a été en cela que l'écho de tous les gens sensés. Tout est convention ou force.

C.

Il n'y a donc point de loi naturelle?

A.

Il y en a une sans doute, c'est l'intérêt et la raison.

B.

L'homme est donc né en effet dans un état de guerre, puisque notre intérêt combat presque toujours l'intérêt de nos voisins, et que nous fesons servir notre raison à soutenir cet intérêt qui nous anime?

A.

Si l'état naturel de l'homme était la guerre, tous les hommes s'égorgeraient : il y a long-temps que nous ne serions plus (Dieu merci). Il nous serait arrivé ce qui arriva aux hommes nés des dents du serpent Cadmus; ils se battirent, et il n'en resta pas un. L'homme étant né pour tuer son voisin et pour en être tué, accomplirait nécessairement sa destinée, comme les vautours accomplissent la leur en mangeant mes pigeons, et les fouines en suçant le sang de mes poules. On a vu des peuples qui n'ont jamais fait la guerre : on le dit des brachmanes, on le dit de plusieurs peuplades des îles de l'Amérique, que les chrétiens exterminèrent ne pouvant les convertir. Les primitifs, que nous nommons *quakers*[1], commencent à composer, dans la Pensylvanie, une nation considérable, et ils ont toute guerre en horreur. Les Lapons, les Samoïèdes n'ont jamais tué personne en front de bandière. La guerre n'est donc pas l'essence du genre humain.

B.

Il faut pourtant que l'envie de nuire, le plaisir d'exterminer son prochain pour un léger intérêt, la plus horrible méchanceté et la plus noire perfidie, soient le caractère distinctif de notre espèce, au moins depuis le péché originel; car les doux théologiens assurent que, dès ce moment-là, le diable s'empara de toute notre race. Or le diable est notre maître, comme vous savez, et un très méchant maître; donc tous les hommes lui ressemblent.

[1] Voyez tome XXX, page 186; XXXVII, 117. B.

A.

Que le diable soit dans le corps des théologiens, je vous le passe, mais assurément il n'est pas dans le mien. Si l'espèce humaine était sous le gouvernement immédiat du diable, comme on le dit, il est clair que tous les maris assommeraient leurs femmes, que les fils tueraient leurs pères, que les mères mangeraient leurs enfants, et que la première chose que ferait un enfant, dès qu'il aurait des dents, serait de mordre sa mère, en cas que sa mère ne l'eût pas encore mis à la broche. Or, comme rien de tout cela n'arrive, il est démontré qu'on se moque de nous quand on nous dit que nous sommes sous la puissance du diable; c'est le plus sot blasphème qu'on ait jamais prononcé.

C.

En y fesant attention, j'avoue que le genre humain n'est pas tout-à-fait si méchant que certaines gens le crient dans l'espérance de le gouverner. Ils ressemblent à ces chirurgiens qui supposent que toutes les dames de la cour sont attaquées de cette maladie honteuse qui produit beaucoup d'argent à ceux qui la traitent. Il y a des maladies, sans doute; mais tout l'univers n'est pas entre les mains de la faculté. Il y a de grands crimes; mais ils sont rares. Aucun pape, depuis plus de deux cents ans, n'a ressemblé au pape Alexandre VI; aucun roi de l'Europe n'a bien imité le Christiern II de Danemark et le Louis XI de France. On n'a vu qu'un seul archevêque de Paris aller au parlement avec un poignard dans sa poche[1]. La Saint-Barthélemi est bien horrible, quoi qu'en dise l'abbé de Caveyrac[2]; mais enfin, quand on voit tout Paris occupé de la musique de Rameau, ou de *Zaïre*, ou de l'Opéra comique, ou des tableaux exposés au Salon, ou de Ramponeau, ou du singe de Nicolet, on oublie que la moitié de la nation égorgea l'autre pour des arguments théologiques, il y aura bientôt deux cents ans tout juste[3]. Les supplices abominables des Jeanne Grey, des Marie Stuart, des Charles Ier, ne se renouvellent pas chez vous tous les jours.

Ces horreurs épidémiques sont comme ces grandes pestes qui ravagent quelquefois la terre; après quoi on laboure, on sème, on recueille, on boit, on danse, on fait l'amour sur les cendres des morts qu'on foule aux pieds; et comme l'a dit un homme qui a passé sa vie à sentir, à raisonner, et à plaisanter[4], « si tout « n'est pas bien, tout est passable. »

Il y a telle province, comme la Touraine, par exemple, où l'on n'a pas commis un grand crime depuis cent cinquante années. Venise a vu plus de quatre siècles s'écouler sans la moindre sédition dans son enceinte, sans une seule assemblée tumultueuse : il y a mille villages en Europe où il ne s'est pas commis un meurtre depuis que la mode de s'égorger pour la

---

[1] Le cardinal de Retz, coadjuteur de Paris; voyez tome XIX, page 294. En 1790, l'abbé Maury (depuis cardinal), membre de l'assemblée constituante, portait toujours deux pistolets qu'il appelait ses *burettes*. B.

[2] Voyez tome XLI, page 28. B.

[3] La Saint-Barthélemi est de 1572; Voltaire écrivait en 1768. B.

[4] Voltaire lui-même : voyez tome XXXIII, page 26. B.

religion est un peu passée : les agriculteurs n'ont pas le temps de se dérober à leurs travaux ; leurs femmes et leurs filles les aident, elles cousent, elles filent, elles pétrissent, elles enfournent (non pas comme l'archevêque La Casa[a]) ; toutes ces bonnes gens sont trop occupées pour songer à mal. Après un travail agréable pour eux, parcequ'il leur est nécessaire, ils font un léger repas que l'appétit assaisonne, et cèdent au besoin de dormir pour recommencer le lendemain. Je ne crains pour eux que les jours de fêtes si ridiculement consacrés à psalmodier, d'une voix rauque et discordante, du latin qu'ils n'entendent point, et à perdre leur raison dans un cabaret, ce qu'ils n'entendent que trop. Encore une fois, si tout n'est pas bien, tout est passable.

B.

Par quelle rage a-t-on donc pu imaginer qu'il existe un lutin doué d'une gueule béante, de quatre griffes de lion et d'une queue de serpent ; qu'il est accompagné d'un milliard de farfadets bâtis comme lui, tous descendus du ciel, tous enfermés dans une fournaise souterraine ; que Jésus-Christ descendit dans cette fournaise pour enchaîner tous ces animaux ; que, depuis ce temps-là, ils sortent tous les jours de leur cachot, qu'ils nous tentent, qu'ils entrent dans notre corps et dans notre ame ; qu'ils sont nos souverains absolus, et qu'ils nous inspirent toute leur perversité

---

[a] Voyez les *Capitoli* de monsignor La Casa, archevêque de Bénévent ; vous verrez comme il enfournait. — Voltaire, tome XXVII, page 413, dit quel est le sujet du conte intitulé *Capitolo del forno*. B.

diabolique? de quelle source a pu venir une opinion aussi extravagante, un conte aussi absurde?

A.

De l'ignorance des médecins.

B.

Je ne m'y attendais pas.

A.

Vous deviez pourtant vous y attendre. Vous savez assez qu'avant Hippocrate, et même depuis lui, les médecins n'entendaient rien aux maladies. D'où venait l'épilepsie, le haut-mal, par exemple? Des dieux malfesants, des mauvais génies; aussi l'appelait-on le *mal sacré*. Les écrouelles étaient dans le même cas. Ces maux étaient l'effet d'un miracle; il fallait un miracle pour en guérir; on fesait des pèlerinages; on se fesait toucher par les prêtres : cette superstition a fait le tour du monde; elle est encore en vogue parmi la canaille. Dans un voyage à Paris je vis des épileptiques, dans la Sainte-Chapelle et à Saint-Maur, pousser des hurlements et faire des contorsions la nuit du jeudi-saint au vendredi; et notre ex-roi Jacques II [1], comme personne sacrée, s'imaginait guérir les écrouelles envoyées par le malin. Toute maladie inconnue était donc autrefois une possession du mauvais génie. Le mélancolique Oreste passa pour être possédé de Mégère, et on l'envoya voler une statue pour obtenir sa guérison. Les Grecs, qui étaient un peuple très nouveau, tenaient cette superstition des Égyptiens : les prêtres et les prêtresses d'Isis al-

---

[1] En 1689. B.

laient par le monde disant la bonne aventure, et délivraient pour de l'argent les sots qui étaient sous l'empire de Typhon. Ils fesaient leurs exorcismes avec des tambours de basque et des castagnettes. Le misérable peuple juif, nouvellement établi dans ses rochers entre la Phénicie, l'Égypte, et la Syrie, prit toutes les superstitions de ses voisins, et, dans l'excès de sa brutale ignorance, il y ajouta des superstitions nouvelles. Lorsque cette petite horde fut esclave à Babylone, elle y apprit les noms du diable, de Satan, Asmodée, Mammon, Belzébuth, tous serviteurs du mauvais principe Arimane; et ce fut alors que les Juifs attribuèrent aux diables les maladies et les morts subites. Leurs livres saints, qu'ils composèrent depuis, quand ils eurent l'alphabet chaldéen, parlent quelquefois des diables.

Vous voyez que, quand l'ange Raphael descend exprès de l'empyrée pour faire payer une somme d'argent par le juif Gabel au juif Tobie, il mène le petit Tobie chez Raguel, dont la fille avait déjà épousé sept maris à qui le diable Asmodée avait tordu le cou. La doctrine du diable prit une grande faveur chez les Juifs; ils admirent une quantité prodigieuse de diables dans un enfer dont les lois du *Pentateuque* n'avaient jamais dit un seul mot : presque tous leurs malades furent possédés du diable. Ils eurent, au lieu de médecins, des exorcistes en titre d'office qui chassaient les esprits malins avec la racine nommée barath [1], des prières, et des contorsions.

---

[1] Voyez tome XV, page 213; XXVIII, 325; XLIII, 588. B.

Les méchants passèrent pour possédés encore plus que les malades. Les débauchés, les pervers, sont toujours appelés enfants de Bélial dans les écrits juifs.

Les chrétiens, qui ne furent pendant cent ans que des demi-juifs, adoptèrent les possessions du démon, et se vantèrent de chasser le diable. Ce fou de Tertullien pousse la manie jusqu'à dire que tout chrétien contraint, avec le signe de la croix, Junon, Minerve, Cérès, Diane, à confesser qu'elles sont des diablesses. La légende rapporte qu'un âne chassait les diables de Senlis en traçant une croix sur le sable avec son sabot par le commandement de saint Rieule.

Peu-à-peu l'opinion s'établit que tous les hommes naissent endiablés et damnés; étrange idée, sans doute, idée exécrable, outrage affreux à la Divinité, d'imaginer qu'elle forme continuellement des êtres sensibles et raisonnables uniquement pour être tourmentés à jamais par d'autres êtres éternellement plongés eux-mêmes dans les supplices. Si le bourreau qui, en un jour, arracha le cœur, dans Carlisle[1], à dix-huit partisans du prince Charles-Édouard, avait été chargé d'établir un dogme, voilà celui qu'il aurait choisi; encore aurait-il fallu qu'il eût été ivre de brandevin; car eût-il eu à-la-fois l'ame d'un bourreau et d'un théologien, il n'aurait jamais pu inventer de sang froid un système où tant de milliers d'enfants à la mamelle sont livrés à des bourreaux éternels.

---

[1] Voyez tome XXI, page 229 : on n'y compte que dix-sept officiers exécutés le 10 auguste 1746. B.

B.

J'ai peur que le diable ne vous reproche d'être un mauvais fils qui renie son père. Vos discours bretons paraîtront aux bons catholiques romains une preuve que le diable vous possède, et que vous ne voulez pas en convenir; mais je serais curieux de savoir comment cette idée, qu'un être infiniment bon fait tous les jours des millions d'hommes pour les damner, a pu entrer dans les cervelles.

A.

Par une équivoque, comme la puissance papistique est fondée sur un jeu de mots : « Tu es Pierre, « et sur cette Pierre j'établirai mon Église. » (*Matth.*, ch. 16, v. 18.)

Voici l'équivoque qui damne tous les petits enfants. Dieu défend à Ève et à son mari de manger le fruit de l'arbre de la science qu'il avait planté dans son jardin; il leur dit (*Genèse*, chap. 2, v. 17) : « Le jour « que vous en mangerez, vous mourrez de mort. » Ils en mangèrent, et n'en moururent point. Au contraire, Adam vécut encore neuf cent trente ans. Il faut donc entendre une autre mort; c'est la mort de l'ame, la damnation. Mais il n'est point dit qu'Adam soit damné; ce sont donc ses enfants qui le seront; et comment cela? c'est que Dieu condamne le serpent, qui avait séduit Ève, à marcher sur le ventre (car auparavant vous voyez bien qu'il marchait sur ses pieds); et la race d'Adam est condamnée à être mordue au talon par le serpent. Or le serpent, c'est visiblement le diable; et le talon qu'il mord, c'est notre ame.

« L'homme écrasera la tête des serpents tant qu'il
« pourra » (*Genèse*, chap. 3, v. 15); il est clair
qu'il faut entendre par là le Messie, qui a triomphé
du diable.

Mais comment a-t-il écrasé la tête du vieux serpent,
en lui livrant tous les enfants qui ne sont pas baptisés? C'est là le mystère. Et comment les enfants sont-
ils damnés parceque leur premier père et leur première mère avaient mangé du fruit de leur jardin ?
C'est encore là le mystère.

C.

Je vous arrête là. N'est-ce pas pour Caïn que nous
sommes damnés, et non pas pour Adam ? car nous
avons la mine de descendre de Caïn, si je ne me
trompe, attendu qu'Abel mourut sans être marié; et
il me paraît qu'il est plus raisonnable d'être damné
pour un fratricide que pour une pomme.

A.

Ce ne peut être pour Caïn; car il est dit[1] que
Dieu le protégea, et lui mit un signe, de peur qu'on
ne le battît ou qu'on ne le tuât; il est dit même[2]
qu'il fonda une ville dans le temps qu'il était encore
presque seul sur la terre avec son père et sa mère,
sa sœur, dont il fit sa femme, et avec un fils nommé
Énoch. J'ai vu même un des plus ennuyeux livres,
intitulé *la Science du gouvernement*[3], par un sénéchal de Forcalquier, nommé Réal, qui fait dériver
les lois de la ville bâtie par notre père Caïn.

---

[1] *Genèse*, IV, 15. B. — [2] Ibid., IV. 17. B.
[3] Cet ouvrage parut en 1764, 8 vol. in-4°. B.

Mais, quoi qu'il en soit, il est indubitable que les Juifs n'avaient jamais entendu parler du péché originel, ni de la damnation éternelle des petits enfants morts sans être circoncis. Les Saducéens, qui ne croyaient pas l'immortalité de l'ame, et les Pharisiens, qui croyaient la métempsycose, ne pouvaient pas admettre la damnation éternelle, quelque pente qu'aient les fanatiques à croire les contradictoires.

Jésus fut circoncis à huit jours, et baptisé étant adulte, selon la coutume de plusieurs Juifs, qui regardaient le baptême comme une purification des souillures de l'ame; c'était un ancien usage des peuples de l'Indus et du Gange, à qui les brachmanes avaient fait accroire que l'eau lave les péchés comme les vêtements. Jésus, en un mot, circoncis et baptisé, ne parle dans aucun *Évangile* du péché originel. Aucun apôtre ne dit que les petits enfants non baptisés seront brûlés à tout jamais pour la pomme d'Adam. Aucun des premiers pères de l'Église n'avança cette cruelle chimère; et vous savez d'ailleurs qu'Adam, Ève, Abel, et Caïn, n'ont jamais été connus que du petit peuple juif.

B.

Qui a donc dit cela nettement le premier?

A.

C'est l'Africain Augustin, homme d'ailleurs respectable, mais qui tord quelques passages de saint Paul pour en inférer, dans ses lettres à Évode et à Jérôme, que Dieu précipite du sein de leurs mères, dans les enfers, les enfants qui périssent dans leurs premiers jours. Lisez surtout le second livre de la re-

vue de ses ouvrages, chap. XLV. « La foi catholique
« enseigne que tous les hommes naissent si coupables,
« que les enfants même sont certainement damnés
« quand ils meurent sans avoir été régénérés en
« Jésus. »

Il est vrai que la nature, soulevée dans le cœur de
ce rhéteur, le force à frémir de cette sentence barbare : cependant il la prononce ; il ne se rétracte
point, lui qui changea si souvent d'opinion. L'Église
fait valoir ce système terrible pour rendre son baptême plus nécessaire. Les communions réformées détestent aujourd'hui ce système. La plupart des théologiens n'osent plus l'admettre ; cependant ils continuent à reconnaître que nos enfants appartiennent à
l'enfer. Cela est si vrai, que le prêtre, en baptisant
ces petites créatures, leur demande si elles renoncent au diable ; et le parrain, qui répond pour elles,
est assez bon pour dire oui.

C.

Je suis content de tout ce que vous avez dit ; je
pense que la nature de l'homme n'est pas tout-à-fait
diabolique. Mais pourquoi dit-on que l'homme est
toujours porté au mal ?

A.

Il est porté à son bien-être, lequel n'est un mal
que quand il opprime ses frères. Dieu lui a donné
l'amour-propre, qui lui est utile, la bienveillance,
qui est utile à son prochain, la colère, qui est dangereuse, la compassion, qui la désarme, la sympathie avec plusieurs de ses compagnons, l'antipathie
envers d'autres. Beaucoup de besoins et beaucoup

d'industrie, l'instinct, la raison, et les passions, voilà l'homme. Quand vous serez des dieux, essayez de faire un homme sur un meilleur modèle.

QUATRIÈME ENTRETIEN.

DE LA LOI NATURELLE, ET DE LA CURIOSITÉ[1].

B.

Nous sommes bien convaincus que l'homme n'est point un être absolument détestable; mais venons au fait : qu'appelez-vous juste et injuste?

A.

Ce qui paraît tel à l'univers entier.

C.

L'univers est composé de bien des têtes. On dit qu'à Lacédémone on applaudissait aux larcins, pour lesquels on condamnait aux mines dans Athènes.

A.

Abus de mots. Il ne pouvait se commettre de larcin à Sparte, lorsque tout y était en commun. Ce que vous appelez *vol* était la punition de l'avarice.

B.

Il était défendu d'épouser sa sœur à Rome. Il était permis chez les Égyptiens, les Athéniens, et même chez les Juifs, d'épouser sa sœur de père : car, malgré le *Lévitique*, la jeune Thamar dit à son frère Ammon : Mon frère, ne me faites point de sottises; mais demandez-moi en mariage à mon père, il ne vous refusera pas[2].

[1] On retrouve cet entretien avec peu de différence dans le *Dictionnaire philosophique*, au mot LOI NATURELLE : voyez tome XXXI, page 51. B.
[2] *Rois*, II, ch. XIII, v. 12, 13. B.

A.

Lois de convention que tout cela, usages arbitraires, modes qui passent. L'essentiel demeure toujours. Montrez-moi un pays où il soit honnête de me ravir le fruit de mon travail, de violer sa promesse, de mentir pour nuire, de calomnier, d'assassiner, d'empoisonner, d'être ingrat envers son bienfaiteur, de battre son père et sa mère quand ils vous présentent à manger.

B.

Voici ce que j'ai lu dans une déclamation qui a été connue en son temps; j'ai transcrit ce morceau qui me paraît singulier.

« Le premier qui, ayant enclos un terrain, s'avisa de dire, *Ceci est à moi*, et trouva des gens assez simples pour le croire, fut le vrai fondateur de la société civile. Que de crimes, de guerres, de meurtres, que de misères et d'horreurs n'eût point épargnés au genre humain celui qui, arrachant les pieux, ou comblant le fossé, eût crié à ses semblables : Gardez-vous d'écouter cet imposteur; vous êtes perdus si vous oubliez que les fruits sont à tous, et que la terre n'est à personne[1]! »

C.

Il faut que ce soit quelque voleur de grand chemin, bel esprit, qui ait écrit cette impertinence.

A.

Je soupçonne seulement que c'est un gueux fort

---

[1] *Discours sur l'inégalité*, par Rousseau (seconde partie); c'est un des exemples des contradictions de l'esprit humain, qu'on ait regardé l'auteur de ce passage scandaleux, et de tant d'autres, comme un prédicateur de la vertu, et M. de Voltaire comme un corrupteur de la morale. Il n'y a que les grands hommes auxquels on ne pardonne rien. K.

paresseux; car, au lieu d'aller gâter le terrain d'un voisin sage et industrieux, il n'avait qu'à l'imiter [1]; et chaque père de famille ayant suivi cet exemple; voilà bientôt un très joli village de formé. L'auteur de ce passage me paraît un animal bien insociable.

B.

Vous croyez donc qu'en outrageant et en volant le bon homme qui a entouré d'une haie vive son jardin et son poulailler, il a manqué aux premiers devoirs de la loi naturelle?

A.

Oui, oui, encore une fois; il y a une loi naturelle, et elle ne consiste ni à faire le mal d'autrui, ni à s'en réjouir.

C.

Il y a des gens pourtant qui disent que rien n'est plus naturel que de faire du mal. Beaucoup d'enfants s'amusent à plumer leurs moineaux; et il n'y a guère d'hommes faits qui ne courent avec un secret plaisir sur le rivage de la mer pour jouir du spectacle d'un vaisseau battu par les vents, qui s'entr'ouvre et qui s'engloutit par degrés dans les flots, tandis que les passagers lèvent les mains au ciel, et tombent dans

---

[1] Rousseau n'avait répondu à la dernière lettre que lui adressa Voltaire, le 21 septembre 1756, que par sa lettre du 17 juin 1760, et son billet insolemment laconique du 31 mai 1765. La lettre de 1760 contenait ces expressions : « Je ne vous aime point... vous avez perdu Genève pour le prix de l'asile que vous y avez reçu... » Le philosophe de Ferney ne pouvait oublier en outre les déclamations de Jean-Jacques contre le théâtre et les auteurs dramatiques; on venait enfin (5 février 1768) de mettre le feu à la salle de spectacle, à Genève; voilà ce qui motivait les reproches un peu durs dont Rousseau est l'objet dans ce passage. CL.

l'abîme de l'eau avec leurs femmes qui tiennent leurs enfants dans leurs bras. Lucrèce en donne la raison (L. II, v. 4):

« ....Quibus ipse malis careas quia cernere suave est. »
On voit avec plaisir les maux qu'on ne sent pas.

A.

Lucrèce ne sait ce qu'il dit; et il y est fort sujet, malgré ses belles descriptions[1]. On court à un tel spectacle par curiosité. La curiosité est un sentiment naturel à l'homme; mais il n'y a pas un des spectateurs qui ne fît les derniers efforts, s'il le pouvait, pour sauver ceux qui se noient.

[2] Quand les petits garçons et les petites filles déplument leurs moineaux, c'est purement par esprit de curiosité, comme lorsqu'elles mettent en pièces les jupes de leurs poupées. C'est cette passion seule qui conduit tant de monde aux exécutions publiques. « Étrange empressement de voir des misérables ! » a dit l'auteur d'une tragédie[3].

Je me souviens qu'étant à Paris lorsqu'on fit souffrir à Damiens une mort des plus recherchées et des plus affreuses qu'on puisse imaginer, toutes les fenêtres qui donnaient sur la place furent louées chèrement par les dames; aucune d'elles assurément ne faisait la réflexion consolante qu'on ne la tenaillerait point aux mamelles, qu'on ne verserait point du

---

[1] Voyez, tome IV, la fin de la dédicace d'*Alzire*. B.

[2] Cet alinéa et le suivant ont été reproduits presque textuellement dans l'article CURIOSITÉ des *Questions sur l'Encyclopédie*; voyez tome XXVIII, page 282. B.

[3] Voltaire lui-même dans *Tancrède*, acte III, scène 3. B.

plomb fondu et de la poix-résine bouillante dans ses plaies, et que quatre chevaux ne tireraient point ses membres disloqués et sanglants. Un des bourreaux jugea plus sainement que Lucrèce; car lorsqu'un des académiciens de Paris [1] voulut entrer dans l'enceinte pour examiner la chose de plus près, et qu'il fut repoussé par les archers: « Laissez entrer monsieur, dit-il, c'est un amateur; » c'est-à-dire, c'est un curieux: ce n'est pas par méchanceté qu'il vient ici, ce n'est pas par un retour sur soi-même, pour goûter le plaisir de n'être pas écartelé; c'est uniquement par curiosité, comme on va voir une expérience de physique.

B.

Soit; je conçois que l'homme n'aime et ne fait le mal que pour son avantage; mais tant de gens sont portés à se procurer leur avantage par le malheur d'autrui; la vengeance est une passion si violente, il y en a des exemples si funestes; l'ambition plus fatale encore a inondé la terre de tant de sang, que, lorsque je m'en retrace l'horrible tableau, je suis tenté de me rétracter, et d'avouer que l'homme est très diabolique. J'ai beau avoir dans mon cœur la notion du juste et de l'injuste; un Attila, que saint Léon courtise; un Phocas, que saint Grégoire flatte avec la plus lâche bassesse; un Alexandre VI, souillé de tant d'incestes, de tant d'homicides, de tant d'empoisonnements, avec lequel le faible Louis XII, qu'on appelle *bon*, fait la plus indigne et la plus étroite alliance; un Cromwell, dont le cardinal Mazarin re-

---

[1] La Condamine. B.

cherche la protection, et pour qui il chasse de France les héritiers de Charles 1er, cousins germains de Louis XIV, etc., etc., etc.; cent exemples pareils dérangent mes idées, et je ne sais plus où j'en suis.

A.

Eh bien! les orages empêchent-ils que nous ne jouissions aujourd'hui d'un beau soleil? le tremblement qui a détruit la moitié de la ville de Lisbonne[1] empêche-t-il que vous n'ayez fait très commodément le voyage de Madrid à Rome sur la terre affermie? Si Attila fut un brigand, et le cardinal Mazarin un fripon, n'y a-t-il pas des princes et des ministres honnêtes gens? et l'idée de la justice ne subsiste-t-elle pas toujours? C'est sur elle que sont fondées toutes les lois; les Grecs les appelaient *Filles du ciel;* cela ne veut dire que filles de la nature.

C.

N'importe, je suis prêt de me rétracter aussi; car je vois qu'on n'a fait des lois que parceque les hommes sont méchants. Si les chevaux étaient toujours dociles, on ne leur aurait jamais mis de frein. Mais sans perdre notre temps à fouiller dans la nature de l'homme, et à comparer les prétendus sauvages aux prétendus civilisés, voyons quel est le mors qui convient le mieux à notre bouche.

A.

Je vous avertis que je ne saurais souffrir qu'on me bride sans me consulter, que je veux me brider moi-

---

[1] Le 1er novembre 1755. B.

même, et donner ma voix pour savoir au moins qui me montera sur le dos.

C.

Nous sommes à peu près de la même écurie.

CINQUIÈME ENTRETIEN.

DES MANIÈRES DE PERDRE ET DE GARDER SA LIBERTÉ, ET DE LA THÉOCRATIE.

B.

Monsieur A, vous me paraissez un Anglais très profond; comment imaginez-vous que se soient établis tous ces gouvernements dont on a peine à retenir les noms, monarchique, despotique, tyrannique, oligarchique, aristocratique, démocratique, anarchique, théocratique, diabolique, et les autres qui sont mêlés de tous les précédents?

C.

Oui; chacun fait son roman, parceque nous n'avons point d'histoire véritable. Dites-nous, M. A, quel est vôtre roman?

A.

Puisque vous le voulez, je m'en vais donc perdre mon temps à vous parler, et vous le vôtre à m'écouter.

J'imagine d'abord que deux petites peuplades voisines, composées chacune d'environ une centaine de familles, sont séparées par un ruisseau, et cultivent un assez bon terrain: car si elles se sont fixées en cet endroit, c'est que la terre y est fertile.

Comme chaque individu a reçu également de la

nature deux bras, deux jambes et une tête, il me paraît impossible que les habitants de ce petit canton n'aient pas d'abord été tous égaux. Et, comme ces deux peuplades sont séparées par un ruisseau, il me paraît encore impossible qu'elles n'aient pas été ennemies; car il y aura eu nécessairement quelque différence dans leur manière de prononcer les mêmes mots. Les habitants du midi du ruisseau se seront sûrement moqués de ceux qui sont au nord, et cela ne se pardonne point. Il y aura eu une grande émulation entre les deux villages; quelque fille, quelque femme aura été enlevée. Les jeunes gens se seront battus à coups de poings, de gaules et de pierres, à plusieurs reprises. Les choses étant égales jusque-là de part et d'autre, celui qui passe pour le plus fort et le plus habile du village du nord dit à ses compagnons : Si vous voulez me suivre et faire ce que je vous dirai, je vous rendrai les maîtres du village du midi. Il parle avec tant d'assurance, qu'il obtient leurs suffrages. Il leur fait prendre de meilleures armes que n'en a la peuplade opposée. Vous ne vous êtes battus jusqu'à présent qu'en plein jour, leur dit-il; il faut attaquer vos ennemis pendant qu'ils dorment. Cette idée paraît d'un grand génie à la fourmilière du septentrion; elle attaque la fourmilière méridionale dans la nuit, tue quelques habitants dormeurs, en estropie plusieurs (comme firent noblement Ulysse et Rhésus[1]), enlève les filles et le reste du bétail; après quoi,

---

[1] Dans le dixième livre de l'*Iliade*, Ulysse et Diomède font une expédition nocturne; Rhésus est une de leurs victimes, et non le compagnon d'Ulysse. B.

la bourgade victorieuse se querelle nécessairement pour le partage des dépouilles. Il est naturel qu'ils s'en rapportent au chef qu'ils ont choisi pour cette expédition héroïque. Le voilà donc établi capitaine et juge. L'invention de surprendre, de voler et de tuer ses voisins, a imprimé la terreur dans le midi, et le respect dans le nord.

Ce nouveau chef passe dans le pays pour un grand homme; on s'accoutume à lui obéir, et lui encore plus à commander. Je crois que ce pourrait bien être là l'origine de la monarchie.

C.

Il est vrai que le grand art de surprendre, tuer et voler, est un héroïsme de la plus haute antiquité. Je ne trouve point de stratagème de guerre, dans Frontin, comparable à celui des enfants de Jacob, qui venaient en effet du nord, et qui surprirent, tuèrent et volèrent les Sichemites qui demeuraient au midi. C'est un rare exemple de saine politique et de sublime valeur. Car le fils du roi de Sichem étant éperdument amoureux de Dina, fille du patriarche Jacob, laquelle, ayant six ans tout au plus, était déjà nubile, et les deux amants ayant couché ensemble, les enfants de Jacob proposèrent au roi de Sichem, au prince son fils, et à tous les Sichemites, de se faire circoncire pour ne faire ensemble qu'un seul peuple; et sitôt que les Sichemites, s'étant coupé le prépuce, se furent mis au lit, deux patriarches, Siméon et Lévi, surprirent eux seuls tous les Sichemites [1], et les tuèrent, et les dix autres patriarches les volèrent. Cela

[1] *Genèse*, chap. xxxiv, v. 25 et suiv. Cl.

ne cadre pas pourtant avec votre système; car c'étaient les surpris, les tués et les volés qui avaient un roi, et les assassins et les voleurs n'en avaient pas encore.

A.

Apparemment que les Sichemites avaient fait autrefois quelque belle action pareille, et qu'à la longue leur chef était devenu monarque. Je conçois qu'il y eut des voleurs qui eurent des chefs, et d'autres voleurs qui n'en eurent point. Les Arabes du désert, par exemple, furent presque toujours des voleurs républicains; mais les Persans, les Mèdes, furent des voleurs monarchiques. Sans discuter avec vous les prépuces de Sichem et les voleries des Arabes, j'ai dans la tête que la guerre offensive a fait les premiers rois, et que la guerre défensive a fait les premières républiques.

Un chef de brigands tel que Déjocès[1] (s'il a existé), ou Cosrou nommé Cyrus, ou Romulus assassin de son frère, ou Clovis autre assassin, Genseric, Attila, se font rois : les peuples qui demeurent dans des cavernes, dans des îles, dans des marais, dans des gorges de montagnes, dans des rochers, conservent leur liberté, comme les Suisses, les Grisons, les Vénitiens, les Génois. On vit autrefois les Tyriens, les Carthaginois et les Rhodiens conserver la leur, tant qu'on ne put aborder chez eux par mer. Les Grecs furent long-temps libres dans un pays hérissé de montagnes; les Romains dans leurs sept collines reprirent leur liberté dès qu'ils le purent, et l'ôtèrent

---

[1] Hérodote, livre 1er. B.

ensuite à plusieurs peuples en les surprenant, en les tuant, et en les volant, comme nous l'avons déjà dit[1]. Et enfin la terre appartint partout au plus fort et au plus habile.

A mesure que les esprits se sont raffinés, on a traité les gouvernements comme les étoffes dans lesquelles on a varié les fonds, les dessins, et les couleurs. Ainsi la monarchie d'Espagne est aussi différente de celle d'Angleterre que le climat. Celle de Pologne ne ressemble en rien à celle d'Angleterre. La république de Venise est le contraire de celle de Hollande.

C.

Tout cela est palpable; mais, parmi tant de formes de gouvernement, est-il bien vrai qu'il y ait jamais eu une théocratie?

A.

Cela est si vrai que la théocratie est encore partout, et que du Japon à Rome on vous montre des lois émanées de Dieu même.

B.

Mais ces lois sont toutes différentes, toutes se combattent. La raison humaine peut très bien ne pas comprendre que Dieu soit descendu sur la terre pour ordonner le pour et le contre, pour commander aux Égyptiens et aux Juifs de ne jamais manger de cochon après s'être coupé le prépuce, et pour nous laisser à nous des prépuces et du porc frais. Il n'a pu défendre l'anguille et le lièvre en Palestine, en permettant le lièvre en Angleterre, et en ordonnant l'an-

[1] Voyez tome XV, pages 227-28. B.

guille aux papistes les jours maigres. J'avoue que je tremble d'examiner; je crains de trouver là des contradictions.

A.

Bon ! les médecins n'ordonnent-ils pas des remèdes contraires dans les mêmes maladies? L'un vous ordonne le bain froid, l'autre le bain chaud; celui-ci vous saigne, celui-là vous purge, cet autre vous tue; un nouveau venu [1] empoisonne votre fils, et devient l'oracle de votre petit-fils.

C.

Cela est curieux. J'aurais bien voulu voir, en exceptant Moïse et les autres véritablement inspirés, le premier impudent qui osa faire parler Dieu.

A.

Je pense qu'il était un composé de fanatisme et de fourberie. La fraude seule ne suffirait pas; elle fascine, et le fanatisme subjugue. Il est vraisemblable, comme dit un de mes amis [2], que ce métier commença par les rêves. Un homme d'une imagination allumée voit en songe son père et sa mère mourir; ils sont tous deux vieux et malades, ils meurent; le rêve est accompli; le voilà persuadé qu'un dieu lui a parlé en songe. Pour peu qu'il soit audacieux et fripon (deux choses très communes), il se met à prédire au nom de ce dieu. Il voit que, dans une guerre, ses compatriotes sont six contre un : il leur prédit la victoire, à condition qu'il aura la dîme du butin.

[1] Van-Swieten, médecin de la cour de Vienne, avait tué Charles-Joseph-Emmanuel: voyez ma note, tome XLII, page 118. B.
[2] Voltaire lui-même; voyez tome XV, page 25. B.

Le métier est bon; mon charlatan forme des élèves qui ont tous le même intérêt que lui. Leur autorité augmente par leur nombre. Dieu leur révèle que les meilleurs morceaux des moutons et des bœufs, les volailles les plus grasses, la mère-goutte du vin, leur appartiennent.

« The priests eat roast-beef, and the people stare. »

Le roi du pays fait d'abord un marché avec eux pour être mieux obéi par le peuple; mais bientôt le monarque est la dupe du marché : les charlatans se servent du pouvoir que le monarque leur a laissé prendre sur la canaille pour l'asservir lui-même. Le monarque regimbe, le prêtre le dépossède au nom de Dieu. Samuel détrône Saül, Grégoire VII détrône l'empereur Henri IV, et le prive de la sépulture. Ce système diabolico-théocratique dure jusqu'à ce qu'il se trouve des princes assez bien élevés, et qui aient assez d'esprit et de courage pour rogner les ongles aux Samuel et aux Grégoire. Telle est, ce me semble, l'histoire du genre humain.

B.

Il n'est pas besoin d'avoir lu pour juger que les choses ont dû se passer ainsi. Il n'y a qu'à voir la populace imbécile d'une ville de province dans laquelle il y a deux couvents de moines, quelques magistrats éclairés, et un commandant qui a du bon sens. Le peuple est toujours prêt à s'attrouper autour des cordeliers et des capucins. Le commandant veut les contenir. Le magistrat, fâché contre le commandant, rend un arrêt qui ménage un peu l'insolence des moines et la crédulité du peuple. L'évêque est encore plus fâché que le magistrat se soit mêlé d'une affaire divine; et les moines restent puissants jusqu'à ce qu'une révolution les abolisse.

« Humani generis mores tibi nosse volenti
« Sufficit una domus. »
JUVENAL, sat. XIII, v. 159.

SIXIÈME ENTRETIEN.

DES TROIS GOUVERNEMENTS, ET DE MILLE ERREURS ANCIENNES.

B.

Allons au fait. Je vous avouerai que je m'accommoderais assez d'un gouvernement démocratique. Je trouve que ce philosophe[r] avait tort, qui disait à un partisan d'un gouvernement populaire: « Commence « par l'essayer dans ta maison, tu t'en repentiras bien « vite. » Avec sa permission, une maison et une ville sont deux choses fort différentes. Ma maison est à moi; mes enfants sont à moi; mes domestiques, quand je les paie, sont à moi; mais de quel droit mes concitoyens m'appartiendraient-ils? tous ceux qui ont des possessions dans le même territoire ont droit également au maintien de l'ordre dans ce territoire. J'aime à voir des hommes libres faire eux-mêmes les lois sous lesquelles ils vivent, comme ils ont fait leurs habitations. C'est un plaisir pour moi que mon maçon, mon charpentier, mon forgeron, qui m'ont aidé à bâtir mon logement, mon voisin l'agriculteur, et mon ami le manufacturier, s'élèvent tous au-dessus de leur mé-

---

[r] Lycurgue; voyez, dans Plutarque, le *Banquet des sept sages*. B.

tier, et connaissent mieux l'intérêt public que le plus insolent chiaoux de Turquie. Aucun laboureur, aucun artisan, dans une démocratie, n'a la vexation et le mépris à redouter; aucun n'est dans le cas de ce chapelier qui présentait sa requête à un duc et pair pour être payé de ses fournitures : — Est-ce que vous n'avez rien reçu, mon ami, sur votre partie ? — Je vous demande pardon, monseigneur; j'ai reçu un soufflet de monseigneur votre intendant.

Il est bien doux de n'être point exposé à être traîné dans un cachot pour n'avoir pu payer à un homme qu'on ne connaît pas un impôt dont on ignore la valeur et la cause, et jusqu'à l'existence.

Être libre, n'avoir que des égaux, est la vraie vie, la vie naturelle de l'homme; toute autre est un indigne artifice, une mauvaise comédie, où l'un joue le personnage de maître, l'autre d'esclave, celui-là de parasite, et cet autre d'entremetteur. Vous m'avouerez que les hommes ne peuvent être descendus de l'état naturel que par lâcheté et par bêtise.

Cela est clair : personne ne peut avoir perdu sa liberté que pour n'avoir pas su la défendre. Il y a eu deux manières de la perdre; c'est quand les sots ont été trompés par des fripons, ou quand les faibles ont été subjugués par les forts. On parle de je ne sais quels vaincus à qui je ne sais quels vainqueurs firent crever un œil [1]; il y a des peuples à qui on a crevé les deux yeux comme aux vieilles rosses à qui l'on fait tourner la meule. Je veux garder mes yeux; je m'ima-

---

[1] Voyez tome XXXI, page 8. B.

gine qu'on en crève un dans l'état aristocratique, et deux dans l'état monarchique.

A.

Vous parlez comme un citoyen de la Nord-Hollande, et je vous le pardonne.

C.

Pour moi je n'aime que l'aristocratie ; le peuple n'est pas digne de gouverner. Je ne saurais souffrir que mon perruquier soit législateur ; j'aimerais mieux ne porter jamais de perruque. Il n'y a que ceux qui ont reçu une très bonne éducation qui soient faits pour conduire ceux qui n'en ont reçu aucune. Le gouvernement de Venise est le meilleur ; cette aristocratie est le plus ancien état de l'Europe. Je mets après lui le gouvernement de l'Allemagne. Faites-moi noble vénitien ou comte de l'Empire, je vous déclare que je ne peux vivre joyeusement que dans l'une ou dans l'autre de ces deux conditions.

A.

Vous êtes un seigneur riche, M. C., et j'approuve fort votre façon de penser. Je vois que vous seriez pour le gouvernement des Turcs si vous étiez empereur de Constantinople. Pour moi, quoique je ne sois que membre du parlement de la Grande-Bretagne, je regarde ma constitution comme la meilleure de toutes ; et je citerai pour mon garant un témoignage qui n'est pas récusable : c'est celui d'un Français qui, dans un poëme[1] consacré aux vérités et non aux vaines fictions, parle ainsi de notre gouvernement :

---

[1] *Henriade*, chant Ier, vers 313-18. B.

Aux murs de Westminster on voit paraître ensemble
Trois pouvoirs étonnés du nœud qui les rassemble,
Les députés du peuple, et les grands, et le roi,
Divisés d'intérêt, réunis par la loi ;
Tous trois membres sacrés de ce corps invincible,
Dangereux à lui-même, à ses voisins terrible.

C.

Dangereux à lui-même ! Vous avez donc de très grands abus chez vous ?

A.

Sans doute, comme il en fut chez les Romains, chez les Athéniens, et comme il y en aura toujours chez les hommes. Le comble de la perfection humaine est d'être puissant et heureux avec des abus énormes ; et c'est à quoi nous sommes parvenus. Il est dangereux de trop manger ; mais je veux que ma table soit bien garnie.

B.

Voulez-vous que nous ayons le plaisir d'examiner à fond tous les gouvernements de la terre, depuis l'empereur chinois Hiao, et depuis la horde hébraïque, jusqu'aux dernières dissensions de Raguse et de Genève ?

A.

Dieu m'en préserve ! je n'ai que faire de fouiller dans les archives des étrangers pour régler mes comptes. Assez de gens, qui n'ont pu gouverner une servante et un valet, se sont mêlés de régir l'univers avec leur plume. Ne voudriez-vous pas que nous perdissions notre temps à lire ensemble le livre de Bossuet, évêque de Meaux, intitulé *la Politique de l'Écriture sainte ?* Plaisante politique que celle d'un malheureux peuple qui fut sanguinaire sans être guerrier, usurier sans être commerçant, brigand sans pouvoir conserver ses rapines, presque toujours esclave et presque toujours révolté, vendu au marché par Titus et par Adrien, comme on vend l'animal que ces Juifs appelaient immonde [1]; et qui était plus utile qu'eux. J'abandonne au déclamateur Bossuet la politique des roitelets de Juda et de Samarie, qui ne connurent que l'assassinat, à commencer par leur David, lequel, ayant fait le métier de brigand pour être roi, assassina Urie dès qu'il fut le maître; et ce sage Salomon qui commença par assassiner Adonias son propre frère au pied de l'autel. Je suis las de cet absurde pédantisme qui consacre l'histoire d'un tel peuple à l'instruction de la jeunesse.

Je ne suis pas moins las de tous les livres dans lesquels on répète les fables d'Hérodote et de ses semblables sur les anciennes monarchies de l'Asie et sur les républiques qui ont disparu.

Qu'ils nous redisent qu'une Didon, sœur prétendue de Pygmalion (qui ne sont point des noms phéniciens), s'enfuit de Phénicie pour acheter en Afrique autant de terrain qu'en pourrait contenir un cuir de bœuf, et que, le coupant en lanières, elle entoura de ces lanières un territoire immense où elle fonda Carthage; que ces historiens romanciers parlent, après tant d'autres, et que tant d'autres nous parlent après eux des oracles d'Apollon accomplis, et de l'anneau de Gygès, et des oreilles de Smerdis, et du cheval de Darius qui fit son maître roi de Perse; qu'on s'étende sur les lois de Charondas, qu'on nous répète que la

[1] Le porc. B.

petite ville de Sybaris mit trois cent mille hommes en campagne contre la petite ville de Crotone qui ne put armer que cent mille hommes : il faut mettre toutes ces histoires avec la louve de Romulus et de Rémus, le cheval de Troie, et la baleine [1] de Jonas.

Laissons donc là toute la prétendue histoire ancienne, et, à l'égard de la moderne, que chacun cherche à s'instruire par les fautes de son pays et par celles de ses voisins, la leçon sera longue; mais aussi voyons toutes les belles institutions par lesquelles les nations modernes se signalent : cette leçon sera longue encore.

B.

Et que nous apprendra-t-elle?

A.

Que plus les lois de convention se rapprochent de la loi naturelle, et plus la vie est supportable [2].

C.

Voyons donc.

SEPTIÈME ENTRETIEN.

QUE L'EUROPE MODERNE VAUT MIEUX QUE L'EUROPE ANCIENNE.

C.

Seriez-vous assez hardi pour me soutenir que vous autres Anglais vous valez mieux que les Athéniens et

---

[1] Voltaire cite souvent cette baleine; mais l'Écriture ne dit pas le nom du grand poisson qui avala le petit prophète. Jonas, chap. II, v. 1; et Matthieu, chap. XII, v. 40. Cr.

[2] Voilà une grande vérité, très peu connue, mais dite si simplement que les lecteurs frivoles ne l'ont pas remarquée; et on continue à répéter que M. de Voltaire était un philosophe superficiel, parcequ'il n'était ni déclamateur ni énigmatique. K.

les Romains; que vos combats de coqs ou de gladiateurs, dans une enceinte de planches pourries, l'emportent sur le colisée? les savetiers et les bouffons qui jouent leurs rôles dans vos tragédies sont-ils supérieurs aux héros de Sophocle? vos orateurs font-ils oublier Cicéron et Démosthène? et enfin Londres est-elle mieux policée que l'ancienne Rome?

A.

Non; mais Londres vaut dix mille fois mieux qu'elle ne valait alors, et il en est de même du reste de l'Europe.

B.

Ah! exceptez-en, je vous prie, la Grèce, qui obéit au Grand-Turc, et la malheureuse partie de l'Italie qui obéit au pape.

A.

Je les excepte aussi, mais songez que Paris, qui n'est que d'un dixième moins grand que Londres, n'était alors qu'une petite cité barbare. Amsterdam n'était qu'un marais, Madrid un désert, et de la rive droite du Rhin jusqu'au golfe de Bothnie tout était sauvage; les habitants de ces climats vivaient, comme les Tartares ont toujours vécu, dans l'ignorance, dans la disette, dans la barbarie.

Comptez-vous pour peu de chose qu'il y ait aujourd'hui des philosophes sur le trône, à Berlin [1], en Suède [2], en Pologne [3], en Russie [4], et que les découvertes de notre grand Newton soient devenues le catéchisme de la noblesse de Moscou et de Pétersbourg?

---

[1] Frédéric II. Cl. — [2] Adolphe-Frédéric, beau-frère du roi de Prusse et père de Gustave III. Cl. — [3] Stanislas-Auguste Poniatowski. Cl. — [4] Catherine II. Cl.

C.

Vous m'avouërez qu'il n'en est pas de même sur les bords du Danube [1] et du Mançanarès; la lumière est venue du Nord [2], car vous êtes gens du Nord par rapport à moi qui suis né sous le quarante-cinquième degré : mais toutes ces nouveautés font-elles qu'on soit plus heureux dans ces pays qu'on ne l'était quand César descendit dans votre île, où il vous trouva à moitié nus?

A.

Je le crois fermement; de bonnes maisons, de bons vêtements, de la bonne chère, avec de bonnes lois et de la liberté, valent mieux que la disette, l'anarchie, et l'esclavage. Ceux qui sont mécontents de Londres n'ont qu'à s'en aller aux Orcades; ils y vivront comme nous vivions à Londres du temps de César : ils mangeront du pain d'avoine, et s'égorgeront à coups de couteau pour un poisson séché au soleil, et pour une cabane de paille. La vie sauvage a ses charmes, ceux qui la prêchent n'ont qu'à donner l'exemple.

B.

Mais au moins ils vivraient sous la loi naturelle. La pure nature n'a jamais connu ni débats de parlement, ni prérogatives de la couronne, ni compagnie des Indes, ni impôt de trois schellings par livre sur son champ et sur son pré, et d'un schelling par fenêtre. Vous pourriez bien avoir corrompu la nature;

---

[1] Les rives du Danube ont bien changé depuis l'impression de cet ouvrage. K.

[2] C'est du Nord aujourd'hui que nous vient la lumière. *Épître* à Catherine II, 1771. CL.

elle n'est point altérée dans les îles Orcades et chez les Topinambous.

A.

Et si je vous disais que ce sont les sauvages qui corrompent la nature, et que c'est nous qui la suivons?

C.

Vous m'étonnez; quoi! c'est suivre la nature que de sacrer un archevêque de Cantorbéry? d'appeler un Allemand transplanté chez vous [1], *votre majesté?* de ne pouvoir épouser qu'une seule femme, et de payer plus du quart de votre revenu tous les ans? sans compter bien d'autres transgressions contre la nature dont je ne parle pas.

A.

Je vais pourtant vous le prouver, ou je me trompe fort. N'est-il pas vrai que l'instinct et le jugement, ces deux fils aînés de la nature, nous enseignent à chercher en tout notre bien-être, et à procurer celui des autres, quand leur bien-être fait le nôtre évidemment? N'est-il pas vrai que si deux vieux cardinaux se rencontraient à jeun et mourants de faim sous un prunier, ils s'aideraient tous deux machinalement à monter sur l'arbre pour cueillir des prunes, et que deux petits coquins de la forêt Noire ou des Chicachas en feraient autant?

B.

Eh bien! qu'en voulez-vous conclure?

---

[1] Georges Ier, roi d'Angleterre en 1714, et trisaïeul de Guillaume IV, actuellement régnant, était électeur de Hanovre; voyez tome XXIII, page 29. B.

A.

Ce que ces deux cardinaux et les deux margajats en concluront, que dans tous les cas pareils il faut s'entr'aider. Ceux qui fourniront le plus de secours à la société seront donc ceux qui suivront la nature de plus près. Ceux qui inventeront les arts (ce qui est un grand don de Dieu), ceux qui proposeront des lois (ce qui est infiniment plus aisé), seront donc ceux qui auront le mieux obéi à la loi naturelle; donc, plus les arts seront cultivés et les propriétés assurées, plus la loi naturelle aura été en effet observée. Donc, lorsque nous convenons de payer trois schellings en commun par livre sterling, pour jouir plus sûrement de dix-sept autres schellings; quand nous convenons de choisir un Allemand pour être, sous le nom de roi, le conservateur de notre liberté, l'arbitre entre les lords et les communes, le chef de la république; quand nous n'épousons qu'une seule femme par économie, et pour avoir la paix dans la maison; quand nous tolérons (parceque nous sommes riches) qu'un archevêque de Cantorbéry ait douze mille pièces de revenu pour soulager les pauvres, pour prêcher la vertu s'il sait prêcher, pour entretenir la paix dans le clergé, etc., etc., nous fesons plus que de perfectionner la loi naturelle, nous allons au-delà du but : mais le sauvage isolé et brut (s'il y a de tels animaux sur la terre, ce dont je doute fort), que fait-il du matin au soir, que de pervertir la loi naturelle, en étant inutile à lui-même et à tous les hommes?

Une abeille qui ne ferait ni miel ni cire, une hirondelle qui ne ferait pas son nid, une poule qui ne pondrait jamais, corrompraient leur loi naturelle, qui est leur instinct : les hommes insociables corrompent l'instinct de la nature humaine.

C.

Ainsi l'homme déguisé sous la laine des moutons, ou sous l'excrément des vers à soie, inventant la poudre à canon pour se détruire, et allant chercher la vérole à deux mille lieues de chez lui, c'est là l'homme naturel, et le Brasilien tout nu est l'homme artificiel ?

A.

Non; mais le Brasilien est un animal qui n'a pas encore atteint le complément de son espèce. C'est un oiseau qui n'a ses plumes que fort tard, une chenille enfermée dans sa fève, qui ne sera en papillon que dans quelques siècles. Il aura peut-être un jour des Newton et des Locke, et alors il aura rempli toute l'étendue de la carrière humaine, supposé que les organes du Brasilien soient assez forts et assez souples pour arriver à ce terme; car tout dépend des organes. Mais que m'importent après tout le caractère d'un Brasilien et les sentiments d'un Topinambou? Je ne suis ni l'un ni l'autre, je veux être heureux chez moi à ma façon. Il faut examiner l'état où l'on est, et non l'état où l'on ne peut être.

HUITIÈME ENTRETIEN.
DES SERFS DE CORPS.

B.

Il me paraît que l'Europe est aujourd'hui comme une grande foire. On y trouve tout ce qu'on croit nécessaire à la vie; il y a des corps-de-garde pour veiller à la sûreté des magasins; des fripons qui gagnent aux trois dés l'argent que perdent les dupes; des fainéants qui demandent l'aumône, et des marionnettes dans le préau [1].

A.

Tout cela est de convention, comme vous voyez; et ces conventions de la foire sont fondées sur les besoins de l'homme, sur sa nature, sur le développement de son intelligence, sur la cause première qui pousse le ressort des causes secondes. Je suis persuadé qu'il en est ainsi dans une république de fourmis : nous les voyons toujours agir sans bien démêler ce qu'elles font; elles ont l'air de courir au hasard, elles jugent peut-être ainsi de nous; elles tiennent leur foire comme nous la nôtre. Pour moi, je ne suis pas absolument mécontent de ma boutique.

C.

Parmi les conventions qui me déplaisent de cette grande foire du monde, il y en a deux surtout qui me mettent en colère; c'est qu'on y vende des esclaves, et qu'il y ait des charlatans dont on paie l'orviétan beaucoup trop cher. Montesquieu m'a fort réjoui dans son chapitre des nègres [2]. Il est bien comique; il triomphe en s'égayant sur notre injustice.

A.

Nous n'avons pas, à la vérité, le droit naturel d'aller garrotter un citoyen d'Angola pour le mener tra-

---

[1] Nom du lieu où se tenait la foire Saint-Germain; c'est sur cet emplacement qu'a été construit le marché Saint-Germain. B.
[2] Liv. XV, ch. 5. B.

vailler à coups de nerf de bœuf à nos sucreries de la Barbade, comme nous avons le droit naturel de mener à la chasse le chien que nous avons nourri : mais nous avons le droit de convention. Pourquoi ce nègre se vend-il? ou pourquoi se laisse-t-il vendre? je l'ai acheté, il m'appartient; quel tort lui fais-je? Il travaille comme un cheval, je le nourris mal, je l'habille de même, il est battu quand il désobéit; y a-t-il là de quoi tant s'étonner? traitons-nous mieux nos soldats? n'ont-ils pas perdu absolument leur liberté comme ce nègre? la seule différence entre le nègre et le guerrier, c'est que le guerrier coûte bien moins. Un beau nègre revient à présent à cinq cents écus au moins, et un beau soldat en coûte à peine cinquante. Ni l'un ni l'autre ne peut quitter le lieu où il est confiné; l'un et l'autre sont battus pour la moindre faute. Le salaire est à peu près le même; et le nègre a sur le soldat l'avantage de ne point risquer sa vie, et de la passer avec sa négresse et ses négrillons.

B.

Quoi! vous croyez donc qu'un homme peut vendre sa liberté, qui n'a point de prix?

A.

Tout a son tarif: tant pis pour lui, s'il me vend à bon marché quelque chose de si précieux. Dites qu'il est un imbécile; mais ne dites pas que je suis un coquin [1].

---

[1] Nous ne pouvons être ici d'accord avec M. de Voltaire. 1° Les principes du droit naturel prononcent la nullité de toute convention dont il résulte une lésion qui prouve qu'elle est l'ouvrage de la démence de l'un des contractants, ou de la violence et de la fraude de l'autre. 2° Un enga-

C.

Il me semble que Grotius [1], liv. II, chap. v, approuve fort l'esclavage; il trouve même la condition d'un esclave beaucoup plus avantageuse que celle d'un homme de journée, qui n'est pas toujours sûr d'avoir du pain.

B.

Mais Montesquieu regarde la servitude comme une espèce de péché contre nature [2]. Voilà un Hollandais citoyen libre qui veut des esclaves, et un Français qui n'en veut point; il ne croit pas même au droit de la guerre.

A.

Et quel autre droit peut-il donc y avoir dans la guerre que celui du plus fort? Je suppose que je me trouve en Amérique engagé dans une action contre

---

gement est nul, par la même raison, toutes les fois que les conditions de cet engagement n'ont point une étendue déterminée. 3° Quand il serait vrai qu'on pût se vendre soi-même, on ne pourrait point vendre sa postérité. Un homme ne pourrait avoir le droit d'en vendre un autre, à moins qu'il ne se fût vendu volontairement, et que cette permission fût une des clauses de la vente; l'esclavage ne serait donc alors légitime que dans des cas très rares. D'ailleurs un homme qui abuse de l'imbécillité d'un autre est précisément ce que monsieur A ne veut pas être. Il n'y a nulle parité entre l'état d'un esclave et celui d'un soldat. Les conditions de l'engagement d'un soldat sont déterminées; son châtiment, s'il y manque, est réglé par une loi, et est infligé par le jugement d'un officier, qui est dans ce cas une espèce de magistrat, un homme chargé d'exercer une partie de la puissance publique. Cet officier n'est pas juge et partie comme le maître à l'égard de son esclave. Les soldats peuvent être réellement en certains pays dans une situation pareille à la servitude des nègres; et alors cet esclavage est une violation du droit naturel : mais l'état de soldat n'est pas en lui-même un état d'esclavage. K. — Voyez la note suivante des éditeurs de Kehl, qui eux-mêmes justifient Voltaire, après l'avoir presque accusé ici. B.

[1] *De jure belli et pacis.* B. — [2] *Esprit des Lois,* liv. XV, ch. 7. B.

des Espagnols. Un Espagnol m'a blessé, je suis prêt à le tuer; il me dit: Brave Anglais, ne me tue pas, et je te servirai. J'accepte la proposition, je lui fais ce plaisir, je le nourris d'ail et d'ognons; il me lit les soirs *Don Quichotte* à mon coucher: quel mal y a-t-il à cela, s'il vous plaît? Si je me rends à un Espagnol aux mêmes conditions, quel reproche ai-je à lui faire? Il n'y a dans un marché que ce qu'on y met, comme dit l'empereur Justinien [1].

Montesquieu n'avoue-t-il pas lui-même qu'il y a des peuples d'Europe chez lesquels il est fort commun de se vendre, comme par exemple les Russes?

B.

Il est vrai qu'il le dit[a], et qu'il cite le capitaine Jean Perry dans l'*État présent de la Russie*[2]; mais il cite à son ordinaire. Jean Perry dit précisément le contraire[b]. Voici ses propres mots: « Le czar a or-« donné que personne ne se dirait à l'avenir son es-

---

[1] Cela suppose qu'on a droit de tuer un homme qui se rend; sans quoi, celui qui fait esclave un ennemi, au lieu de le tuer, est un peu plus coupable qu'un voleur de grand chemin qui ne tue point ceux qui donnent leur bourse de bonne grace. Il vaut mieux faire un homme esclave que de le tuer, comme il vaut mieux voler qu'assassiner; mais de ce qu'on a fait un moindre crime, il ne s'ensuit point qu'on ait sur le fruit de ce crime un véritable droit. Au reste, ces décisions de monsieur A ne sont pas la véritable opinion de M. de Voltaire. C'est un Anglais qu'il fait parler. Il a voulu peindre un caractère un peu dur, qui se soucie fort peu des hommes assez lâches et assez imbéciles pour rester dans l'esclavage, et qui trouve fort bon qu'on le fasse esclave, s'il est assez faible pour préférer la vie à la liberté. K.

[a] Liv. XV, ch. 6.

[2] *État présent de la grande Russie*, traduit de l'anglais de Perry. Paris, 1717, in-12; voyez ce que dit Voltaire tome XXIX, page 204. B.

[b] Page 228.

« clave, son golup, mais seulement raab, qui signifie
« sujet. Il est vrai que ce peuple n'en tire aucun avan-
« tage réel, car il est encore aujourd'hui esclave. »

En effet, tous les cultivateurs, tous les habitants des terres appartenantes aux boyards ou aux prêtres sont esclaves. Si l'impératrice de Russie commence à créer des hommes libres, elle rendra par là son nom immortel.

Au reste, à la honte de l'humanité, les agriculteurs, les artisans, les bourgeois qui ne sont pas citoyens des grandes villes, sont encore esclaves, serfs de glèbe, en Pologne, en Bohême, en Hongrie, en plusieurs provinces de l'Allemagne, dans la moitié de la Franche-Comté[1], dans le quart de la Bourgogne; et ce qu'il y a de contradictoire, c'est qu'ils sont esclaves des prêtres. Il y a tel évêque qui n'a guère que des serfs de glèbe de mainmorte dans son territoire: telle est l'humanité, telle est la charité chrétienne. Quant aux esclaves faits pendant la guerre, on ne voit chez les religieux chevaliers de Malte que des esclaves de Turquie ou des côtes d'Afrique enchaînés aux rames de leurs galères chrétiennes.

A.

Par ma foi, si des évêques et des religieux ont des esclaves, je veux en avoir aussi.

B.

Il serait mieux que personne n'en eût.

C.

La chose arrivera infailliblement quand la paix

[1] Voyez, dans les tomes XLVI, XLVII, XLVIII et L, les écrits de Voltaire sur les serfs du Mont-Jura. B.

perpétuelle [1] de l'abbé de Saint-Pierre sera signée par le Grand-Turc et par toutes les puissances, et qu'on aura bâti la ville d'arbitrage auprès du trou qu'on voulait percer jusqu'au centre de la terre [2], pour savoir bien précisément comment il faut se conduire sur sa surface.

NEUVIÈME ENTRETIEN.

DES ESPRITS SERFS.

B.

Si vous admettez l'esclavage du corps, vous ne permettez pas du moins l'esclavage des esprits?

A.

Entendons-nous, s'il vous plaît. Je n'admets point l'esclavage du corps parmi les principes de la société. Je dis seulement qu'il vaut mieux pour un vaincu être esclave que d'être tué, en cas qu'il aime plus la vie que la liberté.

Je dis que le nègre qui se vend est un fou, et que le père nègre qui vend son négrillon est un barbare, mais que je suis un homme fort sensé d'acheter ce nègre et de le faire travailler à ma sucrerie. Mon intérêt est qu'il se porte bien, afin qu'il travaille. Je serai humain envers lui, et je n'exige pas de lui plus de reconnaissance que de mon cheval à qui je suis obligé de donner de l'avoine, si je veux qu'il me serve [3].

---

[1] Rêves d'un homme de bien, disait le cardinal Dubois. B.
[2] Voyez tome XXXIX, pages 448, 487 et 497. B.
[3] C'est ici une autre question. Puis-je, l'esclavage étant établi dans une société, acheter un esclave, qui sans cela deviendrait l'esclave d'un autre,

Je suis avec mon cheval à peu près comme Dieu avec l'homme. Si Dieu a fait l'homme pour vivre quelques minutes dans l'écurie de la terre, il fallait bien qu'il lui procurât de la nourriture ; car il serait absurde qu'il lui eût fait présent de la faim et d'un estomac, et qu'il eût oublié de le nourrir.

C.

Et si votre esclave vous est inutile ?

A.

Je lui donnerai sa liberté, sans contredit, dût-il s'aller faire moine.

B.

Mais l'esclavage de l'esprit, comment le trouvez-vous ?

A.

Qu'appelez-vous esclavage de l'esprit ?

B.

J'entends cet usage où l'on est de plier l'esprit de

---

que je traiterai avec humanité, à qui je rendrai la liberté lorsqu'il m'aura valu ce qu'il m'aura coûté, si alors il est encore en état de vivre de son travail, et à qui je ferai une pension s'il a vieilli à mon service ? Je vois un esclave sur le marché, je lui dis : Mon ami, mes compatriotes sont des coquins qui violent le droit naturel sans pudeur et sans remords. On va te vendre 1,500 liv. ; je les ai ; mais je ne puis faire ce sacrifice pour empêcher ces gens-là de commettre un crime de plus. Si tu veux, je t'achèterai, tu travailleras pour moi, et je te nourrirai ; si tu travailles mal, tu es un vaurien, je te chasserai, et tu retomberas entre les mains dont tu sors ; si je suis un brutal ou un tyran, si je te donne des coups de nerf de bœuf, si je te prends ta femme ou ta fille, tu ne me dois plus rien, tu deviens libre ; fie-toi à ma parole, je ne fais point le mal de sang froid. Veux-tu me suivre ? Mais cachons ce traité : on ne souffre ici, entre ton espèce et la mienne, que les conventions qui sont des crimes ; celles qui seraient justes sont défendues. Ce discours serait celui d'un homme raisonnable, mais celui qu'il aurait acheté ne serait pas son esclave. K.

nos enfants, comme les femmes caraïbes pétrissent la tête des leurs; d'apprendre d'abord à leur bouche à balbutier des sottises dont nous nous moquons nous-mêmes; de leur faire croire ces sottises dès qu'ils peuvent commencer à croire; de prendre ainsi tous les soins possibles pour rendre une nation idiote, pusillanime et barbare; d'instituer enfin des lois qui empêchent les hommes d'écrire, de parler, et même de penser, comme Arnolphe veut, dans la comédie, qu'il n'y ait dans sa maison d'écritoire que pour lui[1], et faire d'Agnès une imbécile, afin de jouir d'elle.

A.

S'il y avait de pareilles lois en Angleterre, ou je ferais une belle conspiration pour les abolir, ou je fuirais pour jamais de mon île après y avoir mis le feu.

C.

Cependant il est bon que tout le monde ne dise pas ce qu'il pense. On ne doit insulter ni par écrit, ni dans ses discours, les puissances et les lois à l'abri desquelles on jouit de sa fortune, de sa liberté, et de toutes les douceurs de la vie.

A.

Non, sans doute; et il faut punir le séditieux téméraire: mais, parceque les hommes peuvent abuser de l'écriture, faut-il leur en interdire l'usage? J'aimerais autant qu'on vous rendît muet pour vous empêcher de faire de mauvais arguments. On vole dans les rues, faut-il pour cela défendre d'y marcher? on dit des sottises et des injures, faut-il défendre de parler?

---

[1] *École des femmes*, acte III, scène 2, septième maxime. B.

Chacun peut écrire chez nous ce qu'il pense à ses risques et à ses périls; c'est la seule manière de parler à sa nation. Si elle trouve que vous avez parlé ridiculement, elle vous siffle; si séditieusement, elle vous punit; si sagement et noblement, elle vous aime et vous récompense. La liberté de parler aux hommes avec la plume est établie en Angleterre comme en Pologne; elle l'est dans les Provinces-Unies; elle l'est enfin dans la Suède, qui nous imite; elle doit l'être dans la Suisse, sans quoi la Suisse n'est pas digne d'être libre. Point de liberté chez les hommes, sans celle d'expliquer sa pensée.

C.

Et si vous étiez né dans Rome moderne?

A.

J'aurais dressé un autel à Cicéron et à Tacite, gens de Rome l'ancienne; je serais monté sur cet autel, et, le chapeau de Brutus sur la tête, et son poignard à la main, j'aurais rappelé le peuple aux droits naturels qu'il a perdus; j'aurais rétabli le tribunat, comme fit Nicolas Rienzi[1].

C.

Et vous auriez fini comme lui.

A.

Peut-être; mais je ne puis vous exprimer l'horreur que m'inspira l'esclavage des Romains dans mon dernier voyage; je frémissais en voyant des récollets au Capitole[2]. Quatre de mes compatriotes ont frété un

---

[1] Voyez tome XVI, page 305. B.
[2] Voyez tome XXXIX, page 359; et XLIV, 158. B.

vaisseau pour aller dessiner les inutiles ruines de Palmyre et de Balbec[1]; j'ai été tenté cent fois d'en armer une douzaine à mes frais pour aller changer en ruines les repaires des inquisiteurs dans les pays où l'homme est asservi par ces monstres. Mon héros est l'amiral Blake. Envoyé par Cromwell pour signer un traité avec Jean de Bragance, roi de Portugal, ce prince s'excusa de conclure, parceque le grand-inquisiteur ne voulait pas souffrir qu'on traitât avec des hérétiques. Laissez-moi faire, lui dit Blake, il viendra signer le traité sur mon bord. Le palais de ce moine était sur le Tage, vis-à-vis notre flotte. L'amiral lui lâche une bordée à boulets rouges; l'inquisiteur vient lui demander pardon, et signe le traité à genoux. L'amiral ne fit en cela que la moitié de ce qu'il devait faire; il aurait dû défendre à tous les inquisiteurs de tyranniser les ames et de brûler les corps, comme les Persans, et ensuite les Grecs et les Romains, défendirent aux Africains de sacrifier des victimes humaines.

B.

Vous parlez toujours en véritable Anglais.

A.

En homme, et comme tous les hommes parleraient s'ils osaient. Voulez-vous que je vous dise quel est le plus grand défaut du genre humain?

C.

Vous me ferez plaisir; j'aime à connaître mon espèce.

[1] Voyez ma note, tome XXXIV, page 441. B.

A.

Ce défaut est d'être sot et poltron.

C.

Cependant toutes les nations montrent du courage à la guerre.

A.

Oui, comme les chevaux, qui tremblent au premier son du tambour, et qui avancent fièrement quand ils sont disciplinés par cent coups de tambour et cent coups de fouet.

DIXIÈME ENTRETIEN.

SUR LA RELIGION.

C.

Puisque vous croyez que le partage du brave homme est d'expliquer librement ses pensées, vous voulez donc qu'on puisse tout imprimer sur le gouvernement et sur la religion?

A.

Qui garde le silence sur ces deux objets, qui n'ose regarder fixement ces deux pôles de la vie humaine, n'est qu'un lâche. Si nous n'avions pas su écrire, nous aurions été opprimés par Jacques II et par son chancelier Jeffreys; et milord de Kenterbury nous ferait donner le fouet à la porte de sa cathédrale. Notre plume fut la première arme contre la tyrannie, et notre épée la seconde.

C.

Quoi! écrire contre la religion de son pays!

B.

Eh! vous n'y pensez pas, monsieur C.; si les premiers chrétiens n'avaient pas eu la liberté d'écrire contre la religion de l'empire romain, ils n'auraient jamais établi la leur; ils firent l'évangile de Marie, celui de Jacques, celui de l'enfance, celui des Hébreux, de Barnabé, de Luc, de Jean, de Matthieu, de Marc; ils en écrivirent cinquante-quatre [1]. Ils firent les lettres de Jésus à un roitelet d'Édesse, celles de Pilate à Tibère, de Paul à Sénèque, et les prophéties des sibylles en acrostiches, et le symbole des douze apôtres, et le testament des douze patriarches [2], et le livre d'Énoch, et cinq ou six apocalypses, et de fausses constitutions apostoliques, etc., etc. Que n'écrivirent-ils point? Pourquoi voulez-vous nous ôter la liberté qu'ils ont eue?

C.

Dieu me préserve de proscrire cette liberté précieuse! mais j'y veux du ménagement, comme dans la conversation des honnêtes gens; chacun y dit son avis, mais personne n'insulte la compagnie.

A.

Je ne demande pas aussi qu'on insulte la société, mais qu'on l'éclaire. Si la religion du pays est divine (car c'est de quoi chaque nation se pique), cent mille volumes lancés contre elle ne lui feront pas plus de mal que cent mille pelotes de neige n'ébranleront des murailles d'airain. Les portes de l'enfer ne prévaudront pas contre elle [3], comme vous savez : comment des caractères noirs tracés sur du papier blanc pourraient-ils la détruire?

---

[1] Voyez, dans le présent volume, la *Collection d'anciens évangiles*. B.
[2] Voyez tome XXVI, page 460. B. — [3] Matth., XVI, 18. B.

Mais si des fanatiques, ou des fripons, ou des gens qui possèdent ces deux qualités à-la-fois, viennent à corrompre une religion pure et simple ; si par hasard des mages et des bonzes ajoutent des cérémonies ridicules à des lois sacrées, des mystères impertinents à la morale divine des Zoroastre et des Confutzée, le genre humain ne doit-il pas des graces à ceux qui nettoieraient le temple de Dieu des ordures que ces malheureux y auront amassées ?

B.

Vous me paraissez bien savant : quels sont donc ces préceptes de Zoroastre et de Confutzée ?

A.

Confutzée ne dit point : « Ne fais pas aux hommes « ce que tu ne voudrais pas qu'on te fît. »

Il dit : « Fais ce que tu veux qu'on te fasse, oublie « les injures, et ne te souviens que des bienfaits. » Il fait un devoir de l'amitié et de l'humanité.

Je ne citerai qu'une seule loi de Zoroastre, qui comprend ce que la morale a de plus épuré, et qui est justement le contraire du fameux probabilisme des jésuites : « Quand tu seras en doute si une action « est bonne ou mauvaise, abstiens-toi de la faire. »

Nul moraliste, nul philosophe, nul législateur n'a jamais rien dit ni pu dire qui l'emporte sur cette maxime. Si, après cela, des docteurs persans ou chinois ont ajouté à l'adoration d'un Dieu et à la doctrine de la vertu des chimères fantastiques, des apparitions, des visions, des prédictions, des prodiges, des possessions, des scapulaires ; s'ils ont voulu qu'on ne mangeât que de certains aliments en l'honneur de Zoroastre et de Confutzée; s'ils ont prétendu être instruits de tous les secrets de la famille de ces deux grands hommes; s'ils ont disputé trois cents ans pour savoir comment Confutzée avait été fait ou engendré; s'ils ont institué des pratiques superstitieuses qui fesaient passer dans leurs poches l'argent des ames dévotes; s'ils ont établi leur grandeur temporelle sur la sottise de ces ames peu spirituelles; si enfin ils ont armé des fanatiques pour soutenir leurs inventions par le fer et par les flammes, il est indubitable qu'il a fallu réprimer ces imposteurs. Quiconque a écrit en faveur de la religion naturelle et divine, contre les détestables abus de la religion sophistique, a été le bienfaiteur de sa patrie.

C.

Souvent ces bienfaiteurs ont été mal récompensés. Ils ont été cuits ou empoisonnés, ou ils sont morts en l'air, et toute réforme a produit des guerres.

A.

C'était la faute de la législation. Il n'y a plus de guerres religieuses depuis que les gouvernements ont été assez sages pour réprimer la théologie.

B.

Je voudrais, pour l'honneur de la raison, qu'on l'abolît au lieu de la réprimer : il est trop honteux d'avoir fait une science de cette folie. Je connais bien à quoi sert un curé qui tient registre des naissances et des morts[1], qui ramasse des aumônes pour les pau-

---

[1] Voltaire n'a pas osé ici s'élever contre l'usage de confier au clergé les

vres, qui console les malades, qui met la paix dans les familles; mais à quoi sont bons les théologiens? Qu'en reviendra-t-il à la société, quand on aura bien su qu'un ange est infini, *secundum quid*, que Scipion et Caton sont damnés pour n'avoir pas été chrétiens, et qu'il y a une différence essentielle entre catégorématique et syncatégorématique?

N'admirez-vous pas un Thomas d'Aquin qui décide que « les parties irascibles et concupiscibles ne sont « pas parties de l'appétit intellectuel? » Il examine au long si les cérémonies de la loi sont avant la loi. Mille pages sont employées à ces belles questions, et cinq cent mille hommes les étudient.

Les théologiens ont long-temps recherché si Dieu peut être citrouille ou scarabée; si, quand on a reçu l'eucharistie, on la rend à la garde-robe.

Ces extravagances ont occupé des têtes qui avaient de la barbe dans des pays qui ont produit de grands hommes. C'est sur quoi un écrivain [1], ami de la raison, a dit plusieurs fois que notre grand mal est de ne pas savoir encore à quel point nous sommes au-dessous des Hottentots sur certaines matières.

Nous avons été plus loin que les Grecs et les Romains dans plusieurs arts; et nous sommes des brutes en cette partie; semblables à ces animaux du Nil dont une partie était vivifiée, tandis que l'autre n'était encore que de la fange [2].

registres de l'état civil. Mais, deux ans plus tard, il dit nettement que *le sacrement et le contrat sont deux choses bien différentes;* voyez tome XXXI, page 128. B.

[1] Voltaire lui-même; voyez tome XVI, page 74. B.

[2] Est-il besoin de dire que ce sont des animaux fabuleux? B.

Qui le croirait? un fou, après avoir répété toutes les bêtises scolastiques pendant deux ans, reçoit ses grelots et sa marotte en cérémonie; il se pavane, il décide; et c'est cette école de Bedlam qui mène aux honneurs et aux richesses. Thomas et Bonaventure ont des autels, et ceux qui ont inventé la charrue, la navette, le rabot, et la scie, sont inconnus.

A.

Il faut absolument qu'on détruise la théologie, comme on a détruit l'astrologie judiciaire, la magie, la baguette divinatoire, la cabale, et la chambre étoilée [1].

C.

Détruisons ces chenilles tant que nous pourrons dans nos jardins, et n'y laissons que les rossignols; conservons l'utile et l'agréable, c'est là tout l'homme; mais pour tout ce qui est dégoûtant et venimeux, je consens qu'on l'extermine.

A.

Une bonne religion honnête, mort de ma vie! bien établie par acte de parlement, bien dépendante du souverain, voilà ce qu'il nous faut, et tolérons toutes les autres [2]. Nous ne sommes heureux que depuis que nous sommes libres et tolérants.

C.

Je lisais l'autre jour un poëme français sur la

---

[1] Espèce d'inquisition d'état établie en Angleterre sous Henri VIII, et détruite, en 1641, sous Charles Ier. K.

[2] Les États-Unis de l'Amérique ont été plus loin, il n'y a chez eux aucune religion nationale; mais quelques uns de ces états ont fait une faute

Grace[1], poëme didactique et un peu soporatif, attendu qu'il est monotone. L'auteur, en parlant de l'Angleterre, à qui la grace de Dieu est refusée (quoique votre monarque se dise roi par la grace de Dieu tout comme un autre), l'auteur, dis-je, s'exprime ainsi en vers assez plats :

> Cette île, de chrétiens féconde pépinière,
> L'Angletérre, où jadis brilla tant de lumière,
> Recevant aujourd'hui toutes religions,
> N'est plus qu'un triste amas de folles visions...
> Oui, nous sommes, Seigneur, tes peuples les plus chers,
> Tu fais luire sur nous tes rayons les plus clairs.
> Vérité toujours pure, ô doctrine éternelle !
> La France est aujourd'hui ton royaume fidèle.
>   Chant IV, v. 129-146.

A.

Voilà un plaisant original avec sa pépinière et ses rayons clairs! Un Français croit toujours qu'il doit donner le ton aux autres nations ; il semble qu'il s'agisse d'un menuet ou d'une mode nouvelle. Il nous plaint d'être libres ! En quoi, s'il vous plaît, la France est-elle le royaume *fidèle de la doctrine éternelle ?* Est-ce dans le temps qu'une bulle ridicule[2], fabriquée à Paris dans un collége de jésuites, et scellée à Rome par un collége de cardinaux, a divisé toute la France,

---

en excluant les prêtres des fonctions publiques ; c'est leur dire de se réunir et de former *imperium in imperio*. Dans un pays bien gouverné, un prêtre ne doit avoir ni plus de priviléges ni moins de droits qu'un géomètre ou un métaphysicien. Les droits de citoyen n'ont rien de commun avec l'emploi qu'un homme fait de l'esprit que la nature lui a donné. K.

[1] Par Louis Racine. B.
[2] La bulle *Unigenitus*. Voyez tome XXVII, page 443; XLII, 136; XX, 429; XXII, 303. B.

et fait plus de prisonniers et d'exilés qu'elle n'avait de soldats? O le royaume fidèle!

Que l'Église anglicane réponde, si elle veut, à ces rimeurs de l'Église gallicane; pour moi, je suis sûr que personne ne regrettera parmi nous *ce temps jadis où brilla tant de lumière.* Était-ce quand les papes envoyaient chez nous des légats donner nos bénéfices à des Italiens, et imposer des décimes sur nos biens pour payer leurs filles de joie? Était-ce quand nos trois royaumes fourmillaient de moines et de miracles? Ce plat poëte est un bien mauvais citoyen. Il devait souhaiter plutôt à sa patrie assez de *rayons clairs* pour qu'elle aperçût ce qu'elle gagnerait à nous imiter; ces rayons font voir qu'il ne faut pas que les gallicans envoient vingt mille livres sterling à Rome toutes les années, et que les anglicans, qui payaient autrefois le denier de saint Pierre, étaient plongés alors dans la plus stupide barbarie.

B.

C'est très bien dit; la religion ne consiste point du tout à faire passer son argent à Rome. C'est une vérité reconnue non seulement de ceux qui ont brisé ce joug, mais encore de ceux qui le portent.

A.

Il faut absolument épurer la religion; l'Europe entière le crie. On commença ce grand ouvrage il y a près de deux cent cinquante années; mais les hommes ne s'éclairent que par degrés. Qui aurait cru alors qu'on analyserait les rayons du soleil, qu'on électriserait le tonnerre, et qu'on découvrirait la gravitation universelle, loi qui préside à l'univers ? Il est temps que des hommes si éclairés ne soient pas esclaves des aveugles. Je ris quand je vois une académie des sciences obligée de se conformer à la décision d'une congrégation du saint-office.

La théologie n'a jamais servi qu'à renverser les cervelles, et quelquefois les états. Elle seule fait les athées ; car le grand nombre de petits théologiens, qui est assez sensé pour voir le ridicule de cette étude chimérique, n'en sait pas assez pour lui substituer une saine philosophie. La théologie, disent-ils, est, selon la signification du mot, *la science de Dieu :* or les polissons qui ont profané cette science ont donné de Dieu des idées absurdes ; et de là ils concluent que la Divinité est une chimère, parceque la théologie est chimérique. C'est précisément dire qu'il ne faut prendre ni quinquina pour la fièvre, ni faire diète dans la pléthore, ni être saigné dans l'apoplexie, parcequ'il y a de mauvais médecins ; c'est nier la connaissance du cours des astres, parcequ'il y a eu des astrologues ; c'est nier les effets évidents de la chimie, parceque des chimistes charlatans ont prétendu faire de l'or. Les gens du monde, encore plus ignorants que ces petits théologiens, disent : Voilà des bacheliers et des licenciés qui ne croient pas en Dieu ; pourquoi y croirions-nous ?

Mes amis, une fausse science fait les athées : une vraie science prosterne l'homme devant la Divinité ; elle rend juste et sage celui que la théologie a rendu inique et insensé.

Voilà à peu près ce que j'ai lu dans ce petit livre[1] nouveau, et j'en ai fait ma profession de foi.

B.

En vérité, c'est celle de tous les honnêtes gens.

ONZIÈME ENTRETIEN.

DU DROIT DE LA GUERRE[2].

B.

Nous avons traité des matières qui nous regardent tous de fort près; et les hommes sont bien insensés d'aimer mieux aller à la chasse ou jouer au piquet que de s'instruire sur des objets si importants. Notre premier dessein était d'approfondir le droit de la guerre et de la paix; nous n'en avons pas encore parlé.

A.

Qu'entendez-vous par le droit de la guerre?

B.

Vous m'embarrassez; mais enfin de Groot ou Grotius en a fait un ample traité, dans lequel il cite plus de deux cents auteurs grecs ou latins, et même des auteurs juifs.

A.

Croyez-vous que le prince Eugène et le duc de Marlborough l'eussent étudié, quand ils vinrent chas-

---

[1] *Lettres à S. A. monseigneur le prince de* ***; voyez tome XLIII, page 495. B.

[2] Dans les *Questions sur l'Encyclopédie*, ce dialogue était donné sous ce mot, Droit (du) de la guerre, *Dialogue entre un Anglais et un Allemand*, et commençait au second alinéa qui était dans la bouche de l'Allemand : « Qu'entendez-vous par le droit de la guerre? » B.

ser les Français de cent lieues de pays? Le droit de la paix, je le connais assez, c'est de tenir sa parole, et de laisser tous les hommes jouir des droits de la nature; mais, pour le droit de la guerre, je ne sais ce que c'est. Le code du meurtre me semble une étrange imagination. J'espère que bientôt on nous donnera la jurisprudence des voleurs de grand chemin.

C.

Comment accorderons-nous donc cette horreur si ancienne, si universelle de la guerre, avec les idées du juste et de l'injuste, avec cette bienveillance pour nos semblables que nous prétendons être née avec nous, avec le τὸ καλὸν, le beau, et l'honnête?

B.

N'allons pas si vite. Ce crime qui consiste à commettre un si grand nombre de crimes en front de bandière n'est pas si universel que vous le dites. Nous avons déjà remarqué[1] que les brames et les primitifs nommés *quakers* n'ont jamais été coupables de cette abomination. Les nations qui sont au-delà du Gange versent très rarement le sang; et je n'ai point lu que la république de San-Marino ait jamais fait la guerre, quoiqu'elle ait à peu près autant de terrain qu'en avait Romulus. Les peuples de l'Indus et de l'Hydaspe furent bien surpris de voir les premiers voleurs armés qui vinrent s'emparer de leur beau pays. Plusieurs peuples de l'Amérique n'avaient jamais entendu parler de ce péché horrible, quand les Espagnols vinrent les attaquer l'*Évangile* à la main.

[1] Voyez le troisième entretien, page 32. B.

Il n'est point dit que les Cananéens eussent jamais fait la guerre à personne, lorsqu'une horde de Juifs parut tout d'un coup, mit les bourgades en cendres, égorgea les femmes sur les corps de leurs maris, et les enfants sur le ventre de leurs mères. Comment expliquerons-nous cette fureur dans nos principes ?

A.

Comme les méchants rendent raison de la peste, des deux véroles, et de la rage. Ce sont des maladies attachées à la constitution de nos organes. On n'est pas toujours attaqué de la rage et de la peste ; il suffit souvent qu'un ministre d'état enragé ait mordu un autre ministre, pour que la rage se communique dans trois mois à quatre ou cinq cent mille hommes.

C.

Mais, quand on a ces maladies, il y a quelques remèdes. En connaissez-vous pour la guerre ?

A.

Je n'en connais que deux, dont la tragédie s'est emparée ; la crainte et la pitié. La crainte nous oblige souvent à faire la paix ; et la pitié, que la nature a mise dans nos cœurs comme un contre-poison contre l'héroïsme carnassier, fait qu'on ne traite pas toujours les vaincus à toute rigueur. Notre intérêt même est d'user envers eux de miséricorde, afin qu'ils servent sans trop de répugnance leurs nouveaux maîtres : je sais bien qu'il y a eu des brutaux qui ont fait sentir rudement le poids de leurs chaînes aux nations subjuguées. A cela je n'ai autre chose à répondre que ce vers d'une tragédie intitulée *Spartacus*[1], composée par un Français qui pense profondément :

La loi de l'univers, c'est, *Malheur au vaincu.*

J'ai dompté un cheval : si je suis sage, je le nourris bien, je le caresse, et je le monte ; si je suis un fou furieux, je l'égorge.

C.

Cela n'est pas consolant ; car enfin nous avons presque tous été subjugués. Vous autres Anglais, vous l'avez été par les Romains, par les Saxons et les Danois, et ensuite par un bâtard de Normandie. Le berceau de notre religion est entre les mains des Turcs. Une poignée de Francs a soumis la Gaule. Les Tyriens, les Carthaginois, les Romains, les Goths, les Arabes, ont tour-à-tour subjugué l'Espagne. Enfin, de la Chine à Cadix, presque tout l'univers a toujours appartenu au plus fort. Je ne connais aucun conquérant qui soit venu l'épée dans une main et un code dans l'autre ; ils n'ont fait des lois qu'après la victoire, c'est-à-dire après la rapine ; et ces lois, ils les ont faites précisément pour soutenir leur tyrannie. Que diriez-vous si quelque bâtard de Normandie venait s'emparer de votre Angleterre pour venir vous donner ses lois ?

A.

Je ne dirais rien ; je tâcherais de le tuer à sa descente dans ma patrie ; s'il me tuait, je n'aurais rien à répliquer : s'il me subjuguait, je n'aurais que deux

---

[1] Par Saurin : le vers cité par Voltaire est à la scène 4 de l'acte III. B.

partis à prendre, celui de me tuer moi-même, ou celui de le bien servir.

B.

Voilà de tristes alternatives. Quoi! point de loi de la guerre? point de droit des gens?

A.

J'en suis fâché; mais il n'y en a point d'autre que de se tenir continuellement sur ses gardes. Tous les rois, tous les ministres pensent comme nous; et c'est pourquoi douze cent mille mercenaires en Europe font aujourd'hui la parade tous les jours en temps de paix.

Qu'un prince licencie ses troupes, qu'il laisse tomber ses fortifications en ruines, et qu'il passe son temps à lire Grotius, vous verrez si, dans un an ou deux, il n'aura pas perdu son royaume.

C.

Ce sera une grande injustice.

A.

D'accord.

B.

Et point de remède à cela?

A.

Aucun, sinon de se mettre en état d'être aussi injuste que ses voisins. Alors l'ambition est contenue par l'ambition; alors les chiens d'égale force montrent les dents, et ne se déchirent que quand ils ont à disputer une proie.

C.

Mais les Romains, les Romains, ces grands législateurs?

A.

Ils fesaient des lois, vous dis-je, comme les Algériens assujettissent leurs esclaves à la règle; mais, quand ils combattaient pour réduire les nations en esclavage, leur loi était leur épée. Voyez le grand César, le mari de tant de femmes, et la femme de tant d'hommes; il fait mettre en croix deux mille citoyens du pays de Vannes, afin que le reste apprenne à être plus souple; ensuite, quand toute la nation est bien apprivoisée, viennent les lois et les beaux règlements; on bâtit des cirques, des amphithéâtres, on élève des aqueducs, on construit des bains publics, et les peuples subjugués dansent avec leurs chaînes.

B.

On dit pourtant que, dans la guerre, il y a des lois qu'on observe : par exemple, on fait une trêve de quelques jours pour enterrer ses morts; on stipule qu'on ne se battra pas dans un certain endroit; on accorde une capitulation à une ville assiégée, on lui permet de racheter ses cloches; on n'éventre point les femmes grosses quand on prend possession d'une place qui s'est rendue; vous faites des politesses à un officier blessé qui est tombé entre vos mains; et s'il meurt, vous le faites enterrer.

A.

Ne voyez-vous pas que ce sont là les lois de la paix, les lois de la nature, les lois primitives, qu'on exécute réciproquement? La guerre ne les a pas dictées; elles se font entendre malgré la guerre; et sans cela les trois quarts du globe ne seraient qu'un désert couvert d'ossements.

Si deux plaideurs acharnés, et près d'être ruinés

par leurs procureurs, font entre eux un accord qui leur laisse à chacun un peu de pain, appellerez-vous cet accord une *loi du barreau?* Si une horde de théologiens, allant faire brûler en cérémonie quelques raisonneurs qu'ils appellent *hérétiques*, apprend que le lendemain le parti hérétique les fera brûler à son tour; s'ils font grace pour qu'on la leur fasse, direz-vous que c'est là une loi théologique? Vous avouerez qu'ils ont écouté la nature et l'intérêt, malgré la théologie. Il en est de même dans la guerre : le mal qu'elle ne fait pas, c'est le besoin et l'intérêt qui l'arrêtent. La guerre, vous dis-je, est une maladie affreuse qui saisit les nations l'une après l'autre, et que la nature guérit à la longue.

C.

Quoi! vous n'admettez point de guerre juste?

A.

Je n'en ai jamais connu de cette espèce; cela me paraît contradictoire et impossible.

B.

Quoi! lorsque le pape Alexandre VI, et son infame fils Borgia, pillaient la Romagne, égorgeaient, empoisonnaient tous les seigneurs de ce pays, en leur accordant des indulgences, il n'était pas permis de s'armer contre ces monstres?

A.

Ne voyez-vous pas que c'étaient ces monstres qui fesaient la guerre? ceux qui se défendaient la soutenaient. Il n'y a certainement dans ce monde que des guerres offensives; la défensive n'est autre chose que la résistance à des voleurs armés.

C.

Vous vous moquez de nous. Deux princes se disputent un héritage, leur droit est litigieux, leurs raisons sont également plausibles; il faut bien que la guerre en décide : alors cette guerre est juste des deux côtés.

A.

C'est vous qui vous moquez. Il est impossible physiquement que l'un des deux n'ait pas tort, et il est absurde et barbare que des nations périssent parceque l'un de ces deux princes a mal raisonné. Qu'ils se battent en champ clos s'ils veulent : mais qu'un peuple entier soit immolé à leurs intérêts, voilà où est l'horreur. Par exemple, l'archiduc Charles dispute le trône d'Espagne au duc d'Anjou[1], et, avant que le procès soit jugé, il en coûte la vie à plus de quatre cent mille hommes; je vous demande si la chose est juste.

B.

J'avoue que non. Il fallait trouver quelque autre biais pour accommoder le différent.

C.

Il était tout trouvé; il fallait s'en rapporter à la nation sur laquelle on voulait régner. La nation espagnole disait : Nous voulons le duc d'Anjou; le roi son grand-père l'a nommé héritier par son testament; nous y avons souscrit; nous l'avons reconnu pour notre roi; nous l'avons supplié de quitter la France pour venir gouverner. Quiconque veut s'op-

---

[1] Voyez tome XIX, page 525. B.

poser à la loi des vivants et des morts est visiblement injuste.

B.

Fort bien. Mais si la nation se partage?

A.

Alors, comme je vous le disais, la nation et ceux qui entrent dans la querelle sont malades de la rage. Ses horribles symptômes durent douze ans, jusqu'à ce que les enragés, épuisés, n'en pouvant plus, soient forcés de s'accorder. Le hasard, le mélange de bons et de mauvais succès, les intrigues, la lassitude, ont éteint cet incendie, que d'autres hasards, d'autres intrigues, la cupidité, la jalousie, l'espérance, avaient allumé. La guerre est comme le mont Vésuve; ses éruptions engloutissent des villes, et ses embrasements s'arrêtent. Il y a des temps où les bêtes féroces, descendues des montagnes, dévorent une partie de vos travaux, ensuite elles se retirent dans leurs cavernes.

C.

Quelle funeste condition que celle des hommes!

A.

Celle des perdrix est pire; les renards, les oiseaux de proie les dévorent, les chasseurs les tuent, les cuisiniers les rôtissent; et cependant il y en a toujours. La nature conserve les espèces, et se soucie très peu des individus.

B.

Vous êtes dur, et la morale ne s'accommode pas de ces maximes.

A.

Ce n'est pas moi qui suis dur, c'est la destinée. Vos moralistes font très bien de crier toujours : « Mi-
« sérables mortels, soyez justes et bienfesants; culti-
« vez la terre, et ne l'ensanglantez pas. Princes, n'al-
« lez pas dévaster l'héritage d'autrui, de peur qu'on
« ne vous tue dans le vôtre. Restez chez vous, pauvres
« gentillâtres; rétablissez votre masure; tirez de vos
« fonds le double de ce que vous en tiriez; entourez
« vos champs de haies vives; plantez des mûriers; que
« vos sœurs vous fassent des bas de soie; améliorez
« vos vignes; et si des peuples voisins veulent venir
« boire votre vin malgré vous, défendez-vous avec
« courage; mais n'allez pas vendre votre sang à des
« princes qui ne vous connaissent pas, qui ne jette-
« ront jamais sur vous un coup d'œil, et qui vous
« traitent comme des chiens de chasse qu'on mène
« contre le sanglier, et qu'on laisse ensuite mourir
« dans un chenil. »

Ces discours feront peut-être impression sur trois ou quatre têtes bien organisées, tandis que cent mille autres ne les entendront seulement pas, et brigueront l'honneur d'être lieutenants de houssards.

Pour les autres moralistes à gages, que l'on nomme *prédicateurs*, ils n'ont jamais seulement osé prêcher contre la guerre. Ils déclament contre les appétits sensuels après avoir pris leur chocolat. Ils anathématisent l'amour, et, au sortir de la chaire où ils ont crié, gesticulé, et sué, ils se font essuyer par leurs dévotes. Ils s'époumonnent à prouver des mystères dont ils n'ont pas la plus légère idée : mais ils se gardent bien de décrier la guerre, qui réunit tout ce que la perfidie a de plus lâche dans les manifestes, tout ce que l'infâme friponnerie a de plus bas dans les fournitures des armées, tout ce que le brigandage a d'affreux dans le pillage, le viol, le larcin, l'homicide, la dévastation, la destruction. Au contraire, ces bons prêtres bénissent en cérémonie les étendards du meurtre; et leurs confrères chantent, pour de l'argent, des chansons juives, quand la terre a été inondée de sang.

B.

Je ne me souviens point en effet d'avoir lu dans le prolixe et argumentant Bourdaloue, le premier qui ait mit les apparences de la raison dans ses sermons; je ne me souviens point, dis-je, d'avoir lu une seule page contre la guerre.

L'élégant et doux Massillon [1], en bénissant les drapeaux du régiment de Catinat, fait, à la vérité, quelques vœux pour la paix; mais il permet l'ambition. « Ce desir, dit-il, de voir vos services récom-
« pensés, s'il est modéré... s'il ne vous porte pas à
« vous frayer des routes d'iniquité pour parvenir à
« vos fins... n'a rien dont la morale chrétienne puisse
« être blessée. » Enfin il prie Dieu d'envoyer l'ange exterminateur au-devant du régiment de Catinat. « O
« mon Dieu! faites-le précéder toujours de la victoire
« et de la mort; répandez sur ses ennemis des esprits
« de terreur et de vertige. » J'ignore si la victoire peut précéder un régiment, et si Dieu répand des esprits de vertige; mais je sais que les prédicateurs

---

[1] Voyez tome XLIV, page 62. B.

autrichiens en disaient autant aux cuirassiers de l'empereur, et que l'ange exterminateur ne savait auquel entendre.

A.

Les prédicateurs juifs allèrent encore plus loin. On voit, avec édification, les prières humaines dont leurs psaumes sont remplis. Il n'est question que de mettre l'épée divine sur sa cuisse, d'éventrer les femmes, d'écraser les enfants à la mamelle contre la muraille. L'ange exterminateur ne fut pas heureux dans ses campagnes, il devint l'ange exterminé; et les Juifs, pour prix de leurs psaumes, furent toujours vaincus et esclaves.

De quelque côté que vous vous tourniez, vous verrez que les prêtres ont toujours prêché le carnage, depuis un Aaron, qu'on prétend avoir été pontife d'une horde d'Arabes, jusqu'au prédicant Jurieu, prophète d'Amsterdam. Les négociants de cette ville, aussi sensés que ce pauvre garçon était fou, le laissaient dire, et vendaient leur girofle et leur cannelle.

C.

Eh bien! n'allons point à la guerre, ne nous fesons point tuer au hasard pour de l'argent. Contentons-nous de nous bien défendre contre les voleurs appelés *conquérants*.

DOUZIÈME ENTRETIEN.

DU CODE DE LA PERFIDIE.

B.

Et du droit de la perfidie, qu'en dirons-nous?

A.

Comment, par saint George! je n'avais jamais entendu parler de ce droit-là. Dans quel catéchisme avez-vous lu ce devoir du chrétien?

B.

Je le trouve partout. La première chose que fait Moïse avec son saint peuple, n'est-ce pas d'emprunter par une perfidie les meubles des Égyptiens [1], pour s'en aller, dit-il, sacrifier dans le désert? Cette perfidie n'est, à la vérité, accompagnée que d'un larcin; celles qui sont jointes au meurtre sont bien plus admirables. Les perfidies d'Aod [2], de Judith [3], sont très renommées. Celles du patriarche Jacob envers son beau-père et son frère ne sont que des tours de maître Gonin, puisqu'il n'assassina ni son frère ni son beau-père. Mais vive la perfidie de David [4], qui, s'étant associé quatre cents coquins perdus de dettes et de débauche, et ayant fait alliance avec un certain roitelet nommé Achis [5], allait égorger les hommes, les femmes, les petits enfants des villages, qui étaient sous la sauvegarde de ce roitelet, et lui fesait croire qu'il n'avait égorgé que les hommes, les femmes et les petits garçons appartenants au roitelet Saül! Vive surtout sa perfidie envers le bon homme Uriah [6]! Vive celle du sage Salomon, inspiré de Dieu, qui fit massacrer son frère Adonias, après avoir juré de lui conserver la vie [7]!

Nous avons encore des perfidies très renommées

---

[1] Exode, xi, 2. — [2] Juges, iii, 20 et suiv. — [3] Judith, viii. — [4] I. Rois, xxii, 2. — [5] I. Rois, xxvii, 9-10. — [6] II. Rois, xi, 15. — [7] III. Rois, ii, 24-25. B.

de Clovis, premier roi chrétien des Francs, qui pourraient beaucoup servir à perfectionner la morale. J'estime surtout sa conduite envers les assassins d'un Regnomer, roi du Mans (supposé qu'il y ait jamais eu un royaume du Mans). Il fit marché avec de braves assassins pour tuer ce roi par-derrière, et les paya en fausse monnaie; mais comme ils murmuraient de n'avoir pas leur compte, il les fit assassiner pour rattraper sa monnaie de billon.

Presque toutes nos histoires sont remplies de pareilles perfidies commises par des princes qui tous ont bâti des églises et fondé des monastères.

Or l'exemple de ces braves gens doit certainement servir de leçon au genre humain; car où en chercherait-il, si ce n'est dans les oints du Seigneur?

A.

Il m'importe fort peu que Clovis et ses pareils aient été oints; mais je vous avoue que je souhaiterais, pour l'édification du genre humain, qu'on jetât dans le feu toute l'histoire civile et ecclésiastique. Je n'y vois guère que les annales des crimes[1] ; et soit que ces monstres aient été oints ou ne l'aient pas été, il ne résulte de leur histoire que l'exemple de la scélératesse.

Je me souviens d'avoir lu autrefois l'*Histoire du grand schisme d'Occident*[2]. Je voyais une douzaine de papes tous également perfides, tous méritant également d'être pendus à Tyburn. Et puisque la papauté a subsisté au milieu d'un débordement si long et si

[1] Voltaire l'a déjà dit tome XIX, page 93; XLI, 127; et XLIV, 413. B.
[2] Par le P. Maimbourg, 1678, in-4°, ou trois vol. in-12. B.

vaste de tous les crimes, puisque les archives de ces horreurs n'ont corrigé personne, je conclus que l'histoire n'est bonne à rien.

C.

Oui, je conçois que le roman vaudrait mieux ; on y est maître du moins de feindre des exemples de vertu : mais Homère n'a jamais imaginé une seule action vertueuse et honnête dans tout son roman monotone de l'*Iliade*. J'aimerais beaucoup mieux le roman de *Télémaque*, s'il n'était pas tout en digressions et en déclamations. Mais puisque vous m'y faites songer, voici un morceau du *Télémaque*, concernant la perfidie, sur lequel je voudrais avoir votre avis.

Dans une des digressions de ce roman, au livre XX, Adraste, roi des Dauniens, ravit la femme d'un nommé Dioscore. Ce Dioscore se réfugie chez les princes grecs, et, n'écoutant que sa vengeance, il leur offre de tuer le ravisseur leur ennemi. Télémaque, inspiré par Minerve, leur persuade de ne point écouter Dioscore, et de le renvoyer pieds et poings liés au roi Adraste. Comment trouvez-vous cette décision du vertueux Télémaque ?

A.

Abominable. Ce n'était pas apparemment Minerve, c'était Tisiphone qui l'inspirait. Comment! renvoyer ce pauvre homme, afin qu'on le fasse mourir dans les tourments, et qu'Adraste ressemble en tout à David, qui jouissait de la femme en fesant mourir le mari! L'onctueux auteur du *Télémaque* n'y pensait pas. Ce n'est point là l'action d'un cœur généreux, c'est celle d'un méchant et d'un traître. Je n'aurais point accepté la proposition de Dioscore, mais je n'aurais pas livré cet infortuné à son ennemi. Dioscore était fort vindicatif, à ce que je vois, mais Télémaque était un perfide.

B.

Et la perfidie dans les traités, l'admettez-vous?

C.

Elle est fort commune, je l'avoue. Je serais bien embarrassé s'il fallait décider quels furent les plus grands fripons dans leurs négociations, des Romains ou des Carthaginois, de Louis XI le très chrétien, ou de Ferdinand le catholique, etc., etc., etc., etc., etc. Mais je demande s'il n'est pas permis de friponner pour le bien de l'état.

A.

Il me semble qu'il y a des friponneries si adroites, que tout le monde les pardonne; il y en a de si grossières, qu'elles sont universellement condamnées. Pour nous autres Anglais, nous n'avons jamais attrapé personne. Il n'y a que le faible qui trompe[1]. Si vous voulez avoir de beaux exemples de perfidie, adressez-vous aux Italiens du quinzième et du seizième siècle.

Le vrai politique est celui qui joue bien et qui gagne à la longue. Le mauvais politique est celui qui ne sait que filer la carte, et qui tôt ou tard est reconnu.

---

[1] Voltaire avait dit dans son *Mahomet*, acte II, scène 5 :
    C'est le faible qui trompe....   B.

C.

Fort bien; et s'il n'est pas découvert, ou s'il ne l'est qu'après avoir gagné tout notre argent, et lorsqu'il s'est rendu assez puissant pour qu'on ne puisse le forcer à le rendre?

B.

Je crois que ce bonheur est rare, et que l'histoire nous fournit plus d'illustres filous punis que d'illustres filous heureux.

B.

Je n'ai plus qu'une question à vous faire. Trouvez-vous bon qu'une nation fasse empoisonner un ennemi public selon cette maxime, *salus reipublicæ suprema lex esto?*

A.

Parbleu! allez demander cela à des casuistes. Si quelqu'un fesait cette proposition dans la chambre des communes, j'opinerais (Dieu me pardonne!) pour l'empoisonner lui-même, malgré ma répugnance pour les drogues. Je voudrais bien savoir pourquoi ce qui est un forfait abominable dans un particulier serait innocent dans trois cents sénateurs, et même dans trois cent mille : est-ce que le nombre des coupables transforme le crime en vertu?

C.

Je suis content de votre réponse. Vous êtes un brave homme.

TREIZIÈME ENTRETIEN.

DES LOIS FONDAMENTALES.

B.

J'entends toujours parler de lois fondamentales; mais y en a-t-il ?

A.

Oui, il y a celle d'être juste; et jamais fondement ne fut plus souvent ébranlé.

C.

Je lisais, il n'y a pas long-temps, un de ces mauvais livres très rares, que les curieux recherchent, comme les naturalistes amassent des fragments de substances animales ou végétales pétrifiés, s'imaginant par là qu'ils découvriront le secret de la nature. Ce livre est d'un avocat de Paris, nommé Louis Dorléans, qui plaidait beaucoup contre Henri IV pardevant la Ligue, et qui heureusement perdit sa cause. Voici comme ce jurisconsulte s'exprime sur les lois fondamentales du royaume de France : « La loi fondamentale des Hébreux était que les lépreux ne pouvaient régner : Henri IV est hérétique, donc il est lépreux; donc il ne peut être roi de France par la loi fondamentale de l'Église. La loi veut qu'un roi de France soit chrétien comme mâle : qui ne tient la foi catholique, apostolique, et romaine, n'est point chrétien, et ne croit point en Dieu; il ne peut pas plus être roi de France que le plus grand faquin du monde, etc. [1] »

---

[1] L'ouvrage de L. Dorléans, dont Voltaire a déjà parlé dans l'*Essai sur les mœurs* (voyez tome XVIII, page 128), est intitulé : *Réponse des vrais*

Il est très vrai à Rome que tout homme qui ne croit point au pape ne croit point en Dieu ; mais cela

catholiques français à l'Avertissement des catholiques anglais pour l'exclusion du roi de Navarre de la couronne de France, 1588, in-8°. Voici son texte :

« Nous conclurons bientôt que nul, soit hérétique, juif, ou d'autre secte de religion, brief qui ne soit catholique, ne doit ni ne peut justement, non plus que le plus grand faquin et roturier du monde, être roi de France... » (Page 224).

« Si être lépreux (comme le roi Osias qui en fut déposé), si être hors de son sens humain, voire pour l'indisposition du corps, est une exclusion à toutes charges publiques et mesmes à la royauté, que sera-ce d'être forcené, hors de soi et contre le sens commun de Dieu et des fidèles, à l'occasion de l'indisposition causée par l'hérésie, qui est une furie beaucoup plus à fuir et dommageable, au jugement de saint Augustin et des saints Pères, experts en cela ; puisqu'au premier il n'y a à considérer ou craindre que l'inhabileté et incapacité à s'acquitter de sa charge ; et au second non seulement cela, mais une contrariété et opposition à ce qui est le principal devoir d'icelle? car je ne pense pas qu'il y ait chrétien quelconque qui nie que la principale fin et charge d'un roi chrétien, et même de celui de France, ne soit de servir Dieu et Jésus-Christ ; et avoir soin de conserver sa religion et de tenir la main à l'exécution de ses lois. Qui pense autrement présuppose une autre fin que Dieu et Jésus-Christ, et partant est un vrai juif et athée.... sans autre expression, il s'entend assez entre les chrétiens, et par le commun sentiment des Français et des catholiques que le roi de France doit être chrétien et catholique... » (Pages 229 et 230).

« Si par la loi de France et de la chrétienté, un Turc, un Juif, ou infidèle ne peut être roi, encore qu'il soit le plus proche du sang, il résulte que la loi du royaume pour la religion est plus considérable en la succession des rois que la nature. Et si de toutes les prétendues religions autre n'est proprement et véritablement religion que la seule chrétienne et catholique (cela ne se peut nier des chrétiens), il s'ensuit de toute nécessité qu'on doit avoir égard seulement à la religion catholique ; et que pour être roi de France, il est plus nécessaire d'être chrétien et catholique, que d'être homme et le plus proche de sang mâle. Qui dispute après cela mérite plutôt qu'un bourreau lui réponde qu'un philosophe, comme disait Aristote de ceux qui nient les maximes de la nature. » (Pages 271 et 272).

Voltaire citait trop souvent de mémoire, mais il n'altérait pas les textes ; comme on peut le voir par ce passage de L. Dorléans, et comme on l'a vu par les citations de l'abbé de Saint-Cyran que j'ai faites tome XLII, page 462 et suivantes. B.

n'est pas absolument si vrai dans le reste de la terre ;
il y faut mettre quelque petite restriction : et il me
semble qu'à tout prendre, maître Louis Dorléans,
avocat au parlement de Paris, ne raisonnait pas tout-
à-fait aussi bien que Cicéron et Démosthène.

B.

Mon plaisir serait de voir ce que deviendrait la
loi fondamentale du saint-empire romain, s'il prenait
un jour fantaisie aux électeurs de choisir un césar
protestant, dans la superbe ville de Francfort-sur-le-
Mein.

A.

Il arriverait ce qui est arrivé à la loi fondamentale qui fixe le nombre des électeurs à sept, parcequ'il y a sept cieux, et que le chandelier d'un temple
juif avait sept branches.

N'est-ce pas une loi fondamentale en France que
le domaine du roi est inaliénable ? et cependant n'est-
il presque pas tout aliéné ? Vous m'avouerez que tous
ces fondements-là sont bâtis sur du sable mouvant.
Les lois qu'on appelle *lois fondamentales* ne sont,
comme toutes les autres, que des lois de convention,
d'anciens usages, d'anciens préjugés qui changent
selon les temps. Demandez aux Romains d'aujour-
d'hui s'ils ont gardé les lois fondamentales de l'ancienne république romaine. Il était bon que les domaines des rois d'Angleterre, de France, et d'Espagne,
demeurassent propres à la couronne quand les rois
vivaient comme vous et moi du produit de leurs
terres ; mais aujourd'hui qu'ils ne vivent que de taxes
et d'impôts, qu'importe qu'ils aient des domaines ou

qu'ils n'en aient pas? Quand François 1ᵉʳ manqua de parole à Charles-Quint, son vainqueur, quand il viola fort à propos le serment de lui rendre la Bourgogne, il se fit représenter par ses gens de loi que les Bourguignons étaient inaliénables; mais si Charles-Quint était venu lui faire des représentations contraires à la tête d'une grande armée, les Bourguignons auraient été très aliénés.

La Franche-Comté, dont la loi fondamentale était d'être libre sous la maison d'Autriche, tient aujourd'hui d'une manière intime et essentielle à la couronne de France. Les Suisses ont tenu essentiellement à l'empire, et tiennent aujourd'hui essentiellement à la liberté.

C'est cette liberté qui est la loi fondamentale de toutes les nations: c'est la seule loi contre laquelle rien ne peut prescrire, parceque c'est celle de la nature. Les Romains peuvent dire au pape: Notre loi fondamentale fut d'abord d'avoir un roi qui régnait sur une lieue de pays; ensuite elle fut d'élire deux consuls, puis deux tribuns; puis notre loi fondamentale fut d'être mangés par un empereur, puis d'être mangés par des gens venus du Nord, puis d'être dans l'anarchie, puis de mourir de faim sous le gouvernement d'un prêtre. Nous revenons enfin à la véritable loi fondamentale qui est d'être libres: allez-vous-en donner ailleurs des indulgences *in articulo mortis;* et sortez du Capitole, qui n'était pas bâti pour vous.

A.
B.

Amen!

C.

Il faut bien espérer que la chose arrivera quelque jour. Ce sera un beau spectacle pour nos petits-enfants.

A.

Plût à Dieu que les grands-pères en eussent la joie! C'est de toutes les révolutions la plus aisée à faire; et cependant personne n'y pense.

B.

C'est que, comme vous l'avez dit [1], le caractère principal des hommes est d'être sots et poltrons. Les rats romains n'en savent pas encore assez pour attacher le grelot au cou du chat [2].

C.

N'admettons-nous point encore quelque loi fondamentale?

A.

La liberté les comprend toutes. Que l'agriculteur ne soit point vexé par un tyran subalterne; qu'on ne puisse emprisonner un citoyen sans lui faire incontinent son procès devant ses juges naturels, qui décident entre lui et son persécuteur; qu'on ne prenne à personne son pré et sa vigne sous prétexte du bien public, sans le dédommager amplement; que les prêtres enseignent la morale et ne la corrompent point; qu'ils édifient les peuples au lieu de vouloir dominer sur eux en s'engraissant de leur substance; que la loi règne, et non le caprice.

C.

Le genre humain est prêt à signer tout cela.

---

[1] Page 77. B. — [2] La Fontaine, livre II, fable 2. B.

QUATORZIÈME ENTRETIEN.

QUE TOUT ÉTAT DOIT ÊTRE INDÉPENDANT.

B.

Après avoir parlé du droit de tuer et d'empoisonner en temps de guerre, voyons un peu ce que nous ferons en temps de paix.

Premièrement, comment les états, soit républicains, soit monarchiques, se gouverneront-ils ?

A.

Par eux-mêmes apparemment, sans dépendre en rien d'aucune puissance étrangère, à moins que ces états ne soient composés d'imbéciles et de lâches.

C.

Il était donc bien honteux que l'Angleterre fût vassale d'un légat *a latere*, d'un légat du côté. Vous vous souvenez d'un certain drôle nommé Pandolphe, qui fit mettre votre roi Jean à genoux devant lui, et qui en reçut foi et hommage-lige, au nom de l'évêque de Rome, Innocent III, vice-dieu, serviteur des serviteurs de Dieu, le 15 mai, veille de l'Ascension, 1213 ?

A.

Oui, oui, nous nous en souvenons, pour traiter ce serviteur insolent comme il le mérite.

B.

Eh, mon Dieu! M. C, ne fesons pas tant les fiers. Il n'y a point de royaume en Europe que l'évêque de Rome n'ait donné en vertu de son humble et sainte puissance. Le vice-dieu Stephanus [1] ôta le royaume de France à Chilpericus pour le donner à son principal domestique Pipinus, comme le dit votre Éginhart lui-même, si les écrits de cet Éginhart n'ont pas été falsifiés par les moines, comme tant d'autres écrits, et comme je le soupçonne.

Le vice-dieu Silvestre donna la Hongrie au duc Étienne, en l'an 1001, pour faire plaisir à sa femme Gizelle, qui avait beaucoup de visions.

Le vice-dieu Innocent IV, en 1247, donna le royaume de Norvége à un bâtard nommé Haquin, que ledit pape de plein droit fit légitime, moyennant quinze mille marcs d'argent. Et, ces quinze mille marcs d'argent n'existant pas alors en Norvége, il fallut emprunter pour payer.

Pendant deux siècles entiers, les rois de Castille, d'Aragon, et de Portugal, ne furent-ils pas tenus de payer annuellement un tribut de deux livres d'or au vice-dieu? On sait combien d'empereurs ont été déposés, ou forcés de demander pardon, ou assassinés, ou empoisonnés en vertu d'une bulle. Non seulement, vous dis-je, le serviteur des serviteurs de Dieu a donné tous les royaumes de la communion romaine, sans exception, mais il en a retenu le domaine suprême et le domaine utile; il n'en est aucun sur lequel il n'ait levé des décimes, des tributs de toute espèce.

Il est encore aujourd'hui suzerain du royaume de Naples; on lui en fait un hommage-lige depuis sept cents ans. Le roi de Naples, ce descendant de tant

---

[1] Étienne II ou III; voyez tome XV, page 386. B.

de souverains[1], lui paie encore un tribut. Le roi de Naples est aujourd'hui en Europe le seul roi vassal; et de qui? juste ciel[2]!

A.

Je lui conseille de ne l'être pas long-temps.

C.

Je demeure toujours confondu quand je vois les traces de l'antique superstition qui subsistent encore. Par quelle étrange fatalité presque tous les princes coururent-ils ainsi pendant tant de siècles au-devant du joug qu'on leur présentait?

B.

La raison en est fort naturelle. Les rois et les barons ne savaient ni lire ni écrire, et la cour romaine le savait : cela seul lui donna cette prodigieuse supériorité dont elle retient encore de beaux restes.

C.

Et comment des princes et des barons qui étaient libres ont-ils pu se soumettre si lâchement à quelques jongleurs?

A.

Je vois clairement ce que c'est. Les brutaux savaient se battre, et les jongleurs savaient gouverner; mais lorsque enfin les barons ont appris à lire et à écrire, lorsque la lèpre de l'ignorance a diminué chez les magistrats et chez les principaux citoyens, on a regardé en face l'idole devant laquelle on avait léché

---

[1] Ferdinand IV, descendant de saint Louis par Philippe V et par Louis XIV. B.

[2] De Clément XIII, mort peu de temps après que Voltaire écrivait ainsi. Cl.

la poussière ; au lieu d'hommage, la moitié de l'Europe a rendu outrage pour outrage au serviteur des serviteurs ; l'autre moitié, qui lui baise encore les pieds, lui lie les mains ; du moins c'est ainsi que je l'ai lu dans une histoire qui, quoique contemporaine, est vraie et philosophique [1]. Je suis sûr que si demain le roi de Naples et de Sicile veut renoncer à cette unique prérogative qu'il possède d'être homme-lige du pape, d'être le serviteur du serviteur des serviteurs de Dieu, et de lui donner tous les ans un petit cheval avec deux mille écus d'or pendus au cou, toute l'Europe lui applaudira [2].

B.

Il en est en droit, car ce n'est pas le pape qui lui a donné le royaume de Naples. Si des meurtriers normands [3], pour colorer leurs usurpations, et pour être indépendants des empereurs auxquels ils avaient fait hommage, se firent oblats de la sainte Église, le roi des Deux-Siciles, qui descend de Hugues-Capet en ligne droite, et non de ces Normands, n'est nullement tenu d'être oblat. Il n'a qu'à vouloir.

Le roi de France n'a qu'à dire un mot, et le pape n'aura pas plus de crédit en France qu'en Russie. On ne paiera plus d'annates à Rome, on n'y achètera plus la permission d'épouser sa cousine ou sa nièce ; je vous réponds que les tribunaux de France, appe-

[1] *Siècle de Louis XIV*, chap. II ; voyez tome XIX, page 253. B.

[2] Je ne sais si le marquis de Tanucci, premier ministre de Ferdinand IV, lut ce quatorzième entretien : ce qui est certain, c'est qu'il abolit, et pour toujours, en 1769, l'usage dans lequel étaient les rois de Naples de présenter annuellement une haquenée blanche au pape. CL.

[3] Voyez tome XVI, page 23 et suiv. B.

lés *parlements*, enregistreront cet édit sans remontrances.

On ne connaît pas ses forces. Qui aurait proposé, il y a cinquante ans, de chasser les jésuites de tant d'états catholiques, aurait passé pour le plus visionnaire des hommes. Ce colosse avait un pied à Rome, et l'autre au Paraguai; il couvrait de ses bras mille provinces, et portait sa tête dans le ciel. J'ai passé, et il n'était plus [1].

Il n'y a qu'à souffler sur tous les autres moines, ils disparaîtront de la surface de la terre.

A.

Ce n'est pas notre intérêt que la France ait moins de moines et plus d'hommes; mais j'ai tant d'aversion pour le froc, que j'aimerais encore mieux voir en France des revues que des processions. En un mot, en qualité de citoyen, je n'aime point à voir des citoyens qui cessent de l'être, des sujets qui se font sujets d'un étranger, des patriotes qui n'ont plus de patrie; je veux que chaque état soit parfaitement indépendant.

Vous avez dit que les hommes ont été long-temps aveugles, ensuite borgnes, et qu'ils commencent à jouir de deux yeux. A qui en a-t-on l'obligation? à cinq ou six oculistes qui ont paru en divers temps.

B.

Oui; mais le mal est qu'il y a des aveugles qui veulent battre les chirurgiens empressés à les guérir.

---

[1] Psaume, xxxvi, 36. B.

A.

Eh bien! ne rendons la lumière qu'à ceux qui nous prieront d'enlever leurs cataractes.

QUINZIÈME ENTRETIEN.

DE LA MEILLEURE LÉGISLATION.

C.

De tous les états, quel est celui qui vous paraît avoir les meilleures lois, la jurisprudence la plus conforme au bien général et au bien des particuliers?

A.

C'est mon pays, sans contredit. La preuve en est que, dans tous nos démêlés, nous vantons toujours *notre heureuse constitution*, et que, dans presque tous les autres royaumes, on en souhaite une autre. Notre jurisprudence criminelle est équitable et n'est point barbare : nous avons aboli la torture, contre laquelle la voix de la nature s'élève en vain dans tant d'autres pays ; ce moyen affreux de faire périr un innocent faible, et de sauver un coupable robuste, a fini avec notre infame chancelier Jeffreys, qui employait avec joie cet usage infernal sous le roi Jacques II.

Chaque accusé est jugé par ses pairs; il n'est réputé coupable que quand ils sont d'accord sur le fait; c'est la loi seule qui le condamne sur le crime avéré, et non sur la sentence arbitraire des juges. La peine capitale est la simple mort, et non une mort accompagnée de tourments recherchés. Étendre un homme sur une croix de Saint-André, lui casser les bras et les cuisses, et le mettre en cet état sur une roue de carrosse, nous paraît une barbarie qui offense trop la nature humaine. Si, pour les crimes de haute trahison, on arrache encore le cœur du coupable après sa mort, c'est un ancien usage de cannibale, un appareil de terreur qui effraie le spectateur sans être douloureux pour l'exécuté. Nous n'ajoutons point de tourments à la mort ; on ne refuse point comme ailleurs un conseil à l'accusé ; on ne met point un témoin qui a porté trop légèrement son témoignage dans la nécessité de mentir, en le punissant s'il se rétracte ; on ne fait point déposer les témoins en secret, ce serait en faire des délateurs ; la procédure est publique : les procès secrets n'ont été inventés que par la tyrannie.

Nous n'avons point l'imbécile barbarie de punir des indécences[1] du même supplice dont on punit les parricides. Cette cruauté, aussi sotte qu'abominable, est indigne de nous.

Dans le civil, c'est encore la seule loi qui juge ; il n'est pas permis de l'interpréter ; ce serait abandonner la fortune des citoyens au caprice, à la faveur, et à la haine.

Si la loi n'a pas pourvu au cas qui se présente, alors on se pourvoit à *la cour d'équité,* par-devant le chancelier et ses assesseurs ; et s'il s'agit d'une chose importante, on fait pour l'avenir une nouvelle loi en parlement, c'est-à-dire dans les états de la nation assemblée.

Les plaideurs ne sollicitent jamais leurs juges ; ce

---

[1] Allusion au supplice de La Barre ; voyez la *Relation*, etc., tome XLII, page 61. B.

serait leur dire, je veux vous séduire. Un juge qui recevrait une visite d'un plaideur serait déshonoré; ils ne recherchent point cet honneur ridicule qui flatte la vanité d'un bourgeois. Aussi n'ont-ils point acheté le droit de juger; on ne vend point chez nous une place de magistrat[1] comme une métairie : si des membres du parlement vendent quelquefois leur voix à la cour, ils ressemblent à quelques belles qui vendent leurs faveurs, et qui ne le disent pas. La loi ordonne chez nous qu'on ne vendra rien que des terres et les fruits de la terre; tandis qu'en France la loi elle-même fixe le prix d'une charge de conseiller au banc du roi qu'on nomme *parlement*, et de président qu'on nomme *à mortier*; presque toutes les places et les dignités se vendent en France, comme on vend des herbes au marché. Le chancelier de France est tiré souvent du corps des conseillers d'état; mais, pour être conseiller d'état, il faut avoir acheté une charge de maître des requêtes. Un régiment n'est point le prix des services, c'est le prix de la somme que les parents d'un jeune homme ont déposée pour qu'il aille trois mois de l'année tenir table ouverte dans une ville de province.

Vous voyez clairement combien nous sommes heureux d'avoir des lois qui nous mettent à l'abri de ces abus. Chez nous rien d'arbitraire, sinon les graces que le roi veut faire. Les bienfaits émanent de lui; la loi fait tout le reste.

Si l'autorité attente illégalement à la liberté du

---

[1] Voltaire, comme je l'ai déjà dit tome XXXIII, page 11, ne cesse de s'élever contre la vénalité des charges. B.

moindre citoyen, la loi le venge; le ministre est incontinent condamné à l'amende envers le citoyen, et il la paie.

Ajoutez à tous ces avantages le droit que tout homme a parmi nous de parler par sa plume à la nation entière. L'art admirable de l'imprimerie est dans notre île aussi libre que la parole. Comment ne pas aimer une telle législation?

Nous avons, il est vrai, toujours deux partis; mais ils tiennent la nation en garde plutôt qu'ils ne la divisent. Ces deux partis veillent l'un sur l'autre, et se disputent l'honneur d'être les gardiens de la liberté publique. Nous avons des querelles; mais nous bénissons toujours cette heureuse constitution qui les fait naître.

C.

Votre gouvernement est un bel ouvrage, mais il est fragile.

A.

Nous lui donnons quelquefois de rudes coups, mais nous ne le cassons point.

B.

Conservez ce précieux monument que l'intelligence et le courage ont élevé: il vous a trop coûté pour que vous le laissiez détruire. L'homme est né libre: le meilleur gouvernement est celui qui conserve le plus qu'il est possible à chaque mortel ce don de la nature.

Mais, croyez-moi, arrangez-vous avec vos colonies, et que la mère et les filles ne se battent pas [1].

---

[1] Ce conseil était donné par M. de Voltaire en 1768. Les Anglais, plusieurs années après, ont pu juger combien son avis était sage. K.

SEIZIÈME ENTRETIEN.

DES ABUS.

C.

On dit que le monde n'est gouverné que par des abus; cela est-il vrai?

B.

Je crois bien qu'il y a pour le moins moitié abus et moitié usages tolérables chez les nations policées, moitié malheur et moitié fortune, de même que sur la mer on trouve un partage assez égal de tempêtes et de beau temps pendant l'année. C'est ce qui a fait imaginer les deux tonneaux de Jupiter et la secte des manichéens.

A.

Pardieu, si Jupiter a eu deux tonneaux, celui du mal était la tonne d'Heidelberg[1]; et celui du bien fut à peine un quartaut. Il y a tant d'abus dans ce monde, que, dans un voyage que je fis à Paris en 1751, on appelait comme d'abus six fois par semaine, pendant toute l'année, au banc du roi qu'ils nomment *parlement*.

B.

Oui; mais à qui appellerons-nous des abus qui règnent dans la constitution de ce monde?

N'est-ce pas un abus énorme que tous les animaux se tuent avec acharnement les uns les autres pour se nourrir, que les hommes se tuent beaucoup plus furieusement encore sans avoir seulement l'idée de se manger?

---

[1] Il y avait à Heidelberg une tonne qui contenait huit cents muids. B.

C.

Ah! pardonnez-moi; nous nous fesions autrefois la guerre pour nous manger; mais à la longue toutes les bonnes institutions dégénèrent.

B.

J'ai lu dans un livre [1], que nous n'avons, l'un portant l'autre, qu'environ vingt-deux ans à vivre; que de ces vingt-deux ans, si vous retranchez le temps perdu du sommeil et le temps que nous perdons dans la veille, il reste à peine quinze ans clair et net; que sur ces quinze ans il ne faut pas compter l'enfance, qui n'est qu'un passage du néant à l'existence; et que, si vous retranchez encore les tourments du corps, et les chagrins de ce qu'on appelle ame, il ne reste pas trois ans francs et quittes pour les plus heureux, et pas six mois pour les autres. N'est-ce pas là un abus intolérable?

A.

Eh! que diable en conclurez-vous? ordonnerez-vous que la nature soit autrement faite qu'elle ne l'est?

B.

Je le desirerais du moins.

A.

C'est un secret sûr pour abréger encore votre vie.

C.

Laissons là les pas de clerc qu'a faits la nature; les enfants formés dans la matrice pour y périr souvent et pour donner la mort à leur mère; la source de la vie empoisonnée par un venin qui s'est glissé de trou

---

[1] *L'Homme aux quarante écus*; voyez tome XXXIV, page 17. B.

en cheville de l'Amérique en Europe ; la petite-vérole qui décime le genre humain ; la peste toujours subsistante en Afrique ; les poisons dont la terre est couverte et qui viennent d'eux-mêmes si aisément, tandis qu'on ne peut avoir du froment qu'avec des peines incroyables : ne parlons que des abus que nous avons introduits nous-mêmes.

B.

La liste serait longue dans la société perfectionnée ; car, sans compter l'art d'assassiner régulièrement le genre humain par la guerre dont nous avons déjà parlé[1], nous avons l'art d'arracher les vêtements et le pain à ceux qui sèment le blé et qui préparent la laine ; l'art d'accumuler tous les trésors d'une nation entière dans les coffres de cinq ou six cents personnes ; l'art de faire tuer publiquement en cérémonie[2], avec une demi-feuille de papier, ceux qui vous ont déplu, comme une maréchale d'Ancre, un maréchal de Marillac, un duc de Sommerset, une Marie Stuart ; l'usage de préparer un homme à la mort par des tortures pour connaître ses associés, quand il ne peut avoir eu d'associés ; les bûchers allumés, les poignards aiguisés, les échafauds dressés pour des arguments en *baralipton ;* la moitié d'une nation occupée sans cesse à vexer l'autre loyalement. Je parlerais plus long-temps qu'Esdras si je voulais faire écrire nos abus sous ma dictée.

A.

Tout cela est vrai ; mais convenez que la plupart

[1] Voyez onzième entretien, page 86. B.
[2] Boileau, satire VIII, vers 296. B.

de ces abus horribles sont abolis en Angleterre, et commencent à être fort mitigés chez les autres nations.

B.

Je l'avoue; mais pourquoi les hommes sont-ils un peu meilleurs et un peu moins malheureux qu'ils ne l'étaient du temps d'Alexandre VI, de la Saint-Barthélemi, et de Cromwell?

C.

C'est qu'on commence à penser, à s'éclairer, et à bien écrire.

A.

J'en conviens ; la superstition excita les orages, et la philosophie les apaise.

DIX-SEPTIÈME ENTRETIEN.

SUR DES CHOSES CURIEUSES.

B.

A propos, M. A, et croyez-vous le monde bien ancien ?

A.

M. B, ma fantaisie est qu'il est éternel.

B.

Cela peut se soutenir par voie d'hypothèse. Tous les anciens philosophes ont cru la matière éternelle ; or, de la matière brute à la matière organisée il n'y a qu'un pas.

C.

Les hypothèses sont fort amusantes ; elles sont sans conséquence. Ce sont des songes que la Bible fait évanouir, car il en faut toujours revenir à la Bible.

A.

Sans doute, et nous pensons tous trois dans le fond, en l'an de grace 1760, que, depuis la création du monde qui fut fait de rien, jusqu'au déluge universel fait avec de l'eau créée exprès, il se passa 1656 ans selon la *Vulgate*, 2309 ans selon le texte samaritain, et 2262 ans selon la traduction miraculeuse que nous appelons *des septante*. Mais j'ai toujours été étonné qu'Adam et Ève notre père et notre mère, Abel, Caïn, Seth, n'aient été connus de personne au monde que de la petite horde juive, qui tint le cas secret jusqu'à ce que les Juifs d'Alexandrie s'avisassent, sous le premier et le second Ptolémées, de traduire fort mal en grec leurs rapsodies absolument inconnues jusque-là au reste de la terre.

Il est plaisant que nos titres de famille ne soient demeurés en dépôt que dans une seule branche de notre maison, et encore chez la plus méprisée; tandis que les Chinois, les Indiens, les Persans, les Égyptiens, les Grecs, et les Romains, n'avaient jamais entendu parler ni d'Adam ni d'Ève.

B.

Il y a bien pis : c'est que Sanchoniathon, qui vivait incontestablement avant le temps où l'on place Moïse, et qui a fait une Genèse à sa façon, comme tant d'autres auteurs, ne parle ni de cet Adam ni de cette Ève. Il nous donne des parents tout différents.

C.

Sur quoi jugez-vous, monsieur B, que Sanchoniathon vivait avant l'époque de Moïse ?

B.

C'est que, s'il avait été du temps de Moïse, ou après lui, il en aurait fait mention. Il écrivait dans Tyr, qui florissait très long-temps avant que la horde juive eût acquis un coin de terre vers la Phénicie. La langue phénicienne était la mère-langue du pays; les Phéniciens cultivaient les lettres depuis long-temps; les livres juifs l'avouent en plusieurs endroits. Il est dit expressément que Caleb s'empara de la ville des lettres[a], nommée Cariath-Sépher, c'est-à-dire, *ville des livres*, appelée depuis Dabir. Certainement Sanchoniathon aurait parlé de Moïse s'il avait été son contemporain ou son puîné. Il n'est pas naturel qu'il eût omis dans son histoire les mirifiques aventures de Mosé ou Moïse, comme les dix plaies d'Égypte et les eaux de la mer suspendues à droite et à gauche pour laisser passer trois millions de voleurs fugitifs à pied sec, lesquelles eaux retombèrent ensuite sur quelques autres millions d'hommes qui poursuivaient les voleurs. Ce ne sont pas là de ces petits faits obscurs et journaliers qu'un grave historien passe sous silence. Sanchoniathon ne dit mot de ces prodiges de *Gargantua*: donc il n'en savait rien; donc il était antérieur à Moïse ainsi que Job qui n'en parle pas. Eusèbe, son abréviateur, qui entasse tant de fables, n'eût pas manqué de se prévaloir d'un si éclatant témoignage.

A.

Cette raison est sans réplique. Aucune nation n'a parlé anciennement des Juifs, ni parlé comme les

---

[a] *Juges*, ch. 1, v. 11.

Juifs; aucune n'eut une cosmogonie qui eût le moindre rapport à celle des Juifs. Ces malheureux Juifs sont si nouveaux, qu'ils n'avaient pas même, en leur langue, de nom pour signifier Dieu. Ils furent obligés d'emprunter le nom d'Adonaï des Sidoniens, le nom de Jehova ou Iao des Syriens. Leur opiniâtreté, leurs superstitions nouvelles, leur usure consacrée, sont les seules choses qui leur appartiennent en propre. Et il y a toute apparence que ces polissons, chez qui les noms de *géométrie* et d'*astronomie* furent toujours absolument inconnus, n'apprirent enfin à lire et à écrire que quand ils furent esclaves à Babylone. On a déjà prouvé[1] que c'est là qu'ils connurent les noms des anges, et même le nom d'Israël, comme ce transfuge juif Flavius Josèphe l'avoue lui-même.

C.

Quoi! tous les anciens peuples ont eu une Genèse antérieure à celle des Juifs et toute différente?

A.

Cela est incontestable. Voyez le *Shasta* et le *Veidam* des Indiens, les *cinq Kings* des Chinois, le *Zend* des premiers Persans, le *Thaut* ou *Mercure trismégiste* des Égyptiens; Adam leur est aussi inconnu que le sont les ancêtres de tant de marquis et de barons dont l'Europe fourmille.

C.

Point d'Adam! cela est bien triste. Tous nos almanachs comptent depuis Adam.

---

[1] Voyez tome XV, pages 215, 286. B.

A.

Ils compteront comme il leur plaira; les *Étrennes mignonnes* ne sont pas mes archives.

B.

Si bien donc que M. A est préadamite?

A.

Je suis présaturnien, préosirite, prébramite, prépandorite.

C.

Et sur quoi fondez-vous votre belle hypothèse d'un monde éternel?

A.

Pour vous le dire, il faut que vous écoutiez patiemment quelques petits préliminaires.

Je ne sais si nous avons raisonné jusqu'ici bien ou mal; mais je sais que nous avons raisonné, et que nous sommes tous les trois des êtres intelligents[1]: or des êtres intelligents ne peuvent avoir été formés par un être brut, aveugle, insensible: il y a certainement quelque différence entre les idées de Newton et des crottes de mulet. L'intelligence de Newton venait donc d'une autre intelligence.

Quand nous voyons une belle machine, nous disons qu'il y a un bon machiniste, et que ce machiniste a un excellent entendement. Le monde est assurément une machine admirable; donc il y a dans le monde une admirable intelligence, quelque part qu'elle soit. Cet argument est vieux, et n'en est pas plus mauvais.

Tous les corps vivants sont composés de leviers, de

---

[1] Une partie de ce qui suit a été reproduit dans les *Questions sur l'Encyclopédie;* voyez tome XXVII, page 170. B.

poulies, qui agissent suivant les lois de la mécanique, de liqueurs que les lois de l'hydrostatique font perpétuellement circuler ; et quand on songe que tous ces êtres ont du sentiment qui n'a aucun rapport à leur organisation, on est accablé de surprise.

Le mouvement des astres, celui de notre petite terre autour du soleil, tout s'opère en vertu des lois de la mathématique la plus profonde. Comment Platon qui ne connaissait pas une de ces lois, le chimérique Platon qui disait que la terre était fondée sur un triangle équilatère, et l'eau sur un triangle rectangle, le ridicule Platon qui dit qu'il ne peut y avoir que cinq mondes, parcequ'il n'y a que cinq corps réguliers ; comment, dis-je, l'ignorant Platon, qui ne savait pas seulement la trigonométrie sphérique, a-t-il eu cependant un génie assez beau, un instinct assez heureux pour appeler Dieu *l'éternel géomètre*, pour sentir qu'il existe une intelligence formatrice ?

B.

Je me suis amusé autrefois à lire Platon. Il est clair que nous lui devons toute la métaphysique du christianisme ; tous les Pères grecs furent, sans contredit, platoniciens : mais quel rapport tout cela peut-il avoir à l'éternité du monde dont vous nous parlez ?

A.

Allons pied à pied, s'il vous plaît. Il y a une intelligence qui anime le monde : Spinosa lui-même l'avoue. Il est impossible de se débattre contre cette vérité, qui nous environne et qui nous presse de tous côtés.

C.

J'ai cependant connu des mutins qui disent qu'il n'y

a point d'intelligence formatrice, et que le mouvement seul a formé par lui-même tout ce que nous voyons et tout ce que nous sommes. Ils vous disent hardiment: La combinaison de cet univers était possible puisqu'elle existe; donc il était possible que le mouvement seul l'arrangeât. Prenez quatre astres seulement, Mars, Vénus, Mercure, et la Terre; ne songeons d'abord qu'à la place où ils sont, en fesant abstraction de tout le reste, et voyons combien nous avons de probabilités pour que le seul mouvement les mette à ces places respectives. Nous n'avons que vingt-quatre hasards dans cette combinaison; c'est-à-dire il n'y a que vingt-quatre contre un à parier que ces astres se trouveront où ils sont les uns par rapport aux autres. Ajoutons à ces quatre globes celui de Jupiter; il n'y aura que cent vingt contre un à parier que Jupiter, Mars, Vénus, Mercure, et notre globe, seront placés où nous les voyons.

Ajoutez-y enfin Saturne; il n'y aura que sept cent vingt hasards contre un pour mettre ces six grosses planètes dans l'arrangement qu'elles gardent entre elles selon leurs distances données. Il est donc démontré qu'en sept cent vingt jets le seul mouvement a pu mettre ces six planètes principales dans leur ordre.

Prenez ensuite tous les astres secondaires, toutes leurs combinaisons, tous leurs mouvements, tous les êtres qui végètent, qui vivent, qui sentent, qui pensent, qui agissent dans tous les globes, vous n'aurez qu'à augmenter le nombre des hasards; multipliez ce nombre dans toute l'éternité, jusqu'au nombre que notre faiblesse appelle *infini*, il y aura toujours une unité en faveur de la formation du monde, tel qu'il est par le seul mouvement : donc il est possible que, dans toute l'éternité, le seul mouvement de la matière ait produit l'univers entier tel qu'il existe. Voilà le raisonnement de ces messieurs.

A.

Pardon, mon cher ami C; cette supposition me paraît prodigieusement ridicule pour deux raisons : la première, c'est que, dans cet univers, il y a des êtres intelligents, et que vous ne sauriez prouver qu'il soit possible que le seul mouvement produise l'entendement; la seconde, c'est que, de votre propre aveu, il y a l'infini contre un à parier qu'une cause intelligente formatrice anime l'univers. Quand on est tout seul vis-à-vis l'infini, on est bien pauvre [1].

Encore une fois Spinosa lui-même admet cette intelligence. Pourquoi voulez-vous aller plus loin que lui, et plonger, par un sot orgueil, votre faible raison dans un abîme où Spinosa n'a pas osé descendre? Sentez-vous bien l'extrême folie de dire que c'est une cause aveugle qui fait que le carré d'une révolution d'une planète est toujours au carré des révolutions des autres planètes comme la racine du cube de sa distance est à la racine cube des distances des autres au centre commun? Mes amis, ou les astres sont de grands géomètres, ou l'éternel géomètre a arrangé les astres.

---

[1] Nous sommes encore trop peu au fait des choses de ce monde pour appliquer le calcul des probabilités à cette question, et l'application de ce calcul aurait des difficultés que ceux qui ont voulu la tenter n'ont pas soupçonnées. K.

C.

Point d'injures, s'il vous plaît. Spinosa n'en disait point : il est plus aisé de dire des injures que des raisons. Je vous accorde une intelligence formatrice répandue dans ce monde; je veux bien dire avec Virgile (*Æn.* VI, 727) :

« Mens agitat molem et magno se corpore miscet. »

Je ne suis pas de ces gens qui disent que les astres, les hommes, les animaux, les végétaux, la pensée, sont l'effet d'un coup de dés.

A.

Pardon de m'être mis en colère, j'avais le *spleen;* mais, en me fâchant, je n'en avais pas moins raison.

B.

Allons au fait sans nous fâcher. Comment, en admettant un Dieu, pouvez-vous soutenir par hypothèse que le monde est éternel?

A.

Comme je soutiens par voie de thèse que les rayons du soleil sont aussi anciens que cet astre.

C.

Voilà une plaisante imagination! Quoi! du fumier, des bacheliers en théologie, des puces, des singes, et nous, nous serions des émanations de la Divinité?

A.

Il y a certainement du divin dans une puce : elle saute cinquante fois sa hauteur; elle ne s'est pas donné cet avantage.

B.

Quoi! les puces existent de toute éternité?

A.

Il le faut bien, puisqu'elles existent aujourd'hui, et qu'elles étaient hier, et qu'il n'y a nulle raison pour qu'elles n'aient pas toujours existé. Car si elles sont inutiles, elles ne doivent jamais être; et dès qu'une espèce a l'existence, il est impossible de prouver qu'elle ne l'ait pas toujours eue. Voudriez-vous que l'éternel géomètre eût été engourdi une éternité entière? Ce ne serait pas la peine d'être géomètre et architecte pour passer une éternité sans combiner et sans bâtir. Son essence est de produire; puisqu'il a produit, il existe nécessairement : donc tout ce qui est en lui est essentiellement nécessaire. On ne peut dépouiller un être de son essence, car alors il cesserait d'être. Dieu est agissant; donc il a toujours agi; donc le monde est une émanation éternelle de lui-même; donc quiconque admet un Dieu doit admettre le monde éternel. Les rayons de lumière sont partis nécessairement de l'astre lumineux de toute éternité, et toutes les combinaisons sont parties de l'Être combinateur de toute éternité. L'homme, le serpent, l'araignée, l'huître, le colimaçon, ont toujours existé, parcequ'ils étaient possibles.

B.

Quoi! vous croyez que le Démiourgos, la puissance formatrice, le grand Être, a fait tout ce qui était à faire?

A.

Je l'imagine ainsi. Sans cela, il n'eût point été l'Être nécessairement formateur; vous en feriez un ouvrier impuissant ou paresseux qui n'aurait travaillé qu'à une très petite partie de son ouvrage.

C.

Quoi ! d'autres mondes seraient impossibles ?

A.

Cela pourrait bien être : autrement il y aurait une cause éternelle, nécessaire, agissante par son essence, qui, pouvant les faire, ne les aurait point faits : or une telle cause qui n'a point d'effet me semble aussi absurde qu'un effet sans cause.

C.

Mais bien des gens pourtant disent que cette cause éternelle a choisi ce monde entre tous les mondes possibles.

A.

Ils ne paraissent point possibles s'ils n'existent pas. Ces messieurs-là auraient aussi bien fait de dire que Dieu a choisi entre les mondes impossibles. Certainement l'éternel artisan aurait arrangé ces possibles dans l'espace. Il y a de la place de reste. Pourquoi, par exemple, l'intelligence universelle, éternelle, nécessaire, qui préside à ce monde, aurait-elle rejeté dans son idée une terre sans végétaux empoisonnés, sans vérole, sans scorbut, sans peste, et sans inquisition ? Il est très possible qu'une telle terre existe : elle devait paraître au grand Démiourgos meilleure que la nôtre : cependant nous avons la pire. Dire que cette bonne terre est possible, et qu'il ne nous l'a pas donnée, c'est dire assurément qu'il n'a eu ni raison, ni bonté, ni puissance ; or c'est ce qu'on ne peut dire :

donc s'il n'a pas donné cette bonne terre, c'est apparemment qu'il était impossible de la former.

B.

Et qui vous a dit que cette terre n'existe pas? Elle est probablement dans un des globes qui roulent autour de Sirius, ou du petit Chien, ou de l'œil du Taureau.

A.

En ce cas, nous sommes d'accord; l'intelligence suprême a fait tout ce qu'il lui était possible de faire; et je persiste dans mon idée que tout ce qui n'est pas ne peut être.

C.

Ainsi l'espace serait rempli de globes qui s'élèvent tous en perfection les uns au-dessus des autres: et nous avons nécessairement un des plus méchants lots. Cette imagination est belle; mais elle n'est pas consolante.

B.

Enfin vous pensez donc que de la puissance éternelle formatrice, de l'intelligence universelle, en un mot, du grand Être, est sorti nécessairement de toute éternité tout ce qui existe?

A.

Il me paraît qu'il en est ainsi.

B.

Mais en ce cas le grand Être n'a donc pas été libre?

A.

Être libre, je vous l'ai dit cent fois dans d'autres

entretiens¹, c'est pouvoir. Il a pu, et il a fait. Je ne conçois pas d'autre liberté. Vous savez que la liberté d'indifférence est un mot vide de sens.

B.

En conscience êtes-vous bien sûr de votre système?

A.

Moi! je ne suis sûr de rien. Je crois qu'il y a un être intelligent, une puissance formatrice, un Dieu. Je tâtonne dans l'obscurité sur tout le reste. J'affirme une idée aujourd'hui, j'en doute demain; après-demain je la nie; et je puis me tromper tous les jours. Tous les philosophes de bonne foi que j'ai vus m'ont avoué, quand ils étaient un peu en pointe de vin, que le grand Être ne leur a pas donné une portion d'évidence plus forte que la mienne.

Pensez-vous qu'Épicure vît toujours bien clairement sa déclinaison des atomes, que Descartes fût persuadé de sa matière striée? Croyez-moi, Leibnitz riait de ses monades et de son harmonie préétablie. Telliamed² riait de ses montagnes formées par la mer. L'auteur des molécules organiques est assez savant et assez galant homme pour en rire. Deux augures, comme vous savez³, rient comme des fous quand ils se rencontrent. Il n'y a que le jésuite irlandais Needham qui ne rie point de ses anguilles.

---

¹ Voyez tome XLII, pages 311, 549 et 606; et aussi XXIX, 505. B.
² De Maillet; voyez ma note, t. XXXIV, p. 43; et XXXIII, 294. B.
³ Voyez ma note, tome XXXII, page 364. B.

B.

Il est vrai qu'en fait de systèmes il faut toujours se réserver le droit de rire le lendemain de ses idées de la veille.

C.

Je suis très aise d'avoir trouvé un vieux philosophe anglais qui rit après s'être fâché, et qui croit sérieusement en Dieu : cela est très édifiant.

A.

Oui, têtebleu, je crois en Dieu, et j'y crois beaucoup plus que les universités d'Oxford et de Cambridge, et que tous les prêtres de mon pays; car tous ces gens-là sont assez serrés pour vouloir qu'on ne l'adore que depuis environ six mille ans; et moi je veux qu'on l'ait adoré pendant l'éternité. Je ne connais point de maître sans domestiques, de roi sans sujets, de père sans enfants, ni de cause sans effet.

C.

D'accord, nous en sommes convenus; mais là, mettez la main sur la conscience; croyez-vous un Dieu rémunérateur et punisseur, qui distribue des prix et des peines à des créatures qui sont émanées de lui, et qui nécessairement sont dans ses mains comme l'argile sous les mains du potier?

Ne trouvez-vous pas Jupiter fort ridicule d'avoir jeté d'un coup de pied Vulcain du ciel en terre, parceque Vulcain était boiteux des deux jambes? Je ne sais rien de si injuste : or l'éternelle et suprême intelligence doit être juste; l'éternel amour doit chérir ses enfants, leur épargner les coups de pied, et ne les pas chasser de la maison pour les avoir fait naître lui-même nécessairement avec de vilaines jambes.

A.

Je sais tout ce qu'on a dit sur cette matière abstruse, et je ne m'en soucie guère. Je veux que mon procureur, mon tailleur, mes valets, ma femme même, croient en Dieu ; et je m'imagine que j'en serai moins volé et moins cocu.

C.

Vous vous moquez du monde. J'ai connu vingt dévotes qui ont donné à leurs maris des héritiers étrangers.

A.

Et moi j'en ai connu une que la crainte de Dieu a retenue, et cela me suffit. Quoi donc ! à votre avis, vos vingt dévergondées auraient-elles été plus fidèles en étant athées ? En un mot, toutes les nations policées ont admis des dieux récompenseurs et punisseurs, et je suis citoyen du monde.

B.

C'est fort bien fait; mais ne vaudrait-il pas mieux que l'intelligence formatrice n'eût rien à punir ? Et d'ailleurs quand, comment punira-t-elle ?

A.

Je n'en sais rien par moi-même; mais, encore une fois, il ne faut point ébranler une opinion si utile au genre humain. Je vous abandonne tout le reste. Je vous abandonnerai même mon monde éternel si vous le voulez absolument, quoique je tienne bien fort à ce système. Que nous importe, après tout, que ce monde soit éternel, ou qu'il soit d'avant-hier? Vivons-y doucement, adorons Dieu, soyons justes et bienfesants; voilà l'essentiel, voilà la conclusion de toute dispute. Que les barbares intolérants soient l'exécration du genre humain, et que chacun pense comme il voudra!

C.

Amen. Allons boire, nous réjouir, et bénir le grand Être.

FIN DE L'A, B, C.

LETTRE ANONYME

ÉCRITE

A M. DE VOLTAIRE,

ET LA RÉPONSE.

AVERTISSEMENT
DU NOUVEL ÉDITEUR.

Dans les *Mémoires secrets*, à la date du 4 mai 1769, on lit :

« Il paraît un petit recueil de pièces relatives à Nonotte. Ce sont des lettres, des attestations de MM. Damilaville, Bigex, Wagnière, etc. Cet assemblage paraît avoir été fabriqué à Ferney. On y attribue la cause de la haine des jésuites contre M. de Voltaire à une très bonne œuvre de sa part. On est si fort en garde contre le persiflage de ce philosophe, qu'on n'ose rien croire sur sa parole ; mais on rit à bon compte aux dépens de ses victimes ; et c'est vraisemblablement tout ce qu'il demande. ».

Wagnière dit dans ses notes : « Ce recueil a paru en effet du consentement de M. de Voltaire. »

Je crois que Wagnière n'a pas tout dit, et que Voltaire est pour plus que son consentement dans la *Lettre anonyme*.

Cette brochure avait échappé à tous les éditeurs qui m'ont précédé. Elle eut cependant deux éditions que j'ai sous les yeux ; la première, en 32 pages in-8°, la seconde, en 35 pages : c'est la seconde édition que j'ai suivie.

BEUCHOT.

Ce 25 septembre 1831.

LETTRE

ÉCRITE DU BAS DAUPHINÉ, LE 1ᵉʳ FÉVRIER 1769.

L'adresse est : A M. DE VOLTAIRE, GENTILHOMME ORDINAIRE DU ROI, AU CHATEAU DE FERNEY, PAYS DE GEX.

Le timbre est : DAUPHINÉ, VALENCE. Elle a été reçue le 6 février 1769.

Je ne suis point écrivain, monsieur, vous le verrez bien par ma lettre; mais je dois à la vérité les observations que j'ai l'honneur de vous présenter. J'ai vu dernièrement un livre intitulé : *Erreurs de V.......*[1], chez un de mes amis. Il est question, me dit-il, dans ce livre, d'une anecdote qui regarde un pays que vous connaissez; je la cherchai et je lu[a], page 393, tome I, que l'auteur de ce livre prétend avoir cherché à vérifier les propos tenus par les citoyens de Livron aux troupes qui les assiégeaient, le roi étant au camp sous cette place, cités par vous, monsieur, dans un *Essai sur l'histoire universelle*, et qu'il n'a trouvé nulle part cette anecdote. Il rapporte une réponse faite par Montbrun au roi lui-même, lorsqu'il fut sommé de rendre la place; et il se félicite, page 439 du tome II, d'en avoir nommé le commandant.

---

[1] Voyez ma note, tome XLI, page 38. B.
[a] On copie fidèlement le manuscrit avec les fautes d'orthographe.

Connaissant la frivolité des assertions de cet auteur, je ne fus pas curieux de lire son ouvrage; je vis par hasard, en le rendant, qu'à la page 424 du tome II, où il est question du droit de confesser des séculiers [1], l'auteur demande si on pourrait lui citer quelque abbesse qui ait confessé ses religieuses, et il avoue qu'il ne connaît que la folle institutrice de la congrégation de l'enfance.

On peut juger, par l'exposé de cet auteur, qu'il manque de bonne foi, ou qu'il ne connaît pas l'histoire de sa nation et celle de l'Église; qu'il a lu de mauvais livres, et qu'il ne lit pas les bons.

S'il avait cherché à vérifier l'anecdote citée au sujet du siége de Livron, il eût consulté les auteurs contemporains: 1° M. de Thou, liv. LVIII et suivants; 2° *l'Inventaire général de l'histoire de France* de De Serres; 3° l'auteur du *Recueil des choses mémorables arrivées en France depuis* 1547; et ensuite il eut dû voir Mézerai.

S'il avait lu ces auteurs, il eût appris que le massacre de la Saint-Barthélemi et les tentatives faites par la reine mère pour surprendre et enlever La Rochelle aux protestants, augmentèrent leur méfiance, et les obligèrent à prendre les armes; que Montbrun, leur chef en Dauphiné, s'empara de Livron, et qu'il y mit une garnison de quatre cents hommes, sous le commandement de Roësses.

Que François de Bourbon, dauphin d'Auvergne, vint assiéger Livron, et ouvrit la tranchée le 23 juin 1574; que la brèche étant praticable, il fit donner

[1] Voyez tome XLI, page 70. B.

un assaut; qu'il fut repoussé, et obligé de se retirer.

Si l'auteur du livre des *Erreurs* connaissait l'histoire de sa nation, il saurait que le roi Henri III revenant de Pologne, arriva à Lyon le 5 septembre 1574, qu'il y tint un conseil d'état; que, dans ce conseil, il y eut deux avis, l'un d'accepter les propositions des protestants, l'autre de leur faire la guerre; que le dernier ayant prévalu, le roi s'aperçut au second siége de Livron qu'il avait pris le mauvais parti, ainsi que vous l'avez avancé [1].

Il saurait que les coureurs de l'armée de Montbrun pillèrent les équipages du roi sur la route de Chambéri à Lyon; que le second siége de Livron fut résolu; que le maréchal de Bellegarde en fut chargé, avec une armée considérable et vingt-deux pièces de gros canon; que les citoyens, aidés d'une garnison de quatre cents hommes, n'en avaient qu'une de très petit calibre; que, malgré deux sorties vigoureuses faites par Roësses, les assiégeants dressèrent trois batteries qui commencèrent à tirer le 21 décembre, et que les assiégés élevèrent au bout d'une pique un fer à cheval, un chat et des gants, voulant dire, par un rébus digne de ce temps: Maréchal, un tel chat ne se prend pas sans gants.

Cet auteur saurait que le 26 décembre une partie du rempart ayant été abattue, les assiégeants montèrent à l'assaut, que l'attaque fut longue, et la défense opiniâtre, les citoyens de tout âge et de tout sexe s'étant joints à la garnison; que les troupes du roi,

---

[1] Voyez tome XVIII, page 102; et XLI, 77. B.

composées des vieilles bandes des Suisses et des Piémontais, furent repoussées avec perte si considérable, qu'elles restèrent dans l'inaction pendant quelques jours; que les assiégés en profitèrent pour réparer leurs brèches.

Que Roësses, commandant de la place, ayant été tué à cet assaut, ainsi que deux autres gentilshommes, Fianeci et Bouvier, Delhaye, jeune homme de vingt-deux ans, fut choisi, quoique blessé, pour le remplacer; j'ai sous les yeux un ordre signé de sa main; que les batteries ayant recommencé à tirer le 1er janvier, et le rempart ayant été miné, les troupes du roi donnèrent un second assaut en trois différents endroits le 8 du même mois; qu'elles furent repoussées partout et très maltraitées; qu'après cet échec, l'armée resta deux jours dans l'inaction, et qu'une femme fila hardiment sur la brèche.

Que le roi s'étant rendu au camp sous Livron, le 13 janvier, les assiégés crièrent du haut des murailles : « Assassins, que venez-vous chercher ici? Est-ce
« pour nous surprendre en nos lits, et nous égorger
« comme vous avez fait à l'amiral? Non, ce n'est pas
« à des hommes sans défense, c'est à des gens armés
« que vous avez à faire; à des gens à qui vos perfi-
« dies passées ont appris à se tenir sur leurs gardes;
« montrez-vous, jeunes mignons; venez éprouver, à
« vos dépens, s'il est aussi aisé que vous le pensez
« de faire tête seulement à nos femmes; » que n'ayant aucun espoir de réduire la place, le roi ordonna de lever le siége; que les assiégés, après une des plus belles défenses dont l'histoire fasse mention, suivi-

rent l'armée dans sa retraite, et taillèrent en pièces presque tous les Suisses.

Si l'auteur du livre des *Erreurs* connaissait l'histoire, il saurait enfin que Montbrun ne commanda jamais dans Livron; qu'il ne fut jamais sommé de rendre cette place; qu'il ne parla jamais au roi lui-même; qu'il commandait l'armée qui tenait la campagne; qu'ayant été sommé de mettre bas les armes, il répondit qu'il était prêt à rendre obéissance au roi; mais que d'autant qu'on en voulait à sa vie et à la liberté de sa conscience, il était résolu de se défendre jusqu'à ce qu'il verrait sûreté; que Rochegude et Pierregourde répondirent de même; que les amis que Montbrun avait dans l'armée du roi lui ayant représenté, lorsqu'il fut blessé et prisonnier, qu'il avait eu tort de souffrir que ses coureurs eussent attaqué les équipages du roi, il répondit : que le jeu et les armes rendent les hommes égaux; réponse qui a un sens dans cette occasion, et qui ne signifierait rien dans celle où l'auteur l'a placée. On rapporte historiquement cette réponse, sans approuver ce qu'elle contient d'irrégulier entre un sujet et son maître.

L'auteur demande si on pourrait lui citer quelque abbesse qui ait confessé ses religieuses?

On lui répondra avec M. l'abbé Fleuri, liv. LXXVI, tome XVI, page 246 de l'*Histoire ecclésiastique*, « qu'il y avait en Espagne des abbesses qui donnaient « la bénédiction à leurs religieuses, entendaient leurs « confessions, et prêchaient publiquement, lisant l'É- « vangile; que ce fait paraît par une lettre du pape « du 10 décembre 1210. »

S'il est singulier que l'auteur du livre des *Erreurs* ne connaisse pas l'histoire de l'Église, il l'est bien plus qu'il rappelle celle de la congrégation de l'enfance. On va lui démontrer qu'on ne l'ignore pas.

Madame de Mondonville [1], femme d'un mérite distingué, institua la congrégation de l'enfance de Jésus à Toulouse. Sa haute réputation lui attira bientôt des prosélytes qu'elle logea dans une très belle maison; un des règlements de cette congrégation fut que les religieux de certaine société ne seraient jamais admis à la direction des sœurs; cette exclusion excita la haine de la société, et la belle maison des religieuses de l'enfance fut l'objet de sa convoitise. La destruction de cette congrégation naissante fut résolue; il ne s'agit plus que d'en trouver les moyens: ses ennemis étaient alors dans le plus grand crédit, ils usèrent de leurs armes ordinaires. Madame de Mondonville fut accusée de jansénisme, d'avoir inspiré cette doctrine à ses religieuses, de les éloigner de la fréquentation des sacrements, de les confesser elle-même; d'avoir dans son église, et même sur les autels, sous des draperies saintes, les vrais portraits de Jansénius et de l'abbé de Saint-Cyran; de cacher dans son couvent une imprimerie d'où sortaient tous les livres qui s'imprimaient en faveur du jansénisme, et ceux qui paraissaient contre le droit de régale dont il était alors question.

Le crédit de la société donna du poids à ces faussetés et à mille autres. La congrégation de l'enfance

---

[1] Jeanne de Juliard, veuve de M. Turle, seigneur de Mondonville. B.

manquant de protection, fut détruite, et la maison qu'elle occupait devint la proie de ses ennemis. Pour l'édification publique, il parut une histoire dans laquelle on s'efforça de répandre le plus grand ridicule sur la religion et les mœurs de madame de Mondonville et de ses religieuses. Cette histoire étant tombée entre les mains d'un neveu de cette dame après sa mort, ce neveu, après avoir pris des renseignements à cet égard, se pourvut au parlement de Toulouse, demanda la permission de justifier sa tante, la suppression de cette histoire fabuleuse, et d'être admis à informer sur les faits supposés qu'elle contenait. Il conste, par la procédure faite de l'autorité de la cour, que tous les faits rapportés contre madame de Mondonville étaient faux; le parlement supprima en conséquence par arrêt l'*Histoire* calomnieuse *de la congrégation de l'enfance*[1], la mémoire de madame de Mondonville fut rétablie; mais la maison resta à ceux qui la tenaient par autorité, et qui ne tiennent plus rien aujourd'hui, amen. Ils écrivent cependant, et veulent prouver des prétendues erreurs par des impostures.

Je verrai quelque part si les éclaircissements que je vous donne sont de votre goût; dans ce cas, je pour-

---

[1] L'*Histoire de la congrégation des filles de l'enfance de notre Seigneur Jésus-Christ* (par Reboulet), Amsterdam (Avignon), 1734, deux volumes in-12, a été condamnée, comme libelle diffamatoire, à être brûlée, par arrêt du parlement de Toulouse du 25 mai 1735. L'arrêt avait été rendu sur les plaintes de Guillaume de Juliard, neveu de madame de Mondonville, et qui avait fait imprimer un *Mémoire* de Fr.-Cl. Pujos, avocat, in-folio, réimprimé in-12. Reboulet ayant, en 1737, publié une *Réponse au Mémoire*, cette *Réponse* fut aussi condamnée au feu par arrêt du parlement de Toulouse du 17 février 1738. B.

rais les continuer sur d'autres articles où votre homme s'est égaré. Quoique anonyme, vous pouvez compter sur ce que j'avance comme sur les sentiments distingués avec lesquels je vous honore et vous respecte.

Du bas Dauphiné, 1er février 1769.

L'original de cette lettre a été déposé chez un notaire, avec l'adresse marquée pour taxe de poste, 22 sous.

RÉPONSE
DE M. DE VOLTAIRE.

Je reçois souvent, monsieur, des lettres anonymes de la canaille de la littérature, et de la canaille du fanatisme. Mais votre lettre du 1er février est plus estimable que les autres ne sont ridicules.

Quand on écrit avec autant de vérité et de probité, on ne doit point se cacher; vous auriez dû vous faire connaître, je vous aurais gardé le secret, et je vous aurais témoigné ma reconnaissance. Vous avez confondu quelques erreurs absurdes de l'ex-jésuite Nonotte, escortées de celles de l'ex-jésuite Patouillet, tous deux d'une égale érudition, et d'une égale politesse.

Je dois d'abord dire quelle fut l'occasion de ce déchaînement de quelques ex-jésuites qui m'ont fait l'honneur d'écrire contre moi autant de choses gracieuses que contre les parlements du royaume.

Les jésuites, du temps du P. La Chaise, confesseur de Louis XIV, avaient obtenu, dans le voisinage de mes terres, la confiscation d'un domaine de cent écus de rente d'un pauvre gentilhomme dans un village nommé Ornex. Cette donation leur fut faite pour entretenir un missionnaire qui devait convertir les protestants. Vous croyez bien que ce missionnaire ne convertit personne.

Mais ce qu'on croira encore plus aisément, c'est que ce domaine de cent écus devint bientôt, par de saintes usurpations, une terre de quatre à cinq mille livres de rente. Il est vrai qu'il y eut des veuves et des orphelins réduits à la mendicité; mais les jésuites les confessèrent, les communièrent, et les dédommagèrent en leur donnant la vie éternelle.

Vers l'an 1754, les jésuites d'Ornex voulurent arrondir leur domaine en achetant à très vil prix un bien de mineur, alors engagé pour la somme de quinze mille livres, lequel était à leur bienséance. Ce fonds appartenait à sept jeunes gentilshommes, officiers des armées du roi, tous frères et tous pauvres. La société de Jésus avait encore du crédit, et on ne se doutait pas qu'elle dût être sitôt punie. Elle obtint des lettres patentes du conseil du roi pour acquérir ce bien de mineurs.

J'ai eu entre les mains, j'ai vu de mes yeux un mémoire des jésuites d'Ornex, dans lequel ils disaient que s'ils achetaient la dépouille de sept orphelins, *c'était parcequ'ils étaient sûrs que ces orphelins étaient trop pauvres pour rentrer jamais dans leur patrimoine.* Le mémoire existe encore. Ce mystère allait être consommé. J'en fus informé, j'en fus indigné. Je pris le parti de ceux à qui on voulait ravir le bien de leurs ancêtres. Je déposai l'argent au greffe de la ville de Gex. Et enfin, après des contestations infinies entre la famille de ces gentilshommes et ceux en faveur desquels leur bien était précédemment engagé, le parlement de Dijon a rendu une justice éclatante à ces officiers. Ils sont aujourd'hui en possession de leurs biens; ils bénissent le parlement, et ils ne sont pas ingrats envers moi, comme l'ont été quelques gens de lettres[a].

Pendant ce long procès, qui me coûta beaucoup de peine et d'argent, vous savez, monsieur, que les jésuites furent successivement condamnés par tous les parlements du royaume, et que leur ordre fut aboli en France, en Espagne, en Portugal, dans les royaumes de Naples et de Sicile, dans les états de Parme, et à Malte.

Je n'eus certainement aucune part à leur expulsion, et je ne pus en avoir. Ce n'était pas sans doute un vieillard ignoré et caché dans la solitude qui leur porta les premiers coups. Cependant l'affaire des sept orphelins ayant été connue des supérieurs de l'ordre, quelques uns de ce corps me firent l'honneur de me regarder comme un des premiers instruments qui préparèrent la ruine des jésuites.

Il y a toujours dans une société de religieux des fanatiques empressés d'écrire. Un ex-jésuite nommé Patouillet, et un autre nommé Nonotte, se signalèrent contre moi, dans cette extravagante idée que

[a] Ces gentilshommes sont MM. de Crassy, dont deux sont actuellement chevaliers de Saint-Louis, en considération de leurs belles actions, et dont un autre est gouverneur de la ville de Gex.

j'avais contribué à la ruine de la compagnie de Jésus, et que par conséquent j'étais un franc hérétique. Ils m'honorèrent assez pour mêler mon nom dans les libelles qu'ils publièrent contre les parlements, qu'on daigna même faire brûler par les garçons du bourreau, tandis qu'on brûlait réellement en Portugal le révérend père Malagrida.

Frère Patouillet fit, sous le nom de M. de Montillet, archevêque d'Auch, un mandement extrêmement sage[1]. Ce mandement est l'éloge des frères jésuites. Les assertions d'un célèbre conseiller de la grand'chambre de Paris[2], adoptées par le parlement, et qui ont servi à la condamnation de l'ordre, y sont traitées (page 50) *d'ouvrage de ténèbres*. Les parlements (page 48) y sont appelés *Les vrais ennemis des deux puissances, mille fois abattus, et néanmoins toujours relevés, toujours animés de la rage la plus noire*, etc.

On me fait l'honneur, dans ce bel écrit, de dire que je suis un auteur mercenaire, dans le temps même que je prêtais de l'argent assez honnêtement au propre neveu de l'archevêque d'Auch. On m'appelle vagabond, tandis que je ne suis pas sorti de mon château depuis plus de dix années.

Enfin le mandement de Patouillet, signé malheureusement Montillet, exerça encore la main du bourreau[3]. Ces feux de joie, qu'on fesait par toute la France, ne m'empêchèrent pas de recueillir chez moi

---

[1] Voyez tome XLII, page 314. B.
[2] L'abbé de Chauvelin. B.
[3] Voyez tome XXXI, page 525. B.

un jésuite [1], qui me parut un honnête homme. Il y est encore; je ne lui ai jamais fait sentir la bêtise insolente de quelques uns de ses confrères, et il sait combien j'estime ceux de son ordre qui se sont distingués par leurs vertus et par leurs talents : j'ai toujours rendu justice au mérite partout où je l'ai trouvé.

Quant au jésuite Nonotte, on ne le connaissait point. Un avocat de Besançon, dont j'ai la lettre [2], m'a mandé qu'il était fils d'un crocheteur de Besançon, qui lui avait laissé son style pour seul héritage. C'est un fait que je ne garantis pas; je me connais plus en style qu'en généalogies. Ce fait est très peu intéressant dans l'histoire générale des mœurs et de l'esprit des nations, dont il s'est avisé de parler avec une si prodigieuse ignorance.

On m'a dit qu'il avait voulu intenter un procès aux ex-jésuites de Besançon, ses confrères, prétendant qu'ils ne lui avaient pas donné sa part complète de l'argent qu'ils partagèrent entre eux quand ils furent chassés de leur collége. C'est ce qui m'est encore fort indifférent.

C'est peut-être pour se dédommager qu'il a fait imprimer le livre de ses erreurs; mais je ne crois pas que cet ouvrage ait fait sa fortune [a]. Lisez-le si vous

---

[1] Le P. Adam, qui n'était pas le premier homme du monde, à ce que disait Voltaire (mot de madame Dumoulin sur un autre Adam), et que l'on a dit être l'espion de sa société auprès de son hôte. B.

[2] Voyez tome XLII, page 687; et XLIV, 1. B.

[a] Quand il eut fait imprimer ce beau livre, dans Avignon, chez le libraire Fez, il me fit proposer, par ce Fez, de me vendre toute l'édition pour mille écus. Je conserve sa lettre en original; mais comme je ne vends point mes ouvrages, quoi qu'en disent des gredins comme Patouillet et No-

pouvez, vous ne trouverez pas une page qui ne vous fasse douter s'il y a plus d'ignorance que de sottises : et cependant il y a de la malice. Vous savez, monsieur, que c'est un vice qu'on reproche à ses confrères; je n'entends pas ceux de la société de Jésus, mais ceux de la société de Montmartre qui ont une croix sur le dos.

Son erreur opiniâtre sur la ville de Livron, dont vous parlez, et sur la confession des laïques, n'est rien en comparaison des autres. Le pauvre homme ne sait pas seulement que saint Basile, dans ses *Règles abrégées*, interrog. 110, tome II, p. 453, *permet à l'abbesse d'entendre avec les prêtres les confessions de ses religieuses*; il ne sait pas que le P. Martennes, bénédictin très savant, a prouvé, dans ses *Rites de l'Église*, tome II, pag. 39, *Que les abbesses confessaient autrefois leurs nonnes, et qu'elles étaient si curieuses, qu'on leur ôta ce droit*.

Il ne sait pas que son confrère Daniel [1], dans sa mauvaise histoire de France, est obligé d'avouer que les rois de la première race avaient à-la-fois plusieurs femmes.

Il ne sait pas que le martyre de la légion thébéenne [2] sur laquelle il est revenu deux ou trois fois, est une fable absurde, dont Grégoire de Tours est le premier inventeur.

Il ne sait pas que des moines attribuèrent ensuite

---

notte, comme je ne souffre pas même que mes laquais en retirent le moindre émolument, je n'achète pas non plus les productions des Nonottes.

[1] Voyez tome XLI, page 47. B.
[2] Voyez tome XLI, page 44; et XLII, 672. B.

ce conte à un évêque de Lyon, nommé Eucherius, mort en 454.

Il ne sait pas que, dans cette légende, qu'on suppose écrite avant 454, il y est parlé d'un Sigismond, roi de Bourgogne, tué en 523.

Il ne sait pas que cet événement du prétendu saint Maurice, et de la prétendue légion thébéenne, est supposé être arrivé sous Dioclétien, l'an 287, temps auquel Dioclétien, loin de persécuter les chrétiens, était leur protecteur déclaré ; temps auquel les principaux officiers de son palais étaient chrétiens, et que même sa femme Prisca était chrétienne.

Croiriez-vous bien, monsieur, que ce pauvre Nonotte me traite d'impie, parceque je n'ai pas eu autant de foi aux jésuites bollandistes qu'aux saints évangiles ? J'avoue que, dans l'*Histoire générale des mœurs et de l'esprit des nations* [1], j'ai douté de plusieurs anecdotes du martyre du jeune saint Romain [2], quoiqu'il soit rapporté tout au long dans les véritables *Actes sincères* [3] du révérend père don Thierry Ruinart, bénédictin de la congrégation de Saint-Maur, homme d'un très grand sens et d'une érudition fort utile. Il dit qu'il a tiré cette histoire d'Eusèbe de Césarée, au livre second de la résurrection. Je ne l'ai trouvée ni dans sa *Préparation*, ni dans sa *Démonstration évangélique*, mais dans le livre VIII de son Histoire de l'Église. Voici, monsieur, ce que Ruinart rapporte avec la véracité d'un de Thou, et l'esprit d'un Tacite.

[1] Voyez ma Préface du tome XV. B.
[2] Voyez tome XLI, page 42. B.
[3] Voyez ma note, tome XIX, page 192. B.

Le jeune Romain fit le voyage d'Antioche en 303, exprès pour avoir le plaisir d'être martyrisé. Il s'en va trouver le juge Asclépiade, et lui dit : Voici un nouveau soldat qui se présente pour vous combattre; voyez si vous pouvez le vaincre. Asclépiade accepte le défi ; il livre le petit Romain à une demi-douzaine de bourreaux, se met à leur tête ; ils tombent tous sur lui à coups de sabres et d'épées, rien ne peut seulement effleurer la peau de saint Romain. Cessez, lui dit le saint, de vouloir tenir contre le Tout-Puissant. Prétendez-vous résister à Jésus-Christ, qui est le seul empereur? Le juge Asclépiade, indigné qu'on appelle empereur un autre que Dioclétien, déclare sur-le-champ le petit Romain criminel de lèse-majesté, et le condamne à être brûlé vif. On dresse un beau bûcher de sarments, de roseaux, et de bûches; on y place Romain. Toute la ville d'Antioche accourt gaîment à ce spectacle, selon la coutume. Il se rencontra dans la foule plusieurs Juifs, qui se mirent à rire de toute leur force en voyant le feu allumé. Comment ! disent-ils, leur Jésus ne les délivre pas des flammes ! et notre Adonaï délivra Sidrac, Misac, et Abdenago, de la fournaise de Babylone ! A peine eurent-ils prononcé ces paroles, *que Dieu commanda aux nuages de se joindre ; une pluie mêlée de grêle tombe avec tant de violence, que le bûcher en est éteint. On vient avertir l'empereur* (qui pourtant était alors à Rome, et non dans Antioche[a]) *que le ciel se déclare pour Romain. L'empereur envoie dire à Asclépiade*

---

[a] On place l'aventure de saint Romain au mois de novembre, et Dioclétien partit pour Rome en octobre.

d'abandonner cette petite affaire; qu'il ne veut rien avoir à démêler avec le Dieu du ciel, et qu'il défend au juge de se commettre davantage avec lui. Le juge Asclépiade obtient par composition qu'on coupera la langue au jeune Romain. Il se trouva là un médecin qui portait toujours avec lui les instruments pour couper les langues. Il trancha celle de saint Romain jusqu'à la racine, et l'emporta dans sa maison enveloppée bien proprement dans de la soie.

L'anatomie nous apprend, continue don Thierry Ruinart, *et l'expérience le confirme, qu'un homme à qui on a coupé la langue ne saurait vivre.* Et de là il conclut qu'il y a déjà trois miracles éclatants en faveur de saint Romain; celui des bourreaux qui ne purent le tuer, celui du bûcher éteint, et celui de la vie conservée à Romain, malgré le retranchement de sa langue.

Mais ce n'est pas tout : voici un quatrième miracle digne des trois autres. *Saint Romain,* dit le bénédictin, *était bègue comme Moïse* avant qu'on lui eût coupé la langue. Dès qu'il n'eut plus de langue, il se mit à parler avec une volubilité inconcevable. De là don Ruinart conclut que le Saint-Esprit était descendu sur lui *en forme de langue comme sur les apôtres, et lui avait accordé comme aux apôtres le don de parler fort vite.*

On court raconter ce nouveau miracle au juge Asclépiade, qui était avec l'empereur. Le médecin fut alors accusé d'être un ignorant ou un fripon qui coupait très mal les langues. Le médecin montre aussitôt la langue de saint Romain, qu'il avait heureusement gardée dans un coupon de soie. Il protesta qu'il avait agi *secundum artem;* qu'il était impossible de vivre un quart d'heure sans langue, et que si Romain était encore en vie, c'était un miracle évident. Pour vous le prouver, dit-il à l'empereur, faites-moi délivrer le premier passant, je vais lui couper la langue, et vous verrez s'il n'en mourra pas sur l'heure. L'empereur voulut se donner le plaisir de cette expérience. On prit un pauvre homme; le médecin lui coupa la langue, et le patient mourut à l'instant. Voilà, monsieur, très fidèlement ce qui est rapporté presque mot à mot dans les *Actes sincères.*

C'est ainsi que l'ex-jésuite Nonotte veut qu'on écrive l'histoire. Il ose crier à l'impiété contre les lecteurs pieux et sages qui, en vénérant les saints martyrs, n'adoptent pas des contes frivoles. Ce fourbe imbécile ignore quel tort font à la religion ces mensonges qu'on mêle avec la vérité. Il ignore dans quel siècle nous vivons; il ignore dans quel profond mépris sont les calomniateurs absurdes.

Croiriez-vous bien, monsieur, que, dans sa rage de calomnier et de nuire, il va jusqu'à prétendre qu'en traduisant quelques vers de Sophocle dans la tragédie d'*OEdipe,* que je composai il y a plus de cinquante ans, j'avais en vue les jésuites[1]? Voyez la page 251 du second volume de ses *Erreurs.* Tel est le fanatisme : c'est un monstre sans cœur, sans yeux, et sans oreilles. Il ose se dire le fils de la religion, il se cache sous sa

---

[1] Il s'agit des vers d'*OEdipe,* acte IV, scène 1re :

Nos prêtres ne sont pas, etc.   B.

robe; et, dès qu'on veut le réprimer, il crie : *Au secours, on égorge ma mère !*

Vous serez bien plus surpris quand vous saurez que ce polisson a osé envoyer son recueil de calomnies au pape Clément XIII, qu'il a écrit plus de trente lettres à Rome, dans lesquelles il dit qu'il n'y a plus de religion en France, parcequ'on se moque publiquement à Besançon de l'ex-jésuite Nonotte, qui prêchait autrefois, et que les petits enfants courent après lui dans la rue.

Ce qui vous étonnera davantage, ce qui paraît hors de toute vraisemblance, mais qui n'en est pas moins vrai, c'est qu'après quatre mois de sollicitations, il a obtenu enfin une espèce de bref du pape, signé par l'archevêque de Calcédoine.

Ce n'est pas à moi, c'est au parlement de Besançon[1] à voir s'il est permis à un ex-jésuite d'avoir à Rome une correspondance si directe et si suivie; s'il est permis à un homme qui est par son état sous le glaive de la justice, de s'intriguer dans les pays étrangers; et si, de toutes les prérogatives qu'on lui a ôtées, il lui est resté celle de calomnier les officiers du roi de France auprès du pontife de Rome. La cour de Rome, plus sage que lui, ne lui a fait qu'une réponse vague. Mais, dans d'autres temps, sa dénonciation calomnieuse aurait eu des suites funestes.

Je prie seulement monseigneur l'archevêque de Calcédoine, s'il veut envoyer un second bref à Nonotte, de s'informer auparavant quel est cet homme, qui

---

[1] Nonotte était de Besançon. B.

n'est regardé dans Besançon que comme le dernier des bouffons.

Je remercie monseigneur l'archevêque de Calcédoine de n'avoir pas ajouté une foi aveugle aux erreurs et aux impostures d'un tel homme. Il sait sans doute que je suis meilleur citoyen que Nonotte. Il sait que le grand pape Benoît XIV m'a honoré de plusieurs de ses lettres; que feu monseigneur le cardinal Passionei, secrétaire des brefs, m'en a écrit plus de cinquante de sa main; que ni lui ni le pape ne m'auraient fait cet honneur s'ils n'avaient été convaincus de mon profond respect pour la religion et pour le chef de l'Église.

Nonotte a beau faire, il ne m'empêchera pas d'être un bon chrétien, et si bon chrétien, que je lui pardonne de tout mon cœur, et que je suis prêt même, s'il veut venir dans mon château, de le faire saigner au front, de le faire baigner pendant trois mois, et de lui fournir d'excellents bouillons rafraîchissants, pour rétablir sa cervelle dérangée.

J'ai l'honneur d'être, monsieur, votre très humble et très obéissant serviteur.

Au château de Ferney, le 9 février 1769.

P. S. J'ajoute à ma lettre que c'est M. Damilaville qui a daigné s'abaisser jusqu'à confondre les impostures de ce Nonotte. Nonotte demande quel est ce M. Damilaville. Il n'a qu'à écrire aux laquais des principaux littérateurs de Paris, car les maîtres ne lui répondraient pas. Il apprendra que M. Damilaville est l'auteur de plusieurs articles excellents du

Dictionnaire encyclopédique, et de quelques autres ouvrages dans lesquels il a foudroyé les ennemis du genre humain, qui osent se servir de la religion pour faire le mal.

Pour moi, monsieur, je ne répondrai point à ce misérable. Mais s'il est assez lâche et assez fou pour m'imputer des livres scandaleux, qu'il se vante de réfuter dans ses lettres écrites à Rome et au pape même, je vous déclare que je demanderai justice au parlement de Franche-Comté, et que, malgré mon âge de soixante et quinze ans, et les maladies mortelles qui m'accablent, je me traînerai à Besançon pour le faire punir comme un infame calomniateur.

LETTRE

A M. DE VOLTAIRE, au sujet de l'ex-jésuite Nonotte, du 7 février 1769.

MONSIEUR,

Tandis que vous prenez les soins généreux de défricher des terres incultes, de bâtir des églises, d'établir des écoles de charité; tandis que vous vengez l'innocence opprimée, et que vous établissez la petite fille du grand Corneille, vous n'avez pas sans doute eu le loisir de jeter des yeux attentifs sur le libelle du nommé Nonotte. Je viens d'y découvrir des ignorances aussi étranges que sa fureur et sa mauvaise foi sont punissables.

Voici comme il parle, page 4 de son avant-propos. *Il vous donne pour le plus ancien livre du monde le Hanscrit, livre que jamais personne n'a vu ni connu, qui n'a jamais existé que dans son imagination, etc.* Vous voyez, monsieur, que cet imbécile prend la langue des brachmanes pour un livre des brachmanes. Vous savez, et je l'ai appris de vous, que ce Hanscrit est encore aujourd'hui la langue sacrée des brames; qu'on étudie encore dans le Malabar et sur le Gange ce Hanscrit, comme nous apprenons le latin qu'on ne parle plus. Vous savez que les caractères du Hanscrit n'ont aucun rapport avec les caractères correspondants des autres langues; ce qui prouve assez que les anciens Indiens n'ont rien pris d'aucun peuple.

C'est dans cette langue sacrée que sont écrits le Védam, l'Ezourvédam, le Cormovédam, et les livres du Shasta, qui sont fort antérieurs au Védam. L'ignorant calomniateur dit en vain que ces livres ne sont connus de personne : vous avez envoyé à la Bibliothèque du roi un manuscrit[1] contenant la traduction de l'Ezourvédam; et le savant M. Holwell, qui a demeuré si long-temps à Bénarès, a traduit des morceaux considérables du Shasta.

C'est avec la même impudence que cet effronté menteur cite, à la page 5, une prétendue lettre de M. l'abbé Velly, et votre réponse. Jamais vous n'avez reçu de lettre de M. l'abbé Velly, jamais vous ne lui avez écrit. La plupart des autres mensonges qu'il avance sont punissables. Il n'y a pas une page de son libelle qui ne soit une imposture. Il attaque impudemment plus de vingt hommes de lettres estimés.

[1] Voyez la note, tome XLIII, page 348. B.

Il ose censurer le gouvernement, qui, depuis 1725, s'est fait un devoir de laisser la valeur numéraire des monnaies invariable. Il mérite sans doute d'être puni pour avoir écrit sans permission un pareil libelle; mais tous vos amis vous conseillent d'abandonner ce malheureux à sa honte. Tous les citoyens distingués qu'il a outragés avec la même fureur l'ont méprisé. Son livre est totalement ignoré à Paris; le nom de ce cuistre ne peut être connu que par vous; il n'est pas digne que vous le tiriez de sa fange.

J'ai l'honneur d'être avec une respectueuse vénération,

   Monsieur,

     Votre très humble et très obéissant serviteur,

     BIGEX.

N. B. Remarquez, monsieur, qu'il a donné son édition en deux volumes, sous le titre de *troisième* édition, autre friponnerie. Mais ce n'est qu'une impertinence d'amour-propre.

Je soussigné certifie, et ferai serment quand on voudra, que jamais M. de Voltaire n'a reçu de lettre de M. l'abbé de Velly; qu'il ne lui a jamais écrit, qu'il n'a eu avec lui la moindre correspondance par un tiers.

Fait au château de Ferney, ce 8 février 1769.

     WAGNIÈRE,
    Secrétaire de M. de Voltaire.

M. l'abbé Velly, qui travaillait à l'Histoire de France, doit avoir laissé ses papiers en ordre; si on y trouve la moindre trace de la plus légère correspondance entre lui et moi, je consens à passer pour un aussi effronté menteur que l'ex-jésuite Nonotte.

Au château de Ferney en Bourgogne, 9 février 1769.

VOLTAIRE.

Ayant feuilleté par hasard un assez sot livre intitulé *les Erreurs*, etc., composé par un homme qui prend le titre d'abbé Nonotte, et étant tombé sur l'avant-propos du tome second, page 14, j'ai vu qu'il m'impute, comme à l'éditeur *de l'Histoire générale de l'esprit et des mœurs des nations*, d'avoir fait imprimer les paroles suivantes : « Le clergé n'est qu'un « amas d'hommes vicieux, inutiles, à charge à l'état, « pour la réformation duquel on devrait suivre l'exem-« ple qu'ont donné l'Angleterre et le Nord au seizième « siècle. » Je déclare à ceux qui, n'ayant pas lu mon édition, pourraient être trompés par cette assertion, qu'il n'y a rien de semblable dans toute *l'Histoire générale*, et que cet avant-propos est impertinent. J'ignore s'il existe réellement un abbé Nonotte; mais je crois qu'il ne faut rien négliger pour rendre gloire à la vérité. A Genève, ce 12 février 1769.

Signé CRAMER l'aîné.

OBSERVATION IMPORTANTE[1].

Il est si faux que M. de Voltaire ait rien dit sur le clergé de France qui ressemble à ce que lui reproche le calomniateur Nonotte, qu'il a dit précisément tout le contraire, et de la manière la plus énergique. Voici les propres mots que je trouve dans son *Traité de la tolérance*, traité le plus complet et le plus persuasif qu'on ait jamais fait sur cette importante matière. Je supplie les magistrats et les prélats de jeter les yeux sur ce passage de la page 55, nouvelle édition, chez Gabriel Cramer[2].

« On a soupçonné quelques évêques français de
« penser qu'il n'est ni de leur honneur ni de leur in-
« térêt d'avoir dans leur diocèse des calvinistes, et que
« c'est là le plus grand obstacle à la tolérance; je ne
« puis le croire. Le corps des évêques, en France, est
« composé de gens de qualité, qui pensent et qui agis-
« sent avec une noblesse digne de leur naissance; ils
« sont charitables et généreux, c'est une justice qu'on
« doit leur rendre; ils doivent penser que certaine-
« ment leurs diocésains fugitifs ne se convertiront pas
« dans les pays étrangers, et que, retournés auprès
« de leurs pasteurs, ils pourraient être éclairés par
« leurs instructions, et touchés par leurs exemples; il
« y aurait de l'honneur à les convertir, le temporel

---

[1] Cette *Observation importante* fut ajoutée dans la seconde édition. La première se terminait par ces mots qu'elle a remplacés : « On a beaucoup « d'autres lettres infiniment plus fortes; mais il y a des espèces sur les- « quelles il ne faut pas s'appesantir. » B.

[2] Voyez tome XLI, page 247. B.

« n'y perdrait pas; et, plus il y aurait de citoyens,
« plus les terres des prélats rapporteraient. »

On s'étonnera sans doute qu'un ex-jésuite, dans la profonde humiliation que toute la magistrature du royaume lui impose, et au milieu des applaudissements que l'exécration publique donne aux nouveaux arrêts et aux édits qui exterminent la société, ait osé s'ériger en délateur avec une impudence si frappante, et en critique avec une ignorance si crasse; mais tel est l'esprit de collége, tel a été l'esprit des Garasse, tel a été souvent le fruit de l'éducation reçue dans une communauté où les uns avaient des souverains dans leurs confessionnaux, et les autres des écoliers dans leurs classes; ils s'étaient accoutumés à parler en maîtres; et le pauvre Nonotte, dans son galetas, s'est imaginé qu'il régentait encore, quand il a osé s'attaquer à un officier de la chambre du roi de France, à un homme dont les parents servent le roi dans les armées, dans les parlements, et dans les autres cours souveraines.

Il est à souhaiter que l'excès de l'opprobre dont Nonotte s'est couvert serve d'exemple à ceux qui, pour attraper un écu d'un libraire, franchissent toutes les bornes de la raison et de l'honnêteté.

Fait au château de Tournay, le 1er mars 1769.

BIGEX.

FIN DE LA LETTRE ANONYME, ETC.

CANONISATION
DE SAINT CUCUFIN.

LA CANONISATION DE SAINT CUCUFIN; FRÈRE D'ASCOLI, PAR LE PAPE CLÉMENT XIII, ET SON APPARITION AU SIEUR AVELINE, BOURGEOIS DE TROYES, MISE EN LUMIÈRE PAR LE SIEUR AVELINE LUI-MÊME. A TROYES, CHEZ MONSIEUR OU MADAME OUDOT, 1767[1].

IDÉES PRÉPARATOIRES.

« Romulus, et Liber pater, et cum Castore Pollux,
« Post ingentia facta, Deorum in templa recepti,
« Dum terras hominumque colunt genus, aspera bella
« Componunt, agros assignant, oppida condunt,
« Ploravere suis non respondere favorem
« Speratum meritis. Diram qui contudit hydram,
« Notaque fatali portenta labore subegit,
« Comperit invidiam supremo fine domari, etc. »
     Hor., liv. II, ep. 1, vers 5-12.

Lorsque l'on vit Bacchus et l'invincible Alcide,
Et Pollux et Castor, et le grand Romulus,
Secourir les humains par des soins assidus,
Venger sur les tyrans l'innocence timide,
Réprimer les brigands, pardonner aux vaincus,
Polir les nations dans l'enceinte des villes,
Protéger les beaux-arts, donner des lois utiles,

---

[1] C'est à la date du 6 mai 1769 que les *Mémoires secrets* parlent de la *Canonisation de saint Cucufin*. La date de 1767 et l'intitulé donneraient à penser que l'ouvrage avait déjà été imprimé à Troyes. Il n'en est rien. L'édition originale est un in-8° de 24 pages, sans millésime. L'auteur fit entrer cet opuscule dans le tome Ier des *Choses utiles et agréables*. Je crois que c'est la même composition qui a servi pour ce recueil et pour l'édition séparée. B.

Quel fut le prix des biens par leurs mains répandus ?
L'homme ingrat et méchant noircissait leurs vertus.
Ils furent mordus tous par la dent de l'Envie ;
On fit de ces héros cent contes odieux ;
On les persécuta tout le temps de leur vie :
Furent-ils enterrés, le monde en fit des dieux.

Il était bien vilain, sans doute, de donner des ridicules à Triptolème pour prix de son blé, de dire des sottises de Bacchus lorsqu'on buvait son vin, de reprocher à Hercule ses amourettes, quand il nous délivrait de l'hydre, et qu'il nettoyait nos écuries. Mais aussi il est bien beau de diviniser les Hercule, malgré les Eurysthée.

L'antiquité n'a rien de si honnête que d'avoir placé dans ce qu'on appelait le ciel, les grands hommes qui avaient fait du bien aux autres hommes. Les sages ne s'opposaient point à ces apothéoses ; ils savaient bien que le sot peuple prend l'air et les nuages pour le ciel ; que chaque sphère qui roule dans l'espace est entourée de son atmosphère ; que notre terre est un ciel pour Vénus et pour Mars, comme Mars et Vénus sont des cieux pour nous ; que Jupiter n'assemble point son conseil sur le mont Olympe en Thessalie ; qu'un dieu ne vient point dans une nue comme à notre Opéra. Ils savaient bien que ni le corps d'Hercule, ni son petit simulacre léger, qu'on appelait ame, vent, souffle, mânes, n'avaient point épousé Hébé, et ne buvaient point du nectar avec elle. Mais ces sages trouvaient fort bon qu'on élevât des autels au protecteur des opprimés ; c'était dire aux princes : « Faites comme lui, « vous serez comme lui. »

On a calomnié bien ridiculement, bien indignement

l'antiquité. Nos plats livres nous disent continuellement que les anciens rendaient à la créature l'hommage qu'ils ne devaient qu'au Créateur. Vous en avez menti, livres de préjugés, archives d'erreurs : depuis Orphée et Homère jusqu'à Virgile, depuis Thalès jusqu'à Pline, il n'y a pas un seul poëte, un seul philosophe qui ait admis plusieurs dieux suprêmes. Le Jéhovah des Phéniciens, adopté en Égypte, et ensuite en Palestine, le Zeus des Grecs, le Jupiter des Latins, a toujours été constamment, invariablement le dieu unique, le dieu maître, le dieu formateur, le souverain des dieux secondaires et des hommes : « Divum « sator atque hominum rex [1]. »

Il faut convenir que les anciens avaient plus de vénération pour leurs dieux secondaires que nous pour les nôtres. On ne voit point qu'aucune impératrice se soit appelée Junon, Minerve, Latone, Vénus, Iris ; au lieu que nous prenons hardiment le nom de Jean et de Matthieu. Chaumeix porte insolemment le nom d'Abraham [2]. J'ai connu un impuissant qui s'appelait Salomon, mari de trois cents femmes et de sept cents concubines. Le plus vil coquin a son nom de saint ; je voudrais bien savoir quel est le nom de baptême de Fréron [3].

Les Latins, depuis Numa jusqu'à Théodose, ont toujours désigné Dieu par le titre de *très grand et très bon ;* titre qu'ils n'ont jamais donné à aucun autre être. Jamais, chez eux, la Divinité suprême n'a

---

[1] Voyez tome XXVIII, page 362. B. — [2] Voyez tome XXVI, page 7. B.
[3] *Élie-Catherine ;* voyez, t. XL, p. 231, les *Anecdotes sur Fréron.* B.

eu d'associés; ce blasphème fut inconnu à toute l'antiquité.

Mais on adorait Mars, Minerve, Junon, Apollon, etc. Oui, comme des génies inférieurs, et, si j'ose le dire sans blasphème, comme les catholiques révèrent les saints. Les divinités secondaires étaient aux yeux des païens précisément ce que sont nos canonisés. Les Grecs et les Romains pratiquaient dans leurs erreurs ce que nous pratiquons sous l'empire de la vérité.

Saint George, armé de pied en cap, est le dieu des batailles comme l'étaient Mars et Arès chez les Grecs, à cela près que ce Mars, si terriblement peint par Homère, inspirait encore plus de respect que saint George trop grossièrement chanté par nos légendaires. Junon était un autre personnage que sainte Claire; Mercure, le dieu des arts, vaut bien saint Crépin, le dieu des cordonniers. Diane eut plus de réputation que saint Hubert, quoiqu'il guérisse de la rage.

Il y eut des anges de la guerre et de la paix chez les Indiens, chez les Persans, chez les Babyloniens. La nation juive, ignorante et grossière, qui n'eut aucune doctrine ferme et constante que depuis sa captivité à Babylone[1], n'apprit que des Chaldéens les noms de ses anges[a]. C'est une vérité reconnue de tous ceux qui ont au moins une légère teinture de l'antiquité. Ce fut alors que les Juifs connurent Michael, Gabriel, Raphael, Uriel, etc.; le nom même d'Israël, qui signifie *voyant Dieu*, est chaldéen: les historiens juifs, Jo-

---

[1] Voyez l'*A, B, C*, dix-septième entretien, ci-dessus, page 123; et tome XV, pages 215, 286. B.

[a] Talmud de Jérusalem, *in rhostra shana*.

sèphe et Philon, l'avouent. Ce n'est donc que dans des temps très postérieurs à la loi, qu'on trouve dans Daniel ᵃ, que l'ange Gabriel, secouru par l'ange Michael, combattit contre l'ange des Perses, et qu'on lit dans l'Épître de saint Jude ᵇ que Michael eut une grande contestation avec le diable pour le corps de Moïse.

Il est constant, en un mot, que tous les peuples policés, en adorant un seul Dieu, vénérèrent des dieux secondaires, des demi-dieux. Exceptons-en les seuls Chinois, qui, doués d'une sagesse supérieure, ne firent jamais partager à personne le moindre écoulement de la Divinité.

Les chrétiens n'imitèrent que très tard la Grèce et Rome, en plaçant des demi-dieux, des saints dans le ciel. Dans le commencement ils avaient en horreur les temples, les autels, les cierges, l'encens, les surplis, les chasubles, l'eau bénite des gentils : mais quand ils furent les maîtres, ils adoptèrent toutes ces anciennes inventions utiles, toutes ces cérémonies; et la vérité consacra des rites inventés par l'esprit de mensonge.

Polyeucte reproche à Pauline d'adorer des dieux

> Insensibles et sourds, impuissants, mutilés ¹,
> De bois, de marbre et d'or, comme vous les voulez.

Mais qu'aurait dit Pauline si elle avait vu, quelque temps après, saint Roch, saint Pancrace, saint Fiacre, en bois, en marbre, en métal?

L'apparence est la même dans l'un et dans l'autre cas. Jamais saint Fiacre et saint Pancrace n'ont été re-

---

ᵃ Ch. ix, v. 22; et ch. x, v. 13. — ᵇ V. 9.
¹ *Polyeucte*, acte IV, scène 3. B.

gardés chez les chrétiens comme les créateurs du monde. Jamais aussi on ne s'est avisé, chez les gentils, d'offrir de l'encens à Mercure, à Latone, comme au maître souverain des cieux, de la terre, et du tonnerre. Mercure et Latone obéissaient à Jupiter; on priait Mercure et Latone d'intercéder auprès de Jupiter: cela est si vrai, que Lucien, qui se moque également d'eux tous, fait présenter par Mercure les placets des hommes à Jupiter son maître.

La juive Esther, dans une belle pièce de vers en dialogues, intitulée, je ne sais pourquoi, *tragédie*, dit à un roi de Perse, nommé Assuérus, qui n'a jamais existé:

> Ce Dieu, maître absolu de la terre et des cieux [1],
> N'est point tel que l'erreur le figure à vos yeux.
> L'Éternel est son nom, le monde est son ouvrage;
> Il entend les soupirs de l'humble qu'on outrage,
> Juge tous les mortels avec d'égales lois,
> Et du haut de son trône interroge les rois.

Ces vers sont admirables; presque personne ne devrait être assez hardi pour en faire après avoir lu ceux de Racine; et les hommes grossiers que leur épaisse barbarie rend insensibles à ces beautés, ne méritent pas le nom d'hommes. Mais le prétendu Assuérus pouvait répondre à la prétendue Esther:

Vous êtes une impertinente de croire m'apprendre mon catéchisme; je savais, avant que vous fussiez née, que Dieu est le maître absolu de notre petite terre, des planètes, et des étoiles. Nous adorions Jéhovah, l'Éternel, plusieurs siècles avant que vos mi-

---

[1] *Esther*, acte III, scène 4. B.

sérables Juifs vinssent de l'Arabie déserte commettre mille infames brigandages dans un coin de la Phénicie. Vous n'avez appris à lire et à écrire que de nous, et des Phéniciens nos disciples. Nous n'avons jamais adoré qu'un seul Dieu; nous n'avons jamais eu dans nos temples des simulacres de bœufs, de chérubins, de serpents, comme vous en aviez dans votre petit temple barbare de vingt coudées de long, de large, et de haut, où vous conserviez dans un coffre un serpent d'airain, quand un de mes prédécesseurs détruisit votre ville d'Hershalaïm, et vous fit tous conduire, les mains derrière le dos, sur les rivages de l'Euphrate. Il est aussi ridicule à vous, ma bonne, de penser m'enseigner Dieu, qu'il serait ridicule à moi de vous avoir épousée, d'avoir vécu six mois avec vous sans savoir qui vous êtes; d'avoir condamné tous les Juifs à la mort, parcequ'un Juif n'a pas fait la révérence à un de mes vizirs, et d'avoir averti tous les Juifs, par un édit, qu'on les égorgerait dans dix mois, pour leur donner le temps d'échapper. Vous récitez de très beaux vers, mais vous n'avez pas le sens d'un oison. Je sais mieux vos propres livres que vous, et que votre fat de Mardochée. Je sais que quand vous habitâtes autrefois en très petit nombre dans un désert de mon vaste empire, vous adorâtes [a] l'étoile Remphan, et celle de Moloch[1], etc.; je sais que vous n'avez jamais eu jusqu'à présent de croyance fixe, et que vous avez immolé vos propres enfants par le plus

---

[a] Amos, ch. v, v. 26; cité *Actes des Apôtres*, ch. vii, v. 43.

[1] Voyez, dans le présent volume, la première note sur le *Discours de l'empereur Julien.* B.

abominable fanatisme. Si je daignais m'abaisser jusqu'à citer vos auteurs, je vous dirais que votre Isaïe[a] vous reproche de sacrifier vos fils et vos filles à vos dieux dans des torrents, sous des rochers. Il vous sied bien, bégueule juive, d'oser enseigner votre maître!

SAINTS A FAIRE.

Il est démontré que tous les peuples policés ont adoré un Dieu formateur du monde, et que plusieurs peuples ont composé une cour à ce Dieu qui n'en a pas besoin. Dans cette cour ils ont placé les grands hommes pour avoir des protecteurs auprès du maître.

Divus Trajanus, Divus Antoninus, ne signifiaient à la lettre que saint Antonin, saint Trajan. Ces saints étaient proposés pour modèles aux empereurs, modèles bien peu imités. Si nous avions saint Bertrand du Guesclin, saint Bayard, saint Montmorency, et surtout saint Henri IV, je ne vois pas qu'une telle apothéose fût si déplacée.

Pourquoi n'aurions-nous pas saint L'Hospital? Ce chancelier fut si modéré dans un temps de fureurs! il fit des lois si sages, malgré les horribles démences de la cour!

J'adresserais encore volontiers un *oremus* à saint De Thou, qui fut le magistrat le plus intègre, ainsi que le meilleur historien.

Le maréchal de Turenne est sûrement en paradis, puisqu'il s'était fait catholique. Le maréchal de Catinat y est aussi sans doute. L'un est mort pour la

---

[a] Chap. LVII, v. 5.

patrie; l'autre, après avoir gagné des batailles, a souffert la disgrace et la pauvreté sans se plaindre. Si on leur dresse des autels, je promets de les invoquer.

Oh! me disent les banquiers en cour de Rome, on n'a pas des saints comme on veut; cela coûte fort cher. En voilà huit que vous proposez; c'est une affaire de huit cent mille écus pour la chambre apostolique, à trois cent mille francs la pièce; encore c'est marché donné. Il n'y a guère eu que les Samuel Bernard et les Pâris-Montmartel[1] qui aient été en état de faire des saints; mais ils n'ont pas employé leur argent à ces œuvres pies.

Je réponds à ces messieurs que je ne prétends point avoir des apothéoses pour de l'argent; que c'est une véritable simonie; que je veux révérer Henri IV, Turenne, Catinat, De Thou, le chancelier de L'Hospital, d'un culte de dulie, sans qu'il m'en coûte rien; et que je n'achèterai jamais le paradis ni pour moi ni pour personne.

Quels ont été les premiers saints dans le christianisme? des hommes charitables, des martyrs. Qui les fit révérer? le consentement du peuple sans aucuns frais. Or je soutiens que Henri IV est un vrai martyr; il partait pour aller faire le bonheur de l'Europe, lorsqu'il fut martyrisé par le fanatisme. Et quant au con-

---

[1] Le marquis de Brunoi, fils de Montmartel, et héritier de son immense fortune, avait une passion si effrénée pour les cérémonies religieuses, que ses parents le firent interdire comme trop *pie*, et notamment pour avoir dépensé un demi-million à une procession. Il existe deux volumes intitulés *Les folies du marquis de Brunoi*. CL.

sentement du peuple, il est déjà tout obtenu; en voici la marque évidente. Le jour que l'évêque du Puy-en-Velay[1] prononça dans Saint-Denis une oraison funèbre, ceux qui ne purent l'entendre, soit parcequ'ils étaient trop loin, soit parcequ'ils étaient durs d'oreille, se levèrent de leurs places, allèrent voir le tombeau de Henri IV. Ils se mirent à genoux, ils l'arrosèrent de leurs larmes, ils lui adressèrent des vœux attendrissants. Que manque-t-il à une telle consécration? c'est celle des cœurs; c'est la voix de l'amour qui a parlé.

On veut aujourd'hui cent ans révolus pour faire un saint, afin de donner le temps de mourir à tous les témoins de ses sottises. Il y a plus de cent cinquante ans que Henri IV fut martyrisé. Mais que tous les objets et tous les témoins de ses faiblesses reparaissent, qu'ils déposent contre lui, je l'adorerai encore. Je dirai à Corisande[2] d'Andouin, à Charlotte des Essarts[3], à la belle Gabrielle, et à tant d'autres: Oui, mesdames, il vous a caressées, mais il a sauvé la France au combat d'Arques, et à la bataille d'Ivri: il a été juste, clément, et bienfesant; il a eu la bonté

---

[1] Lefranc de Pompignan: voyez t. XVIII, p. 156. Cette circonstance a fourni à La Harpe la péroraison de son *Éloge de Henri IV*. B.

[2] Ou Corisandre. Cl.

[3] Charlotte des Essarts, selon l'ordre chronologique, paraît avoir été la vingt-quatrième des maîtresses en titre du roi très chrétien; et ce n'est pas la dernière. Elle eut de Henri IV deux bâtardes qui moururent abbesses, l'une de Fontevrault, et l'autre, de Chelles.

Quant à Gabrielle d'Estrées, quinzième maîtresse du roi, on lui a élevé une statue en 1820; et l'on peut dire, sans exagération, que la Du Barri, mise à mort, en 1793, à cause de son dévouement pour une famille dont elle avait, en quelque sorte, fait partie, en méritait une mieux qu'elle. Cl.

de Titus, et la valeur de César. Voilà mon saint.

On me dira qu'il faut aussi des saintes; c'est à quoi je suis très déterminé. Qui m'empêchera de mettre dans la gloire Marguerite d'Anjou [1], laquelle donna douze batailles en personne contre les Anglais pour délivrer de prison son imbécile mari? J'invoquerai notre pucelle d'Orléans, dont on a déjà fait l'office en vers de dix syllabes [2]. Nous avons vingt braves dames qui méritent qu'on leur adresse des prières. Qui fêterons-nous en effet, si ce n'est les dames? elles doivent assurément être festoyées.

CANONISATION DE FRÈRE CUCUFIN.

Le 12 octobre 1766, le pape Clément XIII canonisa solennellement frère Cucufin d'Ascoli, en son vivant frère lai chez les capucins, né dans la marche d'Ancône l'an de grace 1540, mort le 12 octobre 1604. Le procès-verbal de la congrégation des rites porte qu'il traversa plusieurs fois le ruisseau nommé Potenza, sans se mouiller; qu'étant invité à dîner chez le cardinal Bernéri, évêque d'Ascoli, il renversa par humilité un œuf frais sur sa barbe, et prit de la bouillie avec sa fourchette [a]; que pour récompense la sainte Vierge lui apparut; qu'il eut le don des miracles, au point qu'il rétablit une fois du vin gâté. Les révérends pères capucins ont obtenu qu'on changeât son nom de Cucufin en celui de Séraphin. Ils en ont cé-

---

[1] Femme de Henri VI, roi d'Angleterre; voyez t. XVIJ, p. 117-128. B.
[2] Voyez le poëme, tome XI. B.
[a] Page 28 de la traduction.

lébré la fête solennelle dans tous les lieux où ils sont établis; et où ne le sont-ils pas?

Pourrait-on croire qu'il en a coûté en superfluités à l'Europe catholique plus d'un million pour solenniser la fête d'un pauvre! Les peuples se sont empressés de fournir aux capucins des subsistances qui auraient suffi à une grande armée, et qui l'auraient amollie. Cent sortes de vin, viandes de boucherie, volailles, gibier, fruits, huiles, épiceries, cire, étoffes, ornements en soie, en argent, en or, tout a été prodigué.

Il faut remarquer que, sous le nom d'aumône, les moines mendiants imposent au peuple la taxe la plus accablante.

Quand un pauvre cultivateur a payé au receveur de la province, en argent comptant, le tiers de sa récolte non encore vendue, les droits à son seigneur, la dîme de ses gerbes à son curé, que lui reste-t-il? presque rien; et c'est ce rien que les moines mendiants demandent comme un tribut qu'on n'ose jamais refuser. Ceux qui travaillent sont donc condamnés à fournir de tout ceux qui ne travaillent pas. Les abeilles ont des bourdons; mais elles les tuent. Les moines autrefois cultivaient la terre; aujourd'hui ils la surchargent.

Nous sommes bien loin de vouloir qu'on tue les bourdons appelés *moines;* nous respectons la piété et les autres vertus de Cucufin; mais nous voudrions des vertus utiles.

Il nous en coûte plus de vingt millions par an pour nos seuls moines en France. Or quel bien ne feraient pas ces vingt millions répartis entre des familles de pauvres officiers, de pauvres cultivateurs!

Tous ces moines sont très désintéressés; j'en tombe d'accord: mais n'y a-t-il rien de mieux à faire?

Quand tous les chrétiens répandus sur la surface de la terre couvriraient leurs barbes de jaunes d'œufs, quand ils prendraient tous de la bouillie avec des fourchettes, il n'en reviendrait aucun avantage à la société: mais que, dans la victoire d'Ivri, Henri IV s'écrie de rang en rang: *Épargnez le sang français!* qu'il nourrisse le peuple même qu'il assiége; qu'il pardonne à ceux qui ont crié dans les chaires : *Assassinez le Béarnais au nom de Dieu!* qu'il paie exactement tous ceux qui lui ont vendu chèrement une soumission due à tant de titres; qu'il fasse fleurir l'agriculture dans des campagnes auparavant désertes : ce sont là des vertus qui sont au-dessus de celles de Cucufin, et même de saint François, si j'ose le dire.

Nous avouons que saint François avait une femme de neige, et que ce n'était pas à de telles figures que s'adressait le grand Henri IV; mais enfin la neige de saint François n'a rien produit; et il est venu de la belle Gabrielle un duc de Vendôme, qui seul a remis Philippe V sur le trône d'Espagne. Les saints ont eu des faiblesses; ce n'est pas leurs faiblesses qu'on révère. Et après tout, Deodatus, bâtard de saint Augustin, a été moins utile au monde que la race des Vendômes.

MANIÈRE DE SERVIR LES SAINTS.

Que j'aime les saints! que je voudrais les voir honorés, servis, imités avec plus de zèle qu'on n'en montre dans nos temps déplorables! nous en avons, Dieu merci, pour tous les jours de l'année; mais les plus grands, sans contredit, sont ceux pour lesquels on ferme les boutiques dans les villes comme dans une sédition, et où on laisse la terre en friche pour courir au cabaret.

Serait-il si mal que les magistrats chargés de la police d'un grand royaume ordonnassent qu'après avoir fêté un saint par de belles antiennes latines, on l'imitât en travaillant, en cultivant la terre?

Que fesait saint Cucufin le jour que nous célébrons sa fête? il bêchait le jardin des révérends pères capucins, il semait, il plantait, il cueillait des salades; il n'allait point avec des filles boire du vin détestable dans un bouchon, altérer sa santé, et perdre, pour plaire à Dieu, le peu de raison que Dieu lui avait donné. Il semble, à voir la manière dont nous honorons les saints, qu'ils aient tous été des ivrognes.

Au reste, quand je propose d'imiter les saints en travaillant après avoir prié Dieu, ce n'est qu'avec une extrême défiance de mes idées. Je sais que les commis des aides s'y opposent, et qu'ils ont tous en vue l'honneur de Dieu, et le bien de l'état. Ils prétendent que si l'on débitait un peu moins de vin, ils recevraient un peu moins de droits, et que tout serait perdu. L'inconvénient serait grand, je l'avoue; mais ne pourrait-on pas les apaiser, en leur fesant comprendre que, si l'on travaille tous les jours de fête après le service divin, sans en excepter une seule, les vignes seront mieux cultivées, les terres mieux labourées, qu'on vendra plus de vin et plus de grain, que les commis y gagneront, et que cette véritable dévotion enrichira l'état ?

APPARITION DE SAINT CUCUFIN AU SIEUR AVELINE.

Le jour qu'on fesait à Troyes, dans notre cathédrale, le service de saint Cucufin, je m'avisai de semer pour la troisième fois mon champ dont les semailles avaient été pourries par les pluies; car je savais bien qu'il ne faut pas que le blé pourrisse [1] en terre pour lever, *quoi qu'on die*[2]. Le pain valait quatre sous et demi la livre ; les pauvres, dans notre élection, ne sèment et ne mangent que du blé noir, et sont accablés de tailles. Notre terrain est si mauvais, malgré tout ce qu'a pu faire saint Loup notre patron, que la huitième partie tout au plus est semée en froment ; la saison avançait, je n'avais pas un moment à perdre : je semais donc mon champ situé derrière Saint-Nicier, avec mon semoir à cinq socs, après avoir entendu la messe, et chanté les antiennes du saint jour. Voilà-t-il pas aussitôt le révérend gardien des capucins, assisté de quatre profès, qui se présente à moi à une heure et un quart de relevée, au sortir de table. Il était enflammé comme un chérubin, et criait comme un diable : « Théiste, athéiste, janséniste, oses-tu outrager Dieu et saint Cucufin au point de semer ton champ, au lieu de dîner ? Je vais te déférer comme un impie à M. le subdélégué, à M. le directeur des aides, à monseigneur l'intendant,

---

[1] Jean, xii, 24. I. Cor., xv, 36. B.
[2] *Femmes savantes*, acte III, scène 2. B.

et à monseigneur l'évêque. » Disant ces mots, il se met en devoir de briser mon semoir.

Alors saint Cucufin lui-même descendit du ciel dans une nuée éclatante, qui s'étendait de l'empyrée jusqu'au faubourg de Troyes; un jaune d'œuf et de la bouillie ornaient encore sa barbe. Frère *Ange*, dit-il au gardien, calme ton saint zèle; ne casse point le semoir de ce bon homme; les pauvres manquent de pain dans ton pays; il travaille pour les pauvres après avoir assisté à la sainte messe. C'est une bonne œuvre, j'en ai conféré avec saint Loup, patron de la ville; va dire de ma part à monseigneur l'évêque qu'on ne peut mieux honorer les saints qu'en cultivant la terre.

Le gardien obéit, et monseigneur s'adressa lui-même aux magistrats de la grande police pour faire enjoindre à nos concitoyens de labourer, ou semer, ou planter, ou provigner, ou palisser, ou tondre, ou vendanger, ou cuver, ou blanchir, au lieu d'aller boire au cabaret les jours de fêtes après la sainte messe.

Gloire à Dieu et à Saint Cucufin.

FIN DE LA CANONISATION DE SAINT CUCUFIN.

LETTRES

A M. L'ABBÉ FOUCHER,

DE L'ACADÉMIE ROYALE DES BELLES-LETTRES.

AVIS DU NOUVEL ÉDITEUR.

Ces trois lettres à Foucher sont ordinairement placées dans la *Correspondance*. J'ai dû les placer dans les *Mélanges*, d'après le plan de mon édition. J'ai cru aussi pouvoir, sans inconvénient, les mettre à la suite les unes des autres.

BEUCHOT.

PREMIÈRE LETTRE[1].

A Ferney, 30 avril.

Monsieur,

Je suis un homme de lettres, et je n'ai jamais rien publié; ainsi je suis aussi obscur que beaucoup de mes confrères qui ont écrit. Je suis à la campagne depuis quelques années, auprès d'un bon vieillard qui, en son temps, ne laissa pas d'écrire beaucoup, et qui cependant est fort connu. J'ai eu l'honneur de vivre familièrement avec le neveu de feu l'abbé Bazin qui répondit si poliment et si plaisamment[2] à M. Larcher, ce superbe ennemi de l'abbé Bazin. Permettez que j'aie aussi l'honneur de vous répondre. Je n'entends rien à la raillerie; mais j'espère que vous serez content de ma politesse.

On m'a mandé, monsieur, que vous aviez bien maltraité le bon vieillard auprès de qui je cultive les lettres; on dit que c'est dans le vingt-septième volume des *Mémoires de l'académie des belles-lettres*, p. 331. Je n'ai point ce livre; c'est à vous à voir, monsieur, si les paroles qu'on m'a rapportées sont les vôtres; les voici: « M. de Voltaire, par une méprise assez « singulière, transforme en homme le titre du livre

---

[1] Cette lettre, imprimée dans le *Mercure* de juin 1769, page 151, est la première de celles que Voltaire cite au mot Académie, dans ses *Questions sur l'Encyclopédie*; voyez tome XXVI, pages 80-81. B.

[2] Voyez, tome XLIII, page 309, la *Défense de mon oncle*. B.

« intitulé *le Sadder.* Zoroastre, dit-il, dans les écrits
« conservés par *Sadder,* feint que Dieu lui fit voir
« l'enfer et les peines réservées aux méchants, etc. Je
« parierais bien que M. de Voltaire n'a pas lu le *Sad-*
« *der,* etc. »

Permettez, monsieur, que je défende, devant vous
et devant l'académie des belles-lettres, la cause d'un
homme hors de combat, qui ne peut se défendre lui-
même. J'ai consulté le livre que vous citez, et que
vous censurez. Le titre n'est pas *Histoire universelle*,
comme vous le dites, mais *Essai sur l'histoire générale et sur les mœurs et l'esprit des nations.* L'endroit
que vous citez, et sur lequel vous offrez de parier,
est à la page 63 de la nouvelle édition de 1761,
tome I [1]. Voici les propres paroles : « C'est dans ces
« dogmes qu'on trouve, ainsi que dans l'Inde, l'im-
« mortalité de l'ame, et une autre vie heureuse ou
« malheureuse. C'est là qu'on voit expressément un
« enfer. Zoroastre, dans les écrits que le *Sadder* a
« rédigés [2], dit que Dieu lui fit voir cet enfer, et les
« peines réservées aux méchants, etc. »

Vous voyez bien, monsieur, que l'auteur n'a point
dit, *Zoroastre, dans les écrits conservés par Sadder.*
Vous concevez bien que *le Sadder* ne peut pas être
un homme, mais un écrit. C'est ainsi qu'on dit, les
choses annoncées par *l'Ancien Testament,* et prou-

---

[1] Tome XV, page 308 de la présente édition. B.

[2] Dans l'édition de 1756, on lisait : « Zoroastre, dans les écrits conservés
par Sadder. » La citation de Bigex est conforme au texte de 1761. Voltaire
a encore corrigé ce passage, et mis : « Dans les écrits abrégés dans le
Sadder. » B.

vées par le *Nouveau;* la destruction de Troie négligée par Homère, et connue par l'*Énéide;* l'*Iliade* d'Homère abrégée par la traduction de La Mothe; les *Fables* d'Ésope embellies par les *Fables* de La Fontaine.

Vous voulez parier, monsieur, que ce pauvre bon homme, que vous traitez un peu durement, n'a jamais lu *le Sadder*. Je lui ai montré aujourd'hui la petite correction que vous lui faites, et votre offre de lui gagner son argent. « Hélas! m'a-t-il dit, qu'il se
« garde bien de parier, il perdrait à coup sûr. Je me
« souviens d'avoir lu autrefois dans le *Sadder*, porte 32 :
« *Si quelque homme docte veut lire le livre de Vesta,*
« *il faut qu'il en apprenne les propres paroles, afin*
« *qu'il puisse citer juste.* C'est un excellent conseil
« que le *Sadder* donne aux critiques.

« Le même *Sadder*, porte 46, dit (autant qu'il
« m'en souvient) : *Il ne faut pas reprendre injuste-*
« *ment et tromper les lecteurs; c'est le péché d'Hami-*
« *mâl : quand vous avez été coupable de ce péché, il*
« *faut faire excuse à votre adversaire; car, si votre*
« *adversaire n'est pas content de vous, sachez que*
« *vous ne pourrez jamais passer, après votre mort,*
« *sur le pont aigu. Allez donc trouver votre adver-*
« *saire que vous avez contristé mal à propos; dites-*
« *lui : J'ai tort, je m'en repens; sans quoi il n'y a*
« *point de salut pour vous.*

« Il faut encore, m'a dit ce bon vieillard, que
« M. l'abbé Foucher ait la bonté de lire les portes 57
« et 58; il y verra que Dieu ordonne *qu'on dise tou-*
« *jours la vérité.* Je ne doute pas que M. l'abbé Fou-

« cher n'aime beaucoup la vérité. Il a bien dû con-
« cevoir qu'il est impossible que le *Sadder* signifie
« un homme, et non pas un livre. Les Italiens sont le
« seul peuple de la terre chez qui on accorde l'arti-
« cle *le* aux auteurs : Le Dante, le Pulci, le Boyardo,
« l'Arioste, le Tasse; mais on n'a jamais dit chez les
« Latins, le Virgile, ni chez les Grecs, l'Homère; ni
« chez les Asiatiques, l'Ésope; ni chez les Indiens, le
« Brama; ni chez les Persans, le Zoroastre; ni chez
« les Chinois, le Confutzé. Il était donc impossible
« que le *Sadder* signifiât un homme et non pas un
« livre. Il est donc nécessaire et décent que cette pe-
« tite bévue de M. l'abbé Foucher soit corrigée, et
« qu'il ne tombe plus dans le péché d'Hamimâl.

« Quant au pari qu'il veut faire, il est vrai que
« *Roquebrune*, dans le *Roman comique*[1], offre tou-
« jours de parier cent pistoles; il est vrai que *Mon-
« tagne* dit : *Il faut parier, afin que votre valet
« puisse vous dire au bout de l'année : Monsieur,
« vous avez perdu cent écus en vingt fois pour avoir
« été ignorant et opiniâtre*. Je ne crois point M. l'abbé
« Foucher ignorant; au contraire, on m'a dit qu'il
« était très savant. Je ne crois point non plus qu'il
« soit opiniâtre, et je ne veux lui gagner ni cent
« pistoles ni cent écus. »

Voilà, monsieur, mot pour mot, tout ce que m'a
dit l'homme plus que septuagénaire, et fort près d'ê-
tre octogénaire, que vous avez voulu contrister au
mépris des lois du *Sadder*. Il n'est nullement fâché

[1] Première partie, chapitre 16, etc. B.

de votre méprise; il vous estime beaucoup : j'en use de même, et c'est avec ces sentiments que j'ai l'honneur d'être, etc.   BIGEX.

DEUXIÈME LETTRE.

A Genève, ce 25 juin.

J'ai reçu, monsieur, la lettre dont vous m'honorez, en date du 17 de juin. Je vous prie de permettre que ma réponse figure avec votre lettre dans le *Mercure de France*[1], qui devient de jour en jour plus agréable, attendu qu'il est rédigé par deux hommes[2] qui ont beaucoup d'esprit, ce qui n'est pas rare, et beaucoup de goût, ce qui est assez rare.

Je n'ai point encore montré votre lettre au bon vieillard contre lequel vous voulez toujours avoir raison. Son nom, dites-vous, s'est trouvé au bout de votre plume, quand vous écriviez sur Zoroastre : mais, monsieur, il n'a rien de commun avec Zoroastre que d'adorer Dieu du fond de son cœur, et d'aimer passionnément le soleil et le feu; son âge de soixante et seize ans, et ses maladies, lui ayant fait perdre toute chaleur naturelle, jusqu'à celle du style.

Je suis très aise, pour votre bourse, que vous

[1] La réponse de l'abbé Foucher est dans le *Mercure* de 1769, II, juillet, page 144. La réplique de Bigex, du 25 juin, fut imprimée dans le volume du mois d'août, page 122. B.
[2] La Harpe et Lacombe. B.

ayez perdu l'envie de parier; je vous aurais fait voir que, dans son dernier voyage en Perse avec feu l'abbé Bazin, il composa une tragédie persane, intitulée *Olympie*. Il dit, dans les remarques sur cette pièce[1] : « Quant à la confession... elle est expressé-
« ment ordonnée par les lois de Zoroastre qu'on
« trouve dans le *Sadder*. »

Je vous aurais prié de lire, dans d'autres remarques de sa façon sur l'*Histoire générale*, page 26[2] :
« Les mages n'avaient jamais adoré ce que nous ap-
« pelons le mauvais principe... ce qui se voit expres-
« sément dans le *Sadder*, ancien commentaire du livre
« du *Zend*. »

Je vous montrerais, à la page 36 du même ouvrage, ces propres mots : « Puisqu'on a parlé de l'*Al-
« coran*, on aurait dû parler[3] du *Zenda-Vesta* dont
« nous avons l'extrait dans le *Sadder*. »

Vous voyez bien, monsieur, qu'il ne prenait point le livre du *Sadder* pour un capitaine persan, et que vous ne pouvez, en conscience, dire de lui :

> Notre magot prit pour ce coup[4]
> Le nom d'un port pour un nom d'homme :
> De telles gens il est beaucoup
> Qui prendraient Vaugirard pour Rome,
> Et qui, caquetant au plus dru,
> Parlent de tout, et n'ont rien vu.

---

[1] Voyez tome VII, page 412. B.

[2] Voyez tome XLI, pages 147-48. B.

[3] Ce début a été changé, ou plutôt supprimé, lorsque le morceau dont il fesait partie a été refondu dans l'*Essai sur les mœurs;* voyez tome XV, page 309. B.

[4] La Fontaine, livre IV, fable 7. B.

Je ne demande pas qu'en vous rétractant vous apportiez un sac plein d'or pour payer votre pari, avec une épée pour en être percé à discrétion par l'offensé. Je connais ce bon homme; il ne veut assurément ni vous ruiner, ni vous tuer [1]; et, d'ailleurs, on sait que, dans les dernières cérémonies persanes, il a pardonné publiquement à ceux qui l'avaient calomnié auprès du sofi [2].

Je suis très étonné, monsieur, que vous prétendiez l'avoir fâché; car c'est le vieillard le moins fâché et le moins fâcheux que j'aie jamais connu. Je vous félicite très sincèrement de n'être point du nombre des critiques qui, après avoir voulu décrier un homme, s'emportent avec toutes les fureurs de la pédanterie et de la calomnie contre ceux qui prennent modestement la défense de l'homme vexé. Je renvoie ces gens-là à la noble et judicieuse lettre de M. le comte de la Touraille [3], qui a si généreusement combattu depuis peu en faveur du neveu de l'abbé Bazin. Vous semblez être d'un caractère tout différent; vous entendez raillerie, vous paraissez aimer la vérité.

Adieu, monsieur; vivons en honnêtes parsis, ne

---

[1] Dans sa réponse à Bigex, Foucher disait : « M. de V. me rassure; il ne veut ni me ruiner, ni me tuer. » B.

[2] Wagnière, dans ses *Additions au commentaire historique*, qui font partie des *Mémoires sur Voltaire*, publiés en 1826, raconte les circonstances de la communion de Voltaire, le 1er avril 1769. Après avoir reçu l'hostie, il prononça ces paroles : « Ayant mon Dieu dans ma bouche, je déclare que je pardonne entièrement à ceux qui ont écrit au roi des calomnies contre moi, etc. » B.

[3] Voyez sa *Lettre à M. de Voltaire sur les opéra philosophi-comiques*, 1769, in-12 de 68 pages. B.

tuons jamais le coq, récitons souvent la prière de l'*Ashim Vuhu;* elle est d'une grande efficacité, et elle apaise toutes les querelles des savants, comme le dit la porte 39.

Lorsque nous mangeons, donnons toujours trois morceaux à notre chien, parce qu'il faut toujours nourrir les pauvres, et que rien n'est plus pauvre qu'un chien, selon la porte 35.

Ne dites plus, je vous en prie, que le *Sadder* est un plat livre. Hélas! monsieur, il n'est pas plus plat qu'un autre. Je vous salue en Zoroastre, et j'ai l'honneur d'être, en bon Français, monsieur, etc. BIGEX.

TROISIÈME LETTRE[1].

Au château de Tournay, ce 31 auguste 1769.

Monsieur,

La persévérance à défendre ceux à qui on est attaché est une vertu; l'acharnement à soutenir une critique injurieuse et injuste n'est pas si honnête.

Quand on veut faire une critique, il faut consulter toutes les éditions, voir si elles sont conformes, examiner si une faute d'imprimeur, que la malignité jette souvent sur un écrivain, n'est pas corrigée dans les dernières éditions. Un censeur est une espèce de

[1] Cette troisième lettre est une continuation ou supplément à la seconde lettre. B.

délateur; plus son rôle est odieux, plus il a besoin d'exactitude; il faut qu'il ait raison en tout.

Celui qui fait imprimer, dans le recueil d'une académie, des outrages contre un homme d'une autre académie, manque à toutes les bienséances. Il ne faut pas dire : *Je parierais bien que M. de*** n'a pas lu le livre dont il parle* [1], parceque cette expression, *je parierais bien*, est d'un style très bas; parceque, dire à un homme, *vous ne connaissez pas les choses dont vous parlez*, est une injure grossière; parcequ'il est évident que vous auriez perdu votre gageure, parceque, non seulement l'homme que vous outragez connaît les choses dont il parle, mais les fait quelquefois connaître au public d'une manière à faire repentir ceux qui l'insultent au hasard; parceque ce n'est pas une excuse valable de dire comme vous faites : *Son nom est venu au bout de ma plume*. Vous sentez, monsieur, que le vôtre peut venir au bout de la sienne, et être connu du public.

Permettez-moi, monsieur, de faire ici une réflexion générale; une des choses qui révoltent le plus les honnêtes gens, c'est cette obstination à vouloir publier son tort. Se tromper est très ordinaire, insulter en se trompant est odieux. Chercher mille prétextes pour faire croire qu'on a eu raison d'insulter un homme à qui on doit des égards, est le comble du mauvais procédé. Au reste, la personne avec laquelle vous avez si mal agi, n'a jamais lu votre ouvrage; elle en a été avertie par quelques amis. J'ai vengé la

---

[1] Expressions de l'abbé Foucher. B.

vérité; j'ai fait mon devoir, et vous n'avez pas fait le vôtre.

Je suis, monsieur, etc.   B<small>IGEX</small>.

P. S. Vous pensez, à ce que je vois par votre dernière lettre, que l'on m'a dicté mes réponses; vous vous trompez en cela comme dans tout le reste. Je ne suis d'aucune académie; mais je sais m'exprimer, et je connais les devoirs de la société.

FIN DES LETTRES A FOUCHER.

DISCOURS
DE L'EMPEREUR JULIEN,
CONTRE LES CHRÉTIENS,

TRADUIT PAR M. LE MARQUIS D'ARGENS;

AVEC DE NOUVELLES NOTES DE DIVERS AUTEURS.

AVERTISSEMENT
DU NOUVEL ÉDITEUR.

Le marquis d'Argens avait fait imprimer une traduction des fragments qu'il avait recueillis d'un ouvrage de Julien sous le titre de : *Défense du paganisme par l'empereur Julien, en grec et en français, avec des dissertations et des notes pour servir d'éclaircissement au texte et pour en réfuter les erreurs*, 1764, in-12; une réimpression fut faite en 1767. Voltaire, qui avait loué le travail de d'Argens (voyez tome XLI, page 464), revit plus tard quelques passages de la traduction de d'Argens, en supprima presque toutes les notes, en ajouta beaucoup de son chef, et fit paraître le tout sous le titre de : *Discours de l'empereur Julien contre les chrétiens, traduit par M. le marquis d'Argens, avec de nouvelles notes de divers auteurs, nouvelle édition*, 1768, in-8°. Il avait mis en tête, 1° un *Avis au lecteur*; 2° un *Portrait de l'empereur Julien* (qui, sauf quelques alinéa, avait paru, en 1767, dans la sixième édition du *Dictionnaire philosophique*, et qui fut reproduit, sans ces alinéa, soit dans la *Raison par alphabet*, en 1769, soit dans les éditions de Kehl, où il formait la première section de l'article JULIEN dans le *Dictionnaire philosophique*); 3° un *Examen du Discours de l'empereur Julien contre la secte des galiléens*. Il avait ajouté à la fin du volume un *Supplément au Discours de Julien*.

J'ai reproduit l'ouvrage tel que Voltaire l'a fait imprimer; comme il était superflu de donner les notes de d'Argens, j'ai supprimé même celles que Voltaire avait conservées, à l'exception d'une seule qu'il était indispensable d'admettre. Toutes celles qui sont marquées par des lettres, y compris les deux qui portent les noms de Damilaville et de Boulanger, sont du philosophe de Ferney.

Les additions que j'ai faites dans quelques unes des notes sont entre deux crochets.

Malgré la date de 1768 que porte le volume publié par Voltaire, il n'est que de 1769. C'est en avril de cette dernière année qu'en parle Grimm dans sa *Correspondance*. Les *Mémoires secrets* ne le mentionnent que sous la date du 16 mai 1769.

Voltaire a fait souvent l'apologie de Julien; voyez tome XXVI, page 481; XXX, 493; XLII, 602; XLIII, 177 et suivantes.

BEUCHOT.

AVIS AU LECTEUR[1].

Nous commencerons cette nouvelle édition par le PORTRAIT DE JULIEN, peint d'une main qui n'a jamais déguisé la vérité. Nous parlerons ensuite de son ouvrage, auquel Cyrille, évêque d'Alexandrie, crut avoir répondu. Ensuite nous donnerons le texte de l'empereur Julien, avec des remarques nouvelles qui confondront les fourbes, qui feront frémir les fanatiques, et que nous soumettons aux sages.

[1] Cet Avis est de Voltaire : voyez mon Avertissement. B.

PORTRAIT
DE L'EMPEREUR JULIEN,

TIRÉ DE L'AUTEUR DU MILITAIRE PHILOSOPHE [1].

On rend quelquefois justice bien tard. Deux ou trois auteurs, ou mercenaires, ou fanatiques, parlent du barbare et de l'efféminé Constantin comme d'un dieu, et traitent de scélérat le juste, le sage, le grand Julien. Tous les autres, copistes des premiers, répètent la flatterie et la calomnie. Elles deviennent presque un article de foi. Enfin le temps de la saine critique arrive ; et, au bout de quatorze cents ans, des hommes éclairés revoient le procès que l'ignorance avait jugé. On voit dans Constantin un heureux ambitieux qui se moque de Dieu et des hommes. Il a l'insolence de feindre que Dieu lui a envoyé une enseigne qui lui assure la victoire. Il se baigne dans le sang de tous ses parents, et il s'endort dans la mollesse ; mais il était chrétien, on le canonisa.

[1] Le commencement de cet article avait paru dans l'édition du *Dictionnaire philosophique* de 1767 (fin de 1766 ; voyez la lettre du roi de Prusse, du 3 novembre 1766), il était alors intitulé : *Julien le philosophe, empereur romain*. En le reproduisant, en 1769, sous le titre de *Portrait*, etc., à la tête du *Discours*, Voltaire y ajouta ce que j'indiquerai. L'auteur du *Militaire philosophe*, ouvrage dont j'ai parlé tome XLIV, page 206, est tout-à-fait étranger au *Portrait de l'empereur Julien*. B.

Julien est sobre, chaste, désintéressé, valeureux, clément; mais il n'était pas chrétien, on l'a regardé long-temps comme un monstre.

Aujourd'hui, après avoir comparé les faits, les monuments, les écrits de Julien, ceux de ses ennemis, on est forcé de reconnaître que s'il n'aimait pas le christianisme, il fut excusable de haïr une secte souillée du sang de toute sa famille; qu'ayant été persécuté, emprisonné, exilé, menacé de mort par les galiléens sous le règne du barbare Constance, il ne les persécuta jamais; qu'au contraire il pardonna à dix soldats chrétiens qui avaient conspiré contre sa vie. On lit ses lettres, et on admire. « Les galiléens, dit- « il, ont souffert sous mon prédécesseur l'exil et les « prisons; on a massacré réciproquement ceux qui « s'appellent tour-à-tour hérétiques; j'ai rappelé leurs « exilés, élargi leurs prisonniers; j'ai rendu leurs « biens aux proscrits, je les ai forcés de vivre en paix. « Mais telle est la fureur inquiète des galiléens, qu'ils « se plaignent de ne pouvoir plus se dévorer les uns « les autres. » Quelle lettre! quelle sentence portée par la philosophie contre le fanatisme persécuteur!

Enfin, quiconque a discuté les faits avec impartialité, convient que Julien avait toutes les qualités de Trajan, hors le goût si long-temps pardonné aux Grecs et aux Romains, toutes les vertus de Caton, mais non pas son opiniâtreté et sa mauvaise humeur; tout ce qu'on admira dans Jules César, et aucun de ses vices; il eut la continence de Scipion. Enfin il fut en tout égal à Marc-Aurèle, le premier des hommes.

On n'ose plus répéter aujourd'hui, après le calomniateur Théodoret, qu'il immola une femme dans le temple de Carres pour se rendre les dieux propices. On ne redit plus qu'en mourant il jeta de sa main quelques gouttes de son sang au ciel, en disant à Jésus-Christ : « Tu as vaincu, galiléen, » comme s'il eût combattu contre Jésus en fesant la guerre aux Perses; comme si ce philosophe, qui mourut avec tant de résignation, avait reconnu Jésus; comme s'il eût cru que Jésus était en l'air, et que l'air était le ciel! Ces inepties de gens qu'on appelle Pères de l'Église ne se répètent plus aujourd'hui.

On est enfin réduit à lui donner des ridicules[1], comme fesaient les citoyens frivoles d'Antioche. On lui reproche sa barbe mal peignée, et la manière dont il marchait. Mais, M. l'abbé de La Bletterie, vous ne l'avez pas vu marcher, et vous avez lu ses lettres et ses lois, monuments de ses vertus. Qu'importe qu'il eût la barbe sale et la démarche précipitée, pourvu que son cœur fût magnanime, et que tous ses pas tendissent à la vertu ?

Il reste aujourd'hui un fait important à examiner. On reproche à Julien d'avoir voulu faire mentir la prophétie de Jésus-Christ en rebâtissant le temple de Jérusalem. On dit qu'il sortit de terre des feux qui empêchèrent l'ouvrage. On dit que c'est un miracle, et que ce miracle ne convertit ni Julien, ni Alypius, intendant de cette entreprise, ni personne de sa cour : et là-dessus l'abbé de La Bletterie s'exprime ainsi : « Lui et les philosophes de sa cour mirent sans doute

---

[1] Voyez *Dictionnaire philosophique*, au mot APOSTAT. B.

« en œuvre ce qu'ils savaient de physique pour dé-
« rober à la Divinité un prodige si éclatant. La na-
« ture fut toujours la ressource des incrédules ; mais
« elle sert la religion si à propos, qu'ils devraient au
« moins la soupçonner de collusion. ».

Premièrement, il n'est pas vrai qu'il soit dit dans l'*Évangile* que jamais le temple juif ne serait rebâti. L'*Évangile* de Matthieu, écrit visiblement après la ruine de Jérusalem par Titus, prophétise, il est vrai[1], qu'il ne resterait pas pierre sur pierre de ce temple de l'Iduméen Hérode ; mais aucun évangéliste ne dit qu'il ne sera jamais rebâti[2]. Il est très faux qu'il n'en resta pas pierre sur pierre quand Titus le fit abattre. Il conserva tous les fondements, une muraille tout entière, et la tour Antonia.

Secondement, qu'importe à la Divinité qu'il y ait un temple juif, ou un magasin, ou une mosquée au même endroit où les Juifs tuaient des bœufs et des vaches ?

Troisièmement, on ne sait pas si c'est de l'enceinte des murs de la ville, ou de l'enceinte du temple que partirent ces prétendus feux, qui, selon quelques uns, brûlaient les ouvriers. Mais on ne voit pas pourquoi Jésus aurait brûlé les ouvriers de l'empereur Julien, et qu'il ne brûla point ceux du calife Omar, qui, long-temps après, bâtit une mosquée sur les ruines du temple ; ni ceux du grand Saladin qui rétablit cette même mosquée. Jésus avait-il tant de prédilection pour les mosquées des musulmans ?

---

[1] xxiv, 2. B. — [2] La fin de cet alinéa est de 1769. B.

Quatrièmement, Jésus ayant prédit qu'il ne resterait pas pierre sur pierre dans Jérusalem, n'avait pas défendu de la rebâtir.

Cinquièmement, Jésus a prédit plusieurs choses dont Dieu n'a pas permis l'accomplissement. Il prédit la fin du monde et son avénement dans les nuées avec une grande puissance et une grande majesté à la fin de la génération qui vivait alors. Cependant le monde dure encore, et durera vraisemblablement assez long-temps[a].

Sixièmement, si Julien avait écrit ce miracle, je dirais qu'on l'a trompé par un faux rapport ridicule; je croirais que les chrétiens ses ennemis mirent tout en œuvre pour s'opposer à son entreprise, qu'ils tuèrent les ouvriers, et firent accroire que les ouvriers étaient morts par miracle. Mais Julien n'en dit mot. La guerre contre les Perses l'occupait alors. Il différa pour un autre temps l'édification du temple, et il mourut avant de pouvoir commencer cet édifice.

Septièmement, ce prodige est rapporté par Ammien Marcellin, qui était païen. Il est très possible que ce soit une interpolation des chrétiens : on leur en a reproché tant d'autres qui ont été avérées!

Mais il n'est pas moins vraisemblable que, dans un temps où on ne parlait que de prodiges et de contes de sorciers, Ammien Marcellin ait rapporté cette fable sur la foi de quelque esprit crédule. Depuis Tite-Live jusqu'à De Thou inclusivement, toutes les histoires sont infectées de prodiges.

[a] Luc, ch. xxi.

[1] Huitièmement, les autres contemporains rapportent que, dans le même temps, il y eut en Syrie un grand tremblement de terre, qu'elle s'enflamma en plusieurs endroits, et engloutit plusieurs villes. Alors plus de miracle.

Neuvièmement, si Jésus fesait des miracles, serait-ce pour empêcher qu'on rebâtît un temple où lui-même sacrifia, et où il fut circoncis? ne ferait-il pas des miracles pour rendre chrétiens tant de nations qui se moquent du christianisme, ou plutôt pour rendre plus doux et plus humains ses chrétiens, qui, depuis Arius et Athanase jusqu'aux Roland et aux Cavalier des Cévennes, ont versé des torrents de sang, et se sont conduits en cannibales?

De là je conclus que la *nature* n'est point en *collusion* avec le *christianisme*, comme le dit La Bletterie, mais que La Bletterie est en collusion avec des contes de vieilles, comme dit Julien, *Quibus cum stolidis aniculis negotium erat.*

La Bletterie, après avoir rendu justice à quelques vertus de Julien, finit pourtant l'histoire de ce grand homme [2] en disant que sa mort fut un effet « de la vengeance divine. » Si cela est, tous les héros morts jeunes depuis Alexandre jusqu'à Gustave Adolphe, ont été punis de Dieu. Julien mourut de la plus belle des morts, en poursuivant ses ennemis après plusieurs victoires. Jovien, qui lui succéda, régna bien moins long-temps que lui, et régna avec honte. Je ne vois

---

[1] Cet alinéa est un de ceux qui ont été ajoutés en 1769. B.

[2] La première édition de l'*Histoire de l'empereur Julien*, par l'abbé de La Bletterie, est de 1735. B.

point la vengeance divine, et je ne vois plus dans La Bletterie qu'un déclamateur de mauvaise foi. Mais où sont les hommes qui osent dire la vérité?

Le stoïcien Libanius fut un de ces hommes rares; il célébra le brave et clément Julien devant Théodose le meurtrier des Thessaloniciens; mais le sieur Le Beau et le sieur La Bletterie tremblent de le louer devant des habitués de paroisse [1].

On a reproché à Julien d'avoir quitté le christianisme dès qu'il le put faire sans risquer sa vie. C'est reprocher à un homme pris par des voleurs, et enrôlé dans leur bande, le couteau sur la gorge, de s'échapper des mains de ces brigands. L'empereur Constance, non moins barbare que son père Constantin, s'était baigné dans le sang de toute la famille de Julien. Il venait de tuer le propre frère de ce grand homme. L'impératrice Eusébie eut beaucoup de peine à obtenir que Constance permît au jeune Julien de vivre. Il fallut que ce prince infortuné se fît tondre en moine, et reçût ce qu'on appelle les quatre mineurs, pour n'être pas assassiné. Il imita Junius Brutus, qui contrefit l'insensé pour tromper les fureurs de Tarquin. Il fut bête jusqu'au temps où, se trouvant dans les Gaules à la tête d'une armée, il devint homme et grand homme. Voilà celui qui est appelé apostat par les apostats de la raison, si on peut appeler ainsi ceux qui ne l'ont jamais connue.

Montesquieu dit: « Malheur à un prince ennemi « d'une faction qui lui survit [2]! » Supposons que Ju-

---

[1] C'était ici que finissait la version de 1767; voyez mon Avertissement, p. 194. B.

[2] Montesquieu (*Grandeur et Décadence des Romains*, chapitre 1er,

lien eût achevé de vaincre les Persans, et que, dans une vieillesse longue et paisible, il eût vu son antique religion rétablie, et le christianisme anéanti avec les sectes des pharisiens, des saducéens, des récabites, des esséniens, des thérapeutes, avec le culte de la déesse de Syrie, et tant d'autres dont il ne reste nulle trace; alors que de louanges tous les historiens auraient prodiguées à Julien! au lieu du surnom d'apostat il aurait eu celui de restaurateur, et le titre de divin n'aurait pas paru exagéré.

Voyez comme tous nos indignes compilateurs de l'histoire romaine sont à genoux devant Constantin et Théodose; avec quelle lâcheté ils pallient leurs forfaits! Néron n'a jamais rien fait sans doute de comparable au massacre de Thessalonique. Le Cantabre Théodose feint de pardonner aux Thessaloniciens; et au bout de six mois il les fait inviter à des jeux dans le cirque de la ville. Ce cirque contenait quinze mille personnes au moins; et il est bien sûr qu'il fut rempli; on connaît assez la passion du peuple pour les spectacles; les pères et les mères y amènent leurs enfants qui peuvent marcher à peine. Dès que la foule est arrivée, l'empereur chrétien envoie des soldats chrétiens qui égorgent vieillards, jeunes gens, femmes, filles, enfants, sans en épargner un seul. Et ce monstre est exalté par tous nos compilateurs plagiaires, parceque, disent-ils, il a fait pénitence. Quelle pénitence, grand Dieu! Il ne donna

---

alinéa 18) s'exprime ainsi : « Malheur à la réputation de tout prince qui est opprimé par un parti qui devient le dominant, ou qui a tenté de détruire un préjugé qui lui survit! » B.

pas une obole aux parents des morts. Mais il n'entendit point la messe. Il faut avouer qu'on souffre horriblement quand on ne va point à la messe, que Dieu vous en sait un gré infini, que cela rachète tous les crimes.

L'infâme continuateur de Laurent Échard [1] appelle le massacre ordonné par Théodose une vivacité.

Les mêmes misérables qui barbouillent l'histoire romaine d'un style ampoulé et plein de solécismes, vous disent que Théodose, avant que de livrer bataille à son compétiteur Eugène, vit saint Jean et saint Philippe, vêtus de blanc, qui lui promettaient la victoire. Que de tels écrivains chantent des hymnes à Jean et à Philippe, mais qu'ils n'écrivent point l'histoire.

Lecteur, rentrez ici en vous-même. Vous admirez, vous aimez Henri IV. Mais s'il avait succombé au combat d'Arques, où ses ennemis étaient dix contre un, et où il ne fut vainqueur que parcequ'il fut un héros dans toute l'étendue du terme, vous ne le connaîtriez pas ; il ne serait que le Béarnais, un carabin, un relaps, un apostat. Le duc de Mayenne serait un homme envoyé de Dieu ; le pape l'aurait canonisé (tout attaqué qu'il était de la vérole); saint Philippe et saint Jean lui seraient apparus plus d'une fois. Et toi, jésuite Daniel, comme tu aurais flatté Mayenne dans ta sèche et pauvre histoire ! comme il aurait

---

[1] Le continuateur de Laurent Échard est l'abbé Guyon dont il a été déjà question (voyez tome XLII, pages 487, 695 ; XLIII, 530); mais l'abbé Desfontaines fut le réviseur de tout l'ouvrage, et c'est de lui que Voltaire parle ici. B.

poursuivi sa pointe! comme il aurait toujours battu le Béarnais *à plate couture!* comme l'Église aurait *triomphé*[a]!

« Careat successibus opto
« Quisquis ab eventu facta notanda putat. »
Ovid., Heroïd., II, v. 85.

EXAMEN
DU DISCOURS DE L'EMPEREUR JULIEN,
CONTRE LA SECTE DES GALILÉENS.

On ne sait dans quel temps l'empereur Julien composa cet ouvrage, qui eut une très grande vogue dans tout l'empire par la nature du sujet et par le rang de l'auteur. Un tel écrit aurait pu renverser la religion chrétienne, établie par Constantin, si Julien eût vécu long-temps pour le bonheur du monde : mais après lui le fanatisme triompha; et les livres étant fort rares, ceux des philosophes ne restèrent que dans très peu de mains, et surtout en des mains ennemies. Dans la suite, les chrétiens se firent un devoir de supprimer, de brûler tous les livres écrits contre eux. C'est pourquoi nous n'avons plus les livres de Plotin, de Jamblique, de Celse, de Libanius; et ce précieux ouvrage de Julien serait ignoré, si l'évêque Cyrille, qui lui répondit quarante ans après, n'en avait pas conservé beaucoup de fragments dans sa réfutation même.

[a] Expressions du P. Daniel.

Ce Cyrille était un homme ambitieux, factieux, turbulent, fourbe, et cruel, ennemi du gouverneur d'Alexandrie, voulant tout brouiller pour tout soumettre, s'opposant continuellement aux magistrats, excitant les partisans de l'ancienne religion contre les Juifs, et les chrétiens contre eux tous. Ce fut lui qui fit massacrer, par ses prêtres et par ses diocésains, cette jeune Hypatie si connue de tous ceux qui aiment les lettres. C'était un prodige de science et de beauté. Elle enseignait publiquement la philosophie de Platon dans Alexandrie; fille et disciple du célèbre Théon, elle eut pour son disciple Synésius, depuis évêque de Ptolémaïde, qui, quoique chrétien, ne fit nulle difficulté d'étudier sous une païenne, et d'être ensuite évêque dans une religion à laquelle il déclara publiquement ne point croire. Cyrille, jaloux du prodigieux concours des Alexandrins à la chaire d'Hypatie, souleva contre elle des meurtriers qui l'assassinèrent dans sa maison, et traînèrent son corps sanglant dans la ville[1]. Tel fut l'homme qui écrivit contre un empereur philosophe : tel fut Cyrille, dont on a fait un saint.

Observons ici, et n'oublions jamais que ces mêmes chrétiens avaient égorgé toute la famille de Dioclétien, de Galérius, et de Maximin, dès que Constantin se fut déclaré pour leur religion. Redisons cent fois que le sang a coulé par leurs mains depuis quatorze cents ans, et que l'orthodoxie n'a presque jamais été prouvée que par des bourreaux. Ceux qui

---

[1] Voyez tome XXX, page 263; XLIII, 189; et, tome XLVI, le § 23 de l'opuscule *De la paix perpétuelle*. B.

ont eu le pouvoir de brûler leurs adversaires, ont eu par conséquent le pouvoir de se faire reconnaître dans leur parti pour les seuls vrais chrétiens.

Une chose assez singulière, c'est que Julien était platonicien, et les chrétiens aussi. Quand je parle des chrétiens, j'entends ceux qui avaient quelque science, car pour la populace elle n'est rien ; ce n'est qu'un ramas d'ânes aveugles à qui ses maîtres font tourner la meule.

Le clergé grec, qui fut le vrai fondateur du christianisme, appliqua l'idée du logos et des demi-dieux créés par le grand Démiourgos, à Jésus et aux anges. Ils étaient platoniciens en fanatiques et en ignorants. Julien s'en tint à la seule doctrine de Platon. Ce n'est au fond qu'une dispute de métaphysique. Il est étrange qu'un empereur toujours guerrier trouvât du temps pour se jeter dans ces disputes de sophistes. Mais ce prodige ne nous étonne plus depuis que nous avons vu un plus grand guerrier que lui, écrire avec encore plus de force contre les préjugés [a].

Nous avons eu des princes qui ont écrit contre les superstitions et les usurpations de la cour de Rome, comme Jacques Ier d'Angleterre, et quelques princes d'Allemagne. Mais aucune tête couronnée, excepté le héros dont je parle, n'a osé attaquer le poison dans

---

[a] Voyez le Discours qui est à la tête de l'*Abrégé de l'histoire ecclésiastique* de Fleury. — L'*Abrégé de l'histoire ecclésiastique de Fleury*, traduit de l'anglais (ou plutôt rédigé par l'abbé de Prades), 1767, 2 vol. in-12, est précédé d'une Préface ou Discours dont l'auteur est Frédéric-le-Grand, roi de Prusse. B.

sa source, non pas même le grand empereur Frédéric II, qui résista avec tant de courage aux persécutions, aux fourberies des papes, et au fanatisme de son siècle.

DISCOURS
DE L'EMPEREUR JULIEN,

TRADUIT PAR M. LE MARQUIS D'ARGENS.

Il m'a paru convenable d'exposer à tous les yeux les raisons qui m'ont persuadé que la secte des Galiléens est une fourberie malicieusement inventée pour séduire les esprits faibles, amoureux des fables, en donnant une fausse couleur de vérité à des fictions prodigieuses.

Je parlerai d'abord des différents dogmes des chrétiens, afin que si quelques-uns de ceux qui liront cet ouvrage veulent y répondre, ils suivent la méthode établie dans les tribunaux, qu'ils n'agitent pas une autre question, et qu'ils n'aient pas recours à une récrimination inutile, s'ils n'ont auparavant détruit les accusations dont on les charge, et justifié les dogmes qu'ils soutiennent. En suivant cette maxime, leur défense, si elle est bonne, en sera plus claire, et plus capable de confondre nos reproches.

Il faut d'abord établir d'où nous vient l'idée d'un Dieu, et quelle doit être cette idée. Ensuite nous comparerons la notion qu'en ont les Grecs avec celle des Hébreux ; et après les avoir examinées toutes les deux, nous interrogerons les Galiléens, qui ne pensent ni comme les Grecs, ni comme les Hébreux. Nous leur demanderons sur quoi ils se fondent pour préférer leurs sentiments aux nôtres, d'autant qu'ils en ont changé souvent, et qu'après s'être éloignés des premiers, ils ont embrassé un genre de vie différent de celui de tous les autres hommes. Ils prétendent qu'il n'y a rien de bon et d'honnête chez les Grecs et chez les Hébreux ; cependant ils se sont approprié, non les vertus, mais les vices de ces deux nations. Ils ont puisé chez les Juifs la haine implacable contre toutes les différentes religions des nations ; et le genre de vie infame et méprisable qu'ils pratiquent dans la paresse et dans la légèreté, ils l'ont pris des Grecs : c'est là ce qu'ils regardent comme le véritable culte de la Divinité.

Il faut convenir que, parmi le bas peuple, les Grecs ont cru et inventé des fables ridicules, même monstrueuses. Ces hommes simples et vulgaires ont dit que Saturne, ayant dévoré ses enfants, les avait vomis ensuite, que Jupiter avait fait un mariage incestueux, et donné pour époux à sa propre fille un enfant qu'il avait eu d'un commerce criminel. A ces contes absurdes on ajoute ceux du démembrement de Bacchus et du replacement de ses membres. Ces fables sont répandues parmi le bas peuple ; mais voyons comment pensent les gens éclairés.

Considérons ce que Platon écrit de Dieu et de son essence, et fesons attention à la manière dont il s'exprime lorsqu'il parle de la création du monde, et de l'Être suprême qui l'a formé. Opposons ensuite ce philosophe grec à Moïse[a], et voyons qui des deux a parlé de Dieu avec plus de grandeur et de dignité. Nous découvrirons alors aisément quel est celui qui mérite le plus d'être admiré, et de parler de l'Être suprême, ou Platon qui admit les temples et les simulacres des dieux, ou Moïse qui, selon l'Écriture, conversait face à face et familièrement avec Dieu.

« Au commencement, dit cet Hébreu[b], Dieu fit le

---

[a] Il paraît que Julien n'était pas aussi profondément savant dans la critique de l'histoire qu'il était ingénieux et éloquent. Cet esprit de critique fut absolument inconnu à toute l'antiquité; on recevait toutes les histoires, et on ne discutait rien. Il est très douteux qu'il y ait jamais eu un Moïse dont la vie entière, depuis son berceau flottant sur les eaux jusqu'à sa mort arrivée à six-vingts ans sur une montagne inconnue, est un tissu d'aventures plus fabuleuses que les *Métamorphoses* d'Ovide.

[b] 1° Il n'est pas croyable que la horde des Juifs ait eu l'usage de l'écriture dans un désert au temps où l'on place Moïse.

2° Toute son histoire est tirée, presque mot pour mot, de la fable de l'ancien Bacchus, qu'on appelait *Misem* ou *Mosem*, sauvé des eaux. Cette fable, qu'on chantait en Grèce dès le temps d'Orphée, fut recueillie depuis par Nonnus.

3° Flavius Josèphe, qui a ramassé tout ce qu'il a pu trouver chez les auteurs égyptiens pour établir l'antiquité de la race juive, n'a pas pu trouver le moindre passage qui eût le plus léger rapport aux prodiges prétendus de Moïse, prodiges qui auraient dû être l'éternel entretien des Égyptiens et des nations voisines.

4° Ni Hérodote, qui a consacré un livre entier à l'histoire d'Égypte, ni Diodore de Sicile, ne parlent d'aucun de ces miracles ridicules attribués à Moïse.

5° Sanchoniathon, dont Eusèbe a recueilli les principaux passages, Sanchoniathon, auteur phénicien, ne parle pas plus d'un Moïse que les autres; et certainement, pour peu qu'il en eût dit un mot, le prolixe

« ciel et la terre; la terre était vide et sans forme, et
« les ténèbres étaient sur la surface de l'abîme; et l'es-
« prit de Dieu était porté sur la surface des eaux. Et
« Dieu dit que la lumière soit, et la lumière fut; et
« Dieu vit que la lumière était bonne; et Dieu sépara

romancier Eusèbe se serait appuyé de ce témoignage, lui qui cite jusqu'aux romans de Papias, d'Hermas, de Clément, d'Abdias, de Marcel et d'Égésippe.

6° S'il y a eu un Moïse auteur du *Pentateuque*, ou ce Moïse a menti, ou Jérémie, Amos, Étienne le disciple de Jésus et les *Actes des Apôtres* ont menti. Cela est démontré. Moïse ordonne des sacrifices, Aaron sacrifie au Seigneur, et Jérémie dit expressément, ch. vii, v. 22 : « Je n'ai point « ordonné à vos pères, au jour que je les ai tirés d'Égypte, de m'offrir des « holocaustes et des victimes. » Moïse ne parle d'aucune autre idolâtrie que de celle du veau d'or que son frère jeta en fonte en une seule nuit, quoiqu'il faille plus de six mois pour une telle opération; Amos, sans parler du veau d'or, dit, chap. v, v. 25 et 26 : « Maison d'Israël, m'avez- « vous offert des hosties et des sacrifices dans le désert pendant quarante « ans? Vous y avez porté le tabernacle de votre Moloch, l'image de vos « idoles et l'étoile de votre Dieu. » Saint Étienne, chap. vii, v. 42 et 43 des *Actes des Apôtres*, dit la même chose, et nomme *Remphan* le Dieu dont on a porté l'étoile.

Depuis que les chrétiens admirent un *Agion Pneuma*, un Saint-Esprit, ils assurèrent que le même Saint-Esprit avait inspiré tous les livres saints; le Saint-Esprit mentit donc quand il inspira *Moïse*, ou quand il inspira *saint Étienne*, *Amos*, et *Jérémie*.

7° Tout homme de bon sens un peu attentif n'a qu'à considérer les fautes énormes de géographie et de chronologie, les noms des villes qui n'existaient pas alors, les préceptes donnés aux rois quand il n'y avait point de rois, et surtout ces paroles de la *Genèse*, chap. xxxvi, v. 31 : « Voici les rois qui régnèrent dans le pays d'Édom, avant que les enfants « d'Israël eussent un roi. » Il n'y a, dis-je, qu'à ouvrir les yeux pour voir que ces livres n'ont pu être composés que long-temps après que les Juifs eurent une capitale et des espèces de monarques.

En effet, on voit au liv. iv des *Rois*, chap. xxii, v. 8, et au liv. ii des *Paralipomènes*, ch. xxxiv, v. 14, que le premier exemplaire fut trouvé sous le roi Josias, environ sept cents ans après Moïse; si l'on peut supputer un peu juste dans la confusion de cette malheureuse chronologie.

Une remarque très importante, c'est qu'aucun prophète, aucun historien,

« la lumière des ténèbres ; et Dieu appela la lumière
« jour, et il appela les ténèbres la nuit. Ainsi fut le
« soir, ainsi fut le matin ; ce fut le premier jour. Et
« Dieu dit qu'il y ait un firmament au milieu des eaux,
« et Dieu nomma le firmament le ciel : et Dieu dit que

aucun moraliste n'a jamais cité le moindre passage des livres attribués à Moïse. Comment se peut-il faire que des interprètes de la loi n'aient jamais cité la loi, n'aient jamais dit : « Comme il est écrit dans le Deutéronome, « comme il est rapporté dans les Nombres, etc. ? »

Enfin il est de la plus grande vraisemblance que ces malheureux Juifs supposèrent un Moïse, comme les Anglais ont supposé un Merlin, et les Français un Francus. C'est ainsi que les Indiens imaginèrent un Brama, les Égyptiens un Oshiret, les Arabes un Bak ou Bacchus.

Mais, dira-t-on, les Musulmans n'ont point supposé un Mahomet, les Romains eurent en effet un Numa. Oui ; mais les Vies de Mahomet et de Numa ne révoltent point le bon sens comme la Vie de Moïse. Tout est très vraisemblable dans Numa et dans Mahomet. Ils se sont vantés l'un et l'autre d'avoir des inspirations divines ; c'est un artifice auquel ont eu recours tous ceux qui en ont voulu imposer au peuple, et le grand Scipion lui-même se disait inspiré. Toutes les actions de Mahomet et de Numa sont très ordinaires. L'un est un homme persécuté qui résista avec courage, et qui devint un conquérant par son génie et par son épée ; l'autre est un législateur paisible : mais tous les événements de la vie de Moïse sont plus extraordinaires que ceux de Gargantua. Si Moïse avait existé, l'auteur de sa Vie nous aurait dit du moins dans quelle époque de l'histoire égyptienne il aurait vécu. Le romancier qui écrivit cette fable n'a pas même l'attention de nommer le roi sous lequel il fait naître Moïse, ni le roi sous lequel Moïse s'enfuit, quatre-vingts ans après, avec six cent trente mille combattants. Il n'est fait mention d'aucun ministre, d'aucun capitaine égyptien. Quand on veut tromper, il faut savoir mieux tromper.

Supposé qu'il y ait eu un Moïse, il est démontré qu'il ne peut avoir écrit les livres qu'on lui attribue ; mais Julien veut bien supposer un Moïse. Car que lui importe que ce personnage ou un autre ait composé l'absurde fatras du *Pentateuque ?* Ce qui indigne un esprit sensé, ce n'est pas le nom de l'auteur, c'est l'insolence des fourbes qui veulent nous faire adorer les romans juifs, en disant anathème aux Juifs ; qui exigent nos respects et notre argent en se moquant de nous ; qui prétendent nous fouler à leurs pieds au nom de Dieu, et faire trembler les rois et les peuples. C'est pour diviniser les plus infâmes fourberies qu'on fait languir dans la misère le cultiva-

« l'eau qui est sous le ciel se rassemble afin que le sec
« paraisse; et cela fut fait. Et Dieu dit que la terre
« porte l'herbe et les arbres. Et Dieu dit qu'il se fasse
« deux grands luminaires dans l'étendue des cieux
« pour éclairer le ciel et la terre. Et Dieu les plaça
« dans le firmament du ciel, pour luire sur la terre et
« pour faire la nuit et le jour. »

Remarquons d'abord[a] que, dans toute cette narration, Moïse ne dit pas que l'abîme ait été produit par

---

teur nourri d'un pain noir trempé de ses larmes, afin que M. l'abbé du Mont-Cassin et messieurs les abbés de cent autres abbayes nagent dans l'or et dans la mollesse; afin que les évêques allemands disent la messe une fois par an entourés de leurs grands officiers et de leurs gardes ; afin qu'un prétendu successeur d'un Juif, nommé Simon, surnommé Pierre, soit à Rome sur le trône des césars, au nom de ce même Pierre, qui n'a jamais été à Rome.

O nations qui commencez à vous éclairer, jusqu'à quand souffrirez-vous cette exécrable tyrannie? jusqu'à quand vous laisserez-vous écraser par un monstre engraissé de votre substance, nourri de votre sang, et qui insulte à vos larmes? Vous gémissez sous l'idole qui vous accable; tout le monde le dit, tout le monde se plaint. Et on ne fait que de faibles efforts pour vous soulager! on se contente d'inonder l'Italie de jésuites. On empêche des fainéants de moines qui ont des millions de rentes, d'ajouter quelques ducats à ces millions. On donne des arrêts en papier contre le papier de la bulle *In cœna Domini*. Est-ce à ces fadaises que se sont bornés les peuples sensés du Danemark, de la Norvége, de la Suède, de l'Angleterre, de l'Écosse, de l'Irlande, du nord de l'Allemagne?

Du moins, du temps de Julien il n'y avait point d'évêque qui osât se dire le maître des rois, point d'abbé crossé, mitré, appelé monseigneur. La tyrannie sacerdotale n'était pas montée au comble d'impudence.

N. B. Cette note, de feu M. Damilaville, convient à toutes les pages de ce livre.

[a] Il s'en faut beaucoup que Julien se serve ici de ses avantages. La physique était, de son temps, moins avancée encore que la critique en histoire. Plus la nature a été connue, plus la *Genèse hébraïque* est devenue ridicule. Qu'est-ce que séparer les ténèbres de la lumière? Qu'est-ce qu'un firmament au milieu des eaux, et toutes les autres absurdités grossières dont ce livre fourmille?

Dieu; il garde le même silence sur l'eau et sur les ténèbres; mais pourquoi, ayant écrit que la lumière avait été produite par Dieu, ne s'est-il pas expliqué de même sur les ténèbres, sur l'eau, et sur l'abîme? Au contraire, il paraît les regarder comme des êtres préexistants, et ne fait aucune mention de leur création. De même il ne dit pas un mot des anges; dans toute la relation de la création il n'en est fait aucune mention. On ne peut rien apprendre qui nous instruise, quand, comment, de quelle manière, et pourquoi ils ont été créés. Moïse parle cependant amplement de la formation de tous les êtres corporels qui sont contenus dans le ciel et sur la terre; en sorte qu'il semble que cet Hébreu ait cru que Dieu n'avait créé aucun être incorporel, mais qu'il avait seulement arrangé la matière qui lui était assujettie. Cela paraît évident par ce qu'il dit de la terre : « Et la terre était vide et sans forme. » On comprend aisément que Moïse a voulu dire que la matière était une substance humide, informe et éternelle, qui avait été arrangée par Dieu [a].

Comparons la différence des raisons pour lesquelles le Dieu de Platon et le Dieu de Moïse crée le monde. Dieu dit, selon Moïse : « Fesons l'homme à notre
« image et à notre ressemblance, pour qu'il domine
« sur les poissons de la mer et sur les oiseaux des
« cieux, et sur les bêtes, et sur toute la terre, et sur

---

[a] Il est évident en effet que la *Genèse* suppose que Dieu arrangea la matière, et ne la créa pas : car le mot hébreu répond au mot grec ἐποίησε que les sculpteurs mettaient au bas de leurs ouvrages; *fecit, sculpsit*. Et, par une absurdité digne des Juifs, il y a dans le texte les *dieux fit* le ciel et la terre. *Fit* en cette place est pour firent; c'est un trope très commun chez les Grecs.

« les reptiles qui rampent sur la terre. Et Dieu fit
« l'homme à son image, et il les créa mâle et femelle,
« et il leur dit : Croissez, multipliez, remplissez la
« terre ; commandez aux poissons de la mer, aux vo-
« latiles des cieux, à toutes les bêtes, à tous les bes-
« tiaux, et à toute la terre. »

Entendons actuellement parler le Créateur de l'univers par la bouche de Platon[a]. Voyons les discours que lui prête ce philosophe. « Dieux ! moi qui suis
« votre Créateur et celui de tous les êtres, je vous an-
« nonce que les choses que j'ai créées ne périront pas,
« parceque les ayant produites je veux qu'elles soient
« éternelles. Il est vrai que toutes les choses construi-
« tes peuvent être détruites ; cependant il n'est pas
« dans l'ordre de la justice de détruire ce qui a été
« produit par la raison. Ainsi, quoique vous ayez été
« créés immortels, vous ne l'êtes pas invinciblement
« et nécessairement par votre nature, mais vous l'êtes
« par ma volonté. Vous ne périrez donc jamais, et la
« mort ne pourra rien sur vous, car ma volonté est
« infiniment plus puissante pour votre éternité que la
« nature et les qualités que vous reçûtes lors de votre
« formation. Apprenez donc ce que je vais vous dé-
« couvrir. Il nous reste trois différents genres d'êtres
« mortels. Si nous les oublions ou que nous en omet-
« tions quelqu'un, la perfection de l'univers n'aura

---

[a] Avouons avec Cicéron que ce morceau de Platon est sublime, et qu'il demande grace pour le galimatias dont il a inondé ses ouvrages. Quoi de plus beau que le grand Être créant des êtres immortels comme lui, qui sont ses ministres, et qui arrangent tout ce qui est périssable ? Quoi de plus beau qu'un Dieu qui ne peut communiquer que l'immortalité ? Ce qui est mortel ne paraît pas digne de lui.

« pas lieu, et tous les différents genres d'êtres qui
« sont dans l'arrangement du monde ne seront pas
« animés. Si je les crée avec l'avantage d'être doués
« de la vie, alors ils seront nécessairement égaux aux
« dieux. Afin donc que les êtres d'une condition mor-
« telle soient engendrés, et cet univers rendu parfait,
« recevez, pour votre partage, le droit d'engendrer
« des créatures, imitez dès votre naissance la force de
« mon pouvoir. L'essence immortelle que vous avez
« reçue ne sera jamais altérée lorsqu'à cette essence
« vous ajouterez une partie mortelle; produisez des
« créatures, engendrez, nourrissez-vous d'aliments,
« et réparez les pertes de cette partie animale et mor-
« telle[a]. »

Considérons si ce que dit ici Platon doit être traité de songe et de vision. Ce philosophe nomme des dieux que nous pouvons voir, le soleil, la lune, les astres, et les cieux : mais toutes ces choses ne sont que les simulacres d'êtres immortels, que nous ne saurions apercevoir[b]. Lorsque nous considérons le soleil, nous regardons l'image d'une chose intelligible et que nous ne pouvons découvrir; il en est de même quand nous jetons les yeux sur la lune ou sur quelque autre astre. Tous ces corps matériels ne sont que

---

[a] Parceque, selon Platon, le Dieu suprême ne peut rien créer ni former qui ne soit nécessairement immortel. Julien expliquera bientôt l'opinion de ce philosophe.

[b] L'empereur est ici dans l'illusion de toute l'antiquité. Il croit que le soleil et les planètes sont des dieux secondaires. C'est une erreur, mais assurément plus pardonnable que celle des Juifs. Les Pères de l'Église ont même attaché des anges à ces grands corps. Ce que nous appelons des anges est précisément ce que l'antiquité appela des dieux.

les simulacres des êtres, que nous ne pouvons concevoir que par l'esprit. Platon a donc parfaitement connu tous ces dieux invisibles, qui existent par le Dieu et dans le Dieu suprême, et qui ont été faits et engendrés par lui; le Créateur du ciel, de la terre, et de la mer, étant aussi celui des astres, qui nous représentent les dieux invisibles, dont ils sont les simulacres.

Remarquons avec quelle sagesse s'explique Platon dans la création des êtres mortels. « Il manque, dit-
« il, trois genres d'êtres mortels, celui des hommes,
« des bêtes, et des plantes (car ces trois espèces sont
« séparées par leurs différentes essences). Si quel-
« qu'un de ces genres d'êtres est créé par moi, il faut
« qu'il soit absolument et nécessairement immortel. »
Or si le monde que nous apercevons, et les dieux, ne jouissent de l'immortalité que parcequ'ils ont été créés par le Dieu suprême, de qui tout ce qui est immortel doit avoir reçu l'être et la naissance, il s'ensuit que l'ame raisonnable est[a] immortelle par cette même

---

[a] Cette immortalité de l'ame, ce beau dogme qui est le plus sûr rempart de la vertu, et qui établit un commerce entre l'homme et la Divinité, n'était point connu des Juifs avant Platon. Ils ne l'admirent que lorsqu'ils commencèrent, dans Alexandrie, à cultiver un peu les lettres sous les Ptolémées; encore la secte entière des saducéens réprouva toujours cette respectable idée, et les pharisiens la défigurèrent par la métempsycose. Il n'en est fait aucune mention dans les livres attribués à Moïse. Tout est temporel chez ce peuple usurier et sanguinaire. L'auteur du *Pentateuque* (qui le croirait!) fait descendre Dieu sur la terre pour enseigner aux Juifs la manière d'aller à la garde-robe, et pour ne leur rien révéler sur l'immortalité de l'ame. C'est à ce sujet qu'un philosophe moderne a très bien remarqué que le législateur des Juifs songea plutôt à leur derrière qu'à leur ame. Voici l'ordre que les Juifs supposent que Dieu lui-même leur donna pour leurs excréments, *Deutéronome*, ch. XXIII, v. 12, 13, et 14 : « Vous
« porterez un hoyau à votre ceinture, vous ferez un trou rond dans la

raison. Mais le Dieu suprême a cédé aux dieux subalternes le pouvoir de créer ce qu'il y a de mortel dans le genre des hommes : ces dieux, ayant reçu de leur père et de leur créateur cette puissance, ont produit sur la terre les différents genres d'animaux, puisqu'il eût fallu, si le Dieu suprême eût été également le créateur de tous les êtres, qu'il n'y eût eu aucune différence entre le ciel et l'homme, entre Jupiter et les serpents, les bêtes féroces, les poissons. Mais puisqu'il y a un intervalle immense entre les êtres immortels et les mortels, les premiers ne pouvant être ni améliorés, ni détériorés, les seconds étant soumis au contraire aux changements en bien et en mal, il fallait nécessairement que la cause qui a produit les uns fût différente de celle qui a créé les autres.

Il n'est pas nécessaire que j'aie recours aux Grecs et aux Hébreux pour prouver qu'il y a une différence immense entre les dieux créés par l'Être suprême et les êtres mortels produits par ces dieux créés. Quel

« terre, et quand vous aurez fait, vous le recouvrirez. » C'est dommage que Rabelais n'ait pas approfondi cette matière dans le chapitre *des Torcheculs*; les Juifs, dans le désert, n'avaient ni eau, ni éponge, ni coton, ni eau de lavande. A l'égard d'une ame, il est fort douteux qu'ils en eussent une, puisque ni le *Pentateuque*, ni Rabelais, n'en parlent. Mais après avoir ri, il faut s'indigner qu'on ose encore vanter la sagesse de la loi mosaïque, loi puérile tout ensemble et sanguinaire, loi de voleurs et d'assassins, dans laquelle on n'admet ni récompense ni châtiment après la mort, tandis que ce dogme était si antique chez les Babyloniens, les Perses, les Égyptiens. Des esprits faux, comme Abbadie, ont tâché de pallier cette grossièreté juive. Mais ils ont en vain cherché quelque passage du *Pentateuque* qui pût supposer l'immortalité de l'ame, ils ne l'ont pas trouvé. — Le philosophe moderne dont Voltaire parle en cette note est Swift ou Collins : voyez ma note, tome XLIII, page 57. B.

est, par exemple, l'homme qui ne sente en lui-même la divinité du ciel, et qui n'élève ses mains vers lui, lorsqu'il prie et qu'il adore l'Être suprême ou les autres dieux? Ce n'est pas sans cause que ce sentiment de religion en faveur du soleil et des autres astres est établi dans l'esprit des hommes. Ils se sont aperçus qu'il n'arrivait jamais aucun changement dans les choses célestes; qu'elles n'étaient sujettes ni à l'augmentation ni à la diminution; qu'elles allaient toujours d'un mouvement égal, et qu'elles conservaient les mêmes règles (les lois du cours de la lune, du lever, du coucher du soleil, ayant toujours lieu dans les temps marqués). De cet ordre admirable les hommes ont conclu avec raison que le soleil est un dieu ou la demeure d'un dieu. Car une chose qui est par sa nature à l'abri du changement ne peut être sujette à la mort: et ce qui n'est point sujet à la mort doit être exempt de toute imperfection. Nous voyons qu'un être qui est immortel et immuable ne peut être porté et mû dans l'univers que par une ame divine et parfaite qui est dans lui, ou par un mouvement qu'il reçoit de l'Être suprême, ainsi qu'est celui que je crois qu'a l'ame des hommes.

Examinons à présent l'opinion des Juifs sur ce qui arriva à Adam et à Ève dans ce jardin, fait pour leur demeure, et qui avait été planté par Dieu même[a]. « Il « n'est pas bon, dit Dieu, que l'homme soit seul. Fe-« sons-lui une compagne qui puisse l'aider et qui lui « ressemble[b]. » Cependant cette compagne non seu-

---

[a] *Genèse*, ch. II, v. 18.
[b] L'empereur oublie que le Dieu des Juifs avait déjà créé la femme,

lement ne lui est d'aucun secours ; mais elle ne sert qu'à le tromper, à l'induire dans le piége qu'elle lui tend, et à le faire chasser du paradis. Qui peut, dans cette narration, ne pas voir clairement les fables les plus incroyables? Dieu devait sans doute connaître que ce qu'il regardait comme un secours pour Adam ferait sa perte, et que la compagne qu'il lui donnait était un mal plutôt qu'un bien pour lui.

Que dirons-nous du serpent qui parlait avec Ève? de quel langage se servit-il? fut-ce de celui de l'homme? y a-t-il rien de plus ridicule dans les fables populaires des Grecs?

N'est-ce pas la plus grande des absurdités de dire que Dieu, ayant créé Adam et Ève, leur interdit[1] la connaissance du bien et du mal[a]? Quelle est la créature

Masculum et feminam creavit eos. Genèse, chap. 1ᵉʳ, v. 27. Il ne relève pas cette contradiction. Il dédaigne de s'appesantir sur le ridicule du jardin d'Éden et des quatre grands fleuves qui sortent de ce jardin, et des promenades de Dieu à midi dans ce jardin, et de ses plaisanteries avec Adam, et du serpent condamné à marcher sur le ventre, comme s'il avait auparavant marché sur ses jambes, et comme si sa figure comportait des cuisses, des jambes, et des pieds. Chaque mot est une sottise; on ne pouvait les spécifier toutes.

[1] *Genèse*, chap. II, v. 17. Voyez aussi sur cette défense de Dieu t. XV, p. 44; XLI, 408; XLIII, 10 et 184. B.

[a] L'empereur a très grande raison. Rien n'est plus absurde que la défense de manger du fruit de l'arbre prétendu de la science du bien et du mal. Il fallait, au contraire, ordonner d'en manger beaucoup, afin que l'homme et la femme apprissent à éviter le mal et à faire le bien. Qui ne voit que la fable de la pomme est une grossière et plate imitation de la *Boîte de Pandore?* C'est un rustre qui copie un bel esprit. Remarquez attentivement combien ces premiers chapitres de la *Genèse* sont absurdes, révoltants, blasphématoires. Il fut défendu de les lire chez les Juifs avant l'âge de vingt-cinq ans. Il eût bien mieux valu les supprimer. Cette défense est ridicule. Si vous supposez qu'on aura assez de bon sens à vingt-cinq ans pour les mépriser, pourquoi les transcrire? Si vous voulez qu'on les révère,

qui puisse être plus stupide que celle qui ignore le bien et le mal, et qui ne saurait les distinguer? Il est évident qu'elle ne peut, dans aucune occasion, éviter le crime ni suivre la vertu, puisqu'elle ignore ce qui est crime et ce qui est vertu. Dieu avait défendu à l'homme de goûter du fruit qui pouvait seul le rendre sage et prudent. Quel est l'homme assez stupide pour ne pas sentir que, sans la connaissance du bien et du mal, il est impossible à l'homme d'avoir aucune prudence?

Le serpent n'était donc point ennemi du genre humain, en lui apprenant à connaître ce qui pouvait le rendre sage; mais Dieu lui portait envie; car lorsqu'il vit que l'homme était devenu capable de distinguer la vertu du vice, il le chassa du paradis terrestre, dans la crainte qu'il ne goûtât du bois de l'arbre de vie, en lui disant[a] : « Voici Adam, qui est devenu « comme l'un de nous, sachant le bien et le mal; « mais pour qu'il n'étende pas maintenant sa main, « qu'il ne prenne pas du bois de la vie, qu'il n'en « mange pas, et qu'il ne vienne pas à vivre toujours, « l'Éternel Dieu le met hors du jardin d'Éden. » Qu'est-ce qu'une semblable narration? on ne peut l'excuser

---

faites-les lire à sept ans. Il en est de ces contes juifs comme des moines. Si vous voulez qu'il y ait des moines, permettez qu'on fasse des vœux avant l'âge de raison. Si vous voulez extirper la moinerie, ordonnez qu'on ne fasse des vœux que quand on sera majeur.

Voyez, lecteur sage, pesez ces raisons. Jugez d'un livre qu'on prétend dicté par Dieu même, livre qui contient la religion de Jérusalem et de Rome, et qu'on défendait de lire dans Jérusalem comme on défend encore aujourd'hui de le lire dans Rome.

[a] *Genèse*, ch. III, v. 22.

qu'en disant qu'elle est une fable allégorique, qui cache un sens secret. Quant à moi, je ne trouve dans tout ce discours que beaucoup de blasphèmes [a] contre la vraie essence et la vraie nature de Dieu, qui ignore que la femme qu'il donne pour compagne et pour secours à Adam sera la cause de son crime; qui interdit à l'homme la connaissance du bien et du mal, la seule chose qui pût régler ses mœurs; et qui craint que ce même homme, après avoir pris de l'arbre de vie, ne devienne immortel. Une pareille crainte et une envie semblable conviennent-elles à la nature de Dieu?

Le peu de choses raisonnables que les Hébreux ont dites de l'essence de Dieu, nos pères, dès les premiers siècles, nous en ont instruits : et cette doctrine qu'ils s'attribuent est la nôtre. Moïse ne nous a rien appris de plus; lui qui, parlant plusieurs fois des anges qui exécutent les ordres de Dieu, n'a rien osé nous

---

[a] Le mot de blasphème n'est point trop fort. Attribuer à Dieu des choses aussi injustes que ridicules, et dont on ne voudrait pas charger les derniers des hommes, c'est un véritable blasphème; et si l'on y prend bien garde, l'histoire des Juifs est d'un bout à l'autre un blasphème continuel contre l'Être suprême. On y voit partout la protection du ciel accordée au meurtre, au larcin, à l'inceste. C'est pour protéger des voleurs que la mer s'ouvre; c'est pour encourager le meurtre que le soleil et la lune s'arrêtent en plein midi; c'est enfin de la prostituée Rahab, de l'impudente Ruth, de l'incestueuse Thamar, de l'adultère Bethsabée qu'on fait descendre Jésus-Christ, afin qu'il change l'eau en vin à des noces pour des convives déjà ivres.

On ose avancer que Dieu, dans tout le *Pentateuque*, ne commande pas une seule action juste et raisonnable. Oui, je défie qu'on m'en montre une seule. Misérables fanatiques, songez qu'une seule absurdité, une seule contradiction, une seule injustice suffirait pour décréditer, pour déshonorer ce livre. Et il en fourmille! et on ose le supposer écrit par Dieu même! O comble de la démence et de l'horreur!

dire, dans aucun endroit, de la nature de ces anges: s'ils sont créés, ou s'ils sont incréés, s'ils ont été faits par Dieu ou par une autre cause, s'ils obéissent à d'autres êtres. Comment Moïse a-t-il pu garder, sur tout cela, un silence obstiné, après avoir parlé si amplement de la création du ciel et de la terre, des choses qui les ornent et qui y sont contenues? Remarquons ici que Moïse dit que Dieu ordonna que plusieurs choses fussent faites, comme le jour, la lumière, le firmament; qu'il en fit plusieurs lui-même, comme le ciel, la terre, le soleil, la lune, et qu'il sépara celles qui existaient déjà, comme l'eau et l'aride. D'ailleurs Moïse n'a osé rien écrire ni sur la nature ni sur la création de l'esprit[a]. Il s'est contenté de dire vaguement *qu'il était porté sur les eaux.* Mais cet esprit porté sur les eaux était-il créé, était-il incréé?

Comme il est évident que Moïse n'a point assez examiné et expliqué les choses qui concernent le Créateur et la création de ce monde, je comparerai les différents sentiments des Hébreux et de nos pères sur ce sujet. Moïse dit que le Créateur du monde

---

[a] L'empereur semble confondre ici l'idée de vent, de souffle, avec l'idée de l'ame. *L'esprit de Dieu était porté sur les eaux,* signifie le vent de Dieu, le souffle de Dieu était porté sur les eaux. Ce vent est un des attributs de l'ancien chaos. Les Hébreux disaient vent de Dieu, montagne de Dieu, pour exprimer grand vent, grande montagne; fils de Dieu, pour exprimer un homme puissant ou juste. Ce grand vent porté sur les eaux augmentait encore l'horreur du chaos. Cette idée du chaos était prise de l'ancienne cosmogonie des Phéniciens qui précédèrent les Juifs de tant de siècles, et qui furent même très antérieurs aux Grecs, puisqu'ils leur enseignèrent l'alphabet. Les mots grecs *chaos* et *érèbe* sont originairement phéniciens. Sanchoniathon appelle le chaos *chaut-éreb,* confusion et nuit.

choisit pour son peuple ª la nation des Hébreux, qu'il eut pour elle toute la prédilection possible, qu'il en prit un soin particulier, et qu'il négligea pour elle tous les autres peuples de la terre. Moïse, en effet, ne dit pas un seul mot pour expliquer comment les

ª Ce que dit ici l'empereur Julien est digne de son esprit juste et de son cœur magnanime. Rien n'est plus bas et plus ridicule que d'imaginer l'Être suprême, le Dieu de la nature entière, uniquement occupé d'une horde de brigands et d'usuriers, et oubliant pour elle tout le reste de la terre. Il faut convenir que du moins il n'oubliait pas les Persans et les Romains, quand sa providence punissait par eux, et exterminait ou chargeait de fers ce peuple abominable.

Mais il faut aussi considérer que ce peuple n'eut jamais un système de théologie suivi et constant; et quelle religion a jamais eu un système fixe? Dans cent passages des livres juifs, vous trouvez un Dieu universel qui commande à toute la terre; dans cent autres passages, vous ne trouvez qu'un dieu local, un dieu juif qui combat contre un dieu philistin, contre un dieu moabite, comme les dieux de Troie, dans Homère, combattent contre les dieux de la Grèce.

Jephté dit aux Ammonites, chap. XI, v. 24, des *Juges :* « Ne possédez-« vous pas de droit ce que votre Dieu Chamos vous a donné? Souffrez donc « que nous possédions la terre que notre Dieu Adonaï nous a promise. » Jérémie, ch. XLIX, v. 1, demande : « Quelle raison a eue le Dieu Melchom « pour s'emparer du pays de Gad ? » Il est donc évident que les Juifs reconnaissaient Melchom et Chamos pour dieux. Aussi représentent-ils toujours leur dieu phénicien Adoni ou Adonaï comme jaloux des autres dieux. Tantôt ils le disent plus puissant que les dieux voisins, tantôt ils le disent plus faible. Sont-ils battus dans une vallée, ils disent que leur dieu est le dieu des montagnes, et qu'il n'est pas le dieu des vallées; et chap. 1er des *Juges*, v. 19, qu'il n'a pu vaincre en rase campagne, parceque les ennemis avaient des chariots de guerre. Quelle pitié! des chars de guerre dans le pays montagneux de la Palestine, où il n'y avait que des ânes; où la magnificence des fils d'Abimélech était d'avoir chacun un âne; où le brigand David, à qui l'on a fait l'honneur de l'appeler roi, n'avait pas un âne en propre quand il fut oint; où le prétendu roi Saül [I. Rois, IX, 3] courait après les deux ânesses de son père quand il fut oint, avant David! Il eût été à souhaiter que l'empereur Julien eût eu la patience d'entrer dans ces détails. Un homme à sa place n'en a pas le loisir, le catalogue des absurdités était trop immense.

autres nations ont été protégées et conservées par le Créateur, et par quels dieux elles ont été gouvernées : il semble ne leur avoir accordé d'autres bienfaits de l'Être suprême que de pouvoir jouir de la lumière du soleil et de celle de la lune. C'est ce que nous observerons bientôt. Venons actuellement aux Israélites et aux Juifs, les seuls hommes, à ce qu'il dit, aimés de Dieu. Les prophètes ont tenu à ce sujet le même langage que Moïse. Jésus de Nazareth les a imités ; et Paul, cet homme qui a été le plus grand des imposteurs[a], et le plus insigne des fourbes, a suivi cet exemple. Voici donc comment parle Moïse[b] : « Tu di-
« ras à Pharaon, Israël mon fils premier-né... J'ai dit :
« Renvoie mon peuple, afin qu'il me serve ; mais tu
« n'as pas voulu le renvoyer... Et ils lui dirent : Le
« Dieu des Hébreux nous a appelés, nous partirons
« pour le désert, et nous ferons un chemin de trois
« jours, pour que nous sacrifiions à notre Dieu... Le
« Seigneur le Dieu des Hébreux m'a envoyé auprès
« de toi, disant : Renvoie mon peuple pour qu'il me
« serve dans le désert. » Moïse et Jésus n'ont pas été les seuls qui disent que Dieu, dès le commencement, avait pris un soin tout particulier des Juifs, et que leur sort avait été toujours fort heureux. Il paraît que

[a] Pour peu qu'on lise avec attention les *Épîtres* de Paul et les *Actes des Apôtres* et ceux de Thècle, on ne trouvera pas les expressions de l'empereur trop fortes. Voici ce que dit de Paul le savant lord Bolingbroke :
« Quand les premiers Galiléens se répandirent parmi la populace des
« Grecs et des Romains, etc. » — [Ici était transcrit en entier tout le chapitre XII de l'*Examen important de milord Bolingbroke* (voyez t. XLIII, p. 92-99) qu'il est inutile de reproduire. B.]
[b] *Exode*, ch. IV, v. 22, 23 ; ch. V, v. 3 ; ch. VII, v. 16.

c'est là le sentiment de Paul, quoique cet homme ait toujours été vacillant dans ses opinions, et qu'il en ait changé si souvent sur le dogme de la nature de Dieu : tantôt soutenant que les Juifs avaient eu seuls l'héritage de Dieu, et tantôt assurant que les Grecs y avaient eu part; comme lorsqu'il dit[a] : « Est-ce qu'il « était seulement le Dieu des Hébreux, ou l'était-il « aussi des nations? certainement il l'était des na-« tions. » Il est donc naturel de demander à Paul pourquoi, si Dieu a été non seulement le Dieu des Juifs, mais aussi celui des autres peuples, il a comblé les Juifs de biens et de graces, il leur a donné Moïse, la loi, les prophètes, et fait en leur faveur plusieurs miracles, et même des prodiges qui paraissent fabuleux. Entendez les Juifs, ils disent : « L'hom-« me a mangé le pain des anges[b]. » Enfin Dieu a envoyé aux Juifs, Jésus qui ne fut, pour les autres nations, ni un prophète, ni un docteur, ni même un

---

[a] *Épître aux Romains*, ch. III, v. 29.

[b] Ce passage, dont l'empereur se moque avec tant de raison, est tiré du psaume LXXVII, v. 25. Ces psaumes sont un recueil d'hymnes qui ne sont qu'un éternel galimatias. On n'y voit que des montagnes qui reculent ou qui bondissent [ps. CXIII, 4], la mer qui s'enfuit [id., 3] avec la lune, le Seigneur qui aiguise ses flèches [ps. XLIV, 3], qui met son épée sur sa cuisse. Et le but, le fond de presque tous ces hymnes, est d'exterminer ses voisins, d'éventrer les femmes, et d'écraser contre les murs les enfants à la mamelle [ps. CXXXVI, 9].

Voici le passage dont il s'agit : « Et il envoya aux nuées d'en haut, et il « ouvrit les portes du ciel, et la manne plut pour manger, et il leur donna « le pain du ciel, et l'homme mangea le pain des anges. » Cela prouve manifestement que ces idiots reconnaissaient les anges corporels, mangeant, buvant, et engendrant comme les hommes. Les livres juifs disent très souvent que les anges mangèrent, que les anges couchèrent avec les filles des hommes, qu'ils firent naître des géants, etc.

prédicateur de cette grace divine et future, à laquelle à la fin ils devaient avoir part. Mais avant ce temps il se passa plusieurs milliers d'années, où les nations furent plongées dans la plus grande ignorance, rendant, selon les Juifs, un culte criminel au simulacre des dieux. Toutes les nations qui sont situées sur la terre, depuis l'orient à l'occident, et depuis le midi jusqu'au septentrion, excepté un petit peuple habitant depuis deux mille ans une partie de la Palestine, furent donc abandonnées de Dieu. Mais comment est-il possible, si ce Dieu est le nôtre comme le vôtre, s'il a créé également toutes les nations, qu'il les ait si fort méprisées, et qu'il ait négligé tous les peuples de la terre? Quand même nous conviendrions avec vous que le Dieu de toutes les nations a eu une préférence marquée pour la vôtre, et un mépris pour toutes les autres, ne s'ensuivra-t-il pas de là que Dieu est envieux, qu'il est partial? Or comment Dieu peut-il être sujet à l'envie, à la partialité, et punir, comme vous le dites, les péchés des pères sur les enfants innocents? Est-il rien de si contraire à la nature divine, nécessairement bonne par son essence?

Mais considérez de nouveau ces choses chez nous. Nous disons que le Dieu suprême, le Dieu créateur, est le roi et le père commun de tous les hommes[1]; qu'il a distribué toutes les nations à des dieux, à qui il en a commis le soin particulier, et qui les gouvernent de la manière qui leur est la meilleure et la plus convenable : car dans le Dieu suprême, dans le Père, toutes les choses sont parfaites et unes; mais

[1] Virgile, *Æn.*, x, 743. B.

les dieux créés agissent, dans les particulières qui leur sont commises, d'une manière différente. Ainsi Mars gouverne les guerres dans les nations, Minerve leur distribue et leur inspire la prudence, Mercure les instruit plutôt de ce qui orne leur esprit que de ce qui peut les rendre audacieuses. Les peuples suivent les impressions et les notions qui leur sont données par les dieux qui les gouvernent. Si l'expérience ne prouve pas ce que nous disons, nous consentons que nos opinions soient regardées comme des fables, et les vôtres comme des vérités. Mais si une expérience toujours uniforme et toujours certaine a vérifié nos sentiments et montré la fausseté des vôtres, auxquels elle n'a jamais répondu, pourquoi conservez-vous une croyance aussi fausse que l'est la vôtre? Apprenez-nous, s'il est possible, comment les Gaulois et les Germains sont audacieux, les Grecs et les Romains policés et humains, cependant courageux et belliqueux. Les Égyptiens sont ingénieux et spirituels; les Syriens, peu propres aux armes, sont prudents, rusés, et dociles. S'il n'y a pas une cause et une raison de la diversité des mœurs et des inclinations de ces nations, et qu'elle soit produite par le hasard[a], il faut nécessairement en conclure qu'au-

---

[a] J'oserais n'être pas entièrement ici de l'avis de l'empereur Julien. Il me semble que ce n'est pas dans les caractères différents des peuples qu'on doit chercher les grandes preuves de la providence générale de l'Être suprême. On pourrait dire qu'un Romain et un Scythe diffèrent non seulement par le climat, mais surtout par leur gouvernement et leur éducation. Ces deux causes qui rendirent autrefois ces deux nations respectables ayant absolument changé, les peuples ont changé aussi. La Providence générale éclate, ce me semble, dans les lois immuables qu'elle a prescrites à la na-

cune providence ne gouverne le monde. Mais si cette diversité si marquée est toujours la même et est produite par une cause, qu'on m'apprenne d'où elle vient, si c'est directement par le Dieu suprême.

Il est constant qu'il y a des lois établies chez tous les hommes, qui s'accordent parfaitement aux notions et aux usages de ces mêmes hommes. Ces lois sont humaines et douces chez les peuples qui sont portés à la douceur : elles sont dures et même cruelles chez ceux dont les mœurs sont féroces. Les différents législateurs, dans les instructions qu'ils ont données aux nations, se sont conformés à leurs idées ; ils ont fort peu ajouté et changé à leurs principales coutumes. C'est pourquoi les Scythes regardèrent Anacharsis comme un insensé, parcequ'il avait voulu introduire des lois contraires à leurs mœurs.

La façon de penser des différentes nations ne peut jamais être changée entièrement. L'on trouvera fort peu de peuples situés à l'occident, qui cultivent la philosophie et la géométrie, et qui même soient propres à ce genre d'étude, quoique l'empire romain ait étendu si loin ses conquêtes. Si quelques uns des hommes les plus spirituels de ces nations sont parvenus sans étude à acquérir le talent de s'énoncer avec clarté et avec quelque grace, c'est à la simple force de leur génie qu'ils en sont redevables. D'où

---

ture, dans la profonde géométrie avec laquelle l'univers est arrangé, dans le mécanisme inimitable des corps organisés, dans le prodige sans cesse renaissant des générations, dans le nombre prodigieux des moyens certains qui opèrent des fins certaines. Voilà ce que les juifs et les chrétiens ignoraient, et ce que les philosophes ne savaient que très confusément.

vient donc la différence éternelle des mœurs, des usages, des idées des nations?

Venons actuellement à la variété des langues, et voyons combien est fabuleuse la cause que Moïse lui donne. Il dit que les fils des hommes, ayant multiplié, voulurent faire une ville, et bâtir au milieu une grande tour[a]: Dieu dit alors qu'il descendrait, et qu'il confondrait leur langage. Pour qu'on ne me soupçonne pas d'altérer les paroles de Moïse, je les rapporterai ici[b]. « Ils dirent (les hommes): Venez, « bâtissons une ville et une tour dont le sommet aille « jusqu'au ciel, et acquérons-nous de la réputation « avant que nous soyons dispersés sur la surface de « la terre. Et le Seigneur descendit pour voir la ville

---

[a] L'empereur Julien nous paraît aujourd'hui bien bon d'avoir daigné réfuter la fable absurde de la tour de Babel. Mais comme celle des géants qui firent la guerre aux dieux, et qui entassèrent Ossa sur Pélion, n'est pas moins extravagante, il fait très bien de les comparer l'une avec l'autre. La seule différence est que les Grecs et les Romains ne croyaient rien de leur mythologie, et que les chrétiens étaient persuadés de la leur. La mythologie n'était point la religion de la Grèce et de Rome; mais, par un renversement d'esprit presque inconcevable, tous les livres juifs étaient devenus la religion des juifs et des chrétiens. Tout ce qu'un misérable scribe avait transcrit dans Jérusalem, et qui était compris dans le canon hébraïque, était réputé dicté par Dieu même. Ceux qu'on a depuis si ridiculement nommés *païens* ne tombèrent point dans cet excès qui déshonore la raison. Ils n'attribuèrent point aux dieux les fables absurdes d'Hésiode et d'Orphée. Les *Métamorphoses* d'Ovide n'ont jamais passé pour un livre sacré; et, parmi nous, l'histoire de Loth couchant avec ses deux filles, sa femme Édith changée en statue de sel, et la tour de Babel, sont des ouvrages du Saint-Esprit.

La première éducation de nos enfants est de leur apprendre ces sottises, qu'ils méprisent bientôt. Misérables que vous êtes! apprenez-leur à connaître un seul Dieu, à l'aimer, à être justes. Voulez-vous qu'ils soient honnêtes gens, empêchez-les de lire la *Bible*.

[b] *Genèse*, ch. xi, v. 4-8.

« et la tour que les fils des hommes avaient bâties :
« et le Seigneur dit : Voici, ce n'est qu'un même peu-
« ple, ils ont un même langage, et ils commencent à
« travailler, et maintenant rien ne les empêchera
« d'exécuter ce qu'ils ont projeté. Or çà, descendons
« et confondons leur langage, afin qu'ils n'entendent
« pas le langage l'un de l'autre. Ainsi le Seigneur les
« dispersa de là par toute la terre, et ils cessèrent de
« bâtir leur ville. » Voilà les contes fabuleux auxquels
vous voulez que nous ajoutions foi : et vous refusez
de croire ce que dit Homère des Aloïdes, qui mirent
trois montagnes l'une sur l'autre pour se faire un
chemin jusqu'au ciel. Je sais que l'une et l'autre de
ces histoires sont également fabuleuses ; mais puisque
vous admettez la vérité de la première, pourquoi re-
fusez-vous de croire à la seconde ? Ces contes sont
également ridicules : je pense qu'on ne doit pas ajouter plus de foi aux uns qu'aux autres ; je crois même
que ces fables ne doivent pas être proposées comme
des vérités à des hommes ignorants. Comment peut-
on espérer de leur persuader que tous les hommes
habitant dans une contrée, et se servant de la même
langue, n'aient pas senti l'impossibilité de trouver,
dans ce qu'ils ôteraient de la terre, assez de matériaux
pour élever un bâtiment qui allât jusqu'au ciel ? Il
faudrait employer tout ce que les différents côtés de
la terre contiennent de solide, pour pouvoir parvenir jusqu'à l'orbe de la lune. D'ailleurs quelle étendue
les fondements et les premiers étages d'un semblable
édifice ne demanderaient-ils pas ? Mais supposons
que tous les hommes de l'univers se réunissant en-

semble, et parlant la même langue, eussent voulu épuiser la terre de tous les côtés, et en employer toute la matière pour élever un bâtiment; quand est-ce que ces hommes auraient pu parvenir au ciel, quand même l'ouvrage qu'ils entreprenaient eût été de la construction la plus simple? Comment donc pouvez-vous débiter et croire une fable aussi puérile? et comment pouvez-vous vous attribuer la connaissance de Dieu, vous qui dites qu'il fit naître la confusion des langues, parcequ'il craignit les hommes? Peut-on avoir une idée plus absurde de la Divinité?

Mais arrêtons-nous encore quelque temps sur ce que Moïse dit de la confusion des langues. Il l'attribue à ce que Dieu craignit que les hommes, parlant un même langage, ne vinssent l'attaquer jusque dans le ciel. Il en descendit donc apparemment pour venir sur la terre; car où pouvait-il descendre ailleurs? c'était mal prendre ses précautions : puisqu'il craignait que les hommes ne l'attaquassent dans le ciel, à plus forte raison devait-il les appréhender sur la terre. A l'occasion de cette confusion des langues, Moïse ni aucun autre prophète n'a parlé de la cause de la différence des mœurs et des lois des hommes, quoiqu'il y ait encore plus d'oppositions et de contrariétés dans les mœurs et dans les lois des nations, que dans leur langage. Quel est le Grec[a] qui ne regarde comme un

---

[a] Il faut ou qu'on ait altéré le texte de Julien, ou qu'il se soit trompé : car il était permis aux Grecs d'épouser leurs sœurs consanguines, et non pas leurs sœurs utérines. Il n'était point du tout permis chez les Perses d'épouser sa mère, comme Julien le dit. C'était un bruit populaire, accrédité chez les Romains pour rendre plus odieux les Persans, leurs ennemis. Jamais les Romains ne connurent les mœurs persanes, parcequ'ils n'ap-

crime de connaître charnellement sa mère, sa fille, et même sa sœur? Les Perses pensent différemment; ces incestes ne sont point criminels chez eux. Il n'est pas nécessaire, pour faire sentir la diversité des mœurs, que je montre combien les Germains aiment la liberté, avec quelle impatience ils sont soumis à une domination étrangère; les Syriens, les Perses, les Parthes, sont au contraire doux, paisibles, ainsi que toutes les autres nations qui sont à l'orient et au midi. Si cette contrariété de mœurs, de lois, chez les différents peuples, n'est que la suite du hasard, pourquoi ces mêmes peuples, qui ne peuvent rien attendre de mieux de l'Être suprême, honorent-ils et adorent-ils un être dont la providence ne s'étend point sur eux? Car celui qui ne prend aucun soin du genre de vie,

---

prirent jamais la langue. Ils avaient des notions aussi fausses sur les Perses, que les Italiens en eurent sur les Turcs au seizième siècle.

Mais le raisonnement de l'empereur est très concluant. Si Dieu a été assez indigne de la divinité pour n'aimer que la horde juive, pour ne vouloir être servi, être connu que par elle, les autres nations ne lui doivent rien. Elles sont en droit de lui dire : Régnez sur Issachar et sur Zabulon; nous ne vous connaissons pas. C'est un blasphème horrible, de quelque côté qu'on se tourne.

Il est certain que la Providence a pris le même soin de tous les hommes, qu'elle a mis entre eux les différences qui viennent du climat, qu'elle a tout fait ou que tout s'est fait sans lui. Dieu est le Dieu de l'univers, ou il n'y a point de Dieu. Celui qui nie la Divinité est un insensé. Mais celui qui dit: « Dieu n'aime que moi et il méprise tout le reste, » est un barbare détestable et l'ennemi du genre humain. Tels étaient les Juifs; et il y a bien paru. Les chrétiens qui leur ont succédé, ont senti, malgré leurs absurdités, toute l'horreur de ce système. Pour diminuer cette horreur, ils ont dit: Tout le monde sera chrétien. Pour y parvenir, ils ont prêché, persécuté, et tué. Mais ils ont été exterminés, chassés de l'Asie, de l'Afrique, et de la plus belle partie de l'Europe. Les Arabes et les Turcs ont vengé, sans le savoir, l'empereur Julien.

des mœurs, des coutumes, des réglements, des lois, et de tout ce qui concerne l'état civil des hommes, ne saurait exiger un culte de ces mêmes hommes, qu'il abandonne au hasard, et aux ames desquels il ne prend aucune part. Voyez combien votre opinion est ridicule dans les biens qui concernent les hommes : observons ici que ceux qui regardent l'esprit sont bien au-dessus de ceux du corps. Si donc l'Être suprême a méprisé le bonheur de nos ames, n'a pris aucune part à ce qui pouvait rendre notre état heureux, ne nous a jamais envoyé, pour nous instruire, des docteurs, des législateurs, mais s'est contenté d'avoir soin des Hébreux, de les faire instruire par Moïse et par les prophètes, de quelle espèce de grace pouvons-nous le remercier? Loin qu'un sentiment aussi injurieux à la divinité suprême soit véritable, voyez combien nous lui devons de bienfaits qui vous sont inconnus. Elle nous a donné des dieux et des protecteurs qui ne sont point inférieurs à celui que les Juifs ont adoré dès le commencement, et que Moïse dit n'avoir eu d'autre soin que celui des Hébreux. La marque évidente que le Créateur de l'univers a connu que nous avions de lui une notion plus exacte et plus conforme à sa nature que n'en avaient les Juifs, c'est qu'il nous a comblés de biens, nous a donné en abondance ceux de l'esprit et ceux du corps, comme nous le verrons dans peu. Il nous a envoyé plusieurs législateurs dont les moindres n'étaient pas inférieurs à Moïse, et les autres lui étaient bien supérieurs.

S'il n'est pas vrai que l'Être suprême a donné le

gouvernement particulier de chaque nation à un dieu, à un génie qui régit et protége un certain nombre d'êtres animés, qui sont commis à sa garde, aux mœurs et aux lois desquels il prend part, qu'on nous apprenne d'où viennent, dans les lois et les mœurs des hommes, la différence qui s'y trouve. Répondre que cela se fait par la volonté de Dieu, c'est ne nous apprendre rien. Il ne suffit pas d'écrire dans un livre, « Dieu a dit, et les choses ont été faites »; car il faut voir si ces choses qu'on dit avoir été faites par la volonté de Dieu, ne sont pas contraires à l'essence des choses : auquel cas elles ne peuvent avoir été faites par la volonté de Dieu, qui ne peut changer l'essence des choses. Je m'expliquerai plus clairement. Par exemple, Dieu commanda que le feu s'élevât, et que la terre fût au-dessous. Il fallait donc que le feu fût plus léger et la terre plus pesante. Il en est ainsi de toutes les choses. Dieu ne saurait faire que l'eau fût du feu, et le feu de l'eau en même temps, parceque l'essence de ces éléments ne peut permettre ce changement, même par le pouvoir divin. Il en est de même des essences divines que des mortelles, elles ne peuvent être changées. D'ailleurs il est contraire à l'idée que nous avons de Dieu, de dire qu'il exécute des choses qu'il sait être contraires à l'ordre, et qu'il veut détruire ce qui est bien selon sa nature. Les hommes peuvent penser d'une manière aussi peu juste, parcequ'étant nés mortels ils sont faibles, sujets aux passions, et portés au changement. Mais Dieu étant éternel, immuable, ce qu'il a ordonné doit l'être aussi. Toutes les choses qui existent sont produites par leur nature, et conformes à cette même nature. Comment est-ce que la nature pourrait donc agir contre le pouvoir divin, et s'éloigner de l'ordre dans lequel elle doit être nécessairement? Si Dieu donc avait voulu que non seulement les langues des nations, mais leurs mœurs et leurs lois fussent confondues et changées tout-à-coup, cela étant contraire à l'essence des choses, il n'aurait pu le faire par sa seule volonté ; il aurait fallu qu'il eût agi selon l'essence des choses : or il ne pouvait changer les différentes natures des êtres qui s'opposaient invinciblement à ce changement subit. Ces différentes natures s'aperçoivent non seulement dans les esprits, mais encore dans les corps des hommes nés dans différentes nations. Combien les Germains et les Scythes ne sont-ils pas entièrement différents des Africains et des Éthiopiens? Peut-on attribuer une aussi grande différence au simple ordre qui confondit les langues? et n'est-il pas plus raisonnable d'en chercher l'origine dans l'air, dans la nature du climat, dans l'aspect du ciel, et chez les dieux qui gouvernent ces hommes dans des climats opposés l'un à l'autre?

Il est évident que Moïse a connu cette vérité, mais il a cherché à la déguiser et à l'obscurcir. C'est ce qu'on voit clairement, si l'on fait attention qu'il a attribué la division des langues non à un seul Dieu, mais à plusieurs. Il ne dit pas que Dieu descendit seul ou accompagné d'un autre; il écrit *qu'ils descendirent plusieurs*[1]. Il est donc certain qu'il a cru

---

[1] La Vulgate, *Genèse*, xi, 5, n'a pas le pluriel. B.

que ceux qui descendirent avec Dieu étaient d'autres dieux. N'est-il pas naturel de penser que s'ils se trouvèrent à la confusion des langues, et s'ils en furent la cause, ils furent aussi celle de la diversité des mœurs et des lois des nations lors de leur dispersion?

Pour réduire en peu de mots ce dont je viens de parler amplement, je dis que si le dieu de Moïse est le Dieu suprême, le Créateur du monde, nous l'avons mieux connu que le législateur hébreu, nous qui le regardons comme le père et le roi de l'univers, dont il a été le créateur. Nous ne croyons pas que parmi les dieux qu'il a donnés aux peuples, et auxquels il en a confié le soin, il ait favorisé l'un beaucoup plus que l'autre. Mais quand même Dieu en aurait favorisé un, et lui aurait attribué le gouvernement de l'univers, il faudrait croire que c'est à un de ceux qu'il nous a donnés, à qui il a accordé cet avantage. N'est-il pas plus naturel d'adorer à la place du Dieu suprême celui qu'il aurait chargé de la domination de tout l'univers, que celui auquel il n'aurait confié le soin que d'une très petite partie de ce même univers?

Les Juifs vantent beaucoup les lois de leur *Décalogue*[a]. « Tu ne voleras point. Tu ne tueras pas. Tu « ne rendras pas de faux témoignage. » Ne voilà-t-il pas des lois bien admirables, et auxquelles il a fallu beaucoup penser pour les établir! Plaçons ici les autres préceptes du *Décalogue*, que Moïse assure avoir

---

[a] *Deutéronome*, chap. v. Julien a très grande raison sur le *Décalogue*. Il n'y a point de peuple policé qui n'ait eu des lois semblables et beaucoup plus détaillées. Les lois données par le premier Zoroastre, confirmées par

été dictés par Dieu même. « Je suis le Seigneur ton
« Dieu, qui t'ai retiré de la terre d'Égypte. Tu n'auras
« point d'autre Dieu que moi. Tu ne te feras pas des
« simulacres. » En voici la raison. « Je suis le Seigneur
« ton Dieu, qui punis les péchés des pères sur les
« enfants; car je suis un Dieu jaloux. Tu ne prendras
« pas mon nom en vain. Souviens-toi du jour du Sab-
« bat. Honore ton père et ta mère. Ne commets pas
« d'adultère. Ne tue point. Ne rends pas de faux té-
« moignage, et ne desire pas le bien de ton prochain. »
Quelle est la nation qui connaisse les dieux, et qui
ne suive pas tous ces préceptes, si l'on en excepte ces
deux, « Souviens-toi du Sabbat, et n'adore pas les
« autres dieux ? » Il y a des peines ordonnées par tous

---

le second, et rédigées dans le *Sadder*, sont d'une morale cent fois plus utile et plus sublime. En voici les principaux articles :

Évitez les moindres péchés.

Connaissez-vous vous-même.

Ne désespérez point de la miséricorde divine.

Cherchez toutes les occasions de faire le bien.

Abhorrez la pédérastie.

Récitez des prières avant de manger votre pain, et partagez-le avec les pauvres.

Ne négligez pas l'expiation du baptême.

Priez Dieu en vous couchant.

Gardez vos promesses.

Quand vous doutez si une chose est juste, abstenez-vous-en.

Donnez du pain à vos chiens puisqu'ils vous servent.

N'offensez jamais votre père qui vous a élevé, ni votre mère qui vous a porté neuf mois dans son sein.

(Ce précepte est bien éloigné de la prétendue permission de commettre un inceste avec sa mère.)

Nous ne pousserons pas plus loin cette comparaison des lois persanes avec les hébraïques. Nous dirons seulement que les lois de Zaleucus sont bien supérieures, et la morale de Marc-Aurèle et d'Épictète supérieure encore à celle de Zaleucus.

les peuples contre ceux qui violent ces lois. Chez certaines nations ces peines sont plus sévères que chez les Juifs; chez d'autres elles sont les mêmes que parmi les Hébreux : quelques peuples en ont établi de plus humaines.

Mais considérons ce passage, « Tu n'adoreras point « les dieux des autres nations. » Ce discours est indigne de l'Être suprême, qui devient, selon Moïse, un dieu jaloux[a]. Aussi cet Hébreu dit-il dans un autre endroit: *Notre Dieu est un feu dévorant*[1]. Je vous demande si un homme jaloux et envieux ne vous paraît pas digne de blâme; comment pouvez-vous donc croire que Dieu soit susceptible de haine et de jalousie, lui qui est la souveraine perfection ? est-il convenable de parler aussi mal de la nature, de l'essence de Dieu, de mentir aussi manifestement? Montrons plus clairement l'absurdité de vos opinions. Si Dieu est jaloux, il s'ensuit nécessairement que les autres dieux sont adorés malgré lui : cependant ils le sont par toutes les autres nations. Or, pour contenter sa jalousie, pourquoi n'a-t-il pas empêché que les hommes ne rendissent un culte à d'autre dieu qu'à

---

[a] Julien prouve très bien que la qualité de dieu jaloux déshonore la Divinité. De plus, ce terme de jaloux marque évidemment que les Juifs reconnaissaient d'autres dieux sur lesquels il voulait l'emporter.

Si leur dieu était jaloux, il était donc faible, impuissant. On n'est point jaloux quand on a l'empire suprême. Il n'y a rien à répliquer à ce que dit l'empereur Julien. C'est en vain qu'on répond, Dieu est jaloux de nos hommages, jaloux de notre amour. C'est faire de Dieu une coquette qui veut que son amant n'ait point d'autre maîtresse. Mais cette jalousie suppose qu'en effet cette femme a des rivales. Si elle n'en a point, elle est folle de les craindre.

[1] *Deutéronome*, IV, 24. B.

lui? En agissant ainsi, ou il a manqué de pouvoir, ou au commencement il n'a pas voulu défendre le culte des autres dieux, il l'a toléré, et même permis. La première de ces propositions est impie, car qui peut borner la puissance de Dieu? La seconde soumet Dieu à toutes les faiblesses humaines : il permet une chose, et la défend ensuite par jalousie; il souffre pendant long-temps que toutes les nations tombent dans l'erreur. N'est-ce pas agir comme les hommes les moins louables, que de permettre le mal pouvant l'empêcher? Cessez de soutenir des erreurs qui vous rendent odieux à tous les gens qui pensent.

Allons plus avant. Si Dieu veut être seul adoré, pourquoi, Galiléens, adorez-vous ce prétendu fils que vous lui donnez, qu'il ne connut jamais[a], et dont il n'a aucune idée? Je ne sais par quelle raison vous vous

---

[a] Jusqu'au temps du fougueux Athanase, on ne reconnut jamais Jésus pour Dieu. On ne lui fait point prononcer ce blasphème dans les Évangiles. *Fils de Dieu* signifiait un homme attaché à la loi de Dieu, comme *fils de Bélial* signifiait un homme débauché, un pervers. Loin d'oser l'égaler à Dieu, on lui fait dire : Mon père est plus grand que moi [Jean, xiv, 28]; il n'y a que mon père qui sache ces choses [Luc, xii, 30]; je vais à Dieu, je vais à mon père [Jean, xiv, 12, 28].

Paul lui-même ne dit jamais que Jésus soit Dieu, il dit tout le contraire. [Épître aux Romains, v, 15] « Le don de Dieu s'est répandu sur « nous par un seul homme, qui est Jésus-Christ. — [Id., xvi, 27] A Dieu, « qui est le seul sage, honneur et gloire par Jésus. — Nous [Id., viii, 17], « les héritiers de Dieu et cohéritiers de Christ. — Tout lui est assujetti, en « exceptant sans doute Dieu. »

On ne peut dire ni plus positivement ni plus souvent que Jésus n'était qu'un homme. On s'enhardit peu-à-peu. D'abord on le fait oint, messie, puis fils de Dieu, puis enfin Dieu. On était encouragé à ce comble de hardiesse par les Grecs et les Romains, qui divinisèrent tant de héros. C'est ainsi que tout s'établit. Le premier pas effraie; le dernier ne coûte plus rien.

efforcez de lui donner un substitut, et de mettre un autre à sa place.

Il n'est aucun mortel aussi sujet à la violence des passions que le Dieu des Hébreux. Il se livre sans cesse à l'indignation, à la colère, à la fureur ; il passe dans un moment d'un parti à l'autre. Ceux qui parmi vous, Galiléens, ont lu le livre auquel les Hébreux donnent le nom de *Nombres*, connaissent la vérité de ce que je dis. Après que l'homme qui avait amené une Madianite, qu'il aimait, eut été tué lui et cette femme par un coup de javeline, Dieu dit à Moïse[a] : « Phinées, fils d'Éléazar, fils d'Aaron le sacrificateur, « a détourné ma colère de dessus les enfants d'Israël, « parcequ'il a été animé de mon zèle au milieu d'eux, « et je n'ai point consumé et réduit en cendres les « enfants d'Israël par mon ardeur. » Peut-on voir une cause plus légère que celle pour laquelle l'écrivain hébreu représente l'Être suprême livré à la plus terrible colère ? et que peut-on dire de plus absurde et de plus contraire à la nature de Dieu ? Si dix hommes, quinze si l'on veut, mettons-en cent, allons plus avant, mille, ont désobéi aux ordres de Dieu, faut-il, pour punir dix hommes, et même mille, en faire périr

---

[a] *Nombres*, chap. xxv, v. 10-12. Rien n'est plus horrible que les assassinats sacrés dont les livres juifs fourmillent. On en compte plus de trois cent mille, et cela pour les causes les plus légères. Heureusement tant d'assassinats sont incroyables. Il faut que ceux qui se plurent à les écrire eussent des ames aussi insensées qu'atroces. Tous ces contes sont infiniment au-dessous de l'histoire de Gargantua, qui avalait sept pèlerins en mangeant des laitues. Du moins Rabelais donnait son extravagant roman pour ce qu'il était, et on ose faire Dieu auteur du roman où il est dit qu'on tue en un jour vingt-quatre mille Juifs pour une Madianite.

vingt-quatre mille[a], comme il arriva dans cette occasion? Combien n'est-il pas plus conforme à la nature de Dieu de sauver un coupable avec mille innocents que de perdre un coupable en perdant mille innocents? Le Créateur du ciel et de la terre se livre à de si grands excès de colère, qu'il a voulu plusieurs fois détruire entièrement la nation des Juifs, cette nation qui lui était si chère. Si la violence d'un génie, si celle d'un simple héros peut être funeste à tant de villes, qu'arriverait-il donc aux démons, aux anges, à tous les hommes sous un Dieu aussi violent et aussi jaloux que celui de Moïse?

Comparons maintenant non Moïse, mais le dieu de Moïse, à Lycurgue qui fut un législateur sage, à Solon qui fut doux et clément, aux Romains qui usèrent de tant de bonté et de tant d'équité envers les criminels.

Apprenez, Galiléens, combien nos lois et nos mœurs sont préférables aux vôtres. Nos législateurs et nos philosophes nous ordonnent d'imiter les dieux autant que nous pouvons; ils nous prescrivent, pour parvenir à cette imitation, de contempler et d'étudier la nature des choses. C'est dans la contemplation, dans le recueillement, et les réflexions de l'ame sur elle-même, que l'on peut acquérir les vertus qui nous approchent des dieux, et nous rendent, pour ainsi dire,

---

[a] Voyez : un homme des enfants d'Israël vint, et amena à ses frères une Madianite : ce que Phinées, fils d'Éléazar, ayant vu, il se leva du milieu de l'assemblée, et prit une javeline en main ; et il entra vers l'homme israélite dans la tente, et les transperça tous deux par le ventre, l'homme israélite et la femme ; et la plaie fut arrêtée, et il y en eut vingt-quatre mille qui moururent de cette plaie. *Nombres*, ch. xxv, v. 6 et suiv.

semblables à eux. Mais qu'apprend chez les Hébreux l'imitation de leur dieu? elle enseigne aux hommes à se livrer à la fureur, à la colère, et à la jalousie la plus cruelle. « Phinées [1], dit le dieu des Hébreux, a apaisé « ma fureur, parcequ'il a été animé de mon zèle contre « les enfants d'Israël. » Ainsi le Dieu des Hébreux cesse d'être en colère s'il trouve quelqu'un qui partage son indignation et son chagrin. Moïse parle de cette manière en plusieurs endroits de ses écrits.

Nous pouvons prouver évidemment que l'Être suprême ne s'en est pas tenu à prendre soin des Hébreux, mais que sa bonté et sa providence se sont étendues sur toutes les autres nations; elles ont même reçu plus de graces que les Juifs. Les Égyptiens ont eu beaucoup de sages qui ont fleuri chez eux, et dont les noms sont connus. Plusieurs de ces sages ont succédé à Hermès; je parle de cet Hermès, qui fut le troisième de ce nom qui vint en Égypte. Il y a eu chez les Chaldéens et chez les Assyriens un grand nombre de philosophes depuis Annus[a] et Bélus; et chez les Grecs une quantité considérable depuis Chiron, parmi lesquels il y a eu des hommes éclairés, qui ont perfectionné les arts, et interprété les choses divines. Les Hébreux se vantent ridiculement d'avoir

[1] *Nombres*, xxv, 11. B.

[a] Il est à souhaiter que Julien nous eût dit quels étaient cet Hermès, cet Annus, et ce Bélus. Hermès n'est point un nom égyptien; Annus et Bélus ne sont point des noms chaldéens. Hermès était l'ancien Thaut, que Sanchoniathon dit avoir vécu huit cents ans avant lui, et dont il cite les ouvrages. Or Sanchoniathon était contemporain de Moïse tout au moins, s'il n'était pas plus ancien. Nous n'avons aucun fragment de l'antiquité qui parle des livres de Bel, qu'on a nommé Bélus. Pour Annus, il est absolument inconnu.

tous ces grands hommes dans un seul. Mais David et Samson méritent plutôt le mépris que l'estime des gens éclairés. Ils ont d'ailleurs été si médiocres dans l'art de la guerre, et si peu comparables aux Grecs, qu'ils n'ont pu étendre leur domination au-delà des bornes d'un très petit pays.

Dieu a donné à d'autres nations qu'à celle des Hébreux la connaissance des sciences et de la philosophie. L'astronomie, ayant pris naissance chez les Babyloniens, a été perfectionnée par les Grecs; la géométrie, inventée par les Égyptiens pour faciliter la juste division des terres, a été poussée au point où elle est aujourd'hui par ces mêmes Grecs. Ils ont encore réduit en art et fait une science utile des nombres, dont la connaissance avait commencé chez les Phéniciens. Les Grecs se servirent ensuite de la géométrie, de l'astronomie, de la connaissance des nombres, pour former un troisième art. Après avoir joint l'astronomie à la géométrie, et la propriété des nombres à ces deux sciences, ils y unirent la modulation, formèrent leur musique, la rendirent mélodieuse, harmonieuse, capable de flatter l'oreille par les accords et par la juste proportion des sons.

Continuerai-je de parler des différentes sciences qui ont fleuri dans toutes les nations, ou bien ferai-je mention des hommes qui s'y sont distingués par leurs lumières et par leur probité? Platon, Socrate, Aristide, Simon, Thalès, Lycurgue, Agésilas, Archidamus; enfin, pour le dire en un mot, les Grecs ont eu un peuple de philosophes, de grands capitaines, de législateurs, d'habiles artistes; et même les généraux d'armée qui parmi eux ont été regardés comme les plus cruels et les plus scélérats, ont agi, envers ceux qui les avaient offensés, avec beaucoup plus de douceur et de clémence que Moïse à l'égard de ceux de qui il n'avait reçu aucune offense.

De quel règne glorieux et utile aux hommes vous parlerai-je? sera-ce de celui de Persée, d'Éaque, ou de Minos, roi de Crète? Ce dernier purgea la mer des pirates, après avoir mis les barbares en fuite, depuis la Syrie jusqu'en Sicile. Il établit sa domination non seulement sur toutes les villes, mais encore sur toutes les côtes maritimes. Le même Minos, ayant associé son frère à son royaume, lui donna à gouverner une partie de ses sujets. Minos établit des lois admirables, qui lui avaient été communiquées par Jupiter ; et c'était selon ces lois que Rhadamante exerçait la justice.

Mais qu'a fait votre Jésus, qui, après avoir séduit quelques Juifs des plus méprisables, est connu seulement depuis trois cents ans? pendant le cours de sa vie il n'a rien exécuté dont la mémoire soit digne de passer à la postérité, si ce n'est que l'on ne mette au nombre des grandes actions qui ont fait le bonheur de l'univers, la guérison de quelques boiteux et de quelques démoniaques[a] des petits villages de Bethsaïda et de Béthanie.

---

[a] C'est ici ce qu'on appelle un argument *ad hominem*. « Je vous passe la « guérison de quelques boiteux, de quelques démoniaques. » Il semble qu'en effet Julien avait le faible de croire à toutes les guérisons miraculeuses d'Esculape, et qu'avec tous les Grecs et tous les Romains, il reconnaissait des démoniaques. Toutes les maladies inconnues étaient attribuées aux mauvais génies chez les Romains et chez les Grecs. Les Juifs n'avaient

Après que Rome eut été fondée elle soutint plusieurs guerres, se défendit contre les ennemis qui l'environnaient, et en vainquit une grande partie; mais le péril étant augmenté, et par conséquent le secours lui étant devenu plus nécessaire, Jupiter lui donna Numa, qui fut un homme d'une vertu admirable, qui, se retirant souvent dans des lieux écartés, conversait avec les dieux familièrement, et recevait d'eux des avis très salutaires sur les lois qu'il établit et sur le culte des choses religieuses.

Il paraît que Jupiter donna lui-même une partie de ces institutions divines à la ville de Rome, par des inspirations à Numa, par la Sibylle, et par ceux que nous appelons devins. Un bouclier[a] tomba du ciel; on trouva une tête en creusant sur le mont Capitolin, d'où le temple du grand Jupiter prit son nom. Mettrons-nous ces bienfaits et ces présents des dieux au

---

pas manqué d'ajouter cette superstition à toutes celles dont ils étaient accablés. L'exorcisme était établi depuis long-temps chez eux comme chez les Grecs. Julien dit donc aux chrétiens : Vous exorcisez, et nous aussi ; vous guérissez des boiteux, et nous aussi. Il pouvait même ajouter : Vous avez ressuscité des morts, et nous aussi. Car chez les Grecs, Pélops, Hippolyte, Eurydice, furent ressuscités. Apollon fut chassé du ciel pour avoir ressuscité trop de morts. Il semble que les nations aient disputé à qui dirait le plus de sottises.

[a] Julien pouvait se passer de citer ce bouclier tombé du ciel. S'il est abominable d'adorer une croix, il est ridicule de révérer un bouclier.

Tous les peuples ont adopté de pareilles rêveries. On gardait dans Jérusalem un boisseau de la manne céleste. Les rois francs ont eu leur ampoule apportée par un pigeon, et leur oriflamme leur fut donnée par un ange. La maison de Lorette est venue par les airs. Ces bêtises sont inventées dans des temps grossiers. On en rit ensuite, et on les laisse subsister pour la populace qui les aime. Mais il vient un temps où le plus bas peuple n'en veut plus. Les savetiers de Stockholm, d'Amsterdam, de Londres, de Berlin, les réprouvent. Il est temps que le reste de l'Europe devienne raisonnable.

nombre des premiers ou des seconds qu'ils font aux nations? Mais vous, Galiléens, les plus malheureux des mortels par votre prévention, lorsque vous refusez d'adorer le bouclier tombé du ciel, honoré depuis tant de siècles par vos ancêtres comme un gage certain de la gloire de Rome, et comme une marque de la protection directe de Jupiter et de Mars, vous adorez le bois d'une croix, vous en faites le signe sur votre front, et vous le placez dans le plus fréquenté de vos appartements. Doit-on haïr, ou plaindre et mépriser ceux qui passent chez vous pour être les plus prudents, et qui tombent cependant dans des erreurs si funestes? ces insensés, après avoir abandonné le culte des dieux éternels, suivi par leurs pères, prennent pour leur dieu un homme mort chez les Juifs.

L'inspiration divine que les dieux envoient aux hommes n'est le partage que de quelques uns, dont le nombre est petit; il est difficile d'avoir part à cet avantage, et le temps n'en peut être fixé. Ainsi les oracles et les prophéties non seulement n'ont plus lieu chez les Grecs, mais même chez les Égyptiens. L'on voit des oracles fameux cesser dans la révolution des temps : c'est pourquoi Jupiter, le protecteur et le bienfaiteur des hommes, leur a donné l'observation des choses qui servent à la divination, afin qu'ils ne soient pas entièrement privés de la société des cieux, et qu'ils reçoivent, par la connaissance de cette science, les choses qui leur sont nécessaires.

Peu s'en est fallu que je n'aie oublié le plus grand des bienfaits de Jupiter et du Soleil : ce n'est pas sans raison que j'ai différé d'en parler jusqu'à présent. Ce bienfait ne regarde pas les seuls Grecs, mais toutes les nations qui y ont eu part. Jupiter ayant engendré Esculape[a] (ce sont des vérités couvertes par la fable et que l'esprit peut seul connaître), ce dieu de la médecine fut vivifié dans le monde par la fécondité du soleil. Un dieu si salutaire aux hommes étant donc descendu du ciel, sous la forme humaine, parut d'abord à Épidaure; ensuite il étendit une main secourable par toute la terre. D'abord Pergame se ressentit de ses bienfaits, ensuite l'Ionie et Tarente : quelque temps après, Rome, l'île de Cos, et les régions de la mer Égée. Enfin toutes les nations eurent part aux faveurs de ce dieu, qui guérit également les maladies de l'esprit et celles du corps, détruit les vices du premier et les infirmités du second.

Les Hébreux peuvent-ils se vanter d'avoir reçu un pareil bienfait de l'Être suprême? Cependant, Gali-

[a] Il faut plaindre Julien, s'il a cru de bonne foi à Esculape. Mais il dit : « Ce sont des vérités couvertes par la fable. » Il semble que le fond de sa pensée soit seulement que la médecine est un don de Dieu, que la Providence a mis sur la terre les remèdes à côté des maux, et que cette même Providence accorde à quelques hommes le talent très rare d'être de bons médecins. Il faut du génie dans cet art comme dans tous les autres. Hippocrate était certainement un homme de génie; et quand l'empereur reproche aux Hébreux de n'avoir jamais eu de pareils hommes, le reproche est très juste. Ils n'eurent d'artistes en aucun genre. Ils avouent eux-mêmes que quand ils voulurent enfin avoir un temple comme les autres nations, au lieu de promener un coffre de bourgade en bourgade, leur magnifique roi Salomon [III. Rois, v, 6] fut obligé de demander des ouvriers au roi de Tyr : ce qui cadre fort mal avec la prétendue sculpture et la prétendue dorure de leur coffre dans le désert. Il faut avoir des forgerons et des menuisiers avant d'avoir des médecins. Le peuple juif fut toujours le plus ignorant des peuples de Syrie: aussi fut-il le plus superstitieux et le plus barbare.

léens, vous nous avez quittés, et vous avez, pour ainsi dire, passé comme des transfuges auprès des Hébreux. Du moins vous eussiez dû, après vous être joints à eux, écouter leurs discours, vous ne seriez pas actuellement aussi malheureux que vous l'êtes; et, quoique votre sort soit beaucoup plus mauvais que lorsque vous étiez parmi nous, on pourrait le regarder comme supportable, si, après avoir abandonné les dieux, vous en eussiez du moins reconnu un, et n'eussiez pas adoré un simple homme comme vous faites aujourd'hui. Il est vrai que vous auriez toujours été malheureux d'avoir embrassé une loi remplie de grossièreté et de barbarie; mais, quant au culte que vous auriez, il serait bien plus pur et plus raisonnable que celui que vous professez : il vous est arrivé la même chose qu'aux sangsues, vous avez tiré le sang le plus corrompu, et vous avez laissé le plus pur.

Vous n'avez point recherché ce qu'il y avait de bon chez les Hébreux, vous n'avez été occupés qu'à imiter leur mauvais caractère et leur fureur : comme eux vous détruisez les temples et les autels. Vous égorgez non seulement ceux qui sont chrétiens, auxquels vous donnez le nom d'hérétiques[a], parcequ'ils ont des

---

[a] C'est ici où Julien triomphe. La conduite réciproque des athanasiens et des ariens est monstrueuse; et malheureusement les chrétiens ont toujours été agités de cette même fureur, dont les massacres de Paris et d'Irlande ont été la suite exécrable.

Telle a été la funeste contradiction qui fait la base du christianisme, que cette secte a toujours cru aux livres juifs, en abhorrant, en massacrant les Juifs. Phinées [Nombres, xxv, 9] fait tuer vingt-quatre mille de ses compatriotes; donc nous devons tuer tous ceux qui ne pensent pas comme nous. Moïse [Exode, xxxii, 28] en fait égorger un jour vingt-trois mille. Samson met le feu aux moissons de ses maîtres [Juges, xv, 4, 5] avec trois

dogmes différents des vôtres sur le Juif mis à mort par les Hébreux; mais les opinions que vous soutenez sont des chimères que vous avez inventées; car ni Jésus ni Paul ne vous ont rien appris sur ce sujet. La raison en est toute simple; c'est qu'ils ne se sont jamais figuré que vous parvinssiez à ce degré de puissance que vous avez atteint. C'était assez pour eux de pouvoir tromper quelques servantes et quelques pauvres domestiques; de gagner quelques femmes et quelques hommes du peuple comme Cornelius et Sergius[a]. Je consens de passer pour un imposteur, si, parmi tous

---

cents renards liés par la queue. Jahel assassine Sizara [Juges, IV, 21]; Aod assassine son roi Églon [Id., III, 21]; Judith [Judith, XIII, 10] assassine dans son lit son amant Holopherne; le sage Salomon assassine son frère Adonias [III. Rois, II, 25]: donc nous devons tuer, brûler, assassiner tous les hérétiques, et les Juifs même qui nous ont enseigné ces homicides.

Or il y a toujours eu chez les chrétiens plusieurs sectes différentes depuis Jésus; toutes se sont appelées hérétiques réciproquement : ainsi chacune a exercé le brigandage et le meurtre de droit divin.

« Tantum relligio potuit suadere malorum ! »
Lucr., l. I, 102.

O nature! ô sainte philosophie! éclairez donc enfin ces malheureux, adoucissez leurs abominables mœurs; changez ces monstres en hommes.

[a] On a reproché beaucoup à l'empereur Julien d'avoir dit que ce Sergius était un homme du peuple. On lui oppose les *Actes des Apôtres*, qui disent [XIII, 7] que Sergius était proconsul de l'île de Chypre. Mais ce n'est pas Julien qui se trompe; c'est le chrétien, demi-juif, auteur des *Actes des Apôtres*, quel qu'il soit. Il n'y eut jamais de proconsul en Chypre. Cette île était de la dépendance du proconsul de Cilicie. Ce sont là des choses dont un empereur est mieux instruit qu'un feseur d'actes d'apôtres. Le nom de Sergius est romain. Il n'est pas probable qu'un Romain se soit fait chrétien tout d'un coup sur la parole d'un énergumène tel que Paul, qui lui parlait pour la première fois, et qui ne savait pas la langue latine. Enfin, entre un empereur et un homme moitié chrétien, moitié juif, il n'y a pas à balancer. Certainement un empereur aussi instruit que Julien devait mieux connaître les usages des Romains qu'un demi-juif de la lie du peuple, qui écrit les faits et gestes de Paul, de Simon, d'André, et de Philippe.

les hommes qui, sous le règne de Tibère et de Claude, ont embrassé le christianisme, on peut en citer un qui ait été distingué ou par sa naissance ou par son mérite.

Je sens un mouvement qui paraît m'être inspiré, et qui m'oblige tout-à-coup, Galiléens, à vous demander pourquoi vous avez déserté les temples de nos dieux pour vous sauver chez les Hébreux. Est-ce parceque les dieux ont donné à Rome l'empire de l'univers, et que les Juifs, si l'on excepte un très court intervalle, ont toujours été les esclaves de toutes les nations ? Considérons d'abord Abraham[a] ; il fut étranger et voyageur dans un pays où il n'était pas citoyen. Jacob ne servit-il pas en Syrie, ensuite dans la Palestine, et enfin, dans sa vieillesse, en Égypte ? Mais, dira-t-on, est-ce que Moïse ne fit pas sortir d'Égypte les descendants de Jacob, et ne les arracha-t-il pas de la maison de servitude ? A quoi servit aux Juifs, quand ils furent dans la Palestine, leur délivrance d'Égypte ? est-ce que leur fortune en devint

[a] L'empereur bat toujours les Galiléens par leurs propres armes. Il suppose avec eux qu'ils descendaient d'Abraham, quoique cette généalogie n'ait aucune vraisemblance. Comment un Chaldéen aurait-il quitté un si beau pays pour aller s'établir dans les rochers de la Palestine par ordre de Dieu ? Toute l'histoire d'Abraham est aussi fabuleuse que celle de Moïse. Le fils d'un potier de Mésopotamie qui se transplante vers Hébron, et qui de là va à la cour de Pharaon chercher du blé à cinq cents milles, est bien extraordinaire. Mais qu'il vende en quelque sorte sa vieille femme au roi d'Égypte, ce n'est qu'une extravagance dégoûtante. Il ne manquait à ces plates aventures que de vendre encore sa belle femme, âgée de soixante et quinze ans, à un prétendu roi du désert de Gérare ; et c'est à quoi la *Bible* ne manque pas [*Genèse*, xx, 2]. Toute l'histoire d'Abraham est absurde. Julien n'en relève pas le ridicule, parceque son principal objet est le ridicule des Galiléens.

meilleure? elle changea aussi souvent que la couleur du caméléon. Tantôt soumis à leurs juges, tantôt à des étrangers, ensuite à des rois, que leur Dieu ne leur accorda pas de bonne grace [1] : forcé par leur importunité, il consentit à leur donner des souverains, les avertissant qu'ils seraient plus mal sous leurs rois qu'ils ne l'avaient été auparavant. Cependant, malgré cet avis, ils cultivèrent et habitèrent plus de quatre cents ans leur pays. Ensuite ils furent esclaves des Assyriens, des Mèdes, des Perses; et ils sont les nôtres aujourd'hui.

Ce Jésus que vous prêchez, ô Galiléens! fut un sujet de César. Si vous refusez d'en convenir, je vous le prouverai bientôt, et même dès à présent. Ne dites-vous pas qu'il fut compris, avec son père et sa mère, dans le dénombrement sous Cyrénius [a] ? Dites-moi, quel

---

[1] I. Rois, VIII, 6 et suiv. B.

[a] Remarquez attentivement que l'empereur ne dit pas que Jésus soit né sous Cyrénius; ce serait une ignorance impardonnable. Il dit que les chrétiens le font naître sous ce proconsul. En effet, c'est ce qu'on lit dans l'Évangile attribué à Luc, ch. II, v. 2. Or rien n'est plus faux. Il est constant par tous les monuments de l'histoire que c'était Varus qui gouvernait alors la Syrie, et que Cyrénius n'eut cette place que dix ans après l'année où l'on place la naissance de Jésus. Cet anachronisme démontre le mensonge. Il est visible que Julien releva cette impertinence, et que Cyrille n'ayant rien à répondre, la retrancha des fragments qu'il osait vouloir réfuter.

« Ne dites-vous pas qu'il fut compris avec ses père et mère dans le dé- « nombrement sous Cyrénius? » Il est naturel qu'après ces mots Julien en montre toute la turpitude, et qu'il fasse voir qu'il n'y eut alors ni de Cyrénius, ni de dénombrement. Mais point du tout; vous trouvez tout de suite ces mots : « Dites-moi quel bien il a fait après sa naissance? » Cela n'est point lié, cela n'a point de sens. Quel rapport le bien que Jésus n'a pas fait après sa naissance peut-il avoir avec Cyrénius et un faux dénombrement? Il est clair qu'il y a ici une grande lacune. Julien a dû dire : Vous

bien a-t-il fait, après sa naissance, à ses concitoyens, et quelle utilité ils en ont retirée? ils n'ont pas voulu croire en lui, et ont refusé de lui obéir. Mais comment est-il arrivé que ce peuple, dont le cœur et l'esprit avaient la dureté de la pierre, ait obéi à Moïse, et qu'il ait méprisé Jésus, qui, selon vos discours, commandait aux esprits, marchait sur la mer, chassait les démons, et qui même, s'il faut vous en croire, avait fait le ciel et la terre? Il est vrai qu'aucun de ses disciples n'a jamais osé dire rien qui concerne ce dernier article, si ce n'est Jean[a], qui s'est même ex-

---

êtes des imposteurs ignorants; vous ne savez ni en quelle année votre Jésus est né, ni sous quel proconsul. Vous imaginez, dans le galetas où vous avez écrit ce tissu d'absurdités, qu'il y eut un dénombrement universel, ce qui est très faux; mais en quelque temps et en quelque endroit que Jésus soit né, quel bien a-t-il fait?

Tel est le sens clair et naturel du texte.

Quel bien a-t-il fait? Ce n'est pas assurément aux Juifs, qui sont devenus le plus malheureux peuple du globe; ce n'est pas à l'empire romain, dont les tristes débris languissent sur les bords du Danube; ce n'est pas aux chrétiens, qui se sont continuellement déchirés. Si, pendant sa vie, on suppose, pour lui faire honneur, qu'il a chassé du temple des marchands [Jean, II, 15] qui devaient y être; qu'il a ruiné un marchand de cochons en les noyant [Matth., VIII, 32; Marc, V, 13]; qu'il a séché un figuier pour n'avoir pas porté des figues [Matth., XI, 19; Marc, XI, 13], « quand « ce n'était pas le temps des figues; » que le diable l'a emporté sur le haut d'une montagne [Matthieu, IV, 8; Luc, IV, 5], etc., etc.; voilà certes de grands biens faits à la terre! voilà des actions dignes d'un Dieu!

[a] L'empereur n'examine pas si cet Évangile est en effet de Jean. Il n'entre dans aucune discussion critique sur ces Évangiles qui furent si ignorés des Romains pendant près de trois cents ans, qu'aucun auteur romain ne cite jamais le mot d'*évangile*. Il y en avait cinquante-quatre faits en divers temps par les différentes sectes des chrétiens. Il est évident que celui qui fut attribué à Jean fut composé par un platonicien qui n'était que médiocrement au fait de la secte juive : car il fait dire à Jésus beaucoup de choses que Jésus n'a jamais pu dire. Entre autres celle-ci, ch. XIII, v. 34 : « Je « vous donne un commandement nouveau, c'est que vous vous aimiez les

pliqué là-dessus d'une manière très obscure et très énigmatique : mais enfin convenons qu'il a dit clairement que Jésus avait fait le ciel et la terre. Avec tant de puissance, comment n'a-t-il pu faire ce que Moïse avait exécuté, et par quelle raison n'a-t-il pas opéré le salut de sa patrie, et changé les mauvaises dispositions de ses concitoyens ?

Nous reviendrons dans la suite à cette question, lorsque nous examinerons les prodiges et les mensonges dont les Évangiles sont remplis. Maintenant je vous demande quel est le plus avantageux, de jouir perpétuellement de la liberté, de commander à la plus grande partie de l'univers, ou d'être esclave et soumis à une puissance étrangère ? Personne n'est assez insensé pour choisir ce dernier parti ; car, quel est l'homme assez stupide pour aimer mieux être vaincu que de vaincre à la guerre ? Ce que je dis étant évident, montrez-moi chez les Juifs quelque héros qui soit comparable à Alexandre et à César. Je sais que

---

« uns les autres. » Ce commandement était fort ancien. La loi mosaïque avait dit, *Lévitique*, ch. xix, v. 18 : « Tu aimeras ton prochain comme « toi-même. »

Observons que le mot de *verbe*, la doctrine du verbe, furent entièrement inconnus aux Juifs et aux premiers chrétiens. Quelques Juifs attendaient toujours un libérateur, un messie, mais jamais un verbe. La doctrine du premier chapitre attribué à Jean est probablement d'un chrétien platonicien d'Alexandrie. Si tous ces différents Évangiles se contredisent, ce n'est pas merveilles. Ils étaient tous faits secrètement dans de petites sociétés éloignées les unes des autres, on ne les communiquait pas même aux catéchumènes. C'était un secret religieux ; pendant près de deux siècles, aucun Romain n'en eut connaissance. Et après cela, des Abbadie, des Houteville ! auront l'impudence de nous dire que les Évangiles ont été authentiques. Fourbes insensés, montrez-moi un seul historien romain qui ait connu le mot d'*évangile !*

j'outrage ces grands hommes de les comparer à des Juifs; mais je les ai nommés parcequ'ils sont très illustres..D'ailleurs je n'ignore pas qu'il y a des généraux qui, leur étant bien inférieurs, sont encore supérieurs aux Juifs les plus célèbres, et un seul de ces hommes est préférable à tous ceux que la nation des Hébreux a produits.

Passons de la guerre à la politique : nous verrons que les lois civiles, la forme des jugements, l'administration des villes, les sciences et les arts n'eurent rien que de misérable et de barbare chez les Hébreux [a],

---

[a] Les Juifs furent toujours plongés dans la plus crasse ignorance jusqu'au neuvième siècle de notre ère vulgaire, où ils apprirent quelque chose dans les écoles des Arabes.

Les mots même de géométrie, d'astronomie, ne se trouvent dans aucun de leurs livres antérieurs à cette époque. *Ils avaient de la musique, mais à la manière des sauvages, sans clef, sans mode.* L'art de noter les tons leur était inconnu. Ils apprenaient par routine des chants qu'ils ont conservés jusqu'à nos jours. Quiconque les a entendus dans leurs synagogues, a cru entendre chanter les diables. Leurs hurlements, qu'ils appellent musique, sont si insupportables aux oreilles les moins délicates, qu'on appelle communément sabbat un bruit discordant et désagréable. Quand des clameurs confuses se font entendre, on dit : Quel sabbat! A l'égard d'écoles de médecine, ils n'en eurent jamais. Il aurait fallu connaître l'anatomie, et ce nom fut autant ignoré d'eux que les termes de géométrie, d'astronomie, de physique, et même de *chirurgie. Il y eut chez eux des charlatans, mais jamais des médecins qui eussent étudié le corps humain et la matière médicale.* Leur chirurgie consistait à panser les blessures avec du vin et de l'huile. L'usage de quelques simples préparés par des femmes leur tenait lieu de tous médicaments; et en cela seul ils étaient peut-être plus heureux que nous. Dans leurs maladies graves, ils avaient recours à leurs prêtres, à leurs devins, à leurs voyants, qu'ils appelèrent depuis prophètes, comme les Caraïbes à leurs jongleurs. Quand les Juifs connurent les diables, ils leur attribuèrent toutes les maladies : donc elles ne pouvaient être guéries que par les prêtres. Celui qui réchappait croyait que le prêtre l'avait guéri; celui qui mourait était enterré.

quoique Eusèbe veuille qu'ils aient connu la versification, et qu'ils n'aient pas ignoré la logique. Quelle école de médecine les Hébreux ont-ils eue semblable à celle d'Hippocrate, et à plusieurs autres qui furent établies après la sienne ?

Mettons en parallèle le très sage Salomon avec Phocylide, avec Théognis, ou avec Isocrate; combien l'Hébreu ne sera-t-il pas inférieur au Grec ! Si l'on compare les *Avis* d'Isocrate avec les *Proverbes* de Salomon, l'on verra aisément que le fils de Théodore l'emporte beaucoup sur le roi très sage. Mais, dira-t-on, Salomon avait été instruit divinement dans le culte et la connaissance de son Dieu ; qu'importe ? le même Salomon n'adora-t-il pas nos dieux, trompé[a], à ce que disent les Hébreux, par une femme ?

[a] L'empereur Julien n'examine pas si l'histoire de Salomon est vraie, et s'il a écrit les livres qu'on lui attribue; il s'en tient à ce que les Juifs en disent. L'immensité de ses richesses, et le nombre de ses femmes, et ses livres, étonnent les pauvres gens de ce siècle. Mille femmes dans sa maison, à deux servantes seulement pour chaque dame, c'était trois mille femmes sous le même toit. S'il fesait, comme Doujat et Tiraqueau, un enfant à chaque femme et un livre par an, voilà de quoi peupler et de quoi instruire toute la terre.

Il n'était pas moins grand mangeur que grand auteur. Le troisième livre des *Rois*, chap. iv, v. 22 et 23, nous apprend qu'on consommait par jour, pour sa seule table, « quatre-vingt-dix tonneaux de farine, trente bœufs, « cent moutons, autant de gibier, autant de cerfs, de chevreuils, de bœufs « sauvages, et de volaille. » Il n'est point parlé du vin; mais puisque Salomon mangeait quatre-vingt-dix tonneaux de farine chaque jour, il est à croire qu'il avalait quatre-vingt-dix queues de vin. Ses écuries étaient encore plus admirables que ses cuisines; car le Saint-Esprit assure positivement, v. 26, « qu'il avait quarante mille écuries pour ses chevaux de car- « rosse, et douze mille chevaux de selle. » Il est vrai que le même Saint-Esprit, dans les *Paralipomènes*, liv. ii, chap. i, v. 14, avoue ingénument que Salomon n'eut « que quatorze cents carrosses et douze mille chevaux « de selle; » mais aussi il faut considérer que ce même Saint-Esprit, se

Ainsi donc le très sage Salomon ne put vaincre la volupté; mais les discours d'une femme vainquirent le très sage Salomon. O grandeur de vertu! ô richesses de sagesse! Galiléens, si Salomon s'est laissé vaincre par une femme, ne l'appelez plus sage : si au contraire vous croyez qu'il a été véritablement sage, ne pensez pas qu'il se soit laissé honteusement séduire. C'est par prudence, par sagesse, par l'ordre

repentant de lui avoir donné si peu de chevaux au chap. 1, lui en accorde « quarante mille pour ses écuries, au ch. ıx, v. 25, outre douze mille cava- « liers. » Il faut avouer que de tous les rois qui ont fait des livres, il n'y en a aucun qui ait eu autant de carrosses que Salomon, pas même le roi de Prusse ; mais je crois que ce roi, tout huguenot qu'il est, a *une meilleure cavalerie que Salomon.* J'accorde en récompense qu'il a fait moins de proverbes. Mais il a fait des lois. Il a écrit l'histoire de son pays, qui vaut mieux que l'histoire juive.

A l'égard des livres de Salomon, qui connut tout depuis le cèdre jusqu'à l'hysope, on pourrait les mettre avec ses sept cents épouses et ses trois cents concubines. Il est fort vraisemblable que quelque bel esprit juif donna ses rêveries sous le nom de Salomon, long-temps après le règne de ce prince. Il n'y a pas, dans les *Proverbes*, une sentence qui fasse apercevoir que c'est un roi qui parle.

« La divination [Proverbes, xvi, 10] est sur les lèvres du roi, et sa « bouche ne trompera point dans ses jugements. » (Quel est le souverain assez fat pour parler ainsi de lui-même?)

« La colère du roi est un avant-coureur de la mort, l'homme sage tâchera « de l'apaiser [xvı, 14]. »

« La vie est dans la gaîté du visage du roi [xvı, 15], et sa clémence est « comme une pluie du soir. » (Ne sont-ce pas là des discours d'esclaves? est-ce ainsi qu'un prince s'explique?)

« Celui qui cache son blé est maudit des peuples [xı, 26], et ceux qui « vendent leurs blés sont bénis. » (Ce proverbe est apparemment d'un boulanger.)

« L'espérance de celui qui attend est une perle très agréable [xvıı, 8] : de « quelque côté qu'il se tourne, il agit prudemment. » (On ne voit pas trop en quoi consiste la beauté de ce proverbe, il ressemble à « Fiche ton nez « dans mon épaule, et tu y trouveras du beurre salé. »)

La description, au ch. vıı, d'une gourgandine qui attend un jeune homme

même de son Dieu, que vous croyez s'être révélé à lui, qu'il a honoré les autres dieux. L'envie est une passion indigne des hommes vertueux, à plus forte raison des anges et des dieux. Quant à vous, Galiléens, vous êtes fortement attachés à un culte particulier : c'est là une vaine ambition, et une gloire ridicule dont les dieux ne sont pas susceptibles.

Pourquoi étudiez-vous dans les écoles des Grecs, si vous trouvez toutes les sciences abondamment dans vos Écritures? Il est plus nécessaire que vous éloigniez ceux qui sont de votre religion des écoles de nos philosophes, que des sacrifices et des viandes offertes aux dieux : car votre Paul dit[a] : *Celui qui mange ne blesse point.* Mais, dites-vous, la conscience de votre frère, qui vous voit participer aux sacrifices, est offensée : ô les plus sages des hommes ! « pourquoi

au coin d'une rue, n'est pas assurément d'une grande finesse. Julien ne se trompe pas en disant que les Grecs écrivaient mieux.

Les chrétiens ont poussé la sottise, non seulement jusqu'à croire ou à tâcher de croire ces livres d'un petit peuple détesté et persécuté par eux, mais jusqu'à admirer le style plat et grossier dans lequel ils sont écrits. C'est du sublime, à ce que disent les pédants de collège. Virgile n'a fait rien de si beau que ce verset d'un psaume : « Ouvre ta bouche bien grande « [LXXX, 10], *et tu la trouveras remplie de viande.* » Tibulle n'a rien écrit de si délicat que le *Cantique des cantiques ;* car il n'y est parlé que de tétons, de baisers sur la bouche, du doigt mis dans l'ouverture, et du ventre qui éprouve de petits tressaillements. Il faut absolument que ce soit le roi Salomon qui ait composé cette églogue ordurière. Il n'y a qu'un roi qui ait pu parler d'amour avec tant de finesse et de grace. Et encore faut-il que ce soit un roi inspiré par Dieu même : car les ordures dont le *Cantique des cantiques* est plein sont visiblement le mariage de Jésus et de son Église. Julien ne nie pas qu'elle ait épousé Jésus, et qu'elle ait eu pour dot le sang des peuples : mais il nie que le paillard Salomon soit un grand écrivain.

[a] *Épître aux Romains*, ch. XIV, v. 3.

« la conscience de votre frère n'est-elle pas offensée « d'une chose bien plus dangereuse pour votre reli- « gion ? » car, par la fréquentation des écoles de nos maîtres et de nos philosophes, quiconque est né d'une condition honorable parmi vous abandonne bientôt vos impiétés. Il vous est donc plus utile d'éloigner les hommes des sciences des Grecs que des victimes. Vous n'ignorez pas d'ailleurs combien nos instructions sont préférables aux vôtres pour acquérir la vertu et la prudence. Personne ne devient sage et meilleur dans vos écoles, et n'en rapporte aucune utilité : dans les nôtres, les tempéraments les plus vicieux et les caractères les plus mauvais sont rendus bons, malgré les oppositions que peuvent apporter à cet heureux changement la pesanteur de l'ame et le peu d'étendue de l'esprit. S'il se rencontre dans nos écoles une personne d'un génie heureux, il paraît bientôt comme un présent que les dieux font aux hommes pour leur instruction, soit par l'étendue de ses lumières, soit par les préceptes qu'il donne, soit en mettant en fuite les ennemis de sa patrie, soit en parcourant la terre pour être utile au genre humain, et devenant par là égal aux plus grands héros... Nous avons des marques évidentes de cette vérité. Il n'en est pas de même parmi vos enfants, et surtout parmi ceux que vous choisissez pour s'appliquer à l'étude de vos Écritures. Lorsqu'ils ont atteint un certain âge, ils sont un peu au-dessus des esclaves. Vous pensez, quand je vous parle ainsi, que je m'éloigne de la raison ; cependant vous en êtes vous-mêmes si privés, et votre folie est si grande, que vous prenez pour des instructions divines celles qui ne rendent personne meilleur, qui ne servent ni à la prudence, ni à la vertu, ni au courage ; et lorsque vous voyez des gens qui possèdent ces vertus, vous les attribuez aux instructions de Satan, et à celles de ceux que vous dites l'adorer.

Esculape guérit nos corps, les muses instruisent notre ame ; Apollon et Mercure nous procurent le même avantage ; Mars et Bellone sont nos compagnons et nos aides dans la guerre : Vulcain nous instruit de tout ce qui a rapport aux arts ; Jupiter, et Pallas, cette vierge née sans mère, règlent toutes ces choses. Voyez donc par combien d'avantages nous sommes supérieurs, par les conseils, par la sagesse, par les arts, soit que vous considériez ceux qui ont rapport à nos besoins, soit que vous fassiez attention à ceux qui sont simplement une imitation de la belle nature, comme la sculpture, la peinture : ajoutons à ces arts l'économie, et la médecine qui, venant d'Esculape, s'est répandue par toute la terre, et y a apporté de grandes commodités, dont ce dieu nous fait jouir. C'est lui qui m'a guéri de plusieurs maladies, et qui m'a appris les remèdes qui étaient propres à leur guérison : Jupiter en est le témoin[a]. Si nous

---

[a] Il est triste que Julien atteste le maître des dieux qu'il a appris la médecine d'Esculape. Il regarde comme des inspirations d'Esculape quelques remèdes qu'il a découverts par la sagacité de son génie. Il est bien vrai qu'à parler rigoureusement on peut regarder tout comme un don de Dieu. Toute découverte que fait un homme de génie n'est que le résultat des idées que Dieu nous donne : car nous ne nous donnons rien nous-mêmes, nous recevons tout. Homère reçut de Dieu le don de l'invention et de l'harmonie en poésie ; Archimède reçut le don de l'invention en mathéma-

sommes donc plus avantagés que vous des dons de l'ame et du corps, pourquoi, en abandonnant toutes ces qualités si utiles, avez-vous embrassé des dogmes qui vous en éloignent?

Vos opinions sont contraires à celles des Hébreux[a] et à la loi qu'ils disent leur avoir été donnée par Dieu. Après avoir abandonné la croyance de vos pères, vous avez voulu suivre les écrits des prophètes, et vous êtes plus éloignés aujourd'hui de leurs sentiments que des nôtres. Si quelqu'un examine avec attention votre religion, il trouvera que vos impiétés viennent en partie de la férocité et de l'insolence des Juifs, et en partie de l'indifférence et de la confusion

---

tiques; Hippocrate, celui du pronostic en médecine; mais le texte de Julien semble supposer une inspiration particulière. Ce passage pris à la lettre serait moins d'un philosophe que d'un enthousiaste. Nous pensons qu'il ne faut l'entendre que dans un sens philosophique, et que Julien ne veut dire autre chose, sinon que tous les dons du génie sont des dons de la Divinité.

[a] Julien met ici le doigt dans la plaie. Il est démontré que, de son temps, les dogmes des chrétiens étaient absolument contraires non seulement à ceux des Juifs, mais à ceux de Jésus. Rien ne s'écarte plus de la loi du Christ que le christianisme. Jésus fut circoncis, Jésus recommanda l'observation de la loi mosaïque, Jésus ne mangea point de cochon, il ne dit pas un mot de la trinité, pas un mot du péché originel. On ne voit pas que Jésus ait jamais dit la messe. Le mot de sacrement ne se trouve pas plus dans l'*Évangile* que dans le *Pentateuque*. Les chrétiens ont changé de siècle en siècle toute sa religion, et ce qui est très étrange, mais très vrai, c'est que le mahométisme approche beaucoup plus de la religion de Jésus que le christianisme: car les musulmans sont circoncis comme lui, s'abstiennent du cochon comme lui, croient en un seul Dieu comme lui; ils n'ont point imaginé de sacrements, ils n'ont point de simulacres. Si Jésus revenait au monde, et qu'il entrât dans la cathédrale de Rome chargée de peintures et de sculptures, retentissante des voix de deux cents châtrés, s'il y voyait un homme coiffé de trois couronnes, adoré sur un autel, et s'imaginant commander aux rois, de bonne foi reconnaîtrait-il sa religion?

des Gentils. Vous avez pris des Hébreux et des autres peuples ce qu'ils avaient de plus mauvais, au lieu de vous approprier ce qu'ils avaient de bon. De ce mélange de vices vous en avez formé votre croyance. Les Hébreux ont plusieurs lois, plusieurs usages, et plusieurs préceptes utiles pour la conduite de la vie. Leur législateur s'était contenté d'ordonner de ne rendre aucun hommage aux dieux étrangers, et d'adorer le seul Dieu, « dont la portion est son peuple, « et Jacob le lot de son héritage. » A ce premier précepte Moïse en ajoute un second[a], « Vous ne mau- « direz point les dieux : » mais les Hébreux, dans la suite, voulant, par un crime et une audace détestables, détruire les religions de toutes les autres nations, tirèrent du dogme d'honorer un seul Dieu la pernicieuse conséquence qu'il fallait maudire les autres. Vous avez adopté ce principe cruel, et vous vous en êtes servis pour vous élever contre tous les

---

[a] Il est dit expressément dans l'*Exode*, ch. xxii, v. 28 : « Vous ne mau- « direz point les dieux ; » mais on ne sait pas trop ce que ce passage signifie. Les anciens Juifs, comme Flavius Josèphe et Philon, l'entendent à la lettre. Vous ne maudirez point les dieux étrangers, de peur qu'ils ne maudissent le vôtre. C'est le sentiment d'Origène. On a prétendu depuis que par les dieux il faut entendre les juges du peuple d'Israël; mais il semble bien ridicule de donner le nom de dieux à des juges. Lorsqu'on donne des lois, on ne se sert point de métaphores si recherchées. On emploie le mot propre, on ne trompe point par des équivoques ceux à qui l'on parle. Toutefois il faut avouer que la langue hébraïque était si pauvre, si confuse, si mal ordonnée, qu'il n'y a presque pas un passage important dans les livres juifs qui ne soit susceptible de trois ou quatre sens différents ; c'est la langue de la confusion, c'est la véritable tour de Babel, et c'est dans ce cloaque d'équivoques que des fourbes ambitieux ont puisé des dogmes qui ont répandu sur une grande partie de la terre cet esprit de dispute, de fourberie, de méchanceté, qui arma tant de peuples les uns contre les autres, et qui fit répandre des torrents de sang.

dieux, et pour abandonner le culte de vos pères, dont vous n'avez retenu que la liberté de manger de toutes sortes de viandes. S'il faut que je vous dise ce que je pense, vous vous êtes efforcés de vous couvrir de confusion : vous avez choisi, parmi les dogmes que vous avez pris, ce qui convient également aux gens méprisables de toutes les nations : vous avez pensé devoir conserver, dans votre genre de vie, ce qui est conforme à celui des cabaretiers, des publicains, des baladins, et de cette espèce d'hommes qui leur ressemblent.

Ce n'est pas aux seuls chrétiens qui vivent aujourd'hui à qui l'on peut faire ces reproches : ils conviennent également aux premiers, à ceux mêmes qui avaient été instruits par Paul. Cela paraît évident par ce qu'il leur écrivait; car je ne crois pas que Paul eût été assez impudent pour reprocher, dans ses lettres, des crimes à ses disciples, dont ils n'avaient pas été coupables. S'il leur eût écrit des louanges, et qu'elles eussent été fausses, il aurait pu en avoir honte, et cependant tâcher, en dissimulant, d'éviter le soupçon de flatterie et de bassesse; mais voici ce qu'il leur mandait sur leurs vices[a] : « Ne tom-
« bez pas dans l'erreur : les idolâtres, les adultères,
« les paillards, ceux qui couchent avec les garçons,
« les voleurs, les avares, les ivrognes, les querelleurs,

---

[a] C'est dans la première épître aux Corinthiens, chap. VI, v. 9-11 Plusieurs anciens exemplaires grecs portent, « Vous avez été tout cela, « καὶ ταῦτα τινὲς ἦτε; » mais tous les anciens exemplaires latins portent, *Et hæc quidem fuistis*, et non pas *quidam fuistis*. Il importe peu de savoir si les garçons de boutique de Corinthe à qui Paul écrit cette lettre avaient tous été ivrognes, voleurs, paillards et sodomites, ou si la plus grande

« ne posséderont pas le royaume des cieux. Vous n'i-
« gnorez pas, més frères, que vous aviez autrefois
« tous ces vices, mais vous avez été plongés dans
« l'eau, et vous avez été sanctifiés au nom de Jésus-
« Christ. » Il est évident que Paul dit à ses disciples
qu'ils avaient eu les vices dont il parle, mais qu'ils
avaient été absous et purifiés par une eau qui a la
vertu de nettoyer, de purger, et qui pénètre jusqu'à
l'ame. Cependant l'eau du baptême n'ôte point la lè-

partie avait eu toutes ces belles qualités. La question est de savoir si de l'eau
fraîche peut laver tant de crimes; c'est là de quoi il est question.

« Ah nimium faciles, qui tristia crimina cædis
« Fluminea tolli posse putatis aqua ! »
Ovid., Fast., II, 45-46.

Les expiations furent le principal objet de toutes les religions. Les charlatans de tous les pays firent aisément accroire à la populace qu'on lave l'ame comme on lave le corps. On croit que les brachmanes furent les premiers qui imaginèrent ces ablutions. Les prêtres égyptiens baptisaient tous leurs initiés; les Juifs prirent bientôt cette coutume ainsi que tant d'autres cérémonies égyptiennes. Non seulement on arrosait les prêtres quand on les consacrait, mais on arrosait les lépreux quand on les supposait guéris. Le baptême des prosélytes se fesait par l'immersion totale du corps. Une femme étrangère enceinte qui embrassait la religion juive était mise toute nue dans l'eau; il fallait même qu'elle y plongeât la tête, et alors l'enfant dont elle accouchait était réputé juif.

D'ordinaire il n'appartenait qu'aux prêtres de baptiser; mais ceux qui se disaient prophètes, sans être prêtres, se mêlaient de baptiser aussi. Jean le baptiseur, se donnant pour prophète, se mit à baptiser dans le Jourdain tous ceux qui voulaient expier leurs crimes, et il eut même des disciples qui firent une secte nouvelle, laquelle subsiste encore vers l'Arabie. Jésus fut baptisé par lui, et ne baptisa jamais personne. Les chrétiens attachèrent depuis à leur baptême une vertu singulière. Le vol, le meurtre, le parricide, tout était expié au nom de leur Trinité; c'est ce que Julien semble avoir ici principalement en vue; il se souvenait que Constantin son grand-père, et Constance son oncle, avaient attendu l'heure de leur mort pour être baptisés, dans la ridicule espérance qu'un bain d'eau froide leur donnerait une vie éternellement heureuse, après s'être souillés à loisir d'incestes, de rapines, de meurtres, et de parricides.

pre, les dartres, ne détruit pas les mauvaises tumeurs, ne guérit ni la goutte ni la dyssenterie, ne produit enfin aucun effet sur les grandes et les petites maladies du corps; mais elle détruit l'adultère, les rapines, et nettoie l'ame de tous ses vices.

Les chrétiens soutiennent qu'ils ont raison de s'être séparés des Juifs. Ils prétendent être aujourd'hui les vrais Israélites, et les seuls qui croient à Moïse, et aux prophètes qui lui ont succédé dans la Judée. Voyons donc en quoi ils sont d'accord avec ces prophètes : commençons d'abord par Moïse, qu'ils prétendent avoir prédit la naissance de Jésus. Cet Hébreu dit, non pas une seule fois, mais deux, mais trois, mais plusieurs, qu'on ne doit adorer qu'un dieu, qu'il appelle le Dieu suprême; il ne fait jamais mention d'un second dieu suprême. Il parle des anges, des puissances célestes, des dieux des nations : il regarde toujours le Dieu suprême comme le Dieu unique; il ne pensa jamais qu'il y en eût un second qui lui fût semblable, ou qui lui fût inégal, comme le croient les chrétiens. Si vous trouvez quelque chose de pareil dans Moïse, que ne le dites-vous? vous n'avez rien à répondre sur cet article; c'est même sans fondement que vous attribuez au fils de Marie ces paroles[a] : « Le Seigneur votre Dieu vous suscitera un

---

[a] Le raisonnement de l'empereur est très convaincant. Ce passage du *Deutéronome*, chap. xviii, v. 15, ne peut guère regarder que Josué, qui succéda à Moïse. On ne peut s'étonner assez de l'audace des premiers chrétiens qui corrompaient tous les passages des anciens livres juifs pour y trouver des prédictions de leur Jésus. Si Issachar est comparé à un âne, cela veut dire que Jésus entrera dans Jérusalem sur un âne. Si le prophète Isaïe [vIII, 3] dit qu'une femme ou fille accouchera d'un garçon qui s'ap-

« prophète tel que moi, dans vos frères, et vous l'é-
« couterez. » Cependant, pour abréger la dispute, je
veux bien convenir que ce passage regarde Jésus.
Voyez que Moïse dit qu'il sera semblable à lui, et
non pas à Dieu; qu'il sera pris parmi les hommes, et
non pas chez Dieu. Voici encore un autre passage,
dont vous vous efforcez de vous servir : « Le prince
« ne manquera point dans Juda, et le chef d'entre
« ses jambes. » Cela ne peut être attribué à Jésus,
mais au royaume de David qui finit sous le roi Zé-
déchias. D'ailleurs l'Écriture, dans ce passage que
vous citez, est certainement interpolée, et l'on y lit
le texte de deux manières différentes [a] : « Le prince ne

pellera *partagez vite les dépouilles*, cela signifie que Marie, femme du charpentier Joseph, qui avait déjà deux enfants, accouchera de Jésus et demeurera vierge. Il ne faut pourtant pas s'étonner que de pareilles allusions,
de pareilles prédictions, trompassent les ignorants et les faibles. Des en-
thousiastes leur disaient : Tenez, lisez, voyez, Jésus a été prédit partout,
Jésus est Dieu, il viendra bientôt dans une nuée pour vous juger. Le
monde va finir, il l'a prédit lui-même; donnez-nous votre argent, et vous
aurez le royaume des cieux. Les femmelettes de tous les pays se laissent
prendre à ces pièges. La canaille s'attroupe autour du charlatan, et
enfin les grands sont obligés de suivre cette canaille devenue trop for-
midable.

[a] L'empereur a évidemment raison, et de telles absurdités devaient le
mettre en colère. C'était une ancienne erreur asiatique d'imaginer que les
dernières paroles des mourants étaient des espèces de prédictions. Dans
cette idée, l'auteur de la fable de la *Genèse* imagine que Jacob fait un
testament prophétique, et c'est sur ce modèle qu'un chrétien du premier
siècle fabriqua aussi le *Testament des douze patriarches* [voyez tome XXVI,
page 460] que nous avons encore tout entier, et qui est aussi absurde que
le testament du père Jacob. Ce Jacob assemble donc ses enfants autour
de lui, *Genèse*, ch. XLIX; il dit à Ruben qu'il ne sera pas fort riche,
parcequ'il a couché avec sa belle-mère. Il maudit Siméon et Lévi, et cependant Lévi eut le meilleur partage, puisqu'il eut la dîme. Il fait la meilleure

« manquera pas dans Juda, et le chef d'entre ses jam-
« bes ; jusques à ce que les choses qui lui ont été ré-
« servées arrivent; » mais vous avez mis à la place
de ces dernières paroles, « jusques à ce que ce qui a
« été réservé arrive. » Cependant de quelque manière

part à Juda, et il faut bien que ce soit quelqu'un de la tribu de Juda qui ait forgé ce beau testament.

« Juda est un jeune lion, il ira à la proie, ses frères le loueront, la verge
« d'entre les cuisses ne sera point ôtée de Juda jusqu'à ce que Silo vienne :
« Juda liera son ânon et son ânesse à la vigne, il lavera sa robe dans
« le vin. »

« Zabulon sera sur le bord de la mer. » (En cela le bon homme se trompa ; Zabulon n'eut jamais de port.)

« Issachar sera comme un âne. » (Quand Jacob en aurait dit autant des onze autres tribus, il ne se serait pas trompé.)

« Dan sera une couleuvre dans le chemin, et mordra le pied du cheval. » (Remarquez que plusieurs Pères ont cru que l'antechrist viendrait de la tribu de Dan.)

« Gad sera troussé pour combattre et pour s'enfuir. »

« Nephtali est un cerf donnant des discours de beauté. »

« Le fils de Joseph croit, et les filles ont couru sur la muraille.

« C'est de là que sort le pasteur, caillou d'Israël. »

Si on y avait songé, le pasteur caillou d'Israël aurait bien plus désigné Jésus, qu'on appelle le bon pasteur et la pierre angulaire, que non pas le lion de Juda : car en quoi Jésus a-t-il été un lion ? C'est donc la verge et le chef d'entre les cuisses, qui, selon les Pères grecs, est une prophétie de Jésus. Quelle pitié et quel comble de bêtise ! Les centuries de Nostradamus ne sont-elles pas cent fois plus raisonnables ?

Voyez avec quelle force ces extravagances sont réfutées par le curé Meslier. Ce curé était véritablement le bon pasteur. Il donna tous les ans à ses pauvres paroissiens ce qu'il avait épargné sur son modique revenu. Il demanda pardon à Dieu en mourant, d'avoir enseigné le christianisme. Son testament, qui a été imprimé plusieurs fois [voyez tome XL, page 389], vaut mieux sans doute que le testament de Jacob. Il rend raison avec une simplicité naïve de son horreur pour la religion sophistique. Il montre le ridicule de toutes ces prétendues prophéties, de tous ces miracles, de tous ces engins dont des scélérats se sont servis pour enlacer des imbéciles, et pour les rendre quelquefois aussi méchants, aussi barbares qu'eux-mêmes.

que vous lisiez ce passage, il est manifeste qu'il n'y a rien là qui regarde Jésus, et qui puisse lui convenir : il n'était pas de Juda, puisque vous ne voulez pas qu'il soit né de Joseph; vous soutenez qu'il a été engendré par le Saint-Esprit. Quant à Joseph, vous tâchez de le faire descendre de Juda, mais vous n'avez pas eu assez d'adresse pour y parvenir, et l'on reproche avec raison à Matthieu et à Luc d'être opposés l'un à l'autre dans la généalogie de Joseph.

Nous examinerons la vérité de cette généalogie dans un autre livre[a], et nous reviendrons actuellement au fait principal. Supposons donc que Jésus soit un prince sorti de Juda, il ne sera pas « un dieu « venu de Dieu, » comme vous le dites; ni toutes les choses n'ont pas été faites par lui, « et rien n'aura « été fait sans lui[1]. » Vous répliquerez qu'il est dit, dans le livre des *Nombres*[b] : « Il se lèvera une étoile

---

[a] Nous n'avons plus le livre de Julien, dans lequel il daigna examiner cette épouvantable et ridicule contradiction entre la généalogie donnée par Matthieu et celle donnée par Luc. Il releva sans doute avec son éloquence ordinaire la misérable absurdité de ces deux généalogistes, qui sont entièrement opposés sur le nombre et les noms des prétendus ancêtres de Jésus, et qui, pour comble d'impertinence, font la généalogie de Joseph, qui, selon eux, n'est pas père de ce Jésus, au lieu de faire la généalogie de Marie, qui, selon eux, ne fut engrossée que par le Saint-Esprit. Avec quelle force ce judicieux empereur dut-il faire voir l'abrutissement des misérables qui cherchent à pallier des mensonges si grossiers et si détestables ! Mais que ne dut-il point dire de ces monstres qui persécutent, qui livrent aux bourreaux, au fer, aux flammes, des hommes dont l'unique crime est de ne pas croire ces mensonges ! « Luc et Matthieu, deux demi-« juifs demi-chrétiens, se contredisent : crois qu'ils ont parlé tous deux de « même, ou je t'égorge. Tu ne peux le croire : dis que tu le crois, ou je te « fais brûler. » Dieu de bonté ! jusqu'à quand cette inconcevable fureur règnera-t-elle dans une partie de la terre ?

[1] Jean, I, 3. B. — [b] Nomb., ch. xxiv, v. 17.

« de Jacob et un homme d'Israël. » Il est évident que cela concerne David et ses successeurs, car David était fils de Jessé. Si cependant vous croyez pouvoir tirer quelque avantage de ces deux mots, je consens que vous le fassiez : mais pour un passage obscur, que vous m'opposerez, j'en ai un grand nombre de clairs que je citerai, qui montrent que Moïse n'a jamais parlé que d'un seul et unique dieu, du Dieu d'Israël[a]. Il dit dans le *Deutéronome :* « Afin que tu « saches que le Seigneur ton Dieu est seul et unique, « et qu'il n'y en a point d'autre que lui » ; et peu après : « Sache donc, et rappelle dans ton esprit, que le Sei- « gneur ton Dieu est au ciel et sur la terre, et qu'il « n'y en a point d'autre que lui... Entends, Israël, le « Seigneur notre Dieu ; il est le seul Dieu... » Enfin Moïse, fesant parler le Dieu des Juifs, lui fait dire : « Voyez qui je suis ; il n'y a point d'autre Dieu que « moi. » Voilà des preuves de l'évidence la plus claire que Moïse ne reconnut et n'admit jamais d'autre dieu que le Dieu d'Israël, le Dieu unique. Les Galiléens répondront peut-être qu'ils n'en admettent ni deux, ni trois ; mais je les forcerai de convenir du contraire, par l'autorité de Jean, dont je rapporterai le témoignage[b] : « Au commencement était le verbe, et le « verbe était chez Dieu, et Dieu était le verbe. » Remarquez qu'il est dit que celui qui a été engendré de Marie était en Dieu : or, soit que ce soit un autre dieu (car il n'est pas nécessaire que j'examine à présent l'opinion de Photin : je vous laisse, ô Galiléens,

---

[a] Deutér., ch. v et vi. — [b] *Évangile de Jean*, ch. i.

à terminer les disputes qui sont entre vous à ce sujet), il s'ensuivra toujours que puisque ce verbe a été avec Dieu, et qu'il y a été dès le commencement, c'est un second dieu qui lui est égal. Je n'ai pas besoin de citer d'autre témoignage de votre croyance, que celui de Jean : comment donc vos sentiments peuvent-ils s'accorder avec ceux de Moïse? Vous répliquerez qu'ils sont conformes aux écrits d'Ésaïe, qui dit : « Voici une vierge dont la matrice est remplie, « et elle aura un fils. » Je veux supposer que cela a été dit par l'inspiration divine, quoiqu'il ne soit rien de moins véritable; cela ne conviendra pas cependant à Marie : on ne peut regarder comme vierge, et appeler de ce nom celle qui était mariée, et qui, avant d'enfanter, avait couché avec son mari. Passons plus avant, et convenons que les paroles d'Ésaïe regardent Marie. Il s'est bien gardé de dire que cette vierge accoucherait d'un Dieu : mais vous, Galiléens, vous ne cessez de donner à Marie le nom de mère de Dieu. Est-ce qu'Ésaïe a écrit que celui qui naîtrait de cette vierge serait « le fils unique engendré « de Dieu, et le premier-né de toutes les créatures? » Pouvez-vous, ô Galiléens! montrer, dans aucun prophète, quelque chose qui convienne à ces paroles de Jean[a] : « Toutes choses ont été faites par lui, et sans « lui rien n'a été fait? » Entendez au contraire comme s'expliquent vos prophètes. « Seigneur notre Dieu, « dit Ésaïe[b], sois notre protecteur; excepté toi nous « n'en connaissons point d'autre. » Le même Ésaïe, introduisant le roi Ézéchias priant Dieu, lui fait

---

[a] Jean, I. — [b] Isaïe, XXVI et XXVII.

dire[1] : « Seigneur, Dieu d'Israël, toi qui es assis « sur les chérubins, tu es le seul Dieu. » Voyez qu'Ésaïe ne laisse pas la liberté d'admettre aucun autre dieu.

Si le verbe est un dieu, venant de Dieu, ainsi que vous le pensez, s'il est produit par la substance de son père, pourquoi appelez-vous donc Marie la mère de Dieu? et comment a-t-elle enfanté un dieu, puisque Marie était un homme ainsi que nous? De même comment est-il possible, lorsque Dieu dit lui-même dans l'Écriture, « Je suis le seul Dieu et le seul conservateur, » qu'il y ait un autre conservateur? Cependant vous osez donner le nom de Sauveur à l'homme qui est né de Marie. Combien ne trouvez-vous pas de contradictions entre vos sentiments et celui des anciens écrivains hébreux!

Apprenez, Galiléens, par les paroles mêmes de Moïse, qu'il donne aux anges le nom de Dieu. « Les « enfants de Dieu, dit-il[2], voyant que les filles des « hommes étaient belles, ils en choisirent parmi elles, « dont ils firent leurs femmes; et les enfants de Dieu « ayant connu les filles des hommes, ils engendrèrent « les géants qui ont été des hommes renommés dans « tous les siècles. » Il est donc manifeste que Moïse parle des anges, cela n'est ni emprunté ni supposé. Il paraît encore par ce qu'il dit, qu'ils engendrèrent des géants, et non pas des hommes. Si Moïse eût cru que les géants avaient eu pour pères des hommes, il ne leur en eût point cherché chez les anges, qui sont

---

[1] XXXVII, 16. B. — [2] Genèse, VI, 2 et suiv. B.

d'une nature bien plus élevée et bien plus excellente. Mais il a voulu nous apprendre que les géants avaient été produits par le mélange d'une nature mortelle et d'une nature immortelle. Considérons à présent que Moïse, qui fait mention des mariages des enfants des dieux, auxquels il donne le nom d'anges, ne dit pas un seul mot du fils de Dieu. Est-il possible de se persuader que s'il avait connu le verbe, le fils unique engendré de Dieu (donnez-lui le nom que vous voudrez), il n'en eût fait aucune mention, et qu'il eût dédaigné de le faire connaître clairement aux hommes, lui qui pensait qu'il devait s'expliquer avec soin et avec ostentation sur l'adoption d'Israël, et qui dit [a] : « Israël mon fils premier né? » Pourquoi n'a-t-il donc pas dit la même chose de Jésus? Moïse enseignait qu'il n'y avait qu'un Dieu qui avait plusieurs enfants ou plusieurs anges, à qui il avait distribué les nations; mais il n'avait jamais eu aucune idée de « ce fils premier né, de ce verbe Dieu, » et de toutes les fables que vous débitez à ce sujet, et que vous avez inventées. Écoutez ce même Moïse, et les autres prophètes qui le suivirent [b] : « Vous craindrez le Sei- « gneur votre Dieu, et vous ne servirez que lui. » Comment est-il possible que Jésus ait dit à ses disciples [c] : « Allez enseigner les nations, et les baptisez « au nom du Père, du Fils, et du Saint-Esprit? » Il ordonnait donc que les nations devaient l'adorer avec le Dieu unique? et vous soutenez cette erreur, puisque vous dites que « le fils est Dieu ainsi que le « père. »

[a] Exod., ch. iv. — [b] Deut., ch. vi. — [c] Matth., xxviii.

Pour trouver encore plus de contrariété entre vos sentiments et ceux des Hébreux, auprès desquels, après avoir quitté la croyance de vos pères, vous vous êtes réfugiés, écoutez ce que dit Moïse des expiations[a].
« Il prendra deux boucs en offrande pour les péchés, « et un bélier pour l'holocauste : et Aaron offrira son « veau en offrande pour les péchés, et il priera pour « lui et pour sa maison, et il prendra les deux boucs « et les présentera devant le Seigneur à l'entrée du ta-« bernacle d'assignation. Et puis Aaron jettera le sort « sur les deux boucs, un sort pour le Seigneur, et un « sort pour le bouc, qui doit être chargé des iniqui-« tés, afin qu'il soit renvoyé dans le désert. Il égor-« gera aussi l'autre bouc, celui du peuple, qui est « l'offrande pour le péché, et il portera son sang au-« dedans du voile, et il en arrosera la base de l'autel, « et il fera expiation pour le sanctuaire des souillu-« res des enfants d'Israël et de leurs fautes selon tous « leurs péchés. » Il est évident, par ce que nous venons de rapporter, que Moïse a établi l'usage des sacrifices, et qu'il n'a pas pensé ainsi que vous, Galiléens, qui les regardez comme immondes. Écoutez le même Moïse[b] : « Quiconque mangera de la chair « du sacrifice de prospérité, laquelle appartient au « Seigneur, et qui aura sur lui quelque souillure, sera « retranché d'entre son peuple. »

L'on voit combien Moïse fut attentif et religieux dans tout ce qui regardait les sacrifices.

Il est temps actuellement de venir à la raison qui nous a fait parcourir toutes les opinions que nous

---

[a] Lévit., xvi. — [b] Ibid., v. 15-16.

venons d'examiner. Nous avons eu le dessein de prouver qu'après nous avoir abandonnés, pour passer chez les Juifs, vous n'avez point embrassé leur religion, et n'avez pas adopté leurs sentiments les plus essentiels. Peut-être quelque Galiléen mal instruit répondra : Les Juifs ne sacrifient point. Je lui répliquerai qu'il parle sans connaissance : premièrement, parceque les Galiléens n'observent aucun des usages et des préceptes des Juifs; secondement, parceque les Juifs sacrifient aujourd'hui en secret, et qu'ils se nourrissent encore de victimes, qu'ils prient avant d'offrir les sacrifices, et qu'ils donnent l'épaule droite des victimes à leurs prêtres. Mais comme ils n'ont point de temples, d'autels, et de ce qu'ils appellent communément *sanctuaire*, ils ne peuvent point offrir à leur Dieu les prémices des victimes. Vous autres, Galiléens, qui avez inventé un nouveau genre de sacrifices, et qui n'avez pas besoin de Jérusalem, pourquoi ne sacrifiez-vous donc pas comme les Juifs, chez lesquels vous avez passé en qualité de transfuges? Il serait inutile et superflu si je m'étendais plus longtemps sur ce sujet, puisque j'en ai déjà parlé amplement, lorsque j'ai voulu prouver que les Juifs ne diffèrent des autres nations que dans le seul point de la croyance d'un Dieu unique. Ce dogme, étranger à tous les peuples, n'est propre qu'à eux. D'ailleurs toutes les autres choses sont communes entre eux et nous, les temples, les autels, les lustrations, plusieurs cérémonies religieuses; dans toutes ces choses nous pensons comme les Hébreux, ou nous différons de fort peu de chose en quelques unes.

Pourquoi, Galiléens, n'observez-vous pas la loi de Moïse dans l'usage des viandes? Vous prétendez qu'il vous est permis de manger de toutes, ainsi que de différentes sortes de légumes. Vous vous en rapportez à Pierre, qui vous a dit[a] : « Ne dis point que ce « que Dieu a purifié soit immonde. » Mais par quelle raison le Dieu d'Israël a-t-il tout-à-coup déclaré pur ce qu'il avait jugé immonde pendant si long-temps? Moïse, parlant des quadrupèdes, dit[b] : « Tout animal « qui a l'ongle séparé, et qui rumine, est pur; tout « autre animal est immonde. » Si, depuis la vision de Pierre, le porc est un animal qui rumine, nous le croyons pur : et c'est un grand miracle si ce changement s'est fait dans cet animal après la vision de Pierre; mais si, au contraire, Pierre a feint qu'il avait eu, chez le tanneur où il logeait, cette *révélation* (pour me servir de vos expressions), pourquoi le croirons-nous sur sa parole, dans un dogme important à éclaircir? En effet, quel précepte difficile ne vous eût-il pas ordonné, si, outre la chair de cochon, il vous eût défendu de manger des oiseaux, des poissons, et des animaux aquatiques, assurant que tous ces animaux, outre le cochon, avaient été déclarés immondes et défendus par Dieu?

Mais pourquoi m'arrêter à réfuter ce que disent les Galiléens, lorsqu'il est aisé de voir que leurs raisons n'ont aucune force? Ils prétendent que Dieu, après avoir établi une première loi, en a donné une seconde : que la première n'avait été faite que pour un certain temps, et que la seconde lui avait succé-

---

[a] Act., x, 15. — [b] Lévit., xi; et Deut., xiv.

dé, parceque celle de Moïse n'en avait été que le type. Je démontrerai par l'autorité de Moïse qu'il n'est rien de si faux que ce que disent les Galiléens. Cet Hébreu dit expressément, non pas dans dix endroits, mais dans mille, que la loi qu'il donnait serait éternelle. Voyons ce qu'on trouve dans l'*Exode*[a] : « Ce jour vous sera mémorable, et vous le célébre- « rez pour le Seigneur dans toutes les générations. « Vous le célébrerez comme une fête solennelle par « ordonnance perpétuelle. Vous mangerez pendant « sept jours du pain sans levain, et dès le premier « jour vous ôterez le levain de vos maisons. » Je passe un nombre de passages, que je ne rapporte pas pour ne point trop les multiplier, et qui prouvent tous également que Moïse donna sa loi *comme devant être éternelle*. Montrez-moi, ô Galiléens! dans quel endroit de vos Écritures il est dit ce que Paul a osé avancer, « que le Christ était la fin de la loi[c]. » Où trouve-t-on que Dieu ait promis aux Israélites de leur donner dans la suite une autre loi que celle qu'il avait d'abord établie chez eux? Il n'est parlé dans aucun lieu de cette nouvelle loi, il n'est pas même dit qu'il arriverait aucun changement à la première. Entendons parler Moïse lui-même[b] : « Vous n'ajoute- « rez rien aux commandements que je vous donnerai, « et vous n'en ôterez rien. Observez les commande- « ments du Seigneur votre Dieu, et tout ce que je « vous ordonnerai aujourd'hui. Maudits soient tous « ceux qui n'observent pas tous les commandements

---

[a] Exod., XII, 14 et 15. — [c] *Épître aux Romains*, X, 4. B. — [b] Deut., IV, 2; et XXVII, 26.

« de la loi! » Mais vous, Galiléens, vous comptez pour peu de chose d'ôter et d'ajouter ce que vous voulez aux préceptes qui sont écrits dans la loi[a]. Vous

[a] C'est ici peut-être l'argument le plus fort de l'empereur Julien. Il est dit dans cent endroits qu'il faut suivre en tout la loi mosaïque. Les Juifs, en aucun temps, n'en ont jamais retranché un mot et n'y ont jamais ajouté une syllabe. Jésus l'a accomplie dans tous ses points; il est né Juif, a vécu Juif, est mort Juif; il a été condamné à la potence pour avoir outragé les pharisiens et les scribes, pour les avoir appelés race de vipères, sépulcres blanchis, pour leur avoir reproché de prévariquer contre la loi. Ceux qu'on appelle les apôtres ont observé cette loi; ils ont mangé l'agneau pascal avec Jésus, ils ont prié dans le temple de Jérusalem. En un mot, les chrétiens qui brûlent les Juifs n'ont aucun prétexte pour n'être pas Juifs.

Voici comme s'exprime le théologien Théro [voyez les *Lettres sur les miracles*, tome XLII, page 178] dans sa lettre à un autre théologien, imprimée en 1765 à Amsterdam : « Un bourgmestre me demandait hier pour-
« quoi Jésus avait fait des miracles en Galilée. Je lui répondis que c'était
« pour convertir la Hollande. Pourquoi donc, me dit-il, les Hollandais ne
« furent-ils chrétiens qu'au bout de huit cents années? pourquoi donc
« n'a-t-il pas enseigné lui-même cette religion? Elle consiste à croire le
« péché originel; et Jésus n'a pas fait la moindre mention du péché ori-
« ginel : à croire que Dieu a été homme; et Jésus n'a jamais dit qu'il était
« Dieu et homme tout ensemble : à croire que Jésus avait deux natures; et
« il n'a jamais dit qu'il eût deux natures : à croire qu'il est né d'une vierge;
« et il n'a jamais dit lui-même qu'il fût né d'une vierge; au contraire, il ap-
« pelle sa mère *femme*, il lui dit durement [Jean, II, 4], *Femme, qu'y a-t-il
« entre vous et moi?* à croire que Dieu est né de David; et il se trouve qu'il
« n'est point né de David : à croire sa généalogie; et on lui en a fait deux
« qui se contredisent absolument.

« Cette religion consiste encore dans certains rites dont il n'a jamais dit
« un seul mot. Il est clair par vos Évangiles que Jésus naquit Juif, vécut
« Juif, mourut Juif; et je suis fort étonné que vous ne soyez pas Juif. Il
« accomplit tous les préceptes de la loi juive; pourquoi les réprouvez-
« vous?

« On lui fait dire même dans un Évangile [Matth., V, 17] : *Je ne suis pas
« venu détruire la loi, mais l'accomplir*. Or est-ce accomplir la loi mosaïque
« que d'en avoir tous les rites en horreur? Vous n'êtes point circoncis,
« vous mangez du porc, du lièvre, et du boudin. En quel endroit de l'Évan-
« gile Jésus vous a-t-il permis d'en manger? Vous faites et vous croyez tout
« ce qui n'est pas dans l'Évangile. Comment donc pouvez-vous dire qu'il

regardez comme grand et glorieux de manquer à cette même loi; agissant ainsi, ce n'est pas la vérité que vous avez pour but, mais vous vous conformez à ce que vous voyez être approuvé du vulgaire.

« est votre règle? Les apôtres de Jésus observaient la loi juive comme lui.
« *Pierre et Jean montèrent au temple à l'heure neuvième de l'oraison* (*Actes
« des Apôtres*, chap. III, v. 1). Paul alla long-temps après judaïser dans le
« temple pendant huit jours, selon le conseil de Jacques. Il dit à Festus
« [Actes, XXIII, 6] : Je suis pharisien. Aucun apôtre n'a dit : *Renoncez à la
« loi de Moïse*. Pourquoi donc les chrétiens y ont-ils entièrement renoncé
« dans la suite des temps ?

« Comment Dieu serait-il venu mourir sur la terre par le plus grand et
« le plus infame des supplices, pour ne pas annoncer lui-même sa volonté,
« pour laisser ce soin à des conciles qui ne s'assembleraient qu'après
« plusieurs siècles, qui se contrediraient, qui s'anathématiseraient les
« uns les autres, et qui feraient verser le sang par des soldats et par des
« bourreaux ?

« Quoi ! Dieu vient sur la terre, il y naît d'une vierge, il y habite trente-
« trois ans : il y périt du supplice des esclaves, pour nous enseigner une
« nouvelle religion ; et il ne nous l'enseigne pas ! il ne nous apprend aucun
« de ces dogmes ! il ne nous commande aucun rite ! tout se fait, tout s'éta-
« blit, se détruit, se renouvelle avec le temps à Nicée, à Calcédoine, à
« Éphèse, à Antioche, à Constantinople, au milieu des intrigues les plus
« tumultueuses et des haines les plus implacables ! Ce n'est enfin que les
« armes à la main qu'on soutient le pour et le contre de tous ces dogmes
« nouveaux.

« Dieu, quand il était sur la terre, a fait la pâque en mangeant un
« agneau cuit dans des laitues ; et la moitié de l'Europe, depuis plus de huit
« siècles, croit faire la pâque en mangeant Jésus-Christ lui-même, en chair
« et en os. Et la dispute sur cette façon de faire la pâque a fait couler plus
« de sang que les querelles des maisons d'Autriche et de France, des guelfes
« et des gibelins, de la rose blanche et de la rose rouge, n'en ont jamais
« répandu. Si les campagnes ont été couvertes de cadavres pendant ces
« guerres, les villes ont été hérissées d'échafauds pendant la paix. Il semble
« que les pharisiens, en assassinant le Dieu des chrétiens sur la croix, aient
« appris à ses suivants à s'assassiner les uns les autres, sous le glaive, sur
« la potence, sur la roue, dans les flammes. Persécutés et persécuteurs,
« martyrs et bourreaux tour à tour, également imbéciles, également fu-
« rieux, ils tuent et ils meurent pour des arguments dont les prélats et les
« moines se moquent en recueillant les dépouilles des morts et l'argent
« comptant des vivants. »

Vous êtes si peu sensés, que vous n'observez pas même les préceptes que vous ont donnés les apôtres. Leurs premiers successeurs les ont altérés par une impiété et une méchanceté qui ne peuvent être assez blâmées. Ni Paul, ni Matthieu, ni Luc, ni Marc, n'ont osé dire que Jésus fût un Dieu; mais lorsque Jean eut appris que, dans plusieurs villes de la Grèce et de l'Italie, beaucoup de personnes parmi le peuple étaient tombées dans cette erreur; sachant d'ailleurs que les tombeaux de Pierre et de Paul commençaient d'être honorés, qu'on y priait en secret, il s'enhardit jusqu'à dire que Jésus était Dieu. « Le verbe, dit-il, « s'est fait chair et a habité dans nous. » Mais il n'a pas osé expliquer de quelle manière; car en aucun endroit il ne nomme ni Jésus ni Christ, lorsqu'il nomme *Dieu* et le *Verbe*. Il cherche à nous tromper d'une manière couverte, imperceptiblement, et peu-à-peu. Il dit que Jean-Baptiste avait rendu témoignage à Jésus, et qu'il avait déclaré que c'était lui qui était le verbe de Dieu.

Je ne veux point nier que Jean-Baptiste n'ait parlé de Jésus dans ces termes, quoique plusieurs irréligieux parmi vous prétendent que Jésus-Christ n'est point le verbe dont parle Jean. Pour moi, je ne suis pas de leur sentiment, puisque Jean dit, dans un autre endroit, que le verbe qu'il appelle Dieu, Jean-Baptiste a reconnu que c'était ce même Jésus. Remarquons actuellement avec combien de finesse, de ménagement, et de précaution, se conduit Jean. Il introduit avec adresse l'impiété fabuleuse qu'il veut établir; il sait si bien se servir de tous les moyens que la fraude peut lui fournir, que parlant derechef d'une façon ambiguë, il dit: « Personne n'a jamais vu Dieu. « Le fils unique, qui est au sein du père, est celui qui « nous l'a révélé. » Il faut que ce fils, qui est dans le sein de son père, soit, ou le Dieu verbe, ou un autre fils. Or si c'est le verbe, vous avez nécessairement vu Dieu, puisque « le verbe a habité parmi vous, et que « vous avez vu sa gloire. » Pourquoi Jean dit-il donc « que jamais personne n'a vu Dieu? » Si vous n'avez pas vu Dieu le père, vous avez certainement vu Dieu le verbe. Mais si Dieu, ce fils unique, est un autre que le *verbe Dieu*, comme je l'ai entendu dire souvent à plusieurs de votre religion, Jean ne semble-t-il pas, dans ses discours obscurs, oser dire encore quelque chose de semblable, et rendre douteux ce qu'il dit ailleurs?

On doit regarder Jean comme le premier auteur du mal, et la source des nouvelles erreurs que vous avez établies, en ajoutant au culte du Juif mort que vous adorez celui de plusieurs autres. Qui peut assez s'élever contre un pareil excès! Vous remplissez tous les lieux de tombeaux, quoiqu'il ne soit dit dans aucun endroit de vos Écritures que vous deviez fréquenter et honorer les sépulcres. Vous êtes parvenus à un tel point d'aveuglement, que vous croyez sur ce sujet ne devoir faire aucun cas de ce que vous a ordonné Jésus de Nazareth. Écoutez ce qu'il dit des tombeaux : « Malheur à vous, scribes, pharisiens, « hypocrites, parceque vous êtes semblables à des sé- « pulcres reblanchis : au dehors le sépulcre paraît « beau, mais en dedans il est plein d'ossements de

« morts et de toutes sortes d'ordures[1]. » Si Jésus dit que les sépulcres ne sont que le réceptacle des immondices et des ordures, comment pouvez-vous invoquer Dieu sur eux? Voyez ce que Jésus répondit à un de ses disciples, qui lui disait : « Seigneur, per-« mettez, avant que je parte, que j'ensevelisse mon « père. Suivez-moi, répliqua Jésus, et laissez aux « morts à enterrer leurs morts[a]. »

Cela étant ainsi, pourquoi courez-vous avec tant d'ardeur aux sépulcres? voulez-vous en savoir la cause? je ne la dirai point, vous l'apprendrez du prophète Isaïe[b] : « Ils dorment dans les sépulcres, et « dans les cavernes, à cause des songes. » On voit clairement, par ces paroles, que c'était un ancien usage chez les Juifs de se servir des sépulcres, comme d'une espèce de charme et de magie pour se procurer des songes. Il est apparent que vos apôtres, après la mort de leur maître, suivirent cette coutume, et qu'ils l'ont transmise à vos ancêtres, qui ont employé cette espèce de magie beaucoup plus habilement que ceux qui vinrent après eux, qui exposèrent en public les lieux (et pour ainsi dire les laboratoires) où ils fabriquaient leurs charmes.

Vous pratiquez donc ce que Dieu a défendu, soit par Moïse, soit par les prophètes. Au contraire, vous craignez de faire ce qu'il a ordonné par ces mêmes prophètes : vous n'osez sacrifier et offrir des victimes sur les autels. Il est vrai que le feu ne descend plus du ciel, comme vous dites qu'il descendit du temps

---

[1] Matth., XXIII, 27. B. — [a] Matth., VIII, 21, 22. — [b] Isaïe, LXV, 4.

de Moïse, pour consumer la victime; mais cela, de votre aveu, n'est arrivé qu'une fois sous Moïse^a, et une

<hr/>

^a Remarquez, mon cher lecteur, qu'on vous dit tous les jours qu'il se fesait des miracles autrefois, mais qu'il ne s'en fait plus actuellement, parcequ'ils ne sont plus nécessaires, et que le messie étant venu, le christianisme (que jamais Jésus n'a prêché) est répandu aujourd'hui sur toute la terre. Oui, misérables, vos papes ont fait ce qu'ils ont pu pour étendre leur puissance aux bornes du monde, mais leurs émissaires imposteurs ont été chassés du Japon, de la Chine, du Tonquin, de la Cochinchine; enfin la religion des papes est en horreur dans toute l'Asie, dans toute l'Afrique, dans le vaste empire russe. Ce qu'ils appellent le catholicisme ne règne pas dans la dix-neuvième partie de la terre.

Ne dites donc pas que vous n'avez plus besoin de miracles; vous en avez tant de besoin que vous en supposez encore tous les jours, et vous ne canonisez pas un seul de vos prétendus saints, que vous ne lui attribuiez des miracles. Toutes les nations en supposèrent autrefois par centaines, et le peuple hébreu étant le plus sot de tous, il eut bien plus de miracles que tous les autres.

Celui d'Élie, dont parle ici l'empereur Julien, est sans doute un des plus impertinents; faire descendre le feu du ciel, et monter ensuite au ciel dans un char à quatre chevaux enflammés, c'est une imagination plus extravagante encore que celle de la femme de Loth changée en statue de sel.

Mais qui était cet Élie? quand a-t-on écrit son histoire? de quel pays était-il? les livres hébreux n'en disent rien. Ne voit-on pas clairement que la fable d'Élie se promenant dans les airs sur un char de feu à quatre chevaux, est une grossière imitation de la fable allégorique des Grecs sur le char du soleil nommé en grec Ἥλιος? Les Juifs, comme on l'a déjà dit [voyez tome XLIII, pages 52, 64], pouvaient-ils faire autre chose que de déguiser stupidement les fables grecques et asiatiques à mesure qu'ils en entendaient parler? Par quel exécrable prestige y a-t-il encore des idiots qui se laissent tromper par ces fadaises rabbiniques? Mettez tous les contes hébraïques sous des noms indiens, il n'y a personne parmi vous qui ne les regarde avec le mépris le plus dédaigneux; mais cela s'appelle *la Bible, la Sainte-Écriture*, des fripons l'enseignent, des sots la croient, et cette crédulité enrichit des tyrans perfides. C'est pour s'engraisser de notre substance et de notre sang qu'on nous fait révérer ces contes de vieille.

Je parle comme Julien parlait, parceque je pense comme lui. Je crois avec lui que jamais la divinité n'a été si déshonorée que par ces fables absurdes.

autre fois long-temps après sous Élie[1], natif de Thèbes ; d'ailleurs je montrerai que Moïse a cru qu'on devait apporter le feu d'un autre lieu, et que le patriarche Abraham avait eu long-temps avant lui le même sentiment. A l'histoire du sacrifice d'Isaac, « qui portait « lui-même le bois et le feu, » je joindrai celle d'Abel, dont les sacrifices ne furent jamais embrasés par le feu du ciel, mais par le feu qu'Abel avait pris. Peut-être serait-ce ici le lieu d'examiner par quelle raison le Dieu des Hébreux approuva le sacrifice d'Abel, et réprouva celui de Caïn, et d'expliquer en même temps ce que veulent dire ces paroles [2] : « Si tu offres bien et « que tu divises mal, n'as-tu pas péché ? » Quant à moi, je pense que l'offrande d'Abel fut mieux reçue que celle de Caïn, parceque le sacrifice des victimes est plus digne de la grandeur de Dieu que l'offre des fruits de la terre.

Ne considérons pas seulement ce premier passage ; voyons-en d'autres qui ont rapport aux prémices offertes à Dieu par les enfants d'Adam. « Dieu regarda « Abel et son oblation, mais il n'eut point d'égard à « Caïn, et il ne considéra pas son oblation. Caïn de-« vint fort triste, et son visage fut abattu. Et le Sei-« gneur dit à Caïn : Pourquoi es-tu devenu triste, et « pourquoi ton visage est-il abattu ? Ne pèches-tu pas, « si tu offres bien et que tu ne divises pas bien ? » Voulez-vous savoir quelles étaient les oblations d'Abel et de Caïn ? « Or il arriva, après quelques jours, que « Caïn présenta au Seigneur les prémices des fruits

---

[1] III. Rois, xviii, 38. B. — [2] Genèse, iv, 7. B.

« de la terre ; et Abel offrit les premiers-nés de son « troupeau et leur graisse. » Ce n'est pas le sacrifice, disent les Galiléens, mais c'est la division que Dieu condamna, lorsqu'il adressa ces paroles à Caïn : « N'as-« tu pas péché, si tu as bien offert et si tu as mal « divisé? » Ce fut là ce que me répondit à ce sujet un de leurs évêques, qui passe pour être un des plus sages. Alors l'ayant prié de me dire quel était le défaut qu'il y avait eu *dans la division*[a] de Caïn, il ne put jamais

[a] Cela prouve incontestablement que l'Église grecque, qui est la mère de toutes les autres, n'entendait pas autrement ce passage. La traduction latine que nous avons de la *Bible* est très infidèle. Les savants y ont remarqué plus de douze mille fautes. Mais que veut dire *tu as mal divisé?* cela signifie, ce me semble, tu n'as pas fait les portions égales, tu as mal coupé l'agneau ou le chevreau que tu as offert. L'évêque qui ne sut que répondre à Julien, et qui se tenait confondu, avait bien raison de l'être : car il est évident que le prêtre, quel qu'il soit, qui écrivit le *Pentateuque* sous le nom de Moïse, veut insinuer, par la fable de Caïn et d'Abel, qu'il faut, quand on offre une victime, donner la meilleure part aux prêtres. Il n'osait pas donner cette explication à Julien, qui lui aurait répondu : Vous avouez donc que vous êtes des fripons, vous avouez donc que le faussaire auteur du *Pentateuque*, tout rempli de l'idée des sacrifices qu'on fesait de son temps, impute maladroitement à Caïn ce qu'on reprocha dans la suite des temps aux indévots qui ne fesaient pas les parts des prêtres assez bonnes : car enfin s'il n'y avait eu qu'Adam, Ève, Caïn, et Abel sur la terre, pourquoi Caïn aurait-il mal divisé? Est-ce pour son père et pour sa mère? Cela n'intéresse guère les prêtres. Les commentateurs n'expliquent point ce passage. Calmet, qui dit tant de choses inutiles, n'en dit mot.

Il y a des choses plus importantes à considérer dans ce chapitre de la *Genèse*. Dieu reçoit avec plaisir la graisse des agneaux que lui offre Abel, et rejette les fruits de Caïn. Pourquoi Dieu aime-t-il plus la graisse et le sang qu'une gerbe de blé? Quelle abominable gourmandise on lui impute! Quoi! selon la *Genèse*, voilà donc l'origine des sacrifices sanglants! Et après avoir immolé des agneaux et des chevreaux, on immolera bientôt nos fils et nos filles.

Il est triste qu'un sage comme Julien tombe ici dans le ridicule de croire qu'un agneau est une offrande plus digne de Dieu que du froment ou de

le trouver, ni donner la moindre réponse un peu satisfesante et vraisemblable. Comme je m'aperçus qu'il ne savait plus que dire, il est vrai, lui répondis-je, que Dieu a condamné avec raison ce que vous dites qu'il a condamné : la volonté était égale dans Abel et dans Caïn, l'un et l'autre pensaient qu'il fallait offrir à Dieu des oblations; mais quant à la division, Abel atteignit au but, et l'autre se trompa. Comment cela arriva-t-il? me demanderez-vous. Je vous répondrai que, parmi les choses terrestres, les unes sont animées, et les autres sont privées de l'ame : les choses animées sont plus dignes d'être offertes que les inanimées au Dieu vivant et auteur de la vie, parcequ'elles participent à la vie, et qu'elles ont plus de rapport avec l'esprit. Ainsi Dieu favorisa celui qui avait offert un sacrifice parfait, et qui n'avait point péché dans la division.

Il faut que je vous demande, Galiléens, pourquoi

l'orge. Apparemment qu'en attaquant les prêtres galiléens, il voulait ménager les prêtres païens.

Julien ne parle pas de la contradiction qui suit un moment après. Caïn, dans sa conversation avec Dieu, lui dit : « Je serai vagabond sur la terre, « et quiconque me trouvera me tuera. » Or il n'y avait alors sur la terre qu'Adam, Ève, et Caïn, suivant le texte. Mais l'auteur inconsidéré de cette rapsodie ne sent pas la contradiction dans laquelle il tombe. Il fait parler Caïn comme ans le temps où la terre était couverte d'hommes. Elle l'était sans doute, mais non pas suivant la *Genèse*. Dieu met un signe à Caïn pour empêcher que les hommes qui n'existaient pas ne le tuent! quelle bêtise, mais quelle horreur! Dieu protége un fratricide, et damne le genre humain pour une pomme. Et pour quelle pomme encore! pour une pomme qui donnait la science. Bien des gens disent que c'est prodiguer sa raison que de combattre ainsi des choses qui n'en ont point; mais la plupart des hommes ou ne lisent point la *Bible*, ou la lisent avec stupidité. Il faut donc réveiller cette stupidité et leur dire : Lisez avec attention. Lisez *la Bible* et *les Mille et une nuits*, et comparez.

ne circoncisez-vous pas? Vous répondez, Paul a dit[1] que la circoncision du cœur était nécessaire, mais non pas celle du corps : selon lui celle d'Abraham ne fut donc pas véritablement charnelle, et nous nous en rapportons sur cet article à la décision de Paul et de Pierre. Apprenez, Galiléens, qu'il est marqué dans vos Écritures que Dieu a donné à Abraham la circoncision de la chair, comme un témoignage et une marque authentique. « C'est ici[2] mon alliance entre moi « et vous, entre ta postérité dans la suite des généra- « tions. Et vous circoncirez la chair de votre prépuce, « et cela sera pour signe de l'alliance entre moi et « vous, et entre moi et la postérité. »

Jésus n'a-t-il pas ordonné lui-même d'observer exactement la loi? « Je ne suis point venu, dit-il[3], pour « détruire la loi et les prophètes, mais pour les ac- « complir. » Et dans un autre endroit ne dit-il pas encore[4] : « Celui qui manquera au plus petit des pré- « ceptes de la loi, et qui enseignera aux hommes à ne « pas l'observer, sera le dernier dans le royaume du « ciel? » Puisque Jésus a ordonné expressément d'observer soigneusement la loi, et qu'il a établi des peines pour punir celui qui péchait contre le moindre commandement de cette loi, vous, Galiléens, qui manquez à tous, quelle excuse pouvez-vous justifier? Ou Jésus ne dit pas la vérité, ou bien vous êtes des déserteurs de la loi.

Revenons à la circoncision. La *Genèse* dit[5] : *La cir-*

---

[1] *Épître aux Romains*, II, 29. B. — [2] Genèse, XVII, 10, 11. B. — [3] Matth., v, 17. B. — [4] Matth., v, 19. B.
[5] Saint Cyrille, qui réfute quelquefois avec beaucoup d'érudition les

concision sera faite sur la chair. Vous l'avez entièrement supprimée, et vous répondez: *Nous sommes circoncis par le cœur.* Ainsi donc chez vous, Galiléens, personne n'est méchant, ou criminel, *vous êtes tous*

erreurs de Julien, me paraît avoir donné des raisons très faibles de la suppression de la circoncision par les premiers chrétiens. « Voyons, dit saint
« Cyrille, à quoi est bonne la circoncision charnelle, lorsque nous en
« rejetterons le sens mystique. S'il est nécessaire que les hommes circon-
« cisent le membre qui sert à la procréation des enfants, et si Dieu désap-
« prouve et condamne le prépuce, pourquoi, dès le commencement, ne l'a-t-il
« pas supprimé, et pourquoi n'a-t-il pas formé ce membre comme il croyait
« qu'il devait l'être? A cette première raison de l'inutilité de la circoncision,
« joignons-en une autre. Dans tous les corps humains qui ne sont point
« gâtés et altérés par quelques maladies, on ne voit rien qui soit ou superflu
« ou qui y manque : tout y est arrangé par la nature d'une manière utile,
« nécessaire, et parfaite : et je pense que les corps seraient défectueux, s'ils
« étaient dépourvus de quelques unes des choses qui sont pour ainsi dire
« innées avec eux. Est-ce que l'auteur de l'univers n'a pas connu ce qui
« était utile et décent, est-ce qu'il ne l'a point employé dans le corps hu-
« main, puisque partout ailleurs il a formé les autres créatures dans leur état
« de perfection? Quelle est donc l'utilité de la circoncision? Peut-être
« quelqu'un apportera, pour en autoriser l'usage, le ridicule prétexte dont
« les Juifs et plusieurs idolâtres se servent pour le soutenir : c'est afin,
« disent-ils, que le corps soit exempt de crasse et de souille; il est donc
« nécessaire de dépouiller le membre viril des téguments qui le couvrent.
« Je ne suis pas de cet avis. Je pense que c'est outrager la nature, qui n'a
« rien de superflu et d'inutile. Au contraire, ce qui paraît en elle vicieux
« et déshonnête est nécessaire et convenable, surtout si l'on fuit les im-
« puretés charnelles; qu'on en souffre les incommodités, comme on sup-
« porte celles de la chair, celles des choses qui sont la suite de cette chair,
« et qu'on laisse couverte par le prépuce la fontaine d'où découlent les en-
« fants; car il convient plutôt de s'opposer fermement à l'écoulement de
« cette fontaine impure, et d'en arrêter le cours, que d'offenser ses conduits
« par des sections et des coupures. La nature du corps, lors même qu'elle
« sort des lois ordinaires, ne souille pas l'esprit. »

Saint Cyrille demande à quoi est bonne la circoncision, si on en ôte le sens mystique. Julien aurait pu lui répondre : A rien, si vous voulez, mais il ne s'agit pas de cela : il s'agit de savoir si le Dieu d'Abraham a ordonné à ce patriarche la circoncision, comme une marque éternelle et certaine de

circoncis par le cœur[a]. Fort bien. Mais les azymes, mais la pâque? Vous répliquez: Nous ne pouvons point observer la fête des azymes ni celle de la pâque: Christ s'est immolé pour nous une fois pour toutes,

---

son alliance entre lui et la postérité de ce même Abraham. Il est évident par l'Écriture que cela a été l'intention de Dieu, et qu'il s'est expliqué là-dessus d'une manière la plus claire et la plus forte. Moïse renouvela dans la suite la loi de la circoncision dans celle qu'il établit par l'ordre de Dieu. Jésus-Christ, qui nous a appris qu'il était venu pour accomplir, et non pas pour détruire la loi, n'a jamais rien dit qui tendît à la suppression de la circoncision. Les évangélistes n'ont fait aucune mention de ce qu'il eût voulu interrompre l'usage de cette cérémonie. Par quelle raison donc les chrétiens, quelque temps après la mort de leur divin législateur, se crurent-ils dispensés de la pratiquer? Saint Paul lui-même, qu'on cite pour autoriser la cessation de la circoncision, la fit à son disciple Timothée [*Actes*, XVI, 3]: il la crut donc nécessaire. Pourquoi changea-t-il de sentiment dans la suite? fut-ce par une révélation? il ne dit point qu'il en ait eu aucune à ce sujet: fut-ce parcequ'il devint plus instruit? il avait donc été dans l'ignorance lorsqu'il était apôtre pendant un assez long temps. (*Note de M. d'Argens*.)

[a] Ajoutons à cette excellente note de M. le marquis d'Argens, que les naturalistes n'ont pas donné des raisons plausibles de la circoncision. Ils ont prétendu qu'elle prévenait les ordures qui pourraient se glisser entre le gland et le prépuce. Apparemment qu'ils n'avaient jamais vu circoncire. On ne coupe qu'un très petit morceau du prépuce qui ne l'empêche point du tout de recouvrir le gland assez souvent dans l'état du repos. Pour prévenir les saletés, il faut se laver les parties de la génération comme on se lave les mains et les pieds. Cela est beaucoup plus aisé que de se couper le bout de la verge, et beaucoup moins dangereux, puisque des enfants sont quelquefois morts de cette opération.

Les Hébreux, dit-on, habitaient un climat trop chaud; leur loi voulut éviter les suites d'une chaleur excessive qui pouvait causer des ulcères à la verge. Cela n'est pas vrai. Le pays montueux de la Palestine n'est pas plus chaud que celui de Provence. La chaleur est beaucoup plus grande en Perse, vers Ormus, dans les Indes, à Canton, en Calabre, en Afrique. Jamais les nations de ce pays n'imaginèrent de se couper le prépuce par principe de santé. La véritable raison est que les prêtres de tous les pays ont imaginé de consacrer à leurs divinités quelques parties du corps, les uns en se fesant des incisions comme les prêtres de Bellone ou de Mars; les autres en se fesant eunuques comme les prêtres de Cybèle. Les talapoins se

et il nous a défendu de manger des azymes. Je suis *ainsi que vous* un de ceux qui condamnent les fêtes des Juifs, et qui n'y prennent aucune part: cependant j'adore le Dieu qu'adorèrent Abraham, Isaac, et Jacob, qui, étant Chaldéens, et de race sacerdotale, ayant voyagé chez les Égyptiens, en prirent l'usage de leur circoncision. Ils honorèrent un Dieu qui leur fut favorable, de même qu'il l'est à moi et à tous ceux qui l'invoquent ainsi qu'Abraham. Il n'y a qu'à vous seuls à qui il n'accorde pas ses bienfaits, puisque vous n'imitez point Abraham, soit en lui élevant des autels, soit en lui offrant des sacrifices.

Non seulement Abraham sacrifiait souvent ainsi que nous, mais il se servait de la divination comme l'on fait chez les Grecs. Il se confiait beaucoup aux augures, et sa maison trouvait sa conservation dans cette science. Si quelqu'un parmi vous, ô Galiléens! refuse de croire ce que je dis, je vous le prouverai par l'autorité de Moïse. Écoutez-le parler: « Après « ces choses, la parole du Seigneur fut adressée à

---

sont mis des clous dans le cul; les fakirs, un anneau à la verge. D'autres ont fouetté leurs dévotes comme le jésuite Girard fouettait la Cadière. Les Hottentots se coupent un testicule en l'honneur de leur divinité, et mettent à la place une boulette d'herbes aromatiques. Les superstitieux Égyptiens se contentèrent d'offrir à Osiris un bout de prépuce. Les Hébreux, qui prirent d'eux presque toutes leurs cérémonies, se coupèrent le prépuce, et se le coupent encore.

Les Arabes et les Éthiopiens eurent cette coutume de temps immémorial en l'honneur de la divinité secondaire qui présidait à l'étoile du petit chien. Les Turcs, vainqueurs des Arabes, ont pris d'eux cette coutume, tandis que, chez les chrétiens, on jette de l'eau sur un petit enfant, et qu'on lui souffle dans la bouche. Tout cela est également sensé, et doit plaire beaucoup à l'Être suprême.

« Abraham dans une vision, en disant : Ne crains point,
« Abraham, je te protége, et ta récompense sera
« grande. Abraham dit : Seigneur, que me donnerez-
« vous? je m'en vais sans laisser d'enfants, et le fils
« de ma servante sera mon héritier. Et d'abord la
« voix du Seigneur s'adresse à lui et lui dit : Celui-ci
« ne sera pas ton héritier; mais celui qui sortira de
« toi, celui-là sera ton héritier. Alors il le conduisit
« dehors, et lui dit : Regarde au ciel et compte les
« étoiles, si tu peux les compter; ta prospérité sera
« de même. Abraham crut à Dieu, et cela lui fut ré-
« puté à justice. » Dites-moi actuellement, pourquoi
celui qui répondit à Abraham, soit que ce fût un
ange, soit que ce fût un dieu, le conduisit-il hors de
son logis? car quoiqu'il fût auparavant dans sa maison, il n'ignorait pas la multitude innombrable d'étoiles qui luisent pendant la nuit. Je suis assuré que
celui qui fesait sortir Abraham voulait lui montrer
le mouvement des astres, pour qu'il pût confirmer sa
promesse, par les décrets du ciel qui régit tout, et
dans lequel sont écrits les événements.

Afin qu'on ne regarde pas comme forcée l'explication du passage que je viens de citer, je la confirmerai par ce qui suit ce même passage [a]. « Le Sei-
« gneur dit à Abraham : Je suis ton Dieu, qui t'ai
« fait sortir du pays des Chaldéens pour te donner
« cette terre en héritage. Abraham répondit : Seigneur,
« comment connaîtrai-je que j'hériterai de cette terre?
« Le Seigneur lui répondit : Prends une génisse de
« trois ans, une chèvre de trois ans, un bélier de

[a] Genèse, ch. xv, v. 7, 8, 9, 10, et 11.

« trois ans, une tourterelle, et un pigeon. Abraham
« prit donc toutes ces choses, et les partagea au mi-
« lieu, et mit chaque moitié vis-à-vis l'une de l'autre;
« mais il ne partagea pas les oiseaux. Et une volée
« d'oiseaux descendit sur ces bêtes mortes, et Abra-
« ham se plaça avec elles. » Remarquez que celui qui
conversait avec Abraham, soit que ce fût un ange,
soit que ce fût un dieu, ne confirma pas sa prédiction légèrement, mais par la divination et les victimes : l'ange, ou le dieu qui parlait à Abraham, lui
promettait de certifier sa promesse par le vol des oiseaux. Car il ne suffit pas d'une promesse vague
pour autoriser la vérité d'une chose, mais il est nécessaire qu'une marque certaine assure la certitude
de la prédiction qui doit s'accomplir dans l'avenir.

SUPPLÉMENT

AU DISCOURS DE JULIEN,

PAR L'AUTEUR DU *MILITAIRE PHILOSOPHE*[1].

Un empereur qui se prépare à combattre les Perses
avec l'épée n'a guère le temps d'employer sa plume
à confondre tous les dogmes inventés par des chrétiens cent ans et deux cents ans avant lui; dogmes dont le Juif Jésus n'avait jamais parlé, dogmes

---

[1] Ce morceau est réellement de Voltaire, quoiqu'il soit donné ici comme étant de l'auteur du *Militaire philosophe*. B.

entassés les uns sur les autres avec une impudence qui fait frémir, et une absurdité qui fait rire. Si Dieu avait donné une plus longue vie à ce grand homme, il eût sans doute fait rechercher tous ces monuments de fraude que les premiers chrétiens forgèrent dans leur obscurité, et qu'ils cachèrent pendant deux siècles aux magistrats romains avec un secret religieux; il eût étalé à tous les yeux ces instruments du mensonge, comme on représente aux faux-monnayeurs les poinçons et les marteaux dont ils se sont servis pour frapper leurs espèces trompeuses.

Il eût tiré de la poussière le *Testament des douze patriarches*[1] composé au premier siècle; ce livre ridicule dans lequel on ose faire prédire Jésus-Christ par Jacob.

Il eût exposé les romans d'Hégésippe, de Marcel, et d'Abdias, où l'on voit Simon Barjone, surnommé Pierre, allant à Rome avec Simon l'autre magicien, disputer devant Néron à qui ferait le plus de prodiges; l'un ressuscitant un parent de Néron à moitié, l'autre le ressuscitant tout-à-fait; l'un volant dans les airs, l'autre cassant les jambes de son rival après s'être fait tous deux des compliments par leurs chiens qui parlaient très bon latin.

Il eût montré les fausses lettres de Pilate, les fausses lettres de Jésus-Christ à un prétendu Abgare, roi d'Édesse, dans le temps qu'il n'y avait point de roi à Édesse; les fausses lettres de Paul à Sénèque, et de Sénèque à Paul; les fausses Constitutions apostoliques, dans lesquelles il est dit que lorsqu'on donne

---

[1] Voyez tome XXVI, page 460. B.

un bon souper, il faut porter deux portions au diacre et quatre à l'évêque, parceque l'évêque est au-dessus de l'empereur : enfin de mauvais vers grecs attribués aux sibylles, dans lesquels on prédit Jésus-Christ en acrostiches.

Cet amas de turpitudes, dont je n'ai pas spécifié ici la dixième partie, eût sans doute porté l'indignation et le mépris dans tous ceux qui réfléchissaient. On eût reconnu l'esprit de la faction galiléenne, qui a commencé par la fraude, et qui a fini par la tyrannie.

Que n'eût-il point dit, s'il avait daigné examiner à fond les prodiges rapportés dans cinquante-quatre évangiles! un dieu fait homme pour aller à la noce chez des paysans et pour changer l'eau en vin en faveur des garçons de la noce déjà ivres[1]; un dieu fait homme pour aller sécher un figuier[2] en avouant que ce n'est pas le temps des figues; un dieu fait homme pour envoyer le diable dans un troupeau de deux mille cochons[3], et cela dans un pays qui n'eut jamais de cochons en aucun temps; un dieu que le diable emporte sur le haut d'un temple et sur le haut d'une montagne[4] dont on découvre tous les royaumes de la terre; un dieu qui se transfigure pendant la nuit[5], et cette transfiguration consiste à avoir un habit blanc, et à causer avec Moïse et Élie qui viennent lui rendre visite; un dieu législateur qui n'écrit pas un seul mot; un dieu qui est pendu en public,

---

[1] Jean, II, 9. B. — [2] Matth., XI, 19; Marc, XI, 13. B. — [3] Matth., VIII, 32; Marc, XI, 13. B. — [4] Matth., IV, 8; Luc, IV, 5. B. — [5] Matth., XVII, 2, 3. B.

et qui ressuscite en secret; un dieu qui prédit qu'il reviendra dans la génération présente avec une grande majesté dans les nuées [1], et qui ne paraît point dans les nuées comme il l'avait promis; une foule de trépassés qui ressuscitent [2] et qui se promènent dans Jérusalem à la mort de ce dieu, sans qu'aucun sénateur romain ait jamais été instruit d'aucune de ces aventures, dans le temps que le sénat de Rome était le maître de la Judée, et se fesait rendre un compte exact de tout par le gouverneur et par tous les préposés. Quoi! des prodiges qui auraient occupé l'attention de la terre entière, auraient été ignorés de la terre entière! Quoi! le nom même d'*évangile* aurait été inconnu des Romains pendant plus de deux siècles!

Certes, si Julien avait eu assez de loisir pour rassembler toutes ces absurdités, et pour en faire un tableau frappant, il aurait anéanti cette secte enthousiaste.

Il aurait montré par quels degrés on parvint à ce point d'aveuglement et d'insolence; comment on entassa secrètement livres sur livres, contes sur contes, mensonges audacieux sur mensonges absurdes. Il eût fait voir comment le christianisme se guinda peu-à-peu sur les épaules du platonisme, comment il parvint à séduire les esprits sous l'ombre d'une initiation plus parfaite que les autres initiations : comment le serment de ne jamais révéler le secret au gouvernement servit à former un parti considérable dans l'é-

---

[1] Luc, XXI, 27. B. — [2] Matth., XXVII, 52, 53. B.

tat, et subvertit enfin le gouvernement auquel il s'était long-temps caché.

L'histoire fidèle de l'enthousiasme des premiers chrétiens, de leurs fraudes qu'ils appelaient pieuses, de leurs cabales, de leur ambition, se trouve parfaitement développée dans l'*Examen important de* feu *milord Bolingbroke*[1].

On exhorte tous ceux qui veulent s'instruire à lire cet excellent ouvrage. On les exhorte à adorer Dieu en esprit et en vérité, à fouler aux pieds toutes les affreuses superstitions sous lesquelles on nous accable.

Quiconque réfléchira verra évidemment que le but de tant de fourberies a été uniquement de s'enrichir à nos dépens, et d'établir le trône de l'ambition sur le marchepied de notre sottise. On a employé pendant seize siècles la fourberie, le mensonge, les prestiges, les prisons, les tortures, le fer, et la flamme, pour que tel moine eût quarante mille ducats de rente; pour que tel évêque dît une fois l'an une messe en latin qu'il n'entend point, après quoi il va faire la revue de son régiment ou s'enivrer avec sa maîtresse tudesque; pour que l'évêque de Rome usurpât le trône des césars; pour que les rois ne régnassent que sous le bon plaisir d'un scélérat adultère et empoisonneur tel qu'Alexandre VI[2], ou d'un débauché tel que Léon X, ou d'un meurtrier tel que Jules II, ou d'un vieillard imbécile tel qu'on en a vu depuis.

Il est temps de briser ce joug infame que la stupi-

---

[1] Voyez tome XLIII, page 92 et suiv. B.

[2] Voltaire ne croyait pas à tous les crimes dont on a chargé la mémoire d'Alexandre VI; voyez tome XVII, page 94; et XLIV, 342 et 476. B.

dité a mis sur notre tête, que la raison secoue de toutes ses forces; il est temps d'imposer silence aux sots fanatiques gagés pour annoncer ces impostures sacriléges, et de les réduire à prêcher la morale qui vient de Dieu, la justice qui est dans Dieu, la bonté qui est l'essence de Dieu, et non des dogmes impertinents qui sont l'ouvrage des hommes. Il est temps de consoler la terre que des cannibales déguisés en prêtres et en juges ont couverte de sang. Il est temps d'écouter la nature qui crie depuis tant de siècles: Ne persécutez pas mes enfants pour des inepties. Il est temps enfin de servir Dieu sans l'outrager.

FIN DU DISCOURS DE L'EMPEREUR JULIEN, ETC.

CINQUIÈME HOMÉLIE,

PRONONCÉE A LONDRES DANS UNE ASSEMBLÉE PARTICULIÈRE,
LE JOUR DE PAQUES[1].

Nous voici assemblés, mes frères, pour la plus auguste et la plus sainte cérémonie de l'année, pour la communion.

Qu'est-ce que la communion ? c'est mettre en commun ses devoirs ; c'est se communiquer l'esprit fraternel qui doit animer les hommes. Nous faisons ici la commémoration d'une cène que fit avec ses disciples le Christ que nous reconnaissons pour notre législateur. Il ordonna *qu'on fît ces choses en mémoire de lui*[2] ; nous obéissons. Il est vrai que nous ne mangeons pas un agneau cuit avec des laitues, ainsi qu'il le mangea, selon les rites de la loi juive, qu'il observa depuis sa naissance jusqu'au dernier moment de sa vie ; il est vrai que notre léger repas n'est plus une cène comme il l'était autrefois ; il est vrai que nous n'envoyons point chez un inconnu pour lui dire,

---

[1] Je n'ai pu me procurer la première édition de cette homélie ; j'en donne le titre d'après les *Mémoires secrets* du 1ᵉʳ mai 1769. Cette année Pâques tombait le 26 mars. Je ne crois donc pas me tromper en disant qu'elle a été composée en avril, quoique, dans la *Correspondance de Grimm*, on en parle au mois de mars.

Les quatre premières homélies sont de 1767 ; voyez t. XLIII, p. 228. B.

[2] Luc, XXII, 19. B.

comme dans saint Matthieu[1] : « Le maître vous envoie
« dire, Je viens faire la Pâque chez vous avec mes
« disciples : » nous nous assemblons le matin avec
recueillement, nous mangeons le même pain consacré, nous buvons le même vin.

Mais à quoi nous servirait cette communauté de
nourriture, si nous n'avions une communauté de
charité, de bienfesance, de tolérance, de toutes les
vertus sociales?

Je ne vous parlerai point ici de la manducation
spirituelle, différente de la réelle; je n'entrerai dans
aucune des distinctions de l'école, elles sont trop au-
dessus de notre heureuse simplicité. Que le pape Innocent III, dans son quatrième livre des *Mystères*,
épuise son grand génie pour deviner ce que deviendrait le corps mystique ou réel de Jésus, s'il prenait
un flux de ventre à un communiant, et de quelle matière seraient ses excréments : ces matières sont trop
relevées pour moi.

Que Durand, dans son *Rational*[a], décide que ces
matières ne seraient engendrées que par les accidents;
que Tolet[b], dans son *Instruction sacerdotale*, affirme qu'un prêtre pourrait consacrer et transsubstantier tout le pain d'un boulanger et tout le vin
d'un cabaretier; que le concile de Trente ajoute que
ce changement ne se fait point, à moins que le prêtre n'en ait l'intention expresse; que plusieurs doc-

---

[1] Matth., xxvi, 18. B.
[a] Liv. IV, chap. xli.
[b] Tolet, *de Instructione sacerdotali*, liv. II, ch. xxv.

teurs disent que dans l'eucharistie il y a quantité sans *quantum*, et accident sans substance ; qu'ils déclarent qu'on peut être camus sans avoir de nez, et boiteux sans avoir de jambes, *simitas sine naso, claudicatio sine crure :* je ne vois pas que la connaissance de ces questions sublimes serve beaucoup à rendre les hommes meilleurs, et qu'on acquière une vertu de plus, pour avoir approfondi comment on peut être camus sans nez.

Ce qu'il y a de déplorable, messieurs, ce qu'il y a d'horrible, c'est que le sang a coulé pendant deux siècles pour ces questions théologiques, et que notre reine Marie, fille de Henri VIII, a fait brûler plus de huit cents citoyens qui ne voulaient pas convenir que la rondeur existât sans un corps rond, et qu'il y eût de la blancheur sans un corps blanc. Nous ne pouvons que tremper de nos larmes le peu de pain que nous allons manger ensemble, en nous rappelant la mémoire des calamités et des horreurs qui ont inondé presque toute l'Europe pour des choses dont les Cafres, les Hottentots, rougiraient, et concevraient pour nous autant d'indignation que de mépris.

On appelle la sainte cérémonie que nous allons faire un *sacrement*; à la bonne heure : je ne viens pas ici pour disputer sur des mots. Nous ne savons, ni vous ni moi, ce que c'est qu'un sacrement; c'est un mot latin qui signifiait *serment* chez les Romains : je ne vois pas que nous fassions ici aucun serment. On nous dit aujourd'hui que sacrement veut dire *mystère*; j'y consens encore, sans savoir le moins du monde ce que c'est qu'un mystère : ce mot signifiait chez les Grecs une chose cachée. Mais pourquoi faut-il qu'il y ait des choses cachées dans la religion? tout ne doit-il pas être public? tout ne doit-il pas être commun à tous les hommes que le même Dieu a fait naître, et que le même soleil éclaire?

Si on venait nous dire que l'adoration de Dieu, l'amour du prochain, la justice, la modestie, la compassion, l'aumône, sont des mystères, nul de nous ne pourrait le croire. Les hommes ne cachent jamais leurs projets, leurs sentiments, leur conduite, que dans l'idée de mal faire, et dans la crainte d'être reconnus. Pourquoi donc mettrions-nous dans la religion ce que nous abhorrons dans la vie civile? Que dirions-nous d'une loi cachée, d'une loi qui ne pourrait à peine être entendue que d'un très petit nombre de jurisconsultes? comment pourrions-nous suivre cette loi, surtout si ses interprètes ne s'étaient jamais accordés? Toute loi qui n'est pas claire, précise, intelligible à tous les esprits, n'est qu'un piége tendu par la fourberie à la simplicité. Une ordonnance mystérieuse d'un souverain serait même quelque chose de si absurde et de si intolérable, que je ne crois pas qu'il y en ait un seul exemple sur la terre. Accuserons-nous Dieu d'avoir fait ce que les tyrans les plus insensés n'ont jamais eu la démence de faire? Dieu n'aurait-il parlé qu'en énigmes au genre humain, que dis-je? à la plus petite partie du genre humain? pour se cacher entièrement à tout le reste, et pour ne se montrer qu'à demi à ce petit nombre de favoris qui se sont disputé par tant de crimes les bonnes graces de leur maître? *Mersitne hoc pulvere verum ut caneret paucis*[1]?

Dieu a dit à tous les hommes : Aimez-moi, et soyez justes. Voilà une loi claire, et sur laquelle il est impossible de disputer. Lorsque nous trouvons dans nos codes des passages équivoques, ce qui est un grand fléau du genre humain, nous tâchons de les ramener au sens le plus raisonnable; nous nous en tenons à la partie de la loi qui est la plus clairement énoncée. Or, qu'y a-t-il, je vous prie, de plus raisonnable et de plus lumineux que ces mots: *Faites ceci en mémoire de moi?* C'est donc en vertu de ces paroles que nous sommes assemblés. Nous nous acquittons d'une cérémonie que nous croyons nécessaire, parcequ'elle est ordonnée, parcequ'elle nous inspire la concorde, parcequ'elle nous rend plus chers les uns aux autres.

Mais en nous unissant plus étroitement, nous ne regardons pas comme nos ennemis ces chrétiens appelés quakers, ou anabaptistes, ou mennonites, qui ne communient point; les presbytériens qui communient en mangeant spirituellement Jésus-Christ; les luthériens et les anglicans, qui mangent à-la-fois le corps et le pain, et boivent à-la-fois le sang et le vin; et les papistes même qui prétendent manger le corps et boire le sang, en ne touchant ni au pain ni au vin. Nous ne comprenons rien aux idées ou plutôt aux paroles des uns et des autres; mais nous les regardons comme des frères dont nous n'entendons pas

---

[1] Il y a dans Lucain, IX, 577 :

« Ut caneret paucis, mersitque hoc pulvero verum. » B.

le langage. Nous prions pour eux sans les comprendre; nous nous unissons à eux malgré eux-mêmes, dans cet esprit de charité qui fait du monde entier une grande famille dispersée: *Charitas humani generis*, dit Cicéron[1], s'il m'est permis de citer ici un profane qui était un homme de bien.

Malheur à toute secte qui dit: Je suis seule sur la terre; la lumière ne luit que pour moi; une profonde nuit couvre les yeux de tous les autres hommes; ce n'est que pour moi que les vastes cieux ont été créés; c'est là ma demeure; tout le reste est condamné à un séjour d'horreur et de désolation éternelle!

Ce cruel langage est bien moins celui d'un cœur reconnaissant qui remercie Dieu de l'avoir distingué de la foule des êtres, que l'expression d'un orgueil insensé qui se complaît dans ses illusions téméraires. La dureté accompagne nécessairement un tel orgueil. Comment un homme malheureusement pénétré d'une si abominable croyance, aurait-il des entrailles de pitié pour ceux qu'il pense être en horreur à Dieu, de toute éternité, et pour toute l'éternité? Il ne les peut envisager que du même œil dont il croit voir les démons qu'on lui a peints comme ses ennemis sous des formes différentes. Si quelquefois il leur témoigne un peu d'humanité, c'est que la nature, plus forte en lui que ses préjugés, amollit malgré lui son cœur que sa secte endurcissait; et la vertu naturelle, que Dieu lui a donnée, l'emporte sur la religion qu'il a reçue des hommes.

Sachez, messieurs, que le chef de la secte papiste

[1] Voyez ma note, tome XXVIII, page 13. B.

n'est pas le seul qui se dise infaillible; sachez que tous ceux qui sont de sa secte intolérante pensent être infaillibles comme lui; et cela ne peut être autrement; ils ont adopté tous ses dogmes. Ce chef, selon eux, ne peut être dans l'erreur : donc ils ne peuvent errer en croyant tout ce que leur maître enseigne, en fesant tout ce qu'il ordonne. Cet excès de démence s'est perpétué surtout dans les cloîtres. C'est là que dominent la persuasion ennemie de l'examen, et le fanatisme enfant furieux de cette persuasion; c'est là que rampe l'aveugle obéissance, brûlant du desir de commander aux autres; c'est là que se forgent les fers qui ont enchaîné de proche en proche tant de nations. Le petit nombre qui a découvert la fraude, et qui en gémit en secret, n'en est que plus ardent à la répandre; il jouit du plaisir infame de faire croire ce qu'il ne croit pas, et son hypocrisie est quelquefois plus persécutive que le fanatisme lui-même.

Voilà le joug sous lequel une partie de l'Europe baisse encore la tête, le joug que nous détestons, mais que nous-mêmes nous avons long-temps porté, lorsqu'un légat venait dans notre île [1] ouvrir et fermer le ciel à prix d'or; vendre des indulgences, et recueillir des décimes; effrayer les peuples, ou les exciter à des guerres qu'il appelait saintes. Ces temps ne reviendront plus, je le crois, mes frères; mais c'est afin qu'ils ne reviennent plus qu'il faut en rappeler souvent la mémoire.

Profitons de cette cérémonie sacrée qui nous in-

---

[1] Voyez l'*A, B, C,* quatorzième entretien, ci-dessus, page 108. B.

spire la charité, pour ne souffrir jamais que la religion nous inspire la tyrannie et la discorde. Ici nous sommes tous égaux; ici nous participons tous au même pain et au même vin; ici nous rendons à l'Être des êtres les mêmes actions de graces. Ne souffrons donc jamais que des étrangers aient l'insolence de nous prescrire en maîtres, ni la manière dont nous devons adorer le Maître universel, ni celle dont nous devons nous conduire, ni celle dont nous devons penser. Un étranger n'a pas plus de droit sur nos consciences que sur nos bourses. Il est cependant un de nos trois royaumes [1] dans lequel cet étranger domine encore secrètement. Il y envoie des ministres inconnus qui sont les espions des consciences. Ce sont là en effet des mystères, c'est là une religion cachée. Elle insinue tout bas la discorde, tandis que nous annonçons hautement la paix; sa communion n'est que la réjection des autres hommes; tout est à ses yeux ou hérétique ou infidèle. Depuis qu'elle a usurpé le trône des Césars, elle n'a point changé de maximes; et quoique les yeux de presque toutes les nations se soient enfin ouverts sur ses prétentions absurdes, et sur ses déprédations, elle conserve, dans sa décadence, le même orgueil qui la possédait quand elle voyait tant de rois à ses genoux. C'est en vain que notre premier Législateur a dit : *Il n'y aura parmi vous ni premier ni dernier* [2]; l'évêque de

---

[1] L'Irlande. B.

[2] Cela n'est pas textuellement dans l'Évangile; mais on y dit que les premiers seront les derniers; voyez Matthieu, XIX, 30; XX, 16; Marc, X, 31; Luc, XIII, 30. B.

Rome se dit toujours le premier des hommes, parcequ'il siége dans une ville qui fut autrefois la première de l'Occident.

Que penseriez-vous, mes chers frères, d'un géomètre de Londres qui se croirait le souverain de tous les géomètres de nos provinces, sous prétexte qu'il exercerait l'arpentage dans la capitale? Ne le ferait-on pas enfermer comme un fou, s'il s'avisait d'ordonner qu'on ne crût à aucune propriété des triangles, sans un édit émané de son portefeuille? C'est là cependant ce qu'a fait l'Église romaine : à cela près que les opinions qu'elle enseigne ne sont pas tout-à-fait des vérités géométriques.

Cependant nous prions ici pour elle, pourvu qu'elle ne soit point persécutante; et nous regardons les papistes comme nos frères, quoiqu'ils ne veuillent point être nos frères. Jugez qui de nous approche le plus de la grande loi de la nature. Ils nous disent : Vous êtes dans l'erreur, et nous vous réprouvons. Nous leur répondons : Vous nous paraissez être dans l'esclavage, dans l'ignorance, dans la démence : nous vous plaignons, et nous vous chérissons.

Que le fruit de notre communion soit donc toujours, mes frères, de voir les faiblesses et les misères humaines sans aversion et sans colère, et d'aimer, s'il se peut, ceux que nous jugeons déraisonnables, autant que ceux qui nous semblent être dans le chemin de la vérité, quand ils pensent comme nous.

Après nous être affermis dans ce premier devoir de tous les hommes, de quelque religion qu'ils puissent être, d'adorer Dieu et d'aimer son prochain, que nous servirait d'examiner quel jour Jésus fit le souper de la pâque, et s'il était couché sur un lit, en mangeant comme les seigneurs romains, ou s'il mangea debout un bâton à la main, comme l'ordonnait la loi des Juifs[1]? La morale qui doit diriger toutes nos actions en sera-t-elle plus pure, lorsque nous aurons discuté si Jésus fut crucifié la veille ou l'avant-veille de la pâque juive? Si cela n'est pas clair dans les *Évangiles*, il est très clair que nous devons être gens de bien tous les jours de l'année qui précèdent et qui suivent cette cérémonie.

Plusieurs savants s'inquiètent que *l'Évangile de saint Jean* ne dise pas un seul mot de l'institution de l'eucharistie, de la bénédiction du pain, et de ces paroles mystérieuses qui ont causé tant de malheurs: *Ceci est mon corps; ceci est le calice de mon sang.* Ils s'étonnent que le disciple bien aimé garde le silence sur le principal point de la mission de son maître.

On dispute sur l'heure de sa mort, sur les femmes qui assistèrent à son supplice; saint Matthieu disant qu'elles étaient loin, et saint Jean affirmant au contraire qu'elles étaient auprès de la croix, et que Jésus leur parla.

On dispute sur sa résurrection, sur ses apparitions, sur son ascension dans les airs. Ces paroles même qu'on trouve dans saint Jean[2], *Je vais à mon père qui est votre père, à mon Dieu qui est votre Dieu*, ont fourni à l'Église de ceux qu'on appelle sociniens un prétexte qu'ils ont cru plausible, de soutenir que

---

[1] *Exode*, XII, 11. B. — [2] XX, 17. B.

Jésus n'était pas Dieu, mais seulement envoyé de Dieu.

On ne s'accorde pas sur le lieu duquel il monta au ciel. Saint Luc dit que ce fut en Béthanie; saint Marc ne dit pas en quel endroit; saint Matthieu, saint Jean, n'en parlent pas. Saint Luc même, dans son *Évangile*[1], nous fait entendre que Jésus monta au ciel le lendemain de sa résurrection; et dans les *Actes des apôtres*[2], il est dit que ce fut après quarante jours. Toutes ces contradictions exercent l'esprit des savants, mais elles ne les rendent ni plus modestes, ni plus doux, ni plus compatissants.

La naissance, la vie, et la mort de Jésus, sont l'éternel sujet de disputes interminables. Saint Luc nous dit qu'Auguste ordonna un dénombrement de toute la terre, et que Joseph et Marie vinrent se faire dénombrer à Bethléem, quoique Joseph ne fût pas natif de Bethléem, mais de la Galilée. Cependant ni aucun auteur romain, ni Flavius Josèphe lui-même, ne parlent de ce dénombrement. Luc dit que Joseph et Marie furent dénombrés sous Cyrinus ou Quirinus, gouverneur de Syrie; mais il est avéré par Tacite, que ce Cyrinus ou Quirinus ne gouverna la Syrie que dix ans après, et que c'était alors Quintilius Varus qui était gouverneur. Luc donne pour grand-père à Jésus, Héli, père de Joseph; Matthieu donne à Joseph, Jacob pour père : et tous deux, en donnant chacun à Joseph une généalogie absolument différente, disent que Jésus n'était pas son fils. Luc assure

[1] XXIV, 51. B. — [2] I, 3. B.

que Joseph et Marie emmenèrent Jésus en Galilée ; Matthieu dit qu'ils l'emmenèrent en Égypte.

Quand un ange, mes frères, descendrait de la voie lactée pour venir concilier ces contrariétés, quand il nous apprendrait le véritable nom du père de Joseph, que nous en reviendrait-il? quel fruit en retirerions-nous? en serions-nous plus gens de bien? n'est-il pas évident que nous devons être bons pères, bons maris, bons fils, bons citoyens, soit que le père de Joseph s'appelât Héli ou Jacob, soit qu'on ait emmené l'enfant Jésus en Galilée ou en Égypte? que Luc s'accorde ou ne s'accorde pas avec Matthieu, les gros bénéficiers d'Allemagne n'en seront pas moins riches, et nous ne leur envierons pas leurs richesses.

Il n'y a pas une page dans l'Écriture qui n'ait été un sujet de contestation, et par conséquent de haine. Que faut-il donc faire, mes très chers frères, dans les ténèbres où nous marchons? Je vous l'ai déjà dit, et vous le pensez comme moi : nous devons rechercher la justice plus que la lumière, et tolérer tout le monde, afin que nous soyons tolérés.

FIN DE L'HOMÉLIE SUR LA COMMUNION.

LE CRI DES NATIONS[1].

Espagne, qui fus le berceau des jésuites; parlements de France, qui, depuis l'institution de cette milice, armâtes toujours les lois contre elle; Portugal, qui n'avais que trop éprouvé le danger de leurs maximes; Naples, Sicile, Parme, Malte, qui les avez connus, vous en avez enfin purgé vos états; non qu'il n'y eût parmi eux des hommes vertueux et utiles, mais parcequ'en général l'esprit de cet ordre était contraire aux intérêts des nations, et parcequ'en effet ils étaient les satellites d'un prince étranger.

C'est dans cette vue que la sagesse éclairée de presque toutes les puissances catholiques impose aujourd'hui le frein des lois à la licence des moines, qui se croyaient indépendants des lois mêmes. Cette heureuse révolution, qui paraissait impossible dans le siècle passé, quoiqu'elle fût très aisée, a été reçue avec l'acclamation des peuples. Les hommes, étant plus éclairés, en sont devenus plus sages et moins malheureux. Ce changement aurait produit des excommunications, des interdits, des guerres civiles, dans des temps de barbarie; mais dans le siècle de la raison l'on n'a entendu que des cris de joie.

[1] L'édition originale, ou que je crois telle, de cette pièce, a vingt pages in-8°. Ce n'est qu'à la date du 12 juillet 1769 que les *Mémoires secrets* en parlent, mais l'opuscule est du mois de mai; je le conjecture du moins de ce que l'édition originale ne contient pas la note de la page 313. B.

Ces mêmes peuples, qui bénissent leurs souverains et leurs magistrats pour avoir commencé ce grand ouvrage, espèrent qu'il ne demeurera pas imparfait. On a chassé les jésuites, parcequ'ils étaient les principaux organes des prétentions de la cour de Rome : comment donc pourrait-on laisser subsister ces prétentions? Quoi! l'on punit ceux qui les soutiennent, et on se laisserait opprimer par ceux qui les exercent!

Des annates[1].

D'où vient que la France, l'Espagne, l'Italie, paient encore des annates à l'évêque de Rome? Les rois confèrent le bénéfice de l'épiscopat, l'Église confère le Saint-Esprit : ces deux dons n'ont certainement rien de commun. Les rois ont fondé le bénéfice qui consiste dans le revenu, ou bien ils sont aux droits des seigneurs qui l'ont fondé : la nomination est donc le privilége de la couronne. C'est donc *par la grace unique du roi*, et non par celle d'un évêque étranger, qu'un évêque est évêque. Ce n'est point le pape qui lui donne le Saint-Esprit; il le reçoit de l'imposition de quelques autres évêques ses concitoyens. S'il paie au pape quelque argent pour la collation de son bénéfice, c'est dans le fond un délit contre l'état; s'il paie cet argent pour recevoir le Saint-Esprit, c'est une simonie : il n'y a pas de milieu. On a voulu pallier ce marché qui offense la religion et la patrie, on n'a jamais pu le justifier.

Il est autorisé, dit-on, par le concordat entre le

[1] Voyez aussi tome XXVI, pagé 394; XLII, 616. B.

roi François I*er* et le pape Léon X. Mais quoi! parcequ'ils avaient alors besoin l'un de l'autre, parceque des intérêts passagers les réunirent, faut-il que l'état en souffre éternellement? faut-il payer à jamais ce qu'on ne doit pas? sera-t-on esclave au dix-huitième siècle parcequ'on fut imprudent au seizième?

Des dispenses.

On paie chèrement à Rome la dispense pour épouser sa cousine et sa nièce. Si ces mariages offensaient Dieu, quel pouvoir sur la terre aurait droit de les permettre? Si Dieu ne les réprouve pas, à quoi sert une dispense? S'il faut cette dispense, pourquoi un Champenois et un Picard doivent-ils la demander et la payer à un prêtre italien? Ces Champenois et ces Picards n'ont-ils pas des tribunaux qui peuvent juger du contrat civil, et des curés qui administrent, en vertu du contrat civil, ce qui est du ressort du sacrement?

N'est-ce pas une servitude honteuse, contraire au droit des gens, à la dignité des couronnes, à la religion, à la nature, de payer un étranger pour se marier dans sa patrie?

On a poussé cette tyrannie absurde jusqu'à prétendre que le pape seul a le droit d'accorder pour de l'argent à un filleul la permission d'épouser sa marraine. Qu'est-ce qu'une marraine? c'est une femme inutile ajoutée à un parrain nécessaire, laquelle a de surcroît répondu pour vous que vous seriez chrétien. Or, parcequ'elle a dit que vous observeriez les rites du christianisme, ce sera un crime de contracter avec elle un sacrement du christianisme! et le pape seul pourra changer ce crime en une action méritoire et sacrée, moyennant une taxe!

Ce prétendu crime n'était pas moins grand entre le parrain et la marraine ᵃ et les père et mère de l'enfant. Ils ont répondu qu'un enfant né en Bavière serait chrétien; donc les parrains et marraines ne pourront jamais épouser le père ou la mère, si un prêtre de Rome ne leur fait payer chèrement une dispense! Et un homme qui aurait été parrain de son enfant ne peut plus coucher avec sa femme sans la permission du pape, ou d'un prêtre délégué par lui! Et c'est ainsi qu'on a traité les hommes! Ils le méritaient puisqu'ils l'ont souffert.

De la bulle *In cœna Domini*.

La bulle *In cœna Domini* n'est pas à beaucoup près le monument le plus étrange de l'absurde despotisme si long-temps affecté autrefois par la cour de Rome. Les bulles des Grégoire VII, des Innocent IV, des Grégoire IX, des Boniface VIII, ont été, sans doute, plus funestes; mais la bulle *In cœna Domini* est d'autant plus remarquable, qu'elle a été forgée dans des temps où les hommes commençaient à sortir de l'épaisse barbarie qui avait si long-temps abruti toute l'Europe. L'Angleterre et la moitié du continent, soulevées, au seizième siècle, contre les usurpations romaines, semblaient avertir cette cour d'ê-

---

ᵃ Mon curé, en baptisant un enfant, le 11 juin 1769, dit à mademoiselle Nolet, la marraine : « Souvenez-vous que vous ne pouvez épouser « ni l'enfant, ni son père, ni sa mère. »

tre modérée. Cependant, au mépris de toute bienséance et des droits divins et humains, l'évêque de Rome, Pie V, n'hésita pas à promulguer cette bulle, qu'on fulmine à Rome tous les jeudis de la semaine sainte [1], avec les cérémonies les plus pompeuses et les plus lugubres. On excommunie en ce jour tous les magistrats, tous les évêques, tous les hommes enfin qui appellent à un futur concile; tous les capitaines de vaisseau qui courent la mer sur les côtes de l'état ecclésiastique; tous ceux qui arrêtent les pourvoyeurs des viandes destinées pour le pape; les rois, leurs chanceliers, leurs parlements ou cours supérieures qui concourent à souffrir que le clergé paie des tributs à l'état sous quelque dénomination que ce puisse être; tous les magistrats, et particulièrement les parlements, qui s'opposent à la réception de la discipline du concile de Trente. Le pape seul peut absoudre ceux qui se rendent coupables de ces crimes énormes. Il faut qu'ils aillent demander pardon à Rome aux grands pénitenciers, qui doivent les frapper de leurs baguettes. Ainsi tous les parlements de France doivent faire le pélerinage de Rome pour aller recevoir des coups de verges dans l'église de Saint-Pierre. Pourquoi non? le grand Henri IV en reçut bien par procureur sur le dos des cardinaux d'Ossat et Duperron [2].

[1] Voltaire écrivait en 1769; l'année suivante, la bulle ne fut pas publiée à Rome. Voyez sa note, tome XXVII, page 437. B.
[2] Le pape Ganganelli n'a pas révoqué cette bulle, mais il a cessé de la publier. L'empereur Joseph II a ordonné de l'arracher de tous les rituels dans ses états. K.

Des juges délégués par Rome.

Un curé de nos provinces est jugé en matière purement ecclésiastique par l'officialité de son évêque. Il en appelle au métropolitain, du métropolitain au primat : n'est-ce pas assez? faut-il une quatrième juridiction pour achever sa ruine? faut-il que Rome délègue de nouveaux juges? Cela s'appelle en appeler aux apôtres; mais nous ne voyons pas que les apôtres aient jamais rendu des arrêts à Jérusalem par appel de la juridiction des Gaules.

Quelle peut être la cause de toutes ces prétentions.

Les usurpations de la cour romaine sont grandes et ruineuses ; ses prétentions sont innombrables. Sur quoi sont-elles fondées? pourquoi l'évêque de Rome serait-il le despote de l'Église, le souverain des lois et des rois? Est-ce parcequ'il se nomme pape? mais ce titre est encore celui de tout prêtre de l'Église grecque, mère de l'Église romaine, et qui n'a jamais souscrit aux usurpations de sa fille. Est-ce parceque Jésus-Christ a dit expressément : « Il n'y aura parmi « vous ni premiers ni derniers [1]? » Est-ce parcequ'il a dit « que celui qui voudrait s'élever au-dessus de ses « frères serait obligé de les servir? [2] »

Est-ce parceque les papes se sont dits successeurs de saint Pierre? mais il est démontré que saint Pierre n'a jamais eu aucune juridiction sur les apôtres, ses confrères ; et il n'est pas moins démontré que saint

---

[1] Voyez ci-dessus, page 305. B. — [2] Matthieu, xx, 27. B.

Pierre n'a jamais été à Rome[1]. S'il avait fait ce voyage, les *Actes des apôtres* en auraient parlé; la première église qu'on eût bâtie à Rome aurait été bâtie en l'honneur de Pierre, et non pas en l'honneur de Jean; l'église de Saint-Jean-de-Latran ne serait pas encore regardée aujourd'hui par les Romains comme la première église de l'Occident.

Des auteurs qui ne sont pas des De Thou, un Abdias, un Marcel[2], un Hégésippe, écrivent que Simon Barjone, surnommé Pierre, vint à Rome sous l'empereur Néron; qu'il y rencontra Simon le magicien; qu'ils s'envoyèrent l'un et l'autre faire des complimens par leurs chiens; qu'ils disputèrent à qui ressusciterait un parent de Néron qui venait de mourir; que Simon le magicien n'opéra la résurrection qu'à moitié, et que l'autre Simon l'opéra entièrement; qu'ils se défièrent ensuite à qui volerait le plus haut dans l'air, en présence de l'empereur; que Simon Pierre, en fesant le signe de la croix, fit tomber son rival de la moyenne région, ce qui fut cause qu'il se cassa les deux jambes; et que saint Pierre, ayant vécu vingt-cinq ans à Rome, sous Néron, qui ne régna que treize années, fut crucifié la tête en bas.

Est-il possible que ce soit sur de pareils contes que l'imbécillité humaine ait établi, dans des temps barbares, la plus énorme puissance qui ait jamais opprimé la terre, et en même temps la plus sacrée?

Ceux qui ont voulu donner une ombre de vraisem-

---

[1] Voyez tome XXXII, page 482. B.

[2] Voyez sa *Relation* dans la *Collection d'anciens évangiles*, qui fait partie du présent volume. B.

blance à ces incompréhensibles usurpations ont dit
que Rome ayant été la capitale du monde politique,
elle devait être la capitale du monde chrétien. Mais,
par cette raison, si l'empereur Charlemagne avait établi le siége de son empire à Vaugirard; si sa race
avait conservé sa puissance au lieu de la démembrer;
s'il y avait eu enfin un évêque à Vaugirard, ce prélat
aurait donc été le maître des empereurs, des rois, et
de l'Église universelle?

Quand même saint Pierre aurait fait le voyage de
Rome, en quoi l'évêque de cette ville aurait-il eu la
prééminence sur les autres? Rome n'avait point été
le berceau du christianisme, c'était Jérusalem. La
primauté appartenait naturellement à l'évêque de cette
ville, comme les trésors appartiennent de droit à ceux
sur le terrain desquels on les a trouvés.

Fraudes dont on s'est appuyé pour autoriser une domination injuste.

On frémit quand on envisage ce long amas d'impostures, dont le tissu a formé enfin la tiare qui a
opprimé tant de couronnes. Je ne parle pas des fausses constitutions apostoliques, des fausses citations,
des mauvais vers attribués aux prétendues sibylles,
des fausses lettres de saint Paul à Sénèque, des fausses
récognitions du pape Clément, et de ce nombre innombrable de fraudes qu'on appelait autrefois fraudes
pieuses : je parle de la prétendue donation de Constantin [1], qui est du neuvième siècle, et qu'on était
obligé de croire, sous peine d'excommunication; je

[1] Voyez tome XXVIII, page 444; et XLIV, 185. B.

parle des absurdes décrétales [1] qui ont été si longtemps le fondement du droit canon, et qui ont corrompu la jurisprudence de l'Europe; je parle de la prétendue concession faite par Charlemagne [2] à l'évêque de Rome de la Sardaigne et de la Sicile, que ce monarque n'a jamais possédées. Chaque année ajouta un chaînon à la chaîne de fer dont l'ambition, revêtue des habits de la religion, liait les peuples ignorants. On ne peut faire un pas dans l'histoire sans y trouver des traces de ce mépris avec lequel Rome traita le genre humain, ne daignant pas même employer la vraisemblance pour le tromper.

De l'indépendance des souverains.

Souveraineté et dépendance sont contradictoires. Toute monarchie, toute république n'a que Dieu pour maître: c'est le droit naturel, c'est le droit de propriété. Deux choses seules peuvent vous en priver, la force d'un brigand usurpateur, ou votre imbécillité. Les Goths s'emparent de l'Espagne par la force; les Tartares s'emparent de l'Inde; Jean-sans-Terre donne l'Angleterre au pape. On se réintègre dans le droit naturel, contre l'usurpation, quand on a du courage; on reprend son royaume des mains du pape, quand on a le sens commun.

Des royaumes donnés par les papes.

Quiconque a lu sait que les papes ont donné ou cru donner tous les royaumes de l'Europe, sans en

---

[1] Voyez tome XXVIII, page 299. B.
[2] Ibid., page 446. B.

excepter aucun, depuis les montagnes glacées de la Norvége jusqu'au détroit de Gibraltar. Ceux qui n'ont pas lu ne le croiront pas, parceque d'un côté ce comble d'audace, et de l'autre cet excès d'avilissement, semblent incompréhensibles.

Hildebrand ou Childebrand, moine de Cluni, pape sous le nom de Grégoire VII, est le premier qui, au bout de mille ans, pervertit à ce point le christianisme. Il ose citer l'empereur Henri IV à comparaître devant lui en 1076; il prononce contre cet empereur un arrêt de déposition, la même année[1] : « Je lui défends, dit-il, « de gouverner le royaume teutonique, et je délie tous « ses sujets du serment de fidélité. »

L'année suivante, ayant soulevé contre lui l'Allemagne, il le force à venir lui demander pardon, pieds nus, et revêtu d'un cilice.

En 1088, le même Childebrand donne, de son autorité privée, l'empire à Rodolphe, duc de Souabe.

Urbain II, moine de Cluni, comme Grégoire VII, marche sur les mêmes traces.

Pascal II va plus loin; il arme le fils de Henri IV contre son père, et en fait un parricide.

Enfin ce grand empereur meurt en 1106, dépouillé de l'empire, et réduit à l'indigence. On l'enterre à Liége; mais comme il était excommunié, son propre fils, Henri V, le fait exhumer; et un manœuvre l'enterre à Spire, dans une cave.

Après cet horrible exemple, il est inutile de rapporter tous les attentats sans nombre que les papes exer-

---

[1] Voyez tome XXIII, page 158.. B.

cèrent contre tant d'empereurs, et les calamités de la maison de Souabe.

Les papes ne permettaient pas qu'on lût l'Écriture sainte; il suffisait qu'on sût qu'ils étaient les vicaires de Dieu, et qu'en cette qualité ils devaient disposer de tous les royaumes de la terre. C'était précisément ce que le diable proposa à Jésus-Christ sur la montagne[1] où il est dit qu'il le transporta.

Nouvelles preuves du droit de disposer de tous les royaumes, prétendu par les papes.

Il y a cent bulles d'évêques de Rome qui assurent expressément que les royaumes ne sont que des concessions de la chaire pontificale. Arrêtons-nous à celle d'Adrien IV au roi d'Angleterre, Henri II. « On ne « doute pas, et vous êtes persuadé que tout royaume « chrétien est du patrimoine de saint Pierre, et que « l'Irlande et toutes les îles qui ont reçu la foi appar- « tiennent à l'Église romaine. Nous apprenons que « vous voulez subjuguer cette île, pour faire payer « un denier à saint Pierre par chaque maison, ce que « nous vous accordons avec plaisir, etc. »

Il n'est presque point d'état en Europe où des bulles à-peu-près semblables n'aient fait répandre des torrents de sang. Ne parlons ici que des papes qui osèrent excommunier les rois de France[2], Robert, Philippe Iᵉʳ, Philippe-Auguste, Louis VIII, père de saint Louis, excommunié par un simple légat, ac-

---

[1] Matthieu, IV, 8; Luc, IV, 5. B.
[2] Voyez ma note, tome XLI, pages 542-3. B.

ceptant pour pénitence de payer au pape le dixième de son revenu de deux années, et de se présenter nu-pieds et en chemise à la porte de Notre-Dame de Paris, avec une poignée de verges, pour être fouetté par les chanoines ; pénitence, dit-on, que ses domestiques accomplirent pour leur maître ; Philippe-le-Bel, livré au diable par Boniface VIII ; son royaume en interdit[a] et transféré à Albert d'Autriche ; enfin le bon roi Louis XII excommunié par Jules II, et la France mise encore en interdit par ce vieux et fougueux soldat, évêque de Rome.

Les plaies que les papes fauteurs de la Ligue ont faites à la France ont saigné trente années, depuis que le cordelier Sixte-Quint eut l'audace d'appeler Henri IV « génération bâtarde et détestable de la mai- « son de Bourbon, » et de le déclarer incapable de posséder un seul de ses héritages. Il faut le dire à nos contemporains, et les conjurer de redire à nos des-

[a] Le commun des lecteurs ignore la manière dont on interdisait un royaume. On croit que celui qui se disait le père commun des chrétiens se bornait à priver une nation de toutes les fonctions du christianisme, afin qu'elle méritât sa grace en se révoltant contre le souverain. Mais on observait dans cette sentence des cérémonies qui doivent passer à la postérité. D'abord on défendait à tout laïque d'entendre la messe, et on n'en célébrait plus au maître-autel. On déclarait l'air impur. On ôtait tous les corps saints de leurs châsses, et on les étendait par terre dans l'église, couverts d'un voile. On dépendait les cloches, et on les enterrait dans des caveaux. Quiconque mourait dans le temps de l'interdit était jeté à la voirie. Il était défendu de manger de la chair, de se raser, de se saluer. Enfin le royaume appartenait de droit au premier occupant ; mais le pape prenait toujours soin d'annoncer ce droit par une bulle particulière, dans laquelle il désignait le prince qu'il gratifiait de la couronne vacante. — Cette note fut reproduite, en 1771, par Voltaire, à la suite de son *Épître au roi de Danemark :* voyez tome XIII. B.

cendants, que ce sont ces seules maximes qui portèrent le couteau dans le cœur du plus grand de nos héros et du meilleur de nos rois. Il faut, en versant des larmes sur la destinée de ce grand homme, répéter qu'on eut une peine extrême à obtenir de Clément VIII qu'il lui donnât une absolution dont il n'avait que faire, et à empêcher que ce pape n'insérât dans cette absolution « qu'il réintégrait de sa pleine « autorité Henri IV dans le royaume de France[1]. »

Quelques personnes, plus confiantes qu'éclairées, veulent nous consoler, en nous disant que ces abominations ne reviendront plus. Hélas! qui vous l'a dit? le fanatisme est-il entièrement extirpé? ne savez-vous pas de quoi il est capable? La plupart des honnêtes gens sont instruits, je l'avoue; les maximes des parlements sont dans nos bouches et dans nos cœurs : mais la populace n'est-elle pas ce qu'elle était du temps de Henri III et de Henri IV? n'est-elle pas toujours gouvernée par des moines? n'est-elle pas trois cents fois au moins plus nombreuse que ceux qui ont reçu une éducation honnête? n'est-ce pas enfin une traînée de poudre à laquelle on peut mettre un jour le feu?

Jusqu'à quand se contentera-t-on de palliatifs dans la plus horrible et la plus invétérée des maladies? Jusqu'à quand se croira-t-on en pleine santé, parceque nos maux ont quelque relâche? C'est aux magistrats, c'est aux hommes qui partagent le fardeau du gouvernement, à voir quelle digue ils peuvent mettre à des débordements qui nous ont inondés depuis tant

---

[1] Voyez tome XVIII, page 367. B.

de siècles. Chaque père de famille est conjuré de peser ces grandes vérités, de les graver dans la tête de ses enfants, et de préparer une postérité qui ne connaisse que les lois et la patrie.

On se sert encore parmi nous du mot dangereux *des deux puissances* [1]; mais Jésus-Christ ne l'a jamais employé; il ne se trouve dans aucun Père de l'Église; il a toujours été inconnu à l'Église grecque; et, en dernier lieu, un évêque grec a été déposé par un synode d'évêques pour avoir usé de cette expression révoltante.

Il n'y a qu'une puissance, celle du souverain : l'Église conseille, exhorte, dirige; le gouvernement commande. Non, il n'est certes qu'une puissance. La cour de Rome a cru que c'était la sienne; mais quel gouvernement ne secoue pas aujourd'hui le joug de cette absurde tyrannie? Pourquoi donc le nom subsiste-t-il encore, quand la chose même est détruite? Pourquoi laisser sous la cendre un feu qui peut se rallumer? N'y a-t-il pas assez de malheurs sur la terre, sans mettre encore aux prises la discipline du sacerdoce avec l'autorité souveraine?

Nous n'entrerons pas ici dans cette grande question si les dignités temporelles conviennent à des ecclésiastiques de l'Église de Jésus, qui leur a si ex-

---

[1] Voyez les Remontrances du clergé au roi, en 1755, ses Actes de 1765, etc. On souffre ses entreprises parcequ'il les forme dans des assemblées où il donne quelques millions, et que l'on n'a pas encore osé le soumettre, comme les pairs du royaume, à la capitation et au vingtième, quoiqu'un grand-vicaire soit souvent beaucoup mieux payé qu'un maréchal de France. K. — Voyez aussi sur les deux puissances, tome XXXII, p. 32; et XLII, 130. B.

pressément et si souvent ordonné d'y renoncer. Nous n'examinons point si, dans ces temps d'anarchie, les évêques de Rome et d'Allemagne, les simples abbés, ont dû s'emparer des droits régaliens : c'est un objet de politique qui ne nous regarde pas; nous respectons quiconque est revêtu du pouvoir suprême. Dieu nous préserve de vouloir troubler la paix des états, et de remuer des bornes posées depuis si long-temps! Nous ne voulons que soutenir les droits incontestables des rois, de toute la magistrature, de tous nos concitoyens; et nous nous flattons que ces droits, sur lesquels repose la félicité publique, seront désormais inébranlables.

FIN DU CRI DES NATIONS.

COLLECTION
D'ANCIENS ÉVANGILES,

ou

MONUMENTS DU PREMIER SIÈCLE DU CHRISTIANISME.

EXTRAITS DE FABRICIUS, GRABIUS, ET AUTRES SAVANTS.

PAR L'ABBÉ B****.

1769.

Non enim doctas fabulas secuti notam fecimus vobis Domini nostri Jesus-Christi virtutem et præsentiam, sed speculatores facti illius magnitudinis.

« Ce n'est point en suivant des contes fabuleux que nous vous avons fait connaître la vertu et la présence de notre Seigneur Jésus-Christ, mais c'est après avoir été nous-mêmes les contemplateurs de sa grandeur. »

IIe Épître de saint Pierre, ch. 1er, v. 16.

AVERTISSEMENT DU NOUVEL ÉDITEUR.

Les *Mémoires secrets* parlent de cette *Collection* à la date du 27 mai 1769; et l'on peut croire que c'est en ce mois qu'elle parut. L'édition originale est un volume in-8º de 284 pages, plus le titre et la table. Une note de la satire intitulée *Dialogue de Pégase et du Vieillard* (voyez tome XIV) dit que cet ouvrage est de l'abbé Bigex. Cet abbé, qui était l'un des secrétaires ou copistes de Voltaire, avait déjà signé une déclaration du 1er mars 1769 (voyez ci-dessus, page 160, et aussi 163). Il signa encore les trois lettres à l'abbé Foucher, qui sont aussi dans le présent volume, pages 181-192.

Les ouvrages de Fabricius (J.-A.) et de Grabius (J.-E.) que Voltaire a mis à contribution, sont: *Codex apocryphus Novi Testamenti*, qui a eu plusieurs éditions, et *Spicilegium SS. Patrum ut et hæreticorum seculi post Christum natum I, II, III*. C'est dans ces deux ouvrages et dans celui que j'ai cité, tome XLIV, page 174, qu'il trouva les matériaux de l'article APOCRYPHES dans ses *Questions sur l'Encyclopédie;* voyez tome XXVI, page 445.

BEUCHOT.

AVANT-PROPOS.

En publiant cette traduction de quelques anciens ouvrages apocryphes, on n'a pas cru devoir justifier par l'exemple de Cicéron, de Virgile, et d'Homère, les idiotismes[a] et les répétitions[b] qui choqueraient dans un écrit profane. Jésus ayant expressément déclaré qu'il avait été[c] envoyé pour prêcher l'Évangile aux pauvres; ses disciples, à son exemple, n'affectèrent jamais le langage étudié d'une sagesse humaine[d].

Saint Luc avoue à Théophile qu'on avait composé plusieurs *Évangiles* avant qu'il lui dédiât le sien et ses *Actes des apôtres*. Cependant les *Constitutions apostoliques* ne recommandent la lecture que[e] des *Évangiles* de Matthieu, de Jean, de Luc, et de Marc. Et la principale raison qu'en donne saint Irénée[f], c'est que le prophète David, pour demander l'avénement du verbe, s'écrie[g] : Vous qui êtes assis sur le chérubin, apparaissez. Or, selon *Ézéchiel*[h] et l'*Apocalypse*[i], le chérubin ayant la figure de quatre animaux, le lion désigne la génération royale de Jésus écrite par Jean; le veau, sa génération sacerdotale décrite par Luc; l'homme, sa génération humaine racontée

---

[a] Asconius in 2. Verr. On laisse les citations en latin comme inutiles au commun des lecteurs. — [b] Macrob. Saturn., lib. V, ch. xv. — [c] Luc, ch. iv, v. 18; et Isaias, ch. lxi, v. 1. — [d] 1. Corinth., ch. ii, v. 13. — [e] L. II, ch. lvii. — [f] L. III, ch. xi. — [g] Ps. lxxix, v. 2. — [h] Ch. i, v. 10. — [i] Ch. iv, v. 7.

par Matthieu; et l'aigle volant, l'esprit prophétique dont Marc est saisi en commençant son *Évangile*. C'est pour cela qu'il n'y a eu que quatre Testaments donnés au genre humain: le premier avant le déluge, sous Adam; le second après le déluge, sous Noé; le troisième, la loi sous Moïse; et le quatrième, comme le sommaire de tous les autres, renouvelle l'homme et l'élève vers le royaume céleste par l'Évangile. Aussi conclut-il qu'il y aurait autant de vanité que d'ignorance et d'audace à recevoir plus ou moins de quatre *Évangiles*.

Saint Ambroise[a], Saint Athanase[b] et saint Augustin[c] font, à la vérité, chacun une association différente des quatre animaux et des quatre évangélistes; mais saint Jérôme, qui attribue[d] l'aigle à Jean, le bœuf à Luc, le lion à Marc, et l'homme à Matthieu, a été suivi par Fulgence[e], Eucher de Lyon[f], Sédulius, Théodulphe d'Orléans, Pierre de Riga, et par un très grand nombre d'autres modernes tant latins que grecs, comme il paraît par Germain, patriarche de Constantinople[g]; en un mot par toute la foule des peintres[h].

Ces quatre Évangiles furent appelés *authentiques* par opposition aux autres nommés *apocryphes*. On trouve ces deux mots grecs dans l'appendice du concile de Nicée[i], où il est dit qu'après avoir placé pêle-mêle les livres apocryphes et les livres authentiques

---

[a] Præf. in Luc. — [b] In Synopsi scripturæ, t. II, p. 155. — [c] L. I, de consensu Evangelist., ch. vi et alibi. — [d] L. I, adversus Jovinianum, et alibi. — [e] Homil. in natalem Christi. — L. I, instruction. — [g] Theoria ecclesiastica, p. 160. — [h] Joh. Molanus, Histor. sacrar. imagin., 3, 15 et 28. — [i] Concil. Labb., t. I, p. 84.

sur l'autel, les Pères prièrent ardemment le Seigneur que les premiers tombassent sous l'autel, tandis que ceux qui avaient été inspirés par le Saint-Esprit resteraient dessus; ce qui arriva sur-le-champ.

Nicéphore[a], Baronius[b] et Aurelius Peruginus[c] nous apprennent d'ailleurs que deux évêques nommés Chrysante et Musonius étant morts pendant la tenue du concile de Nicée, premier œcuménique, il était nécessaire d'avoir leur signature pour la validité dudit concile. On porta sur le tombeau des défunts le livre où étaient renfermés les actes divisés par sessions: on passa la nuit en oraison; on mit des gardes autour du tombeau, comme on avait fait autour de celui de notre Seigneur; et le lendemain on trouva (ô chose incroyable!) que les trépassés avaient signé.

Comme le pape Léon Ier fit ensuite[d] livrer aux flammes les écritures apocryphes qui passaient sous le nom des apôtres, il n'y en a qu'un petit nombre qui soient parvenues jusqu'à nous, et l'on ne connaît plus des autres que les noms et quelques fragments épars dans les écrivains ecclésiastiques. Saint Jérôme, par exemple[e], fait mention de l'*Évangile selon les Égyptiens*, de celui de Thomas, de Mathias, de Barthélemi, des douze apôtres, de Basilides, d'Apelles, et ajoute qu'il serait trop long de faire l'énumération des autres.

Un décret[f] connu sous le nom du pape Gélase, quoique quelques manuscrits l'attribuent au pape Damase,

---

[a] L. VIII, ch. xxiii. — [b] T. IV, n. 82 ad annum 325. — [c] In annalibus abbreviatis ad annum 325. — [d] Epist. 93, ad Turibium, ch. xv. — [e] Prooem. in Matth. — [f] In Jure canon., dist. 15, can. 3.

et d'autres au pape Hormisdas[a], note comme apocryphe l'*Itinéraire de Pierre apôtre* en dix Livres sous le nom de *Saint Clément*, les *Actes* d'*André apôtre*, de *Philippe apôtre*, de *Pierre apôtre*, de *Thomas apôtre*; l'*Évangile* de *Thaddée*, de *Mathias*, de *Thomas apôtre*, de *Barnabé*, de *Jacques-le-Mineur*, de *Pierre apôtre*, de *Barthélemi apôtre*, d'*André apôtre*, de *Lucien*, d'*Hesyque*; le *Livre de l'Enfance du Sauveur*, de la *Naissance du Sauveur et de sainte Marie et de sa sage-femme*, du *Pasteur*, de *Lenticius*, les *Actes de Thècle et de Paul apôtre*; la *révélation de Thomas apôtre*, de *Paul apôtre*, d'*Étienne apôtre*; le *livre du trépas de sainte Marie*; ceux qu'on appelle *les Sorts des apôtres, et la louange des apôtres*; celui des *Canons des apôtres*; l'*Épître de Jésus au roi Abgare*.

Les *Actes de Pierre*, son *Évangile*, et ceux de *Thaddée*, de *Jacques-le-Mineur*, et d'*André*, ne se trouvent pas dans quelques manuscrits de ce décret. Le savant Fabricius a publié une notice de cinquante *Évangiles* apocryphes, que l'on trouvera dans ce recueil avant la traduction des quatre conservés en entier.

A tant d'écrits dictés[b] par un zèle qui n'était point selon la science, les ennemis du christianisme ne manquèrent pas d'en opposer d'autres qu'ils décoraient des mêmes titres. Pour ne parler d'abord que des *Évangiles*, saint Irénée[c] dit que les disciples de Valentin étaient parvenus à un tel point d'audace, qu'ils

---

[a] Cave, Hist. litterar., t. I. — [b] Rom., ch. x, v. 2. — [c] L. III, adversus hæreses., ch. xi.

donnaient le titre d'*Évangile de vérité* à un écrit qui ne s'accordait en rien avec les *Évangiles* des apôtres; de sorte, ajoute-t-il, que, chez eux, l'Évangile même n'est pas sans blasphème.

Tertullien nous apprend [a] que cette infamie avait commencé par les Juifs; et que par eux, et à cause d'eux, le nom du Seigneur est blasphémé parmi les nations. En effet, au rapport de saint Justin [b], d'Eusèbe [c], et de Nicéphore [d], les Juifs de la Palestine avaient envoyé dans toutes les parties du monde, tant par mer que par terre, des écrits remplis de blasphèmes contre Jésus, pour les faire publier et même enseigner à la jeunesse dans les écoles des villes et des champs.

Quoique les empereurs Constantin [e] et Théodose [f] aient donné chacun un édit portant ordre, sous peine de mort, de brûler tous les écrits contre la religion des chrétiens, on trouve encore des traces des blasphèmes des Juifs dans les *Actes de Pilate*, mieux connus sous le nom d'*Évangile de Nicodème*. On y lit [g] que les Juifs, en présence de Pilate, reprochèrent à Jésus qu'il était magicien et né de la fornication.

On ne doutera pas que ce ne soit là le blasphème de l'*Évangile de vérité*, si l'on fait attention qu'Origène [h] témoigne que Celse intitulait *Discours de vérité* un ouvrage dans lequel il fesait reprocher par un Juif à Jésus d'avoir supposé qu'il devait sa naissance

---

[a] Contra Marcion., 3, 23.—[b] Dialog. cum Tryphone, p. 234, n⁰ˢ 16 et 17. — [c] L. IX, Hist., ch. v. — [d] L. VII, Hist., ch. xxvi. — [e] Socrates, L. I, ch. ix. Gelas., Hist. concil. Niceni, 2, 36, et Hist. tripartit., 2, 15. — [f] Act. Synodi Ephesin., a. c. 435. T. I, Harduin, p. 1720, et cod. Justinian. de Summa Trin. — [g] Art. 2. — [h] L. I, contra Celsum, ch. ix.

à une vierge, d'être originaire d'un petit hameau de la Judée, et d'avoir eu pour mère une pauvre villageoise qui ne vivait que de son travail, laquelle ayant été convaincue d'adultère avec un soldat nommé Panther, fut chassée par son fiancé qui était charpentier de profession. Qu'après cet affront, errant misérablement de lieu en lieu, elle accoucha secrètement de Jésus; que lui, se trouvant dans la nécessité, fut contraint de s'aller louer en Égypte, où ayant appris quelques uns de ces secrets[a] que les Égyptiens font tant valoir, il retourna dans son pays, et que, tout fier des miracles qu'il savait faire, il se proclama lui-même Dieu.

Cet écrit pernicieux, quoique réfuté par Origène, fit cependant une telle impression, que deux Pères écrivirent sérieusement qu'en effet Jésus avait été appelé fils de Panther, et cela, dit saint Épiphane[b], parceque Josèphe était frère de Cléophas, fils de Jacques surnommé Panther, engendrés tous les deux d'un nommé Panther. Et selon saint Damascène[c], parceque Marie était fille de Joachim, fils de Bar-Panther, fils de Panther.

Comme ces surnoms ne se trouvent point dans les deux généalogies différentes de Jésus, écrites l'une par saint Matthieu[d], l'autre par saint Luc[e], l'Église s'en est tenue au conseil de saint Paul[f], de ne point s'attacher à des fables et à des généalogies sans fin, qui produisent plutôt des doutes que l'édification de Dieu, qui est dans la foi.

---

[a] Voy. l'*Évangile de l'enfance,* art. xxxvii, note *a*. — [b] Hæres., 78. — [c] L. IV, de fide orthod., ch. 15. — [d] Ch. i, v. i. — [e] Ch. iii, v. 23. — [f] I. Timoth., ch. i, v. 4.

Lactance [a] remarque aussi qu'Hiéroclès avait pris le titre d'*amateur de la vérité*, dans deux livres adressés aux chrétiens. Il ajoutait aux blasphèmes de Celse, que le Christ ayant été chassé par les Juifs, rassembla une troupe de neuf cents hommes, avec lesquels il fit le métier de brigand. Ces nouvelles calomnies furent aussi aisément réfutées par Eusèbe de Césarée que celles de Celse l'avaient été par Origène.

J'ai honte de parler ici d'autres ouvrages encore subsistants. L'*Arétin*, par exemple [b], compare Marie à Léda, qui devint enceinte de Jupiter, transformé en cygne, comme si c'était en cette occasion que l'Esprit-Saint eût pris la forme d'un pigeon. Le jésuite Sanchez [c], agitant de bonne foi la question, si la vierge Marie fournit de la semence dans l'incarnation du Christ [f], s'autorise pour l'affirmative du sentiment de Suarez [d] et de Pero Mato [e]. Ces théologiens ignoraient-ils que tout ce qui concerne ce mystère ineffable est si au-dessus des lumières de notre faible raison, qu'il fallut que Dieu révélât son fils à Pierre [f] et à Paul [g] avant de confier au premier l'*Évangile de la circoncision*, et au second l'*Évangile du prépuce* [h]?

Il en a été des *Actes des apôtres* tout comme des *Évangiles*. L'imposture des méchants et la pieuse curiosité des simples les ont également multipliés. Outre les actes apocryphes mentionnés dans le décret de

---

[a] Institut. divin., l. V, ch. ii. — [b] Quatro libri della humanità di Christo. Venet. 1538. — [c] Tract. de matri. L. II, disp. 21, n. 11.

[f] Voyez tome XXXIV, page 51; XL, 18. B.

[d] 3. *p. q.* 32, a. 1, disp. 10, sect. 1. — [e] In Append. ad tract. de Semin. — [f] Matth., ch. xvi, v. 17. — [g] Galat., ch. i, v. 16. — [h] Galat., ch. ii, v. 7.

Gélase, saint Épiphane [a] dit que les ébionites en avaient supposé, dans lesquels ils prétendaient que Paul était né d'un père et d'une mère gentils, et qu'étant venu demeurer à Jérusalem, il devint prosélyte, et fut circoncis dans l'espérance d'épouser la fille du pontife; mais que n'ayant pas eu cette vierge, ou bien *ne l'ayant pas eue vierge*, il en fut si irrité, qu'il écrivit contre la circoncision, contre le sabbat, et contre toute la loi. Cette assertion paraissait fondée sur ce que Paul lui-même se dit [b] natif de Tarse en Cilicie, dans les *Actes authentiques* écrits par Luc; mais Fabricius [c] en cite un manuscrit grec, dans lequel Paul ne dit pas qu'il est né à Tarse [1], mais qu'il a été fait citoyen de cette ville; et saint Jérôme lui-même, si savant dans les langues, vient à l'appui de ce sentiment. Dans deux de ses ouvrages [d], il fait naître Paul à Giscala, ville de la Galilée.

Sur ce que le même Paul écrit à Timothée [e], qu'Hermogènes [f] et Démas l'ont abandonné, et qu'il lui parle en même temps [g] des grandes persécutions et des souffrances qu'il avait essuyées à Icone et à Antioche; un de ses disciples, pour suppléer aux *Actes des apôtres*, qui n'en disent qu'un mot [h], composa les *Actes de Thècle et de Paul*. Cet ouvrage a été si célèbre autrefois, que l'on ne sera pas fâché d'en trouver ici le précis avec les noms des Pères qui l'ont cité.

---

[a] Hæres. 30, n. 16. — [b] Act., ch. xxii, v. 13. — [c] Codex apocryp., p. 571.

[1] Voyez tome XXVI, page 500; XLIII, 97. B.

[d] De viris illustr., ch. v. Et Comment. in epist. ad Philem. — [e] II. Timoth., ch. i, v. 15. — [f] Ibid., ch. iv, v. 9. — [g] Ibid., ch. iii, v. 11. — [h] Act., ch. xiv, v. 1.

Lorsque Paul, dit l'auteur, après sa fuite d'Antioche, s'en allait à Icone, deux hommes pleins d'hypocrisie, Démas et Hermogènes, se joignirent à lui. Cependant un certain Onésiphore, avec sa femme Lectré et ses enfants Simmie et Zénon, vint l'attendre sur le chemin royal qui conduit à Lystres, pour le recevoir chez lui. Comme il n'avait jamais vu Paul, il le reconnut à sa taille courte, sa[a] tête chauve, ses cuisses courbes, ses grosses jambes, ses sourcils joints, et son nez aquilin. C'était là le signalement que Tite en avait donné.

Comme Paul prêchait à Icone, la vierge Thècle, qui était fiancée à un prince de la ville, nommé Thamyris[b], passait les jours et les nuits à l'écouter de la fenêtre de sa maison, voisine de celle d'Onésiphore, où se tenait l'assemblée. Elle n'avait point encore vu la figure de Paul; mais elle desirait de paraître devant lui, et d'être du nombre des femmes et des vierges qu'elle y voyait entrer. Théoclia, sa mère, fit avertir son gendre qu'il y avait trois jours que Thècle, séduite par les discours trompeurs de cet étranger, oubliait de boire et de manger.

Les tendres représentations de Thamyris pour la détourner des discours de Paul, furent aussi vaines que les larmes de la mère et des servantes[c]. Thamy-

---

[a] Grabius (T. I, Spicileg., p. 95) observe que Paul, dans le *Philopatris* de Lucien, est désigné par ces mots : « Ce chauve au nez aquilin, qui a été ravi par les airs jusqu'au troisième ciel. — Le *Philopatris* n'est pas de Lucien : voyez tome XXXI, page 37; XLIII, 93. B.

[b] Saint Grégoire de Nysse cite ce trait dans sa quatorzième Homélie sur le *Cantique*, t. I, p. 676. D.

[c] Saint Jean Chrysostôme (*Homil. de Thecla*, t. I, p. 885), et saint Épiphane (Hæres. 78, n. 16) commentent cet endroit.

ris alors, voyant sortir d'auprès de Paul deux hommes qui se querellaient vivement, les alla joindre dans la rue et les invita à souper, ce qu'ils acceptèrent. Ces deux hypocrites, Démas et Hermogènes, gagnés par la bonne chère et les grands présents que leur fit Thamyris, lui déclarèrent que Paul empêchait les jeunes gens de se marier, en leur persuadant que la résurrection ne sera que pour ceux qui persévèreront dans la chasteté. Vous n'avez, ajoutèrent-ils, qu'à le faire conduire au gouverneur comme enseignant la nouvelle doctrine des chrétiens; et, suivant le décret de César, on le fera mourir, et vous aurez votre fiancée, à laquelle nous enseignerons [a] que la *résurrection que Paul annonce comme à venir est déjà faite dans les enfants que nous avons, et que nous sommes ressuscités lorsque nous avons connu Dieu.*

Thamyris, transporté d'amour et de colère, courut le lendemain matin, avec des gens armés de bâtons, se saisir de Paul; et l'ayant traîné devant le gouverneur Castellius, il l'accusa de détourner les vierges du mariage, et toute la troupe criait : Ce magicien a corrompu toutes nos femmes.

Paul fut mis en prison, et Thècle, pendant la nuit, détacha ses boucles d'oreilles [b], dont elle fit présent au portier de la maison pour se faire ouvrir la porte; et, courant à la prison, elle donna son miroir d'ar-

---

[a] Saint Hilaire (Comment. in 2. Timoth., ch. xi) semble citer ce passage, quand il dit, en parlant de l'hérésie d'Hyménée et de Philète : Ils prétendent que, *comme nous l'enseigne une autre écriture,* la résurrection se fait dans les fils.

[b] Saint Jean Chrysostôme, Homélie 25 sur les Actes, propose cet exemple de Thècle.

gent au geôlier pour avoir la liberté d'entrer vers Paul, dont elle baisa les chaînes en se tenant debout à ses pieds.

Le gouverneur en étant informé, la fit comparaître avec Paul devant son tribunal, et lui demanda pourquoi elle n'épousait pas Thamyris. Comme Thècle, au lieu de répondre, avait les yeux fixés sur Paul, sa mère criait au gouverneur: Brûlez, brûlez cette malheureuse au milieu du théâtre, afin d'effrayer toutes celles qui ont écouté les enseignements de ce magicien. Alors le gouverneur, très affligé, ordonna que Paul fût fouetté et chassé de la ville, et condamna Thècle à être brûlée. Comme elle parcourait des yeux la foule des spectateurs, elle vit le Seigneur assis[a] sous la forme de Paul, et dit en elle-même: Paul est venu me regarder comme si je ne pouvais pas souffrir avec courage; et comme elle tenait les yeux arrêtés sur lui, il s'élevait au ciel en sa présence. Le gouverneur, la voyant nue, ne pouvait retenir ses larmes; il admirait sa rare beauté.

Thècle, ayant fait le signe de la croix, monta sur le bûcher. Le peuple y mit le feu qui ne la toucha point, quoiqu'il fût embrasé de tous côtés; parceque Dieu, prenant pitié de Thècle, fit entendre sous terre un grand bruit; un nuage chargé de pluie et de grêle la couvrit, et le sein de la terre s'ouvrant et s'écroulant engloutit plusieurs spectateurs; le feu s'éteignit, et Thècle échappa sans avoir aucun mal.

Cependant Paul, avec Onésiphore, qui avait quitté

---

[a] Cette apparition est rapportée par Basile de Séleucie (L. I, de Thecla, p. 251) et par d'autres.

les richesses mondaines pour le suivre avec sa femme et ses enfants, jeûnait caché dans un monument sur le chemin qui conduit d'Icone à Daphné. Un des enfants étant allé vendre la tunique de Paul pour acheter du pain, aperçut Thècle auprès de la maison de son père, et il la conduisit vers Paul. Et sur ce qu'elle dit : Je vous suivrai où que vous alliez, Paul lui répliqua : Nous sommes dans un temps où règne le libertinage, et vous êtes belle; prenez garde qu'il ne vous arrive une seconde tentation pire que la première.

De là Paul renvoya Onésiphore chez lui avec toute sa famille; et prenant Thècle, il s'en alla à Antioche. Ils n'y furent pas plus tôt arrivés, qu'un Syrien, nommé Alexandre, qui en avait été gouverneur, voyant Thècle, en fut amoureux, et offrit de grands et riches présents à Paul, qui lui dit : Je ne connais pas cette femme dont vous me parlez, et elle n'est point à moi. Le gouverneur l'ayant embrassée et baisée dans la rue, elle courut vers Paul, en criant d'une voix triste : N'insultez point une étrangère, et ne violez point la servante de Dieu. Je suis des premières familles d'Icone, et j'ai été contrainte de quitter la ville parceque je refusais d'épouser Thamyris. Et se saisissant d'Alexandre, elle lui déchira sa tunique, fit tomber la couronne de sa tête, et le renversa par terre devant tout le monde. Alexandre, transporté d'amour et de honte, la conduisit au gouverneur, qui, gagné par un présent d'Alexandre, la condamna aux bêtes.

Thècle, se voyant condamnée, demanda au gouverneur d'être conservée chaste jusqu'au jour qu'elle devait combattre. Elle fut confiée à une veuve fort riche, nommée Trisina ou Tryphena, dont la fille venait de mourir, et qui la regarda comme sa fille.

Thècle fut d'abord exposée à une lionne très cruelle, qui lui léchait les pieds. Et comme Trisina, qui n'avait pas rougi de la suivre, l'eut ramenée dans sa maison, voici que sa fille, qui était morte, lui apparut en songe, et lui dit : Ma mère, prenez à ma place Thècle, la servante du Christ, et demandez-lui qu'elle prie pour moi, afin que je sois transportée dans un lieu de repos. Thècle, pour calmer les pleurs de la mère, se mit à prier le Seigneur, disant : « Sei- « gneur, Dieu du ciel et de la terre, Jésus-Christ « fils du Très-Haut, faites que sa fille Falconille vive « éternellement. » Ce qu'entendant Trisina, elle pleura davantage, disant : « O jugements injustes! ô crime « indigne, de livrer aux bêtes une telle personne! »

Thècle fut exposée une seconde fois aux bêtes, après qu'on l'eut dépouillée de ses habits, et on lâcha contre elle des lions et des ours ; et la cruelle lionne, courant à elle, se coucha à ses pieds. Une ourse l'ayant attaquée, fut arrêtée et mise en pièces par la lionne. Ensuite un lion accoutumé à dévorer des hommes, et qui appartenait à Alexandre, se jeta contre elle. Mais la lionne, en le combattant, tomba morte avec lui. On lâcha ensuite plusieurs bêtes, pendant que Thècle priait debout, les mains étendues vers le ciel. Ses prières étant finies, elle vit la fosse pleine d'eau ; et s'y plongeant précipitamment, elle dit : « Mon Sei- « gneur Jésus-Christ, c'est en votre nom que je suis

« baptisée en mon dernier jour. » Le gouverneur même ne pouvait retenir ses larmes, voyant que les veaux marins allaient avaler une telle beauté. Mais toutes les bêtes, frappées d'un éclat de foudre, surnagèrent sans force; et une nuée de feu entoura Thècle; de sorte que les bêtes ne la touchèrent point, et que sa nudité fut cachée.

Or, comme on avait lâché sur Thècle d'autres bêtes redoutables, toutes les femmes poussèrent un cri de tristesse; et ayant jeté sur elle, l'une du nard, l'autre de la casse, celle-ci des aromates, cette autre de l'onguent, toutes les bêtes furent comme accablées de sommeil, et ne touchèrent point Thècle; de sorte qu'Alexandre dit au gouverneur : J'ai des taureaux fort terribles, nous l'y attacherons. Le gouverneur tout triste lui ayant répondu : Faites ce que vous voudrez; ils l'attachèrent par les pieds entre deux taureaux, auxquels ils mirent dans l'aine des fers ardents; mais comme les taureaux s'agitaient et mugissaient horriblement, la flamme brûla autour des membres des taureaux les cordes dont Thècle était liée, et elle resta détachée dans le lieu du combat [a].

Enfin le gouverneur lui fit rendre ses habits; et Thècle ayant appris que Paul était à Myre en Lycie, elle s'habilla en homme pour l'aller rejoindre. Paul la renvoya ensuite à Icone, où elle apprit la mort de Thamyris; et n'ayant pu convertir sa mère, signant tout son corps, elle prit le chemin de Daphné; et

[a] Maxime de Turin, Homélie sur la naissance de sainte Agnès, vers la fin, et saint Grégoire de Nazianze, t. II, p. 300. B. de son exhortation aux vierges, disent que Thècle échappa aux flammes et aux bêtes.

étant entrée dans le monument où elle avait trouvé Paul avec Onésiphore, elle se prosterna et y pleura devant Dieu. Ensuite étant allée à Séleucie, elle en éclaira plusieurs de la parole du Christ, et elle y reposa en bonne paix.

Voilà le précis exact des *Actes de Thècle et de Paul apôtre*. Tertullien, le plus ancien des Pères latins, assure[a] que ce fut un prêtre d'Asie qui composa cet écrit par amour pour Paul. Saint Cyprien d'Antioche[b] fait mention de l'histoire de Thècle; Basile de Séleucie la mit en vers, au rapport de Photius; et saint Augustin[c], en remarquant que les manichéens s'autorisaient de l'exemple de Thècle, ne traite point son histoire de fable, quoiqu'il qualifie de ce nom d'autres écrits apocryphes.

Enfin trois autres disciples écrivirent chacun une *Relation de la mort de Pierre et de Paul*. On traduira, à la fin de ce recueil, celle de Marcel, et les notes indiqueront en quoi elles diffèrent de celles d'Abdias et d'Hégésippe.

Nous allons commencer par la notice de cinquante *Évangiles* dont nous avons parlé.

[a] L. de Baptismo, ch. xvii. — [b] Grabius, Spicileg., p. 88. — [c] L. XXX, contra Faustum, ch. iv.

NOTICE ET FRAGMENTS
DE CINQUANTE ÉVANGILES.

A l'article de l'*Évangile selon les Égyptiens*, nombre I de la liste alphabétique de Fabricius, et nomb. XI de la nôtre [1], ce judicieux écrivain observe que saint Clément Romain ne nomme ni la personne qui interrogeait le Seigneur, ni l'*Évangile* d'où il a tiré ces paroles que nous rapportons de lui[a]. « Le Sei-
« gneur étant interrogé par une certaine personne,
« quand son règne devait arriver, lui dit: Lorsque
« deux seront un, et ce qui est dehors sera comme ce
« qui est dedans, et que le mâle avec la femelle ne
« seront ni mâle ni femelle. » Au lieu que saint Clément d'Alexandrie[b] nomme l'*Évangile selon les Égyptiens*, dans lequel cette question est faite par Salomé; et la réponse du Seigneur commence ainsi : « Lors-
« que vous foulerez aux pieds l'habillement de la
« pudeur, et lorsque deux seront un; etc. » Ainsi la citation dans saint Clément Romain n'est pas exacte.

Il en est de même d'une autre qui se lit dans l'Épître de saint Ignace aux Smyrnéens[c]. « Et lorsque
« le Seigneur vint à ceux qui étaient autour de Pierre,
« il leur dit : Tenez-moi et me touchez, et voyez que
« je ne suis pas un démon incorporel. Et aussitôt ils

---

[1] Fabricius a écrit *Ægyptios*; Voltaire, *Égyptiens* : de là vient la différence des numéros. B.

[a] Nombre XI, note 2e. — [b] Ibid., notes 3e et 4e. — [c] Ch. III.

« le touchèrent, et ils crurent, étant convaincus par
« sa chair et par l'esprit. »

Eusèbe[a] avoue qu'il ne sait point où le martyr
d'Antioche a puisé ce passage; mais saint Jérôme[b]
le reconnaît pour être d'un *Évangile* qu'il avait traduit depuis peu, et le rapporte avec quelques différences. « Et lorsqu'il vint à Pierre et à ceux qui étaient
« avec Pierre, il leur dit : Voilà, touchez-moi, et voyez
« que je ne suis pas un démon incorporel; et aussi-
« tôt ils le touchèrent, et ils crurent. » Il cite ailleurs[c]
ces dernières paroles comme étant de l'*Évangile des
Hébreux* dont se servent les nazaréens. Cette citation
de saint Ignace n'est pas plus exacte que celle de saint
Clément Romain.

Non seulement on peut conclure de là que les *Évangiles* apocryphes ont été cités par les Pères apostoliques, mais en même temps résoudre une grande difficulté touchant les quatre *Évangiles* authentiques.
C'est que, comme il est incontestable que les noms
de saint Matthieu, de saint Marc, de saint Luc, et de
saint Jean, ne se trouvent dans aucun des Pères apostoliques avant saint Justin, on en infère que leurs
Évangiles n'existaient pas, et que les seuls apocryphes avaient cours dans ces premiers temps.

Mais si l'on pose en fait que les Pères apostoliques
ont cité peu exactement les *Évangiles* authentiques,
et les apocryphes, sans en nommer aucun, rien n'empêche de dire que saint Matthieu et saint Luc sont
cités dans ce passage de saint Clément Romain[d]. « Car

---

[a] Hist. eccles., l. III, p. 37. — [b] In catalog. Script. eccles. — [c] Proœm.
in l. 18 Isaiæ. — [d] Epist. 2, ch. v.

« le Seigneur dit : Vous serez comme des agneaux au
« milieu des loups; mais Pierre répondant, dit : Si donc
« les loups mettent les agneaux en pièces? Jésus dit à
« Pierre : Que les agneaux ne craignent pas les loups
« après votre mort; et vous, ne craignez pas ceux qui
« vous tuent, et ensuite ne peuvent rien vous faire;
« mais craignez celui qui, après que vous serez morts,
« a la puissance de l'ame et du corps, et les peut en-
« voyer dans la géhenne. »

En effet, on lit dans saint Matthieu[a] : « Voilà, je
« vous envoie comme des brebis au milieu des loups[b].
« Ne craignez point ceux qui tuent le corps et ne peu-
« vent tuer l'ame; mais plutôt craignez celui qui peut
« perdre et l'ame et le corps dans la géhenne. » On
trouve aussi dans saint Luc[c] : « Allez, voilà je vous
« envoie comme des agneaux entre des loups[d]. Or, je
« vous dis, *à vous qui êtes* mes amis : N'ayez point peur
« de ceux qui tuent le corps, et après cela n'ont plus
« rien à faire davantage; mais je vous montrerai qui
« il faut que vous craigniez. Craignez celui qui, après
« qu'il aura tué, a la puissance d'envoyer dans la
« géhenne; oui, je vous dis, craignez celui-là. »

Malgré la ressemblance de ces textes, on insiste
sur ce que l'*Évangile de saint Matthieu* parle de
Zacharie, fils de Barachie, qui ne fut tué, suivant
Josèphe[e], que pendant la guerre des Juifs contre les
Romains. Donc, ajoute-t-on, l'*Évangile de saint Matthieu* fut écrit après cette guerre qui y paraît pré-
dite[f].

---

[a] Matth., ch. x, v. 16. — [b] Ibid., v. 28. — [c] Luc, ch. x, v. 3. — [d] Ibid., ch. xii, v. 4 et 5. — [e] Bell. Jud., l. IV, ch. xix. — [f] Matth., ch. xxiv, v. 6.

Cette allégation spécieuse semble porter à faux dès que l'*Évangile des nazaréens*[a] nous apprend que le Zacharie dont parle saint Matthieu était fils de Joïada.

Sans nous étendre davantage sur l'utilité des *Évangiles* apocryphes, voyons en peu de mots ce que l'on connaît de ces anciens écrits[1].

I. ÉVANGILE D'ANDRÉ APOTRE.

Cet *Évangile* n'est connu que par le décret du pape Gélase, dont on a parlé dans l'avant-propos.

II. ÉVANGILE D'APELLES.

Outre saint Jérôme cité dans l'avant-propos, Bède[b] fait mention de cet *Évangile* dont saint Épiphane[c] a conservé ce passage : « Le Christ a dit dans l'Évan- « gile : Soyez d'honnêtes banquiers; servez-vous de « toutes choses, en choisissant de chaque écriture ce « qui vous sera utile. »

III. ÉVANGILE DES DOUZE APOTRES.

Saint Jérôme, Origène[d], saint Ambroise[e] et Théophilacte[f], en ont parlé.

IV. ÉVANGILE DE BARNABÉ.

Il est compris dans le décret de Gélase.

V. ÉVANGILE DE BARTHÉLEMI APOTRE.

Son nom se trouve dans le décret de Gélase, dans saint Jérôme, et dans Bède.

---

[a] Voyez n° xxxvi.

[1] Tout ce qui précède est de Voltaire. Le sommaire qui suit des cinquante évangiles, est non une traduction, mais une analyse de Fabricius. B.

[b] Comment. in Luc. — [c] Hæres., 44, n° 2. — [d] Homil., 1, in Luc. ex vet. vers. — [e] Prœm. Comment. in Luc. — [f] Ad id. Lucæ Prœmium.

VI. ÉVANGILE DE BASILIDES.

On ne connaît de cet *Évangile* que le nom cité par saint Jérôme, Origène, et saint Ambroise.

VII. ÉVANGILE DE CÉRINTHE.

Saint Épiphane[a] pense que cet *Évangile* est un de ceux dont parle saint Luc en commençant le sien. Il avait insinué auparavant[b] que Cérinthe se servait de l'*Évangile de saint Matthieu*.

VIII. HISTOIRE DE LA FAMILLE DU CHRIST, TROUVÉE SOUS L'EMPEREUR JUSTINIEN.

Cette histoire, qui se trouve dans Suidas, le fit mettre par le pape Paul IV au nombre des livres défendus, au rapport de Possevin, qui parle aussi, dans son *Apparat*[1], de la réfutation qu'Hentenius en publia à Paris, l'an 1547, à la fin du commentaire d'Euthymius Zigabenus sur les quatre évangélistes qu'il avait traduits en latin.

IX. HISTOIRE DES DESPOSYNES SUR LA GÉNÉALOGIE DU CHRIST.

Jules Africain, dans sa lettre à Aristide[c], rapporte qu'Hérode, honteux de son origine ignoble[d], fit brûler tous les monuments des anciennes familles d'Israël; mais qu'un petit nombre, jaloux de l'antiquité

---

[a] Hæres., 51, n° 7. — [b] Hæres., 30, n° 14.

[1] L'*Apparatus sacer* de Possevin a paru en 1603-6, trois volumes in-folio. B.

[c] Euseb., Hist eccles., l. I, ch. vii, et Nicephor, l. I, ch. ii. — [d] Josèphe, Hist. des Juifs, l. XIV, ch. ii, avoue cependant qu'il était petit-fils d'Antipas, Iduméen, gouverneur de toute la Judée.

de leur noblesse, suppléèrent à cette perte en se fesant une nouvelle généalogie, soit de mémoire, soit en s'aidant des titres particuliers qui leur restaient. De ce nombre étaient ceux qu'on appela *desposynoi* en grec, parcequ'ils étaient proches parents du Sauveur.

X. ÉVANGILE DES ÉBIONITES.

Saint Épiphane[a] dit qu'ils avaient altéré et tronqué l'*Évangile de saint Matthieu*, qu'ils commençaient ainsi : « Sous le règne d'Hérode, roi de Judée, Jean,
« fils de Zacharie et d'Élisabeth, que l'on disait être
« de la race du prêtre Aaron, vint baptiser dans le
« fleuve du Jourdain, du baptême de la pénitence, et
« tout le monde allait à lui. Le peuple ayant été bap-
« tisé, Jésus y vint aussi, et fut baptisé par Jean. Et
« lorsqu'il fut sorti de l'eau, les cieux s'ouvrirent, et
« il vit le Saint-Esprit de Dieu qui descendait sous la
« forme d'une colombe, et qui entrait en lui. Et une
« voix éclata du ciel, disant : Vous êtes mon fils bien-
« aimé, je me suis complu en vous. Et ensuite : Je
« vous ai engendré aujourd'hui : et aussitôt dans ce
« même lieu brilla une grande lumière[b]. Ce que Jean
« ayant vu, lui dit : Qui êtes-vous, Seigneur? La voix
« reprit du ciel : Celui-ci est mon fils bien-aimé, en
« qui je me suis complu. A ces mots, Jean se jetant
« à ses pieds : Seigneur, dit-il, baptisez-moi, je vous
« prie; mais lui l'en empêchait, disant : Laissez, il est

---

[a] Hæres., 30, n° 13. — [b] Saint Justin, dans son colloque avec Tryphon, p. 315, dit qu'en ce même temps il parut du feu dans le Jourdain.

« à propos que nous accomplissions ainsi toutes choses. »
Ailleurs [a] les ébionites font dire à Jésus : « Je suis venu
« pour abroger les sacrifices ; et, si vous ne cessez de
« sacrifier, la colère de Dieu contre vous ne cessera
« pas. » Ensuite [b] : « Ai-je desiré de manger la chair,
« cette pâque avec vous ? » Paroles que Luc [c] rapporte
sans interrogation et sans parler de la chair. Enfin [d],
outre l'*Évangile* sous le nom de Matthieu, les mêmes
ébionites paraissent en avoir supposé sous celui de
Jacques et des autres disciples.

XI. ÉVANGILE SELON LES ÉGYPTIENS.

Saint Jérôme fait mention de cet *Évangile*, et saint
Épiphane [e] dit que les sabelliens y puisaient leur erreur ; comme si le Sauveur y déclarait à ses disciples
que le Père, et le Fils, et le Saint-Esprit, sont le même.

Saint Clément Romain [f] et saint Clément d'Alexandrie en citent ces paroles : « Le Seigneur étant interrogé par une certaine [g] Salomé, quand son règne devait venir, lui dit [h] : Lorsque vous foulerez aux pieds
l'habillement de la pudeur, et lorsque deux seront un,
et ce qui est dehors sera comme ce qui est dedans, et
que le mâle avec la femelle ne seront ni mâle ni femelle [i]. Salomé demandant : Jusqu'à quand les hommes mourront-ils ? le Seigneur dit : Tant que vous autres femmes enfanterez. Et lorsqu'elle eut dit : J'ai
donc bien fait, moi qui n'ai point enfanté ; le Seigneur

---

[a] Epiphan., Hæres., 30, n° 16. — [b] Idem, n° 21. — [c] Ch. XXII, v. 15.
— [d] Epiphan., Hæres., 30, n° 23. — [e] Hæres., 62, n° 2. — [f] Epist. II,
n° 12. — [g] Clem. Alex., l. III, Strom., pag. 465. — [h] Ibid. — [i] Idem,
l. III, Strom., p. 445.

répliqua : Nourrissez-vous de toute herbe, mais ne vous nourrissez pas de celle qui a de l'amertume[a]. » Enfin, on rapporte que le Sauveur avait dit : « Je suis venu pour détruire les ouvrages de la femme ; c'est-à-dire de la femme de la cupidité ; or ses ouvrages sont la génération et la mort. »

XII. ÉVANGILE DES ENCRATITES.

Saint Épiphane[b] pense que l'*Évangile* dont se servaient les encratites était celui que Tatien avait composé en fondant ensemble les quatre *Évangiles* canoniques ; mais il paraît se tromper lorsqu'il dit que quelques uns l'appelaient *selon les Hébreux* : en effet saint Jérôme, qui traduisit ce dernier en grec et en latin, ne dit nulle part qu'il ait vu celui de Tatien, dont se servaient non seulement ses disciples, mais encore les autres catholiques qui habitaient en Syrie sur les bords de l'Euphrate, comme l'atteste Théodoret[c].

XIII. ÉVANGILE DE L'ENFANCE DU CHRIST.

Gélase déclare apocryphes les livres de l'enfance du Sauveur. On donnera en français le fragment[1] de celui que Cotelier a traduit du grec en latin, et ensuite un autre complet que Sike de Brême a mis en latin d'après l'arabe[2]. Le savant M. Sinner parle d'un autre manuscrit, n° 377, de la bibliothèque de Berne, dans lequel l'arrivée des mages à Jérusalem est rapportée deux ans après la naissance de Jésus. Il ajoute

---

[a] Strom., pag. 452. — [b] Hæres., 46, n° 1. — [c] Hæretic. fab., l. I, ch. xx.

[1] Voyez ci-après, page 390. B. — [2] Voyez ci-après, page 394. B.

au voyage de Marie et de Joseph en Égypte, que, « le troisième jour de leur départ, Marie dans le désert se trouva fatiguée de la trop grande chaleur du soleil; et, voyant un palmier, elle dit à Joseph : Reposons-nous un peu sous son ombre. Et Joseph se hâtant, la conduisit vers le palmier, et la fit descendre de sa monture. Et lorsque Marie fut assise, regardant les branches du palmier, et les voyant chargées de fruits, elle dit à Joseph : J'ai envie, si cela se pouvait, de manger du fruit de ce palmier. Alors Joseph lui dit : Je suis surpris que vous me disiez cela, puisque vous voyez quelle hauteur ont les rameaux de ce palmier. Pour moi, je suis très en peine où nous prendrons de l'eau pour remplir nos outres qui sont déjà vides, et pour nous ranimer. Alors le petit enfant Jésus, d'un air joyeux dans le sein de la vierge Marie sa mère, dit au palmier : Arbre, recourbez-vous, et rafraîchissez ma mère de vos fruits. Aussitôt à cette parole il inclina son sommet jusqu'aux pieds de Marie; et, cueillant tous les fruits qu'il avait, ils se rafraîchirent. Or, après que tous les fruits furent cueillis, il demeurait incliné, attendant, pour se relever, l'ordre de celui qui l'avait fait baisser. Alors Jésus lui dit : Palmier, dressez-vous, et vous affermissez, et soyez comme les arbres qui sont dans le paradis de mon seigneur et de mon père. Ouvrez aussi de vos racines la veine qui est cachée en terre : il en coulera des eaux pour nous désaltérer. Aussitôt le palmier se dressa, et des sources d'eaux très claires et très douces commencèrent à sortir par ses racines.

XIV. ÉVANGILE ÉTERNEL.

Comme il est fait mention de l'*Évangile éternel*, dans l'*Apocalypse*[a], les frères mendiants, vers le milieu du treizième siècle, en composèrent un par lequel l'*Évangile du Christ* devait être abrogé. Cet ouvrage fut condamné par le pape Alexandre IV à être brûlé, mais en secret, pour ne pas scandaliser les frères[b].

XV. ÉVANGILE D'ÈVE.

On lisait dans cet *Évangile*[c] : « J'étais arrêté sur une haute montagne, lorsque je vois un homme d'une haute taille et un autre fort court. Ensuite j'entends une voix comme celle du tonnerre. Je m'approche donc de plus près pour écouter, alors il me parla de cette manière : Je suis le même que vous, et vous êtes le même que moi ; et en quelque endroit que vous soyez, j'y suis, et je suis dispersé par toutes choses. Et de quelque endroit que vous voudrez, vous me cueillez. Or en me cueillant, vous vous cueillez vous-même. » Ensuite[d] : « Je vis un arbre portant douze fruits chaque année, et il me dit : C'est là le bois de vie. » Saint Épiphane, qui rapporte ces deux passages, dit que les gnostiques interprétaient ce dernier des règles des femmes.

XVI. ÉVANGILE DES GNOSTIQUES.

Les gnostiques[e], outre certaines *Interrogations de*

---

[a] Ch. xiv, v. 6. — [b] Matth. Paris, ad ann. 1257, pag. 939. — [c] Epiphan., Hæres., 26, n° 3. — [d] Idem, n° 5. — [e] Epiphan., Hæres., 26, n° 8.

Marie, avaient aussi d'autres *Évangiles* sous le nom des disciples.

XVII. ÉVANGILE SELON LES HÉBREUX.

Bède[a] remarque que l'*Évangile selon les Hébreux* ne doit pas être compris parmi les apocryphes, mais parmi les histoires ecclésiastiques, d'autant que saint Jérôme, interprète de l'Écriture sainte, en a pris nombre de témoignages.

XVIII. ÉVANGILES D'HESYCHIUS, OU HÉSYQUE.

Ils sont compris dans le décret de Gélase; quoique Usserius[b] pense qu'Hesychius, Égyptien, de même que Lucianus, martyr, avaient plutôt entrepris de corriger les livres saints que de les falsifier. Saint Jérôme aussi[c] les cite l'un et l'autre, en rendant compte au pape Damase des tracasseries qu'il avait lui-même à essuyer en pareille conjoncture.

XIX. PROTÉVANGILE DE JACQUES-LE-MINEUR.

Le décret de Gélase en fait mention. Postel l'a traduit de grec en latin, et on le donne en français[1].

Un *Évangile* de Jacques-le-Majeur, trouvé en Espagne, l'an 1595[d], fut condamné par Innocent XI, l'an 1682[e].

Enfin, Cotelier[f] et Labbe[g] parlent d'un *Évangile* manuscrit qui est à la bibliothèque du roi de France,

---

[a] Comment. in Luc. — [b] Syntagm. de 70 interpret., ch. vii. — [c] Præfat. in quatuor Evangelia.

[1] Voyez ci-après, page 371. B.

[d] Bivarius, p. 57, not. ad commentitium Chron., Lucio Dextro suppositum A. C. 37. — [e] T. VII, Act. Sanctor. Maii, p. 285 et 393. — [f] In not. ad Constit. Apost., l. VI, ch. xvii. — [g] Bibl. nov. MSS., p. 306.

n° 2276, dont voici le titre : « Commence l'histoire de « Joachim et d'Anne, et de la nativité de la bienheu- « reuse mère de Dieu, Marie toujours vierge, et de « l'Enfance du Sauveur. Moi, Jacques, fils de Jo- « seph, etc. »

XX. ÉVANGILE DE JEAN DU TRÉPAS DE SAINTE MARIE.

Il est nommé dans le décret de Gélase. Quelques manuscrits grecs l'attribuent à Jacques [a].

XXI. ÉVANGILE DE JUDE ISCARIOTH.

Cet *Évangile* n'est connu que par ce qu'en disent saint Irénée [b], saint Épiphane [c], et Théodoret [d].

XXII. ÉVANGILE DE JUDE THADDÉE.

On ne le connaît que par le décret de Gélase.

XXIII. ÉVANGILE DE LEUCIUS.

Il est nommé Lenticius, Lentius, Léontius, Lucius, Leicius, Seleucus, dans le décret de Gélase, et saint Augustin [e] l'appelle d'abord Leontius, et ensuite deux fois Leucius. Grabe [f] parle d'un manuscrit de cet *Évangile* qu'il a vu dans la bibliothèque d'Oxford, et le passage qu'il en rapporte se trouve aussi article XLIX de l'*Évangile de l'enfance*. Il s'agit d'un maître d'école qui mourut pour avoir frappé Jésus.

XXIV. ÉVANGILE DE LUCIANUS.

Voyez ce qu'on en dit n° XVIII, article d'Hesychius (pag. 352.)

---

[a] Lambecius, Comment. de Biblioth. Vindobon., l. IV, p. 131. — [b] L. I, contra hæres., c. 35. — [c] Hæres., 28, n° 1. — [d] L. I, Hæretic. fabul., ch. xv. — [e] L. de fide contra manichæos. — [f] Ad Irenæum, l. I, ch. xvii.

XXV, XXVI, XXVII. ÉVANGILES DES MANICHÉENS.

Le 1er est l'*Évangile de Thomas, apôtre,* mentionné dans le décret de Gélase, dans l'*Histoire des manichéens*, de Pierre de Sicile[a], et dans Leontius[b]. Ce dernier y joint l'*Évangile* de Philippe.

Le 2e est l'*Évangile vivant* dont parlent Photius[c], Cyrille de Jérusalem[d], et saint Épiphane[e]. Il est nommé le premier avant ceux de Thomas et de Philippe, par Timothée, prêtre de Constantinople[f], ou du moins par celui qui a interpolé tout ce passage qui manque dans quelques éditions, et dans quelques manuscrits.

Le 3e enfin, réfuté par Diodore[g], fut écrit, au rapport de Photius[h], par Ada, qui le nomma *Modion*, en fesant allusion au boisseau dont parle saint Marc[i], sous lequel on ne met pas la lumière. Meursius[k] se trompe en disant que ce dernier est le même que l'*Évangile de Thomas*. Tollius[l] et Cotelier[m] nomment expressément l'*écrit* d'Ada avec l'*Évangile vivant* et celui de Thomas, sans parler de celui de Philippe. Le nom d'Ada se trouve aussi dans l'*Évangile de Nicodème*, article XIV.

XXVIII. ÉVANGILE DE MARCION.

C'était l'*Évangile de saint Luc* que Marcion préten-

[a] P. 30, edit. Raderi. — [b] De sectis lect. III, p. 432. — [c] MS., l. I, contra manichæos. — [d] Catechesi, VI, p. 57. — [e] Hæres., 66, n° 2. — [f] Meursius in variis divinis, p. 117. — [g] In libris 25 adversus manichæos. — [h] In Bibl. cod., 85. — [i] Ch. IV, v. 21. — [k] In Gloss. græco-barbaro, p. 172. — [l] In insignibus itineris italici, p. 142. — [m] Tom. I, patres Apostol., p. 537.

dait avoir été écrit par saint Paul, à ce que disent saint Irénée[a], Origène[b], Tertullien[c] et saint Épiphane[d].

XXIX, XXX, XXXI. TROIS LIVRES DE LA NAISSANCE DE SAINTE MARIE.

Saint Épiphane[e]; saint Grégoire de Nysse[f] et saint Augustin[g] parlent des deux premiers. On donnera le troisième en français, d'après la traduction latine que saint Jérôme en a faite sur l'hébreu attribué à saint Matthieu[i].

XXXII. LIVRE DE SAINTE MARIE ET DE SA SAGE-FEMME.

Ce Livre, compris dans le décret de Gélase, est réfuté par saint Jérôme[h].

XXXIII, XXXIV. INTERROGATIONS DE MARIE GRANDES ET PETITES.

Saint Épiphane[i] est le seul qui fasse mention de ces deux livres dont se servaient les gnostiques.

XXXV. LIVRE DU TRÉPAS DE MARIE.

C'est le même dont on a parlé sous le nom de saint Jean, n° xx.

XXXVI. ÉVANGILE HÉBREU DE SAINT MATTHIEU DONT SE SERVAIENT LES NAZARÉENS.

Saint Jérôme[k] dit que le Zacharie tué entre le

---

[a] L. I, ch. xxix; l. III, ch. xii. — [b] L. II, contra Celsum, p. 77. — [c] L. IV, contra Marcionem, ch. iii. — [d] Hæres., 42. — [e] Hæres., 26, n° 12. — [f] Homil. de nativit. S. Mariæ virg., t. III, p. 346. — [g] Contra Faustum, l. XXIII, ch. ix.

[i] Voyez ci-après, page 359. B.

[h] Contra Helvidium. — [i] Hæres., 26, n° 8. — [k] L. IV, ad Matth., ch. xxiii, v. 35.

temple et l'autel y est appelé fils de Joïada comme dans les *Paralipomènes*ᵃ, au lieu de fils de Barachie comme dans saint Matthieu. Eusèbeᵇ, d'après Papias, croit que cet *Évangile* est le même que celui *selon les Hébreux*, n° XVII, parceque l'histoire d'une femme qui fut accusée de plusieurs crimes, devant le Seigneur est rapportée dans l'un et dans l'autre.

XXXVII. ÉVANGILE DE MATHIAS.

Son nom se trouve dans le décret de Gélase, dans saint Jérôme, Origèneᶜ, Eusèbeᵈ, Bèdeᵉ, et saint Ambroiseᶠ.

XXXVIII. ÉVANGILE DE NICODÈME.

On lit au commencement de quelques manuscrits et à la fin de quelques autres, que « l'empereur Théodose trouva dans les archives publiques, dans le prétoire de Ponce Pilate à Jérusalem, cet *Évangile* écrit en hébreu par Nicodème, la dix-neuvième année de l'empereur Tibère César, le 8 des calendes d'avril, qui est le 23 mars, sous le consulat de Rufus et de Léon, la quatrième année de la deux cent deuxième olympiade, Joseph et Caïphas étant princes des prêtres. »

Au reste, quoique cet *Évangile* soit le seul qui parle du péché originelᵍ, et de la descente de Jésus aux enfers, il ne faut pas croire que saint Augustin y ait

---

ᵃ L. II, ch. XXIV, v. 20. — ᵇ Hist. eccles., l. III, ch. XXXIX. — ᶜ In Luc. hom., 1. — ᵈ Hist. eccl., l. III, ch. XXV. — ᵉ Comment. in Luc. — ᶠ Proœm. in Luc. — ᵍ Art. XXII.

puisé ce qu'il en dit dans une de ses lettres ᵃ. Ce Père nous apprend lui-même ᵇ qu'il avait su, par révélation, le mystère de la grace. Un semblable secours suffisait pour expliquer tous les dogmes qui ne sont pas assez clairement énoncés dans l'Écriture authentique.

XXXIX. ÉVANGILE DE PAUL.

Saint Jérôme ᶜ entend ces mots des épîtres de *Paul* ᵈ, *Selon mon Évangile*, de l'*Évangile* prêché par cet apôtre, et écrit par son disciple saint Luc. *Voy.* n. XXVIII, l'article de Marcion.

XL. ÉVANGILE DE LA PERFECTION.

On ne le connaît que par ce qu'en dit saint Épiphane ᵉ. Clément d'Alexandrie ᶠ fait aussi mention d'un ouvrage de Tatien, sous le titre de *la perfection selon le Sauveur*. Il est parlé d'un *Évangile* parfait dans celui de l'*enfance du Christ* ᵍ.

XLI. ÉVANGILE DE PHILIPPE.

Saint Épiphane ʰ, Timothée, prêtre de Constantinople ⁱ, et Léontius ᵏ, parlent d'un *Évangile de Philippe*; mais on ignore si c'est du même livre qu'il est tiré, et si on l'attribuait à l'apôtre de ce nom, ou bien à l'un des sept diacres nommé Philippe ˡ.

ᵃ Epist. 99, ad Evodium, edit. benedict; 164. — ᵇ L. de præd. Sanctor., ch. IV. — ᶜ In catalogo. — ᵈ Rom., ch. II, v. 16; Galat., ch. I, v. 8; et II, Tim., ch. II, v. 8. — ᵉ Hæres., 26, n° 2. — ᶠ Strom., l. III, p. 460. — ᵍ Art. XXV. — ʰ Hæres., 26, n° 13. — ⁱ Voyez n° 25. — ᵏ Ibid. — ˡ Act., ch. VIII, v. 12; et ch. XXI, v. 8.

XLII. ÉVANGILE DE PIERRE APOTRE.

Le décret de Gélase, Origène[a], Eusèbe de Césarée[b], et d'autres, font mention d'un *Évangile de Pierre* comme supposé, et très différent de celui de Marc son disciple, qu'on attribuait aussi à Pierre, suivant saint Jérôme[c] et Tertullien[d].

XLIII. LIVRE DE LA NAISSANCE DU SAUVEUR.

On ne le connaît que par le décret de Gélase.

XLIV. ÉVANGILE DES SIMONIENS.

Il en est parlé dans les *Constitutions des apôtres*[e], et dans la préface arabique du concile de Nicée[f].

XLV. ÉVANGILE SELON LES SYRIENS.

On n'en sait que le nom qui se trouve dans Eusèbe[g] et saint Jérôme[h]. Fabricius cite aussi[i] une ancienne version syrienne de l'*Évangile de Nicodème*.

XLVI. ÉVANGILE DE TATIEN.

C'est le même que celui des encratites, n° XII.

XLVII. ÉVANGILE DE THADDÉE.

Il en est parlé dans le décret de Gélase et dans Eusèbe[k].

XLVIII. ÉVANGILE DE THOMAS.

C'est le premier des manichéens, n° XXV. Son nom

---

[a] Comment. in Matth., T. II, p. 223. — [b] Hist. eccl., l. III, ch. xxv. — [c] Catalog., ch. I. — [d] L. IV, contra Marcion., ch. v. — [e] L. VI, ch. xvi. — [f] T. II Concilior., edit. Labbe, p. 386. — [g] Hist. eccl., l. IV, ch. xxii. — [h] In catalogo. — [i] T. I, p. 254. — [k] Hist., l. I, ch. xiii.

se trouve avec celui de Mathias dans les auteurs cités n. XXXVII.

XLIX. ÉVANGILE DE VALENTIN.

Voyez ce qu'en dit saint Irénée cité dans la préface.

L. ÉVANGILE VIVANT.

C'est le second *Évangile* des manichéens, n° XXVI.

Voici maintenant l'*Évangile de la naissance de Marie*, dont nous avons parlé, n° XXXI de la notice alphabétique.

ÉVANGILE

DE LA NAISSANCE DE MARIE[1].

I. [2] La bienheureuse et glorieuse Marie toujours vierge, de la race royale et de la famille de David, naquit dans la ville de Nazareth, et fut élevée à Jérusalem, dans le temple du Seigneur. Son père se nommait Joachim, et sa mère Anne. La famille de son père était de Galilée, et de la ville de Nazareth. Celle de sa mère était de Bethléem. Leur vie était simple

---

[1] Voyez ci-dessus, page 355, les nos XXIX, XXX, et XXXI. B.

[2] Les dix articles qu'on lit ici sont la traduction entière de la pièce telle que la rapporte Fabricius dans son *Codex apocryphus Novi Testamenti*. Il en est de même des vingt-cinq articles du *Protévangile de Jacques*, des sept de l'*Évangile de l'enfance du Christ*, des cinquante-cinq de l'*Évangile de l'enfance*, des trente-huit de l'*Évangile de Nicodème*, des *Deux lettres de Pilate*, de la *Relation du gouverneur Pilate*, et de la *Relation de Marcel*. B.

et juste devant le Seigneur, pieuse et irrépréhensible devant les hommes : car ayant partagé tout leur revenu en trois parts, ils dépensaient la première pour le temple et ses ministres ; la seconde, pour les pèlerins et les pauvres, et réservaient la troisième pour eux et leur famille. Ainsi, chéris de Dieu et des hommes, il y avait près de vingt ans qu'ils vivaient chez eux dans un chaste mariage sans avoir des enfants. Ils firent vœu, si Dieu leur en accordait un, de le consacrer au service du Seigneur ; et c'était dans ce dessein qu'à chaque fête de l'année ils avaient coutume d'aller au temple du Seigneur.

II. Or, il arriva que, comme la fête de la dédicace approchait, Joachim monta à Jérusalem avec quelques uns de sa tribu. Le pontife Issachar se trouvait alors de fonction. Et lorsqu'il aperçut Joachim parmi les autres avec son oblation, il le rebuta et méprisa ses dons, en lui demandant comment, étant stérile, il avait le front de paraître parmi ceux qui ne l'étaient pas. Que puisque Dieu l'avait jugé indigne d'avoir des enfants, il pouvait penser que ses dons n'étaient nullement dignes de Dieu : l'Écriture déclarant[a] « maudit celui qui n'a point engendré de « mâle en Israël. » Il ajouta qu'il n'avait qu'à commencer d'abord par se laver de la tache de cette malédiction en ayant un enfant, et qu'ensuite il pourrait paraître devant le Seigneur avec ses oblations. Joachim, confus de ce reproche outrageant, se retira auprès des bergers qui étaient avec ses troupeaux

---

[a] Isaïe, ch. iv, v. 1, ne maudit que la femme stérile.

dans ses pâturages : car il ne voulut pas revenir à la maison, de peur que ceux de sa tribu qui étaient avec lui ne lui fissent le même reproche outrageant qu'ils avaient entendu de la bouche du prêtre.

III. Or, quand il y eut passé quelque temps, un jour qu'il était seul, l'ange du Seigneur s'apparut à lui avec une grande lumière. Cette vision l'ayant troublé, l'ange le rassura, en lui disant : Ne craignez point, Joachim, et ne vous troublez pas de me voir; car je suis l'ange du Seigneur : il m'a envoyé vers vous pour vous annoncer que vos prières sont exaucées, et que vos aumônes sont montées jusqu'à lui. Car il a vu votre honte, et il a entendu le reproche de stérilité que vous avez essuyé injustement. Or, Dieu punit le péché et non la nature; c'est pourquoi lorsqu'il rend quelqu'un stérile, ce n'est que pour faire ensuite éclater ses merveilles, et montrer que l'enfant qui naît est un don de Dieu, et non pas le fruit d'une passion honteuse. Sara, la première mère de votre nation, ne fut-elle pas stérile jusqu'à l'âge de quatre-vingts ans [a] ? Et cependant, au dernier âge de la vieillesse, elle engendra Isaac, auquel la bénédiction de toutes les nations était promise. De même Rachel [b], si agréable au Seigneur, et si fort aimée du saint homme Jacob, fut long-temps stérile; et cependant elle engendra Joseph, qui devint le maître de l'Égypte, et le libérateur de plusieurs nations prêtes à mourir de faim. Lequel de vos chefs a été plus fort que Samson, ou plus saint que Samuel ? Et cepen-

---

[a] La Genèse, ch. xvii, v. 17, lui donne alors quatre-vingt-dix ans. — [b] Genes., ch. xxx, v. 23.

dant ils eurent tous les deux des mères stériles[a]. Si donc la raison ne vous persuade point par mes paroles, croyez par l'effet, que les conceptions long-temps différées, et les accouchements stériles, n'en sont d'ordinaire que plus merveilleux. Ainsi votre femme Anne vous enfantera une fille que vous nommerez Marie; elle sera consacrée au Seigneur dès son enfance, comme vous en avez fait vœu; et elle sera remplie du Saint-Esprit, même dès le sein de sa mère[b]. Elle ne mangera ni ne boira rien d'impur, n'aura aucune société avec la populace du dehors; mais sa conversation sera dans le temple du Seigneur, de peur qu'on ne puisse soupçonner ou dire quelque chose de désavantageux sur son compte. C'est pourquoi en avançant en âge, comme elle-même naîtra d'une mère stérile, de même cette vierge incomparable engendrera le fils du Très-Haut, qui sera appelé Jésus, sera le sauveur de toutes les nations, selon l'étymologie de ce nom[c]. Et voici le signe[d] que vous aurez des choses que je vous annonce. Lorsque vous arriverez à la porte d'or, qui est à Jérusalem, vous y trouverez votre épouse Anne qui viendra au-devant de vous, laquelle aura autant de joie de vous voir, qu'elle avait eu d'inquiétude du délai de votre retour. Après ces paroles l'ange s'éloigna de lui.

IV. Ensuite il apparut à Anne son épouse, disant: Ne craignez point, Anne, et ne pensez pas que ce que vous voyez soit un fantôme[e]. Car je suis ce même

---

[a] Jud., ch. xiii, v. 3; et 1, Reg., ch. i, v. 20. — [b] Luc, ch. i, v. 15. — [c] Matth., ch. i, v. 21. — [d] Luc, ch. ii, v. 12. — [e] Matth., ch. xiv, v. 26.

ange qui ai porté devant Dieu vos prières et vos aumônes[a] ; et maintenant je suis envoyé vers vous pour annoncer qu'il vous naîtra une fille, laquelle étant appelée Marie sera bénie sur toutes les femmes[b]. Elle sera pleine de la grace du Seigneur. Aussitôt après sa naissance, elle restera trois ans dans la maison paternelle pour être sevrée ; après quoi elle ne sortira point du temple où elle sera comme engagée au service du Seigneur jusqu'à l'âge de raison ; enfin y servant Dieu nuit et jour par des jeûnes et des oraisons, elle s'abstiendra de tout ce qui est impur, ne connaîtra jamais d'homme ; mais seule sans exemple, sans tache, sans corruption, cette vierge, sans mélange d'homme, engendrera un fils ; cette servante *enfantera* le Seigneur, le Sauveur du monde par sa grace, par son nom, et par son œuvre. C'est pourquoi levez-vous, allez à Jérusalem ; et lorsque vous serez arrivée à la porte d'or, ainsi nommée parcequ'elle est dorée, vous aurez pour signe au-devant de vous votre mari dont l'état de la santé vous inquiète. Lors donc que ces choses seront arrivées, sachez que les choses que je vous annonce s'accompliront indubitablement.

V. Suivant donc le commandement de l'ange, l'un et l'autre, partant du lieu où ils étaient, montèrent à Jérusalem ; et lorsqu'ils furent arrivés au lieu désigné par la prédiction de l'ange, ils s'y trouvèrent l'un au-devant de l'autre. Alors joyeux de leur vision mutuelle, et rassurés par la certitude de la lignée

---

[a] Tob., ch. xii, v. 15 ; Apocal., ch. viii, v. 3. — [b] Luc, ch. i, vers. 42.

promise, ils rendirent graces comme ils le devaient au Seigneur qui élève les humbles[a]. C'est pourquoi ayant adoré le Seigneur, ils retournèrent à la maison où ils attendaient avec assurance et avec joie la promesse divine. Anne conçut donc et accoucha d'une fille; et, suivant le commandement de l'ange, ses parents l'appelaient Marie.

VI. Et lorsque le terme de trois ans fut révolu, et que le temps de la sevrer fut accompli, ils amenèrent au temple du Seigneur cette vierge avec des oblations. Or, il y avait autour du temple quinze degrés à monter[b] selon les quinze psaumes des degrés. Car, parceque le temple était bâti sur une montagne, il fallait des degrés pour aller à l'autel de l'holocauste qui était par dehors. Les parents placèrent donc la petite bienheureuse vierge Marie sur le premier. Et comme ils quittaient les habits qu'ils avaient eus en chemin, et qu'ils en mettaient de plus beaux et de plus propres, selon l'usage, la vierge du Seigneur monta tous[c] les degrés un à un sans qu'on lui donnât la main pour la conduire ou la soutenir, de manière qu'en cela seul on eût pensé qu'elle était déjà d'un âge parfait. Car le Seigneur, dès l'enfance de sa vierge, opérait déjà quelque chose de grand, et fesait voir d'avance, par ce miracle, combien grands seraient les suivants. Ayant donc célebré le sacrifice selon la coutume de la loi[d], et accompli leur vœu, ils l'envoyèrent dans l'enclos du temple pour y être

---

[a] Luc, ch. i, v. 52. — [b] Ézéchiel, ch. xl, v. 6, 34, et suiv. — [c] La chose est rapportée un peu différemment, art. iv du *Protévangile de Jacques*. — [d] I, Sam., ch. i, v. 25.

élevée avec les autres vierges; et eux retournèrent à la maison.

VII. Or la vierge du Seigneur, en avançant en âge, profitait en vertus, et suivant le Psalmiste[a], « son « père et sa mère l'avaient délaissée; mais le Seigneur « prit soin d'elle. » Car tous les jours elle était fréquentée par les anges, tous les jours elle jouissait de la vision divine, qui la préservait de tous les maux et la comblait de tous les biens. C'est pourquoi elle vint à l'âge de quatorze ans, sans que non seulement les méchants pussent rien inventer de répréhensible en elle, mais tous les bons qui la connaissaient trouvaient sa vie et sa conversation dignes d'admiration. Alors le pontife[b] annonçait publiquement que les vierges que l'on élevait publiquement dans le temple, et qui avaient cet âge accompli, s'en retournassent à la maison pour se marier selon la coutume de la nation et la maturité de l'âge. Les autres ayant obéi à cet ordre avec empressement, la vierge du Seigneur, Marie, fut la seule qui s'excusa de le faire, disant que non seulement ses parents l'avaient engagée au service du Seigneur, mais encore qu'elle avait voué au Seigneur sa virginité, qu'elle ne voulait jamais violer en habitant avec un homme. Le pontife fort embarrassé, ne pensant pas qu'il fallût enfreindre son vœu, ce qui serait contre l'Écriture, qui dit, *Vouez et rendez*[c], ni s'ingérer d'introduire une coutume inusitée chez la nation, ordonna que tous les principaux de Jérusalem et des lieux voisins se trouvassent à la so-

---

[a] Ps. xxvi, v. 10. — [b] Il est nommé Zacharie dans le *Protévangile de Jacques*. — Voyez page 377. B. — [c] Ps. lxxv, v. 11.

lennité qui approchait, afin qu'il pût savoir par leur conseil ce qu'il y avait à faire dans une chose si douteuse. Ce qui ayant été fait, l'avis de tous fut qu'il fallait consulter le Seigneur sur cela. Et tout le monde étant en oraison, le pontife, selon l'usage[a], se présenta pour consulter Dieu. Et sur-le-champ tous entendirent une voix qui sortit de l'oracle et du lieu du propitiatoire[b], qu'il fallait, suivant la prophétie d'Isaïe, chercher quelqu'un à qui cette vierge devait être recommandée et donnée en mariage. Car on sait qu'Isaïe dit[c]: Il sortira une verge de la racine de Jessé; et de cette racine il s'élèvera une fleur sur laquelle se reposera l'esprit du Seigneur, l'esprit de sagesse et d'intelligence, l'esprit de conseil et de force, l'esprit de science et de piété; et elle sera remplie de l'esprit de la crainte du Seigneur. Il prédit donc, selon cette prophétie, que tous ceux de la maison et de la famille de David qui seraient nubiles et non mariés, n'avaient qu'à apporter leurs verges à l'autel, et que l'on devait recommander et donner la vierge en mariage à celui dont la verge, après avoir été apportée, produirait une fleur, et au sommet de laquelle l'esprit du Seigneur se reposerait en forme de colombe.

VIII. Joseph, entre autres, de la maison et de la famille de David, était fort âgé, et tous portant leurs verges selon l'ordre, lui seul cacha la sienne. C'est pourquoi rien n'ayant apparu de conforme à la voix divine, le pontife pensa qu'il fallait derechef consul-

---

[a] Num., ch. xxvii, v. 21. — [b] Num., ch. vii, v. 89. — [c] Ch. xi, v. 1.

ter Dieu, qui répondit que celui qui devait épouser la vierge était le seul de tous ceux qui avaient été désignés qui n'eût pas apporté sa verge. Ainsi Joseph fut découvert. Car lorsqu'il eut apporté sa verge, et qu'une colombe venant du ciel se fut reposée sur le sommet, il fut évident à tous que la vierge devait lui être donnée en mariage. Ayant donc célébré le droit[a] des noces selon la coutume, lui se retira dans la ville de Bethléem, pour arranger sa maison, et pourvoir aux choses nécessaires pour les noces. Mais la vierge du Seigneur, Marie, avec sept autres vierges de son âge, et sevrées avec elle, qu'elle avait reçues du prêtre, retourna en Galilée dans la maison de son père.

IX. Or, en ces jours-là, c'est-à-dire au premier temps de son arrivée en Galilée, l'ange lui fut envoyé de Dieu pour lui raconter qu'elle concevrait le Seigneur, et lui expliquer principalement la manière et l'ordre de la conception. Enfin étant entré vers elle, il remplit la chambre où elle demeurait d'une grande lumière, et la saluant très gracieusement, il lui dit : Je vous salue, Marie, vierge du Seigneur, très agréable, vierge pleine de grace ; le Seigneur est avec vous ; vous êtes bénie par-dessus toutes les femmes, bénie par-dessus tous les hommes nés jusqu'à présent. Mais la vierge, qui connaissait déjà bien les visages des anges, et qui était accoutumée à la lumière céleste, ne fut point effrayée de voir un ange, ni étonnée de

---

[a] C'est-à-dire les fiançailles, dans lesquelles on écrivait le nom de l'époux et de l'épouse sur des tablettes dans une assemblée solennelle. (*Philo, de leg. special.*, p. 608, édit. de Genève.)

la grandeur de la lumière; mais son seul discours la troubla, et elle commença à penser quelle pouvait être cette salutation si extraordinaire, ce qu'elle présageait, ou quelle fin elle devait avoir. L'ange divinement inspiré allant au-devant de cette pensée : Ne craignez point, dit-il, Marie, comme si je cachais par cette salutation quelque chose de contraire à votre chasteté. Car vous avez trouvé grace devant le Seigneur, parceque vous avez choisi la chasteté. C'est pourquoi, étant vierge, vous concevrez sans péché et enfanterez un fils. Celui-là sera grand, parcequ'il dominera[a] depuis la mer jusqu'à la mer, et depuis le fleuve jusqu'aux extrémités de la terre. Et il sera appelé le fils du Très-Haut, parcequ'en naissant humble sur la terre, il règne élevé dans le ciel. Et le Seigneur Dieu lui donnera le siége de David son père, et il règnera à jamais dans la maison de Jacob, et son règne n'aura point de fin. Il est lui-même, le roi des rois[b], et le Seigneur des seigneurs; et son trône[c] *subsistera* dans le siècle du siècle. La Vierge crut à ces paroles de l'ange; mais voulant savoir la manière, elle répondit : Comment cela pourra-t-il se faire ? car, puisque suivant mon vœu je ne connais jamais d'homme, comment pourrai-je enfanter sans l'accroissement de la semence de l'homme ? A cela l'ange lui dit : Ne comptez pas, Marie, que vous conceviez d'une manière humaine. Car sans mélange d'homme vous concevrez vierge, vous enfanterez vierge, vous nourrirez vierge. Car le Saint-Esprit surviendra en vous, et

---

[a] Ps. LXXI, v. 8. — [b] Deut., ch. x, v. 17; et I., Timot., c. VI, v. 15.
[c] Ps. XLIV, v. 7.

la vertu du Très-Haut vous couvrira de son ombre contre les ardeurs de l'impureté. C'est pourquoi ce qui naîtra de vous sera seul saint, parceque, seul conçu et né sans péché, il sera appelé le Fils de Dieu. Alors Marie étendant les mains et levant les yeux au ciel, dit : Voici la servante du Seigneur (car je ne suis pas digne du nom de maîtresse), qu'il me soit fait selon votre parole. (Il serait long et même ennuyeux de rapporter ici tout ce qui a précédé ou suivi la naissance du Seigneur. C'est pourquoi passant ce qui se trouve plus au long dans l'*Évangile*, finissons par ce qui n'y est pas si détaillé.) « Note du « faux Jérôme, auquel on attribue la traduction la-« tine. »

X. Joseph donc, venant de la Judée dans la Galilée, avait intention de prendre pour femme la Vierge qu'il avait fiancée; car trois mois s'étaient déjà écoulés, et le quatrième approchait, depuis le temps qu'il l'avait fiancée. Cependant le ventre de la fiancée grossissant peu-à-peu, elle commença à se montrer enceinte, et cela ne put être caché à Joseph; car entrant vers la Vierge plus librement comme époux, et parlant plus familièrement avec elle, il s'aperçut qu'elle était enceinte. C'est pourquoi il commença à avoir l'esprit agité et incertain, parcequ'il ignorait ce qu'il avait à faire de mieux; car il ne voulut point la dénoncer[a], parcequ'il était juste, ni la diffamer par le soupçon de fornication, parcequ'il était pieux; c'est pourquoi il pensait à rompre son mariage secrètement, et à la renvoyer en cachette. Comme il avait ces

[a] Matth., ch. 1, v. 19.

pensées, voici que l'ange du Seigneur lui apparut en songe, disant : Joseph, fils de David, ne craignez point, c'est-à-dire n'ayez point de soupçon de fornication contre la Vierge, ou ne pensez rien de désavantageux *à son sujet*, et ne craignez point de la prendre pour femme; car ce qui est né en elle, et qui tourmente actuellement votre esprit, est l'ouvrage non d'un homme, mais du Saint-Esprit; car de toutes les vierges, elle seule enfantera le Fils de Dieu, et vous le nommerez Jésus, c'est-à-dire Sauveur; car c'est lui qui sauvera son peuple de leurs péchés. Joseph donc, suivant le précepte de l'ange, prit la Vierge pour femme : cependant il ne la connut pas [a]; mais en ayant soin chastement, il la garda; et déjà le neuvième mois depuis la conception approchait, lorsque Joseph ayant pris sa femme et les autres choses qui lui étaient nécessaires, s'en alla à la ville de Bethléem d'où il était. Or, il arriva, lorsqu'ils y furent, que les jours pour accoucher furent accomplis, et [b] elle enfanta son fils premier-né, comme l'ont enseigné les saints *Évangélistes*, notre Seigneur Jésus-Christ, qui étant Dieu avec le Père, et le Fils, et l'Esprit-Saint, vit et règne pendant tous les siècles des siècles.

Pour suivre l'ordre historique des matières, nous plaçons au second rang le Protévangile de Jacques, qui est le dix-neuvième de la notice. Fabricius avertit qu'il a retouché la version de Postel, et qu'il a mis entre deux crochets (.....) ce qui ne se trouve pas dans le grec.

---

[a] Matth., I, v. 25. — [b] Luc, II, v. 6 et 7.

PROTÉVANGILE

ATTRIBUÉ A JACQUES[1], SURNOMMÉ LE JUSTE, FRÈRE DU SEIGNEUR[2].

I. Dans les histoires des douze tribus d'Israël, *on voit* que Joachim était fort riche, et offrait à Dieu des doubles offrandes, disant en soi-même : Que mes facultés soient celles de tout le peuple pour la rémission de mes péchés auprès de Dieu, afin qu'il ait pitié de moi! Or, le grand jour du Seigneur approchait, et les enfants d'Israël offraient leurs dons; et Ruben s'éleva contre lui, disant : Il ne vous est pas permis d'offrir votre don, parceque vous n'avez point eu d'enfant en Israël. Joachim en fut très attristé, et il s'en alla voir la généalogie des douze tribus d'Israël, disant en soi : Je verrai dans les tribus d'Israël, si je suis le seul qui n'ai point eu d'enfant en Israël. C'est pourquoi, en examinant, il vit que tous les justes en avaient eu ; et il se ressouvint du patriarche Abraham, à qui, dans ses derniers jours, Dieu avait donné un fils Isaac. Alors Joachim, étant tout triste, n'alla point voir sa femme ; mais il se retira dans le désert, où, ayant dressé des tentes, il jeûna quarante jours et quarante nuits[a], disant en soi-même : Je ne man-

---

[1] Voyez ci-devant, page 352, n° XIX. B. — [2] Voyez ma note, page 359. B.

[a] Moses, Exod., c. XXIV, v. 18; c. XXXIV, v. 28; et Deut., c. XIX, v. 9 et 11; Elias, II, Reg., c. XIX, v. 8; Jesus, Matth., c. IV, v. 2.

gerai ni ne boirai jusqu'à ce que le Seigneur mon Dieu m'ait regardé; mais mon oraison sera ma nourriture[a].

II. Or, son épouse Anne pleurait de deux pleurs et était accablée d'un double chagrin, disant : Je pleure ma viduité et ma stérilité. Le grand jour du Seigneur étant donc arrivé, Judith, sa servante, lui dit : Jusqu'à quand enfin affligerez-vous votre ame? Il ne vous est pas permis de pleurer, parceque c'est le grand jour du Seigneur[b]. Prenez donc ce diadème que m'a donné la maîtresse où j'allais travailler à la journée, et parez-en votre tête; car, comme je suis votre servante, vous avez une forme royale; et Anne lui dit : Laissez-moi[c]; car je n'en ferai rien : Dieu m'a trop humiliée. Prenez bien garde qu'il ne vous ait été donné par quelque voleur, et que Dieu ne m'implique dans votre péché. Judith, sa servante, lui répondit: Que vous dirai-je? est-ce que je vous souhaite un plus grand mal, puisque vous n'écoutez pas ma voix? car c'est avec raison que Dieu vous a rendue stérile, pour ne vous point donner de fils en Israël; et Anne en fut très attristée; et ayant quitté ses habits de deuil, elle orna sa tête et se vêtit de ses habits de noces[d]; et sur les neuf heures, elle descendit dans son jardin pour se promener; et voyant un laurier, elle s'assit dessous, et fit ses prières au Seigneur Dieu, disant: Dieu de mes pères, bénissez-moi, et écoutez mon oraison, comme vous avez béni le sein de Sara[e], et lui avez donné un fils Isaac.

[a] Joan., ch. iv, v. 34. — [b] Ps. cxvii, v. 24. — [c] Matth., c. iv, v. 10. — [d] Judith, x, v. 3. — [e] Genes., xxi, v. 2.

III. Et regardant vers le ciel, elle vit dans le laurier un nid de moineau, et elle se plaignit en elle-même, et dit: Hélas! que je suis malheureuse! (à qui puis-je être comparée?) qui est-ce qui m'a engendrée, ou quelle mère m'a enfantée pour que je naquisse ainsi maudite devant les enfants d'Iraël? car ils m'accablent de reproches et d'insultes; ils m'ont chassée du temple du Seigneur mon Dieu. Hélas! que je suis malheureuse! (à qui suis-je devenue semblable? je ne puis point être comparée aux oiseaux du ciel, parceque les oiseaux sont féconds en votre présence, Seigneur; car ce qui est en moi, je le remets en vous. Hélas! que je suis malheureuse! à qui puis-je être comparée?) Je ne puis être comparée avec les animaux mêmes de la terre, parcequ'ils sont féconds en votre présence, Seigneur. Hélas! que je suis malheureuse! à qui suis-je semblable? Je ne puis être comparée avec les eaux, parcequ'elles sont fécondes en votre présence (car les eaux elles-mêmes, tant claires que flottantes, vous louent avec les poissons de la mer). Mais, hélas! que je suis malheureuse! à qui puis-je être comparée? Je ne puis être comparée avec la terre, parceque la terre porte ses fruits en son temps, et vous bénit, Seigneur.

IV. Et voici que l'ange du Seigneur vola vers elle en lui disant: Anne, Dieu a exaucé votre prière; vous concevrez et vous enfanterez, et votre enfant sera célèbre dans tout le monde; mais Anne dit: Le Seigneur mon Dieu est vivant: soit que j'engendre garçon ou fille, je l'offrirai au Seigneur notre Dieu[a],

---

[a] Samuel, I, *ult.*

et il servira dans les choses sacrées tous les jours de sa vie; et voici que deux anges vinrent en lui disant: Joachim, votre mari, vient avec ses troupeaux; car l'ange du Seigneur est descendu vers lui, disant: Joachim, Joachim, le Seigneur a exaucé votre prière, descendez d'ici. Voici que Anne votre femme concevra dans son sein; et Joachim descendit, et il appela ses bergers, disant : Apportez-moi ici dix agneaux femelles (pures et sans taches), et elles seront pour le Seigneur mon Dieu; et amenez-moi douze veaux purs, et ils seront pour les prêtres et pour le clergé, soit pour l'assemblée des vieillards; et apportez-moi cent boucs, et les cent boucs seront pour tout le peuple; et voici que Joachim vient avec ses troupeaux, et Anne se tenait debout sur la porte, et elle vit Joachim qui venait avec ses troupeaux; et accourant, elle s'attacha à son cou, disant : A présent je connais que le Seigneur Dieu m'a extrêmement bénie; car moi qui étais veuve, je ne suis plus veuve, et moi qui étais stérile, j'ai *conçu* dans mon sein, et Joachim se reposa dans sa maison le premier jour.

V. Le lendemain il offrit ses dons, disant en soi-même : Si le Seigneur Dieu me bénit, la lame du prêtre[a] me le fera connaître; (et Joachim offrit ses dons), et fit attention à la lame (soit à l'éphod ou au rational) du prêtre, lorsqu'il fut admis à l'autel du Seigneur, et il ne vit point de péché en soi; et Joachim dit: A présent j'ai connu que Dieu a eu pitié de moi, et m'a remis tous mes péchés; et il descendit justifié[b] de la maison du Seigneur, et il vint

---

[a] Exod., ch. xxviii, v. 36. — [b] Luc, ch. xviii, v. 14.

dans sa maison. Ainsi, Anne conçut, et ses six mois furent accomplis; mais au neuvième mois, Anne enfanta, et dit à la sage-femme : Qu'est-ce que j'ai enfanté? Elle dit : Une femme; et Anne dit : Mon ame est magnifiée à cette heure-ci, et elle se recoucha. Or, les jours étant accomplis, Anne fut purifiée, et elle allaitait sa fille, et nomma son nom Marie.

VI. Or, la petite fille se fortifiait de jour en jour, et lorsqu'elle eut six mois, sa mère la posa par terre pour essayer si elle se tiendrait debout; et elle fit sept pas en marchant, et elle vint dans le sein de sa mère ; et Anne dit : Le Seigneur mon Dieu est vivant, parceque vous ne marcherez pas sur la terre jusqu'à ce que je vous aie présentée au temple du Seigneur : et elle fit la sanctification dans son lit; et tout ce qui est souillé, elle avait soin de le séparer d'elle à cause d'elle, et elle appela des filles d'Hébreux sans tache, et elles la soignaient. Et la première année de la petite fille s'accomplit : et Joachim fit un grand repas[a] : et il y invita les princes des prêtres, et les scribes, et tout le sénat, et tout le peuple d'Israël. Et il offrit (des présents) aux princes des prêtres ; et ils le bénirent, disant : Dieu de nos pères, bénissez cette jeune fille, et donnez-lui un nom célèbre éternellement dans toutes les générations. Et tout le peuple dit : Soit fait, soit fait, ainsi soit-il. Et il la présenta aux prêtres ; et ils la bénirent, disant : Dieu très haut, regardez cette petite fille, et bénissez-la d'une bénédiction qui n'ait point de relâche. Sa mère la prit et lui donna à téter; et[b] Anne fit un cantique au

---

[a] Genes., ch. XXI, v. 8. — [b] I., Sam. 2; Luc, I.

Seigneur Dieu, disant : Je chanterai louange au Seigneur mon Dieu, parcequ'il m'a visitée, et m'a délivrée de l'opprobre de mes ennemis, et le Seigneur Dieu m'a donné un fruit de sa grande miséricorde en sa présence. Qui est-ce qui annoncera aux fils de Ruben qu'Anne allaite ? (Écoutez, écoutez ; douze tribus d'Israël, parceque Anne allaite.) Et elle la recoucha dans le lieu de sa sanctification, et elle sortit, et elle les servait. Et ayant achevé le festin, ils se retirèrent tout joyeux (et ils lui donnèrent le nom de Marie) en glorifiant le Dieu d'Israël.

VII. Or, la petite fille avançait en âge, et lorsqu'elle eut deux ans, Joachim dit à Anne son épouse : Introduisons-la dans le temple de Dieu, afin que nous rendions notre vœu que nous avons promis, de peur que Dieu ne nous l'enlève ou ne s'irrite contre nous. Et Anne dit : Attendons la troisième année, de peur que la petite fille ne demande son père et sa mère. Et Joachim dit : Attendons. Et la petite fille eut trois ans, et Joachim dit : Appelez des petites filles des Hébreux sans tache, et qu'elles reçoivent en particulier des lampes ; et qu'elles soient allumées, de peur que la petite fille ne se retourne en arrière, et que son esprit ne soit détourné du temple de Dieu. Et ils firent ainsi, jusqu'à ce qu'elles entrèrent dans le temple. Et le prince des prêtres la reçut, et la baisa, et dit : Marie, le Seigneur a magnifié votre nom dans toutes les générations, et dans les derniers jours le Seigneur manifestera en vous le prix de sa rédemption[a] aux enfants d'Israël. Et il la plaça sur le troisième

---

[a] Math., ch. xx, v. 28.

degré de l'autel; et le Seigneur Dieu répandit sa grace sur elle; et elle tressaillit de joie en dansant avec ses pieds; et toute la maison d'Israël la chérit.

VIII. Et ses parents descendirent, admirant et louant Dieu, parceque la petite fille ne s'est pas retournée vers eux. Or, Marie était comme une colombe élevée dans le temple du Seigneur, et elle recevait sa nourriture de la main d'un ange. Lorsqu'elle eut douze ans, il se tint (dans le temple du Seigneur) un conseil des prêtres, disant: Voilà que Marie a douze ans dans le temple du Seigneur; que lui ferons-nous, de peur que la sanctification du Seigneur notre Dieu ne soit peut-être souillée? Et les prêtres dirent à Zacharie: Prince des prêtres, présentez-vous à l'autel du Seigneur, et priez pour elle; et tout ce que Dieu nous aura manifesté, nous le ferons. Et le prince des prêtres, ayant pris sa longue tunique à douze clochettes, entra dans le saint des saints, et pria pour pour elle. Et voici que l'ange du Seigneur se présenta, lui disant: Zacharie, Zacharie, sortez, et convoquez les veufs du peuple; et qu'ils apportent chacun une verge[a]; et elle sera *donnée* en garde pour femme à celui à qui Dieu aura montré un signe. Or des crieurs le publièrent par toute la région de la Judée, et la trompette du Seigneur sonna[b], et tous accoururent.

IX. Or, Joseph, ayant jeté sa hache, sortit audevant d'eux; et s'étant assemblés ils s'en allèrent au grand-prêtre, ayant pris leurs verges. Ainsi recevant d'eux leurs verges, il entra dans le temple, et pria. Et

---

[a] Num., XVII. — [b] Levit., XXV, v. 9.

ayant achevé l'oraison, il prit les verges et sortit. Alors il les rendit à chacun d'eux, et il n'y apparut aucun signe. Mais Joseph reçut la dernière verge, et voici qu'une colombe sortit de la verge, et vola sur la tête de Joseph. Et le grand-prêtre dit à Joseph : Vous êtes choisi par le sort divin pour prendre la vierge du Seigneur en garde chez vous. Joseph s'en défendait, disant : J'ai des fils, et je suis vieux ; mais elle est très jeune : de là je crains de devenir ridicule aux enfants d'Israël. Mais le grand-prêtre dit à Joseph : Craignez le Seigneur votre Dieu, et ressouvenez-vous quelles grandes choses Dieu fit[a] contre Dathan, et Abiron, et Coré, comment la terre s'ouvrit, et les dévora à cause de leur contradiction. Maintenant donc craignez Dieu, Joseph, de peur que ces choses ne soient dans votre maison. Joseph, effrayé, la reçut, et lui dit : Marie, voici que je vous prends du temple du Seigneur, et je vous laisserai à la maison, et j'irai pour exercer ma profession de charpentier (et je reviendrai à vous). Et que le Seigneur vous conserve (tous les jours).

X. Or, il se tint un conseil des prêtres, disant : Fesons un voile (ou un tapis) pour le temple du Seigneur. Et le prince des prêtres dit : Appelez-moi des vierges sans tache, de la tribu de David. S'en allant donc et cherchant, ils trouvèrent sept vierges. Et le prince des prêtres se ressouvint de Marie, qu'elle était de la tribu de David, et sans tache devant Dieu. Et le prince des prêtres dit : Tirez-moi au sort laquelle filera du fil d'or (d'amiante) et de fin

---

[a] Num., XVI.

lin (et de soie), et d'hyacinthe, et d'écarlate, et de la vraie pourpre; et Zacharie se ressouvint de Marie, qu'elle était de la tribu de David; et la vraie pourpre (et l'écarlate) échut à Marie par le sort; et (les ayant reçues) elle s'en alla dans sa maison. Or, dans ce même temps, Zacharie perdit la parole[a]. Et Samuel prit sa place, jusqu'à ce que Zacharie recommença à parler. Marie ayant reçu la pourpre (et l'écarlate) fila.

XI. Et ayant pris une cruche, elle sortit puiser de l'eau[b]. Et voici une voix qui lui dit: Je vous salue, pleine de grace[c], le Seigneur est avec vous, vous êtes bénie entre les femmes. Or, Marie regardait à droite et à gauche, pour savoir d'où venait cette voix. Et toute tremblante, elle entra dans sa maison, et quitta sa cruche; et ayant pris la pourpre, elle s'assit sur sa chaise pour travailler. Et voici que l'ange du Seigneur se présenta devant elle, disant: Ne craignez point, Marie, vous avez trouvé grace auprès du Seigneur. Et l'entendant, Marie s'entretenait en soi-même de ces pensées: Si je concevrai par le Dieu vivant, et j'enfanterai comme chaque femme engendre? Et l'ange du Seigneur dit: Il n'en sera pas ainsi, ô Marie! car le Saint-Esprit viendra sur vous, et la vertu de Dieu vous couvrira de son ombre. C'est pourquoi le saint qui naîtra de vous[d] sera appelé le fils du Dieu vivant. Et vous lui donnerez le nom de Jésus: car c'est lui qui sauvera son peuple de leurs péchés. Et voici que votre cousine Élisabeth a conçu son fils dans

---

[a] Luc, I, v. 20. — [b] Genes., XXIV, v. 15. — [c] Luc, I, v. 28. — [d] Luc, I, v. 35.

sa vieillesse : et ce mois-ci est le sixième pour celle qui était appelée *stérile*, parceque tout ce que je vous dis ne sera pas impossible auprès de Dieu. Et Marie dit : Voici la servante du Seigneur ; qu'il me soit fait selon votre parole.

XII. Et ayant achevé la pourpre et l'écarlate, elle l'apporta au grand-prêtre. Il la bénit, et dit : O Marie ! votre nom est magnifié, et vous serez bénie dans toute la terre. Marie, ayant conçu une grande joie, s'en alla vers Élisabeth, sa cousine, et frappa à sa porte. Et Élisabeth, l'entendant, accourut à la porte, et lui ouvrit, et dit[a] : Et d'ou me vient ce *bonheur* que la mère de mon Seigneur vienne à moi ? car ce qui est en moi a tressailli et vous a béni. Or[b] Marie elle-même ignorait ces mystères, dont l'archange Gabriel lui avait parlé. Et regardant le ciel, elle dit : Qui suis-je, pour que toutes les générations me disent ainsi bienheureuse ? Mais de jour en jour son ventre grossissait ; et, frappée de crainte, Marie s'en alla dans sa maison, et se cacha des[c] enfants d'Israël. Elle avait seize ans lorsque ces mystères s'accomplissaient.

XIII. Au bout de son sixième mois, voici que Joseph vint de ses ouvrages de charpente ; et, entrant dans sa maison, il la vit enceinte, et le visage abattu ; (il se jeta par terre, et pleura amèrement) disant : De quel front regarderai-je le Seigneur Dieu ? or quelle prière ferai-je pour cette petite fille, laquelle j'ai reçue vierge du temple du Seigneur Dieu, et je ne l'ai

---

[a] Luc, I, v. 43. — [b] Luc, II, v. 33 et 50. — [c] Luc, I, v. 24.

pas gardée? qui m'a trompé? qui a fait ce mal dans ma maison? qui a captivé et séduit la Vierge? ne m'est-il pas arrivé une histoire pareille à celle d'Adam? car à l'heure de son bonheur, le serpent entra et trouva Ève seule, et il la séduisit : oui, oui, pareille chose m'est arrivée. Et Joseph se releva de terre; et, ayant pris Marie, il lui dit : O vous qui étiez si agréable à Dieu, pourquoi avez-vous fait cela, et avez-vous oublié le Seigneur votre Dieu, vous qui avez été élevée dans le saint des saints? pourquoi avez-vous avili votre ame, vous qui receviez votre nourriture de la main des anges[a]? Pourquoi avez-vous fait cela? Mais elle pleurait très amèrement, disant : Je suis pure, et n'ai point connu d'homme. Mais Joseph lui dit : Eh! d'où vient donc ce que vous avez dans le sein? Et Marie répondit : Le Seigneur mon Dieu est vivant : Je ne sais d'où cela me vient.

XIV. Et Joseph fut tout interdit et persistait dans cette pensée, que ferai-je d'elle? Et Joseph dit en soi-même : Si je cache son péché, je serai trouvé coupable dans la loi du Seigneur[b]; si je la dénonce à la vue de tous les enfants d'Israël, je crains que cela ne soit pas juste, et que je ne sois trouvé livrant le sang innocent à un jugement de mort. Que ferai-je donc d'elle? assurément je l'abandonnerai en cachette : et la nuit le surprit. Et voici que l'ange du Seigneur lui apparaît en songe, disant : Ne craignez point de recevoir cette jeune fille, car ce qui est né en elle est du Saint-Esprit : elle enfantera donc un fils, et vous lui donnerez le nom de Jésus; car ce sera lui qui

---

[a] *Supra*, ch. VIII. — [b] Deut., XXII, v. 13.

sauvera son peuple de leurs péchés. Joseph se leva donc après ce songe, et glorifia le Dieu d'Israël qui lui a fait cette grace; et il garda la jeune fille.

XV. Or, le scribe Annas vint à Joseph, et lui dit : Pourquoi n'avez-vous pas assisté à l'assemblée ? Et Joseph lui dit : J'étais fatigué du chemin, et je me suis reposé le premier jour. Et s'étant retourné, le scribe vit Marie enceinte, et il s'en alla courant au prêtre, et lui dit : Joseph, à qui vous rendez témoignage, a grandement péché. Et le prêtre dit : Qu'est-ce que c'est ? Et il lui dit : Il a souillé la Vierge qu'il avait reçue du temple du Seigneur, et a dérobé ses noces, et ne les a point déclarées aux enfants d'Israël. Et le prince des prêtres, répondant, dit : Joseph a-t-il fait cela ? et le scribe Annas dit : Envoyez des ministres, et ils la trouveront enceinte. Et les ministres y allèrent, et trouvèrent comme il leur dit : et ils l'amenèrent ainsi que Joseph en jugement, et le prêtre dit : Marie, pourquoi avez-vous fait cela ? et pourquoi avez-vous avili votre ame, et avez-vous oublié le Seigneur votre Dieu, vous qui avez été élevée dans le saint des saints, qui avez reçu votre nourriture de la main de l'ange; qui avez entendu ses mystères (et qui avez tressailli de joie en sa présence); pourquoi avez-vous fait cela ? Mais elle pleurait amèrement, disant : Le Seigneur mon Dieu est vivant, parceque je suis pure en présence du Seigneur, et je ne connais point d'homme. Et le prêtre dit à Joseph : Pourquoi avez-vous fait cela ? et Joseph dit : Le Seigneur Dieu est vivant (et son Christ[a] est vivant),

[a] I. Sam., xii, v. 3 et 5.

parceque je suis pur d'elle. Et le prêtre dit : Ne dites point un faux témoignage*, mais dites vrai; vous avez dérobé ses noces, et ne les avez point manifestées aux enfants d'Israël ; et vous n'avez point incliné votre tête sous la main toute puissante [b] afin que votre race fût bénie. Et Joseph se tut.

XVI. Et le prêtre lui dit (encore une fois) : Restituez la vierge que vous avez reçue du temple du Seigneur : et Joseph fondait en larmes; et le prêtre dit : Je vous ferai boire de l'eau de conviction [c]; et votre péché sera manifesté devant vos yeux. Et le prêtre ayant pris de l'eau en fit boire à Joseph, et l'envoya dans les montagnes ; et il revint sain : (il en fit aussi boire à Marie, et l'envoya de même dans les montagnes; et elle revint saine.) Et tout le peuple admira qu'il ne se fût point manifesté en eux de péché. Et le prêtre dit : Dieu n'a point manifesté votre péché, et moi, je ne vous juge pas ; et il les renvoya absous. Joseph ayant donc reçu Marie, s'en alla dans sa maison tout joyeux, et glorifiant le Dieu d'Israël.

XVII. Or, on publia un décret d'Auguste César pour faire inscrire tous ceux qui étaient à Bethléem [d]. Et Joseph dit : J'aurai soin de faire inscrire mes enfants; mais que ferai-je de cette petite fille? (Comment l'inscrirai-je)? l'inscrirai-je comme ma femme? (Elle n'est point ma femme, car je l'ai reçue du temple du Seigneur pour la conserver.) Comme ma fille? mais (tous) les enfants d'Israël savent qu'elle n'est pas ma fille. Qu'en ferai-je? assurément au jour du

[a] Exod., xx, v. 16. — [b] I. Pet. ép., c. v, v. 6. — [c] Num., v, v. 18. — [d] Luc, ii, v. 1.

Seigneur je ferai comme le Seigneur voudra. Et Joseph sella une ânesse, et la fit monter sur l'ânesse. Or, Joseph[a] et Simon suivaient à trois milles. Et Joseph se retournant la vit triste, et il dit en soi-même : Peut-être que ce qui est en elle l'attriste. Et s'étant retourné une seconde fois, Joseph la vit riante, et il lui dit : O Marie, qu'est-ce qui est cause que je vois votre face tantôt joyeuse, et tantôt triste? et Marie dit à Joseph : C'est que je vois devant mes yeux deux peuples[b], un qui pleure et qui gémit, mais l'autre qui tressaille de joie et qui rit. Et il vint à mi-chemin ; et Marie lui dit : Descendez-moi de l'ânesse, parceque ce qui est en moi me presse pour sortir. Et il la descendit de l'ânesse et lui dit : Où vous conduirai-je, parceque le lieu est désert ? Or, Marie dit encore une fois à Joseph : Emmenez-moi, car ce qui est en moi me presse extrêmement ; et aussitôt il l'emmena.

XVIII. Et trouvant là une caverne, il l'y fit entrer, et la laissa en garde à son fils ; et il sortit pour chercher une sage-femme juive dans la région de Bethléem. Or, comme Joseph était en marche, il vit le pôle ou le ciel arrêté, et l'air tout interdit, et les oiseaux du ciel s'arrêtant au milieu de leur cours. Et, regardant à terre, il vit une marmite de viande dressée, et des ouvriers assis à table, dont les mains étaient dans la marmite ; et mâchant ils ne mâchaient pas, et ceux qui portaient les mains à la tête ne prenaient rien, et ceux qui présentaient à leur bouche

---

[a] Marc., VI, v. 3. Ce Joseph est aussi nommé Joses, et les quatre frères de Jésus sont Jacques, Joseph, Judas, et Simon.
[b] Genes., XXV, v. 23.

n'y portaient rien, mais les faces de tous étaient attentives en haut. Et voici que des brebis étaient dispersées, (elles n'avançaient point, mais) elles étaient arrêtées. Et le berger levant la main pour les frapper avec sa verge, sa main restait en haut. Et, regardant dans le torrent du fleuve, il vit les museaux des boucs qui approchaient à la vérité de l'eau, mais qui ne buvaient pas, (enfin toutes choses en ce moment étaient détournées de leur cours).

XIX. Et voici qu'une femme descendant des montagnes lui dit : Je vous dis, ô homme, où allez-vous ? Et il dit : Je cherche une sage-femme juive. Et elle lui dit : Êtes-vous d'Israël, vous ? Et il dit : Oui. Mais elle dit : Quelle est celle qui accouche dans la caverne ? et il dit : C'est ma fiancée. Et elle dit : N'est-elle pas votre femme ? Et Joseph dit : Elle n'est point ma femme ; mais c'est Marie, élevée dans le saint des saints, dans le temple du Seigneur ; et elle m'est échue par le sort, et elle a conçu du Saint-Esprit. Et la sage-femme lui dit : Cela est-il vrai ? Il lui dit : Venez et voyez. Et la sage-femme alla avec lui. Et elle s'arrêta devant la caverne. Et voici qu'une nuée lumineuse ombrageait la caverne ; et la sage-femme dit : Mon ame a été magnifiée aujourd'hui, parceque mes yeux ont vu des choses étonnantes, et le salut est né à Israël. Or, tout d'un coup la nuée fut dans la caverne, et une grande lumière, de sorte que leurs yeux ne la supportaient pas ; mais peu-à-peu la lumière se modéra, de sorte que l'enfant fut aperçu, et il prenait les tétons de sa mère Marie, et la sage-femme s'écria, et dit : Ce jour d'aujourd'hui est grand pour moi, parceque j'ai vu ce grand spectacle. Et la sage-femme sortit de la caverne, et Salomé se trouva à sa rencontre. Et la sage-femme dit à Salomé : J'ai un grand spectacle à vous raconter ; une vierge a engendré celui que sa nature ne comporte pas (et cette vierge demeure vierge). Et Salomé dit : Le Seigneur mon Dieu est vivant ; si je n'examine pas sa nature, je ne croirai pas qu'elle a enfanté.

XX. Et la sage-femme entrant, dit à Marie : Couchez-vous, car un grand combat se prépare pour vous. Et lorsque Salomé l'eut touchée dans le lieu même, elle sortit, disant : Malheur à moi impie et perfide, parceque j'ai tenté le Dieu vivant ; et voici que ma main (brûlante de feu) tombe de moi ! Et elle fléchit les genoux vers Dieu, et dit : Dieu de nos pères, souvenez-vous de moi, parceque je suis de la race d'Abraham, d'Isaac, et de Jacob ; et ne me déshonorez pas devant les enfants d'Israël, mais rendez-moi à mes parents ; car vous savez, Seigneur, que c'était en votre nom que j'employais (tous) mes soins (et mes vacations), et je recevais de vous ma récompense. Et l'ange du Seigneur se présenta à elle, disant : (Salomé, Salomé,) le Seigneur vous a exaucée ; présentez votre main à l'enfant, et portez-le ; car il sera pour vous le salut et la joie. Et Salomé s'approcha et le porta, disant : Je l'adorerai, parce qu'il est le grand roi né en Israël. Et (ayant porté l'enfant) tout d'un coup Salomé fut guérie, et la sage-femme sortit de la caverne, justifiée. Et voici qu'une voix lui dit : N'annoncez pas les grandes choses que vous avez vues, jusqu'à ce que l'enfant entre dans Jérusalem. Et Salomé se retira justifiée.

XXI. Et voici que Joseph fut prêt à sortir (en Judée). Et il se fit un grand tumulte à Bethléem, parceque des mages vinrent d'Orient, disant : Où est le roi des Juifs qui est né? car nous avons vu son étoile en Orient, et nous sommes venus l'adorer. Et Hérode l'entendant, il fut extrêmement troublé, et il envoya des ministres aux mages. Et il fit venir les grands-prêtres et les interrogeait, disant : Comment est-il écrit touchant le Christ roi? où naît-il? Ils lui disent : En Bethléem de Juda. Car c'est ainsi qu'il est écrit[a] : Et vous, Bethléem, terre de Juda, vous n'êtes pas la moindre parmi les princes de Juda, car c'est de vous qu'il me sortira un chef qui gouvernera mon peuple d'Israël. Et il les renvoya, et interrogea les mages, leur disant : Quel signe avez-vous vu touchant le roi engendré? dites-le-moi. Et les mages lui dirent : Sa grande étoile est née, et a brillé sur les étoiles du ciel, de telle sorte qu'elle les a fait disparaître au point qu'on ne les voyait plus. Et ainsi nous avons connu qu'il est né un grand roi à Israël; et nous sommes venus l'adorer. Or Hérode dit : Allez, et cherchez-le soigneusement; et si vous le trouvez, redites-le-moi, afin que, venant moi-même, je l'adore. Et les mages sortirent, et voici que l'étoile qu'ils avaient vue en Orient les conduisait jusqu'à ce que (elle entra dans la caverne ; et) elle s'arrêta sur le haut de la caverne.

[a] Mich., v, v. 2; Matth., ii, v. 6.

(Et les mages virent l'enfant avec Marie sa mère; et ils l'adorèrent.) Et tirant des dons de leurs bourses, ils lui donnèrent de l'or, de l'encens, et de la myrrhe. Et ayant reçu réponse d'un ange de ne pas revenir à Hérode, ils retournèrent dans leur pays par un autre chemin.

XXII. Mais Hérode, irrité de ce qu'il avait été trompé par les mages, envoya des homicides tuer tous les enfants[a] qui étaient dans Bethléem depuis deux ans et au-dessous; et Marie apprenant que l'on tuait les enfants, frappée de crainte, prit l'enfant, et l'ayant enveloppé de langes, *elle le coucha dans la crèche des bœufs*[b], *parcequ'il n'y avait point de place pour lui dans l'hôtellerie*. Or, Élisabeth apprenant que son fils (Jean) était recherché, elle monta sur les montagnes, et regardait de tous côtés où elle le cacherait, et il n'y avait pas de lieu secret; et Élisabeth, gémissant, dit d'une voix haute: O montagne de Dieu[c], recevez la mère avec le fils; car Élisabeth ne pouvait pas monter; et tout d'un coup la montagne se divisa et la reçut. Une lumière les éclaira; car l'ange du Seigneur était avec eux qui les gardait.

XXIII. Or, Hérode cherchait Jean, et il envoya des ministres à Zacharie (son père), qui servait à l'autel, disant: Où avez-vous caché votre fils? Mais il répondit, disant: Je suis prêtre servant Dieu, et j'assiste au temple du Seigneur; je ne sais point où est mon fils; et les ministres s'en allèrent et rappor-

---

[a] Les Arabes disent aussi qu'un roi des Perses fit mourir tous les enfants à cause de Daniel. Bochart, part. 1, Hieroz., l. et c. III. — [b] Luc, II, v. 7. — [c] Apocal., VI, v. 16.

tèrent toutes ces choses à Hérode; et *étant* en colère, il dit : Son fils doit régner sur Israël; et il envoya une seconde fois à Zacharie, disant : Dites-nous la vérité, où est votre fils? Ne savez-vous pas que votre sang est sous ma main? Et les ministres allèrent, et en firent le rapport à Zacharie même; mais il dit : Dieu est témoin que je ne sais où est mon fils. Si vous voulez, répandez mon sang; car Dieu recevra mon esprit, parceque vous répandez le sang innocent. Zacharie fut tué dans les vestibules du temple de Dieu et de l'autel, auprès de l'enclos, et les enfants d'Israël ne savaient pas quand il avait été tué.

XXIV. Et les prêtres allèrent à l'heure de la salutation, et selon la coutume; la bénédiction de Zacharie ne vint pas au-devant d'eux, et les prêtres attendaient pour le saluer et bénir le Très-Haut. Or, comme il tardait (ils craignaient d'entrer; mais) un d'eux eut le courage d'entrer dans le saint où était l'autel, et il vit le sang caillé; et voici qu'une voix cria : Zacharie est tué, et son sang ne sera point effacé jusqu'à ce qu'il vienne un vengeur. Ce qu'ayant entendu, il craignit, et étant sorti, il rapporta aux prêtres (que Zacharie est tué; et l'entendant, et devenant plus hardis), ils entrèrent et virent le fait, et les lambris du temple poussant des hurlements, et ils étaient entr'ouverts du haut jusqu'en bas[a]. On ne trouva point son corps; mais son sang, dans les vestibules du temple, était devenu comme de la pierre; et, tout tremblants, ils sortirent, et annoncèrent au peuple que Zacharie avait été tué; et toutes les tribus

[a] Matth., xxvii, v. 51.

du peuple l'apprirent, et portèrent le deuil, et le pleurèrent trois jours et (trois nuits ; mais après trois jours) les prêtres tinrent conseil, lequel ils mettraient à sa place ; et le sort vint sur Siméon ; car il avait été assuré par un oracle du Saint-Esprit qu'il ne verrait point la mort, qu'il ne vît le Christ en chair.

XXV. Et moi, Jacques, qui ai écrit cette histoire, voyant dans Jérusalem un tumulte qu'avait excité Hérode[a], je me retirai dans le désert, jusqu'à ce que le tumulte fût apaisé dans Jérusalem. Or, je glorifie Dieu, qui m'a donné la tâche d'écrire cette histoire ; mais que sa grace soit avec ceux qui craignent le Seigneur (Jésus-Christ), à qui la gloire et la force (avec le Père éternel, et l'Esprit-Saint, bon et vivifique, maintenant et toujours, et) dans les siècles des siècles. Ainsi soit-il.

Ce fragment de l'*Évangile de l'enfance du Christ*, étant trop étendu pour entrer dans la notice, nous le ferons précéder l'*Évangile* complet dont nous avons fait mention à son article, n° XIII.

ÉVANGILE

DE L'ENFANCE DU CHRIST[1].

I. Moi, Thomas, j'ai cru nécessaire de faire connaître à tous les Israélites, nos frères entre les

---

[a] Act., XII, v. 1 et 2.
[1] Voyez ci-devant, n° XIII, page 349 ; et aussi ma note, page 359. B.

nations, les œuvres enfantines et magnifiques du Christ qu'a opérées notre Seigneur et Dieu Jésus-Christ, né dans notre région à Bethléem, en étant moi-même étonné, dont voici le commencement.

II. L'enfant Jésus avait l'âge de cinq ans. Or, comme il avait plu et que la pluie avait cessé, Jésus, avec d'autres enfants hébreux, jouait au bord d'un ruisseau; et les eaux courantes se rassemblaient dans des fossés. Alors les eaux devinrent incontinent pures et efficaces. Cependant il ne les frappa que de la parole, et elles lui obéissaient entièrement; et ayant pris sur leur rive de la terre molle, il en forma des petits moineaux au nombre de douze. Or, il y avait avec lui des enfants qui jouaient; et un certain Juif, ayant vu ce que Jésus avait fait avec de la terre un jour de sabbat, s'en alla sur-le-champ, et l'annonça à son père Joseph, disant : Voici que votre fils, en jouant près d'un ruisseau, a pris de la terre, en a formé douze moineaux, et il profane le sabbat. Joseph donc venant sur le lieu et le voyant, il le gronda en ces termes : Pourquoi faites-vous ces choses un jour de sabbat, puisqu'il n'est pas permis? Mais Jésus, ayant frappé des mains, cria aux moineaux, et leur dit : Allez, volez, et souvenez-vous de moi étant vivants. Alors les petits moineaux s'envolèrent, et sortirent en criant; et les Juifs le voyant, l'admirèrent beaucoup; et s'en allant, ils racontèrent aux principaux d'entre eux le miracle que Jésus avait fait en leur présence.

III. Or, le fils d'Annas le scribe était là avec Joseph; et ayant pris un rameau de saule, il fit écouler les eaux que Jésus avait assemblées. L'enfant Jésus le lui ayant vu faire, il en fut fâché, et lui dit : Sot *que vous êtes*, quel mal vous ont fait ces fossés, pour que vous répandiez les eaux? Voilà sur l'heure que vous séchiez aussi vous-même comme un arbre, et que vous ne portiez ni feuilles, ni rameaux, ni fruits [a]; et tout-à-coup il devint tout sec; mais Jésus se retira, et s'en alla dans sa maison. Au reste, les parents de celui qui avait séché, l'ayant pris, l'emportèrent en pleurant sa jeunesse, et le conduisirent à Joseph, qu'ils accusaient : Pourquoi avez-vous un enfant de cette façon qui opère de telles choses? Ensuite Jésus étant prié par toute l'*assemblée*, le guérit : il lui laissa cependant un petit membre sans [b] mouvement et sans force, pour qu'ils y fissent attention.

IV. Une autre fois, Jésus passait par le village, et un enfant, en courant, se jeta avec violence sur son épaule; de quoi Jésus étant irrité, lui dit : Vous ne finirez pas votre chemin; et aussitôt l'enfant tomba et mourut; mais quelques-uns voyant cela, dirent : D'où est né cet enfant, que chacune de ses paroles a un si prompt effet? Et les parents du mort, s'approchant de Joseph, se plaignaient, disant : Puisque vous avez cet enfant, vous ne pouvez pas habiter avec nous dans notre ville, ou apprenez à votre enfant à bénir au lieu de faire des imprécations, ou sortez avec lui de ces lieux; car il tue nos enfants.

V. Joseph ayant donc pris l'enfant à part, l'avertissait, disant : Pourquoi faites-vous de cette façon,

---

[a] Marc, xi, v. 14. — [b] Une main. Luc, vi, v. 8.

et les faites-vous souffrir, nous haïr, et nous persécuter? Jésus répondit : Je sais que ces paroles ne sont pas de vous; je me tairai cependant à cause de vous; mais ceux qui vous les ont suggérées en porteront la peine éternellement; et sur-le-champ ses accusateurs furent privés des yeux; et ceux qui virent cela en furent tous fort épouvantés, et ils hésitaient, et disaient de lui que tout discours qu'il proférerait, soit bon, soit mauvais, aurait son effet, et ils l'admiraient; mais Joseph ayant vu cette œuvre de Jésus, se levant, lui prit l'oreille et la pinça. L'enfant en fut indigné, et lui dit : Qu'il vous suffise qu'ils cherchent, et qu'ils ne trouvent pas. Vous n'avez point du tout fait sagement. Ne savez-vous pas que je suis à vous? Ne me chagrinez pas.

VI. Au reste, un certain maître d'école nommé Zachée, étant dans un certain lieu, apprit ces choses de Jésus de la bouche de son père, et fut fort étonné de ce qu'un enfant tenait de tels propos. Et peu de jours après il alla vers Joseph, et lui dit : Vous avez un enfant judicieux, qui a de l'entendement; allons donc, confiez-le-moi, pour qu'il apprenne les lettres. Et lorsque le maître fut assis pour enseigner les lettres à Jésus, il commença par la première, Aleph. Mais Jésus prononça la seconde Beth et Ghimel, et lui nomma les autres lettres jusqu'à la fin. Et ayant ouvert le livre il enseigna les prophètes au maître d'école, qui resta tout honteux, parcequ'il ne savait pas d'où il avait appris les lettres; et se levant il retourna à la maison, saisi d'admiration, et étonné d'une chose incroyable.

VII. Après cela, comme Jésus passait son chemin, il vit une boutique, et certain jeune homme qui trempait dans des chaudières des habits et divers morceaux d'étoffe de couleur brune, préparant le tout selon la volonté d'un chacun. Alors l'enfant Jésus étant entré vers le jeune homme qui était ainsi en ouvrage, il prit aussi des morceaux d'étoffe qui se trouvèrent sous sa main....

ÉVANGILE DE L'ENFANCE[1].

Au nom du Père, et du Fils, et du Saint-Esprit d'un seul Dieu.

Par le secours et la faveur du grand Dieu, nous commençons à écrire le livre des miracles de notre maître, et seigneur et sauveur, Jésus-Christ, qui est appelé l'*Évangile de l'enfance*, dans la paix du Seigneur; ainsi soit-il.

I. Nous trouvons dans le livre du pontife Joseph, qui vécut au temps du Christ (quelques uns le prennent pour Cajapha, il dit) que Jésus parla même lorsqu'il était au berceau, et qu'il dit à sa mère Marie : Je suis Jésus, fils de Dieu, ce verbe que vous avez enfanté, comme l'ange Gabriel vous l'a annoncé; et mon père m'a envoyé pour le salut du monde.

II. Or, l'an trois cent neuf de l'ère d'Alexandre,

---

[1] Voyez ci-devant, n° XIII, page 349; et aussi ma note, page 359. B.

Auguste ordonna que chacun fût inscrit dans sa patrie. C'est pourquoi Joseph se leva; et ayant pris Marie sa fiancée, il alla à Jérusalem, et vint à Bethléem pour être inscrit avec sa famille dans la ville de son père. Et quand ils furent arrivés près d'une caverne, Marie dit à Joseph que son temps d'accoucher était proche, et qu'elle ne pouvait point aller jusqu'à la ville : mais, dit-elle, entrons dans cette caverne. Comme Joseph alla vite pour amener une femme qui l'aidât (dans l'accouchement), il vit une vieille Juive, originaire de Jérusalem, et lui dit : Holà! ma bonne, venez ici, et entrez dans cette caverne, où vous trouverez une femme prête d'accoucher.

III. Ainsi, après le coucher du soleil, la vieille, et avec elle Joseph, arrivèrent à la caverne, et y entrèrent tous les deux. Et voici, elle était remplie de lumières, qui effaçaient l'éclat des lampes et des chandelles, et étaient plus grandes que la clarté du soleil; l'enfant, enveloppé de langes, suçait les mamelles de la divine Marie, sa mère, étant couché dans la crèche. Comme ils admiraient tous les deux cette lumière, la vieille demande à la divine Marie: Êtes-vous la mère de cet enfant? et la divine Marie fesant signe qu'oui : Vous n'êtes pas, lui dit-elle, semblable aux filles d'Ève. La divine Marie disait : Comme entre tous les enfants il n'y en a point de semblable à mon fils, de même sa mère n'a point sa pareille entre les femmes. La vieille répondant et disant: Ma maîtresse, je suis venue pour acquérir un prix qui durera toujours; notre divine Marie lui dit: Imposez vos mains à l'enfant; ce que la vieille ayant fait, dès ce temps elle s'en alla purifiée. C'est pourquoi étant sortie, elle disait : Depuis ce temps je serai la servante de cet enfant tous les jours de ma vie.

IV. Ensuite, lorsque les bergers furent venus, et qu'ayant allumé du feu, ils se réjouissaient grandement, il leur apparut des armées célestes louant et célébrant le Dieu suprême; et les bergers fesant la même chose : alors cette caverne paraissait très semblable à un temple auguste, parceque les voix célestes de même que les terrestres célébraient et magnifiaient Dieu à cause de la naissance du Seigneur Christ. Or, la vieille Juive, voyant ces miracles manifestes, rendait graces à Dieu, disant : Je vous rends graces, ô Dieu, Dieu d'Israël, parceque mes yeux ont vu la naissance du Sauveur du monde.

V. Et lorsque le temps de la circoncision fut arrivé, c'est-à-dire le huitième jour, auquel la loi ordonne de circoncire un enfant[a], ils le circoncirent dans la caverne; et la vieille Juive prit cette pellicule (mais d'autres disent qu'elle prit la rognure du nombril); et elle la renferma dans un vase d'albâtre plein de vieille huile de nard. Or elle avait un fils parfumeur, à qui elle la remit, lui disant : Prenez garde de vendre ce vase d'albâtre rempli de parfum de nard, quand même on vous en offrirait trois cents deniers. Et c'est là ce vase d'albâtre que Marie la pécheresse acheta, et qu'elle répandit sur la tête et les pieds de notre Seigneur Jésus-Christ, et les essuya avec les cheveux de sa tête. Ayant laissé passer l'espace de dix

---

[a] Genes., xvii, v. 12; et Levit., xii, v. 3.

jours, ils le portèrent à Jérusalem, et le quarantième après sa naissance ils le présentèrent dans le temple devant la face du Seigneur, offrant pour lui les dons, ce qui est prescrit par la loi de Moïse[a]; savoir, tout mâle premier-né sera appelé *le saint de Dieu*.

VI. Et le vieillard Siméon le vit brillant comme une colonne de lumière lorsque la divine vierge Marie sa mère le portait dans ses bras, toute transportée de joie; et les anges l'entouraient comme un cercle, le célébrant et se tenant comme des gardes auprès d'un roi[b]. C'est pourquoi Siméon s'approchant au plus vite de la divine Marie, et étendant les mains vers elle, il disait au Seigneur Christ[c]: Maintenant, ô mon Seigneur, votre serviteur s'en va en paix, selon votre parole; car mes yeux ont vu votre miséricorde que vous avez préparée pour le salut de toutes les nations, la lumière de tous les peuples, et la gloire de votre peuple d'Israël. Anne la prophétesse était aussi là, et s'approchant, elle rendait graces à Dieu, et vantait le bonheur de la dame Marie.

VII. Et il arriva, lorsque le Seigneur Jésus fut né à Bethléem, ville de Judée, au temps du roi Hérode, voici, des mages vinrent de l'Orient à Jérusalem, comme l'avait prédit Zorodastcht (Zoroastre); et ils avaient avec eux des présents, de l'or, de l'encens, et de la myrrhe : et ils l'adorèrent, et lui offrirent leurs présents. Alors la dame Marie prit une des bandelettes dont l'enfant était enveloppé, et la leur donna au lieu de bénédiction; et ils la reçurent d'elle comme

---

[a] Exod., XIII, v. 2; et Luc, II, v. 23. — [b] Matth., IV, v. 11. — [c] Luc, II, v. 28.

un très beau présent. Et à la même heure il leur apparut un ange en forme de l'étoile qui les avait auparavant conduits dans leur chemin, et dont ils suivirent la lumière en s'en allant, jusqu'à ce qu'ils fussent retournés dans leur patrie.

VIII. Or, il y avait des rois, et leurs princes qui leur demandaient ce qu'ils avaient vu, ou ce qu'ils avaient fait ; comment ils étaient allés et revenus ; enfin quels compagnons de voyage ils avaient eus. Mais eux leur montrèrent cette bandelette que la divine Marie leur avait donnée : c'est pourquoi ils célébrèrent une fête, et, selon leur coutume, ils allumèrent du feu, et l'adorèrent, et y jetèrent cette bandelette ; et le feu la saisit et l'environna. Et le feu étant éteint, ils en retirèrent la bandelette entière, comme si le feu ne l'eût pas touchée. C'est pourquoi ils commencèrent à la baiser, à la mettre sur leurs têtes et sur leurs yeux, disant : C'est certainement ici la vérité indubitable ! Sans doute que c'est une grande chose, que le feu n'a pu la brûler ou la perdre. Ensuite ils la prirent et la mirent dans leurs trésors avec vénération.

IX. Mais Hérode, voyant que les mages tardaient et ne revenaient pas vers lui, fit venir les prêtres et les sages[a], et leur dit, Enseignez-moi où le Christ doit naître ; et lorsqu'ils eurent répondu, A Bethléem, ville de Judée, il commença à rouler dans son esprit le massacre du Seigneur Jésus-Christ. Alors l'ange du Seigneur apparut à Joseph en songe, et lui dit : Levez-vous, prenez l'enfant et sa mère, et allez

[a] Matth., II, v. 4.

en Égypte, vers le chant du coq. C'est pourquoi il se leva, et partit.

X. Et comme il pensait en lui-même quel devait être son voyage, il fut surpris par l'aurore; et la fatigue du chemin avait rompu la sangle de la selle. Et ils approchaient déjà d'une grande ville dans laquelle était une idole, à qui les autres idoles et les dieux d'Égypte offraient des dons et des vœux; et auprès de cette idole se tenait un prêtre qui en était le ministre, et qui, chaque fois que Satan parlait par *la bouche* de cette idole, le rapportait aux habitants de l'Égypte et de ces contrées. Ce prêtre avait un fils de trois ans[a], obsédé d'une grande multitude de démons, lequel tenait plusieurs propos; et lorsque les démons se saisissaient de lui, il déchirait ses habits, et courait tout nu en jetant des pierres aux passants. Or, dans le voisinage de cette idole était l'hôpital de cette ville, dans laquelle Joseph et la divine Marie furent à peine entrés, et descendus dans cet hôpital, que ses citoyens furent fort consternés; et tous les princes et les prêtres de l'idole s'assemblèrent auprès de cette idole, lui demandant: Quelle est cette consternation et cette épouvante qui a saisi notre pays? L'idole leur répondit: Il est arrivé ici un Dieu inconnu, qui est véritablement Dieu, et pas un autre que lui n'est digne du culte divin, parcequ'il est véritablement fils de Dieu[b] : à sa *seule* renommée cette région a tremblé, et son arrivée la trouble et l'agite, et nous craignons beaucoup de la grandeur de son

---

[a] Marc, v, v. 9; et Luc, viii, v. 30.
[b] Marc, v, v. 7; Matth., viii, v. 29; Luc, iv, v. 41.

empire. Et à l'heure même cette idole fut renversée, et tous les habitants d'Égypte, outre les autres, accoururent à sa ruine.

XI. Mais le fils du prêtre, attaqué de sa maladie accoutumée, entra dans l'hôpital, où il offensa Joseph et la divine Marie, que tous les autres avaient abandonnés par la fuite. Et parceque la divine Marie avait lavé les langes du Seigneur Christ, et les avait étendus sur une latte, cet enfant possédé arracha un de ces langes et le mit sur sa tête, et aussitôt les démons commencèrent à sortir de sa bouche, et à fuir sous la figure de corbeaux et de serpents. Depuis ce temps donc, par l'empire du Seigneur Christ, l'enfant fut guéri, et commença à chanter des louanges et à rendre graces au Seigneur qui l'avait guéri. Et son père le voyant rétabli dans sa première santé : Mon fils, dit-il, que vous est-il arrivé ? et par quel moyen avez-vous été guéri ? Le fils répondit : Comme les démons m'agitaient, je suis entré dans l'hôpital, et j'y ai trouvé une femme d'un visage charmant, avec son enfant, dont elle avait étendu sur une latte les langes qu'elle venait de laver : pendant que j'en mettais sur ma tête un que j'avais arraché, les démons se sont enfuis, et m'ont quitté. Le père, transporté de joie, lui dit : Mon fils, il se peut faire que cet enfant soit le fils du Dieu vivant, qui a créé le ciel et la terre; car aussitôt qu'il est venu vers nous, l'idole a été brisée, et tous les dieux ont été renversés et détruits par une force supérieure.

XII. Ainsi s'accomplit la prophétie qui dit[a] : J'ai

---

[a] Num., xxiv, v. 8; Osée, xi, v. 1; Matth., ii, v. 15.

appelé mon fils d'Égypte; car Joseph et Marie, ayant appris que l'idole avait été renversée et détruite, furent tellement saisis de crainte et d'épouvante, qu'ils dirent : Lorsque nous étions dans la terre d'Israël, Hérode a voulu faire mourir Jésus; c'est pour cela qu'il a massacré tous les enfants de Bethléem et de ses environs, et il n'y a point de doute que les Égyptiens ne nous fassent brûler, s'ils apprennent que cette idole a été brisée et renversée.

XIII. Étant donc sortis de là, ils parvinrent auprès d'un repaire de voleurs, qui, ayant dépouillé des voyageurs de leurs bagages et de leurs habits, les conduisaient enchaînés. Or, ces voleurs entendaient un grand bruit, tel qu'est ordinairement celui d'un roi qui sort de sa ville, suivi d'une nombreuse armée et de sa cavalerie au son retentissant des tambours; c'est pourquoi, laissant toute leur proie, ils s'enfuirent. Alors les captifs se levant, détachaient les chaînes l'un de l'autre; et ayant repris leurs bagages et s'en allant, lorsqu'ils virent approcher Joseph et Marie, ils leur demandèrent : Où est ce roi dont les voleurs entendant le bruit de l'arrivée, nous ont laissé échapper sans nous faire aucun mal? Joseph répondit : Il vient après nous.

XIV. Ensuite ils vinrent dans une autre ville où était une femme possédée, dont Satan, maudit et rebelle, s'était emparé, comme elle était allée une fois de nuit puiser de l'eau. Elle ne pouvait ni souffrir des habits [a], ni rester dans les maisons; et chaque fois qu'on l'attachait avec des chaînes ou des cour-

---

[a] Luc, ch. VIII, v. 27; et Marc, v, v. 2.

roies, elle les rompait, et fuyait toute nue dans les lieux déserts; et se tenant dans les carrefours et dans les cimetières, elle jetait des pierres aux hommes, de sorte qu'elle causait beaucoup de dommages à ses proches. La divine Marie l'ayant donc vue, en eut pitié; et tout d'un coup Satan la quitta, et s'enfuyant sous la forme d'un jeune homme, il dit: Malheur à moi à cause de vous, Marie, et de votre fils! Ainsi, cette femme fut délivrée de son tourment; et revenant à son bon sens, et rougissant de sa nudité, elle retourna vers ses proches, évitant la rencontre des hommes; et ayant repris ses habits, elle expliqua la raison de son état à son père et à ses proches, lesquels, étant des principaux de la ville, reçurent chez eux la divine Marie et Joseph avec vénération.

XV. Le jour suivant, ils partirent de chez eux, munis d'une honnête provision pour le voyage, et sur le soir du même jour, ils arrivèrent dans une autre ville où l'on célébrait des noces; mais l'épousée était devenue muette par les tromperies maudites de Satan et par le moyen de la magie, de sorte qu'elle ne pouvait plus ouvrir la bouche. Cette épousée muette, voyant donc la divine Marie lorsqu'elle entrait dans la ville en portant dans ses bras son fils le Seigneur Christ, elle étendit ses mains vers le Seigneur Christ, et l'ayant tiré à soi, elle le prit dans ses bras, et le serrant étroitement, elle lui donna de fréquents baisers, en l'agitant plusieurs fois et l'approchant de son corps. Aussitôt le nœud de sa langue se délia [a], et ses oreilles s'ouvrirent, et elle commença à chan-

---

[a] Marc, vii, v. 35.

ter des louanges et des actions de graces à Dieu, de ce qu'il lui avait rendu la santé. C'est pourquoi il se répandit cette nuit une si grande joie parmi les citoyens de cette ville, qu'ils pensaient[a] que Dieu et ses anges étaient descendus vers eux.

XVI. Ils y restèrent trois jours, traités avec grande vénération, et reçus avec un splendide appareil. Munis ensuite de provisions pour le voyage, ils les quittèrent, et vinrent dans une autre ville, dans laquelle ils desiraient passer la nuit, parcequ'elle était florissante par la célébrité des hommes. Or, il y avait dans cette ville une femme noble, laquelle étant un jour descendue vers le fleuve pour laver, voici que le maudit Satan, en forme de serpent, avait sauté sur elle, et s'était entortillé autour de son ventre, et toutes les nuits il s'étendait sur elle. Cette femme, ayant vu la divine dame Marie et le Seigneur Christ enfant dans son sein, priait la divine dame Marie qu'elle lui remît cet enfant pour le tenir et le baiser; elle y ayant consenti, et ayant à peine approché l'enfant, Satan s'éloigna d'elle, et fuyant, il la laissa; et depuis ce jour cette femme ne le vit jamais. Tous les voisins louaient donc le Dieu suprême; et cette femme les récompensait avec une grande honnêteté.

XVII. Le jour suivant, la même femme prit de l'eau parfumée pour laver le Seigneur Jésus; et l'ayant layé, elle mit à part cette eau chez elle. Il y avait là une jeune fille dont le corps était blanc de lèpre, qui, s'étant arrosée et lavée avec cette eau, fut guérie de sa lèpre depuis ce temps-là. Le peuple disait donc:

---

[a] Act., xiv, v. 10.

Il n'y a point de doute que Joseph et Marie et cet enfant ne soient des dieux; car ils ne paraissaient pas mortels. Or, comme ils se préparaient à partir, cette jeune fille que la lèpre avait infectée, s'approchant, les priait qu'ils la prissent pour compagne de voyage.

XVIII. Ils y consentaient, et la jeune fille allait avec eux, jusqu'à ce qu'ils vinrent dans une ville dans laquelle était la forteresse d'un grand prince, dont le palais n'était pas loin de l'hôtellerie. Ils y allaient, lorsque la jeune fille les quitta, et étant entrée vers l'épouse du prince, et l'ayant trouvée triste et pleurante, elle lui demandait la cause de ses pleurs. Ne vous étonnez point, dit-elle, de mes sanglots; car j'éprouve une grande calamité, que je n'oserai raconter à personne. Or, la jeune fille dit : Peut-être que, si vous me confiez votre mal secret, le remède s'en trouvera auprès de moi. Tenant donc mon secret caché, répondit l'épouse du prince, vous ne le raconterez à aucun mortel. J'ai été mariée à ce prince qui, comme un roi, a plusieurs terres sous sa domination : ainsi, j'ai long-temps vécu avec lui, et il n'avait point d'enfant de moi. A la fin, je conçus de lui; mais, hélas! j'accouchai d'un fils lépreux, qu'il ne reconnut point pour sien lorsqu'il le vit, et il me dit : Ou tuez-le, ou abandonnez-le à quelque nourrice pour être élevé dans un lieu que je n'en entende jamais parler. D'ailleurs, prenez ce qui est à vous, je ne vous verrai jamais plus. Ainsi, je me suis consumée en déplorant mon affliction et ma condition misérable. Hélas! mon fils! hélas! mon époux! Ne vous ai-je pas dit, reprit la jeune fille, que j'ai trouvé à votre mal un remède dont je vous réponds? car j'ai été aussi lépreuse; mais Dieu, qui est Jésus, fils de la dame Marie, m'a guérie. Or, cette femme lui demandant où était ce Dieu dont elle parlait? Il est ici avec vous, dit la jeune fille, dans la même maison. Mais comment, dit-elle, cela se peut-il faire? où est-il? Voici, répliqua la jeune fille, Joseph et Marie. Or, l'enfant qui est avec eux s'appelle Jésus, et c'est lui qui a guéri ma maladie et mon affliction. Mais comment, dit-elle, avez-vous été guérie de la lèpre? ne me l'indiquerez-vous pas? Pourquoi non, dit la jeune fille : j'ai pris de l'eau dont son corps avait été lavé, je l'ai versée sur moi, et ma lèpre a disparu. C'est pourquoi l'épouse du prince, se levant, les logea chez elle, et prépara à Joseph un festin splendide dans une nombreuse assemblée. Or, le jour suivant, elle prit de l'eau parfumée pour en laver le Seigneur Jésus, et ensuite de la même eau elle arrosa son fils qu'elle avait pris avec elle, et sur-le-champ son fils fut guéri de sa lèpre. Chantant donc des actions de graces et des louanges à Dieu : Bienheureuse, dit-elle, est[a] la mère qui vous a enfanté, ô Jésus! Est-ce ainsi que de l'eau dont votre corps a été lavé, vous guérissez les hommes, qui participent avec vous à la même nature? Au reste, elle fit des présents considérables à la dame Marie, et la laissa aller avec un honneur distingué.

XIX. Étant ensuite arrivés dans une autre ville, ils desiraient y passer la nuit. C'est pourquoi ils entrèrent chez un homme nouvellement marié, mais qui, étant ensorcelé, ne pouvait pas jouir de sa femme;

---

[a] Luc, XI, v. 27.

et lorsqu'ils eurent passé cette nuit, son charme fut levé; mais au point du jour, comme ils se préparaient à partir, l'époux les en empêcha, et leur prépara un grand festin.

XX. Étant donc partis le lendemain et approchant d'une nouvelle ville, ils aperçoivent trois femmes qui revenaient d'un certain tombeau en pleurant beaucoup. La divine Marie, les ayant vues, dit à la jeune fille qui l'accompagnait : Allez, et demandez-leur quelle est leur condition, et quelle calamité leur est arrivée. La fille le leur ayant demandé, elles ne répondirent rien, et lui demandèrent à leur tour : D'où êtes vous, et où allez-vous? car le jour va finir, et la nuit approche. Nous sommes des voyageurs, dit la jeune fille, et nous cherchons une hôtellerie pour y passer la nuit. Elles dirent : Allez avec nous, et passez la nuit chez nous. Les ayant donc suivies, ils furent conduits dans une maison neuve, ornée, et diversement meublée. Or, c'était le temps de l'hiver, et la jeune fille, étant entrée dans la chambre de ces femmes, les trouva encore qui pleuraient et se lamentaient. Il y avait auprès d'elles un mulet couvert d'une étoffe de soie, ayant un pendant d'ébène à son cou; elles lui donnaient des baisers, et lui présentaient à manger. Or, la jeune fille disant : O mes dames, que ce mulet est beau! elles répondirent en pleurant, et dirent : Ce mulet que vous voyez a été notre frère, né de notre même mère que voilà; et notre père en mourant nous ayant laissé de grandes richesses, comme nous n'avions que ce seul frère, nous lui cherchions un mariage avantageux, desirant lui préparer des noces, suivant l'usage des hommes; mais des femmes, agitées des fureurs de la jalousie, l'ont ensorcelé à notre insu; et une certaine nuit, ayant exactement fermé la porte de notre maison un peu avant l'aurore, nous vîmes que notre frère avait été changé en mulet, comme vous le voyez aujourd'hui. Étant donc tristes, comme vous voyez, parceque nous n'avions point de père pour nous consoler, nous n'avons laissé dans le monde aucun sage, ou mage, ou enchanteur, sans le faire venir; mais cela ne nous a servi de rien du tout. C'est pourquoi, chaque fois que nos cœurs sont accablés de tristesse, nous nous levons, et nous allons avec notre mère que voilà, auprès du tombeau de notre père, et après que nous y avons pleuré, nous revenons.

XXI. Ce qu'ayant entendu la jeune fille : Reprenez courage, dit-elle, et cessez vos pleurs; car le remède de votre douleur est proche, ou plutôt il est avec vous, et au milieu de votre maison. Car j'ai aussi été lépreuse moi; mais lorsque je vis cette femme et avec elle ce petit enfant qui se nomme Jésus, j'arrosai mon corps de l'eau dont sa mère l'avait lavé, et je fus guérie. Or, je sais qu'il peut aussi remédier à votre mal; c'est pourquoi levez-vous, allez voir madame Marie, et l'ayant conduite dans votre cabinet, découvrez-lui votre secret, la priant humblement qu'elle ait pitié de vous. Après que les femmes eurent entendu le discours de la jeune fille, elles allèrent vite vers la divine dame Marie, et l'ayant introduite chez elles, et s'étant assises devant elle en pleurant, elles lui dirent : O notre dame! divine Marie! ayez pitié de vos servantes; car il ne nous reste plus ni vieillard ni chef de famille, ni père ni frère, qui entre et sorte en notre présence ; mais ce mulet, que vous voyez, a été notre frère que des femmes, par enchantement, ont rendu tel que vous voyez ; c'est pourquoi nous vous prions que vous ayez pitié de nous. Alors la divine Marie, touchée de leur sort, ayant pris le Seigneur Jésus, le mit sur le dos du mulet, et dit à son fils : Hé ! Jésus-Christ, guérissez ce mulet par votre rare puissance, et rendez-lui la forme humaine et raisonnable, telle qu'il l'a eue auparavant. A peine cette parole fut-elle sortie de la bouche de la divine dame Marie, que le mulet, changé tout-à-coup, reprit la forme humaine, et redevint un jeune homme, sans qu'il lui restât la moindre difformité. Alors lui, sa mère, et ses sœurs, adoraient la divine dame Marie, et baisaient l'enfant en l'élevant sur leurs têtes, disant[a] : Bienheureuse est votre mère, ô Jésus ! ô Sauveur du monde ! bienheureux sont les yeux[b] qui jouissent du bonheur de vous voir !

XXII. Au reste, les deux sœurs disaient à leur mère : Certainement notre frère a repris sa première forme par le secours du Seigneur Jésus, et par la bénédiction de cette jeune fille qui nous a fait connaître Marie et son fils. Actuellement donc, comme notre frère est garçon, il est convenable que nous lui donnions en mariage cette jeune fille, leur servante. En ayant fait la demande à la divine Marie, qui la leur accorda, elles préparèrent à cette jeune fille des noces splendides ; et changeant leur tristesse en joie, et leurs pleurs en ris, elles commencèrent à se ré-

---

[a] Luc, II, v. 27. — [b] Luc, X, v. 23.

jouir, à se divertir, à danser et chanter, après s'être parées de leurs habits et de leurs colliers les plus brillants, à cause de l'excès de leur plaisir. Ensuite, en glorifiant et louant Dieu, elles disaient : O Jésus fils de David, qui changez la tristesse en joie, et les pleurs en ris! Et Joseph et Marie y demeurèrent dix jours. Ensuite ils partirent, accablés d'honneurs par ces personnes qui, leur ayant dit adieu et s'en étant retournées, versaient des larmes, et plus que les autres, la jeune fille.

XXIII. Au sortir de là étant arrivés dans une terre déserte, et ayant appris qu'elle était infestée par les voleurs, Joseph et la divine Marie se préparaient à la traverser de nuit. Et en marchant, voilà qu'ils aperçoivent dans le chemin deux larrons endormis, et avec eux une multitude de larrons qui étaient leurs associés, et ronflaient aussi. Et ces deux larrons qu'ils rencontraient, étaient Titus et Dumachus[a]; et Titus disait à Dumachus : Je vous prie de laisser en aller librement ces *gens-là*, de peur que nos associés ne les aperçoivent. Or, Dumachus le refusant, Titus lui dit une seconde fois : Prenez ces quarante drachmes, et cette ceinture que je vous donne, et qu'il lui présentait plus promptement qu'il ne le disait, de peur qu'il n'ouvrît la bouche, ou qu'il ne parlât. Et la divine dame Marie, voyant que ce larron leur fesait du bien, lui dit : Le Seigneur Dieu vous recevra à sa droite, et vous accordera la rémission des péchés. Et le Seigneur Jésus répondit,

---

[a] Nicodème les appelle *Dimas* et *Gestas*, art. IX de son *Évangile*; et Bède, *Matha* et *Joca*.

et dit à sa mère : Après trente ans, ô ma mère! les Juifs me crucifieront à Jérusalem ; et ces deux larrons, en même temps que moi, seront élevés en croix, Titus à ma droite et Dumachus à ma gauche ; et depuis ce jour-là, Titus me précédera en paradis[a]. Et lorsqu'elle eut dit : Mon fils, que Dieu détourne cela de vous[b]! ils allèrent de là à la ville des idoles, laquelle fut changée en collines de sable lorsqu'ils en eurent approché.

XXIV. De là ils allèrent à ce Sycomore, qui s'appelle aujourd'hui Matarea, et le Seigneur Jésus produisit à Matarea une fontaine dans laquelle la divine Marie lava sa tunique ; et de la sueur qui y coula du Seigneur Jésus, provint le baume dans cette région.

XXV. Ensuite ils descendirent à Memphis, et ayant vu Pharaon, ils restèrent trois ans en Égypte, et le Seigneur Jésus fit en Égypte plusieurs miracles (qui ne sont écrits ni dans l'*Évangile de l'enfance*, ni dans l'*Évangile parfait*).

XXVI. Mais les trois ans étant passés, il sortit d'Égypte, et revint ; et lorsqu'ils approchèrent de la Judée, Joseph craignit d'y entrer, car apprenant qu'Hérode était mort, et que son fils Archélaüs avait succédé à sa place, il eut peur ; et l'ange de Dieu alla en Judée, et lui apparut, et dit : O Joseph! allez dans la ville de Nazareth, et y demeurez. (Chose étonnante, sans doute, que le maître des contrées fût ainsi porté et promené par les contrées.)

XXVII. Étant ensuite entrés dans la ville de

---

[a] Luc, XXIII, v. 43. — [b] Matth., XVI, v. 22.

Bethléem, ils y voyaient des maladies nombreuses et difficiles qui incommodaient les yeux des enfants, de sorte que plusieurs mouraient. Il y avait là une femme ayant un fils malade, qu'elle amena à la divine dame Marie comme il était près de mourir, et qui la regarda lorsqu'elle lavait Jésus-Christ. Cette femme disait donc : O madame Marie, regardez mon fils qui souffre de cruels tourments. Et la divine Marie l'entendant : Prenez, dit-elle, un peu de cette eau dont j'ai lavé mon fils, et l'en arrosez. Prenant donc un peu de cette eau comme la divine Marie l'avait ordonné, elle en arrosa son fils, qui, lassé d'une violente agitation, s'assoupit; et lorsqu'il eut un peu dormi, il s'éveilla après, sain et sauf. La mère fut si joyeuse de cet événement, qu'elle alla revoir une seconde fois la divine Marie; et la divine Marie lui disait : Rendez graces à Dieu, qui a guéri votre fils.

XXVIII. Il y avait là une autre femme, voisine de celle dont le fils venait d'être guéri. Comme le fils de celle-ci avait la même maladie, et que ses yeux étaient presque fermés, elle se lamentait jour et nuit. La mère de l'enfant guéri lui dit : Pourquoi ne portez-vous pas votre fils vers la divine Marie, comme j'y ai porté mon fils lorsqu'il était à l'agonie de la mort, qui a été guéri avec l'eau dont le corps de son fils Jésus avait été lavé? Ce que cette femme ayant appris d'elle, y alla aussi elle-même; et ayant pris de la même eau, elle en lava son fils, dont le corps et les yeux recouvrèrent leur première santé. La divine Marie ordonna aussi à celle-ci, lorsqu'elle lui apporta son fils et lui raconta cet événement, de rendre graces à Dieu pour la santé que son fils avait recouvrée, et de ne raconter à qui que ce soit ce qui était arrivé[a].

XXIX. Il y avait dans la même ville deux femmes, épouses d'un homme dont chacune avait un fils malade; l'une se nommait Marie, et le nom de son fils était Kaljufe[b]. Celle-là se leva, et ayant pris son fils, elle alla vers la divine Marie, mère de Jésus, et lui ayant présenté une très belle serviette : O madame Marie! dit-elle, recevez de moi cette serviette, et rendez-moi à la place un de vos langes. Marie le fit, et la mère de Kaljufe s'en allant, en fit une tunique dont elle habilla son fils. Ainsi sa maladie fut guérie; mais le fils de sa rivale mourut. De là vint une mésintelligence entre elles : comme elles avaient le soin du ménage chacune leur semaine, et que c'était le tour de Marie mère de Kaljufe, elle chauffait le four pour cuire du pain; et ayant laissé son fils Kaljufe auprès du four, elle sortit pour aller chercher de la farine. Sa rivale le voyant seul (or le four chauffait à grand feu), le prit et le jeta dans le four, et se retira de là. Marie revenant, et voyant son fils Kaljufe rire couché au milieu du four[c], et le four refroidi comme si on n'y avait point mis de feu, elle connut que sa rivale l'avait jeté dans le feu. L'ayant donc retiré, elle le porta à la divine dame Marie, et lui raconta son accident. Taisez-vous, lui dit-elle, car je crains pour nous, si vous divulguez ces choses. Ensuite sa rivale alla tirer de l'eau au puits, et voyant Kaljufe qui

---

[a] Matth., VIII, v. 4; IX, 30; XII, v. 16.— [b] Caleb.— [c] Daniel, III, v. 23.

jouait auprès du puits, et qu'il n'y avait personne, elle le prit, et le jeta dans le puits. Et lorsque des personnes furent venues chercher de l'eau au puits, elles virent cet enfant assis sur la surface de l'eau, et lui ayant tendu des cordes, ils le retirèrent. Et cet enfant leur causa une si grande admiration, qu'ils glorifiaient Dieu. Or, sa mère étant survenue, elle le prit et le porta vers la divine dame Marie, en pleurant et disant : O madame! voyez ce que ma rivale a fait à mon fils, et comment elle l'a jeté dans un puits; et il n'y a point de doute que quelque jour elle ne lui cause quelque malheur. La divine Marie lui dit : Dieu vengera l'injustice qu'elle vous a faite. Peu de jours après, comme sa rivale allait puiser de l'eau au puits, son enfant s'embarrassa dans la corde, de façon qu'il fut précipité dans le puits; et ceux qui accoururent à son secours lui trouvèrent la tête cassée et les os brisés. Ainsi il périt misérablement; et ce proverbe d'un auteur s'accomplit en elle[a] : « Ils ont creusé un « puits, et ont jeté la terre fort loin; mais ils sont « tombés dans la fosse qu'ils avaient préparée. »

XXX. Il y avait une autre femme qui avait deux enfants attaqués de la même maladie : l'un étant mort et l'autre près de mourir, elle le prit dans ses bras, et le porta à la divine dame Marie en fondant en larmes : O madame! dit-elle, aidez-moi, et me donnez du secours; car j'avais deux fils, je viens d'en ensevelir un, et je vois l'autre à deux doigts de la mort; voyez comment je demande grace à Dieu, et

---

[a] Prov., XXVI, v. 27.

je le prie humblement ; et elle commença à dire :
O Seigneur! vous êtes clément, miséricordieux et
doux! vous m'avez donné deux fils, et comme vous
en avez retiré un à vous, laissez-moi au moins celui-
ci. C'est pourquoi la divine Marie, voyant la violence
de ses larmes, eut pitié d'elle, et lui dit : Hé! mettez
votre fils dans le lit de mon fils, et couvrez-le de ses
habits. Et lorsqu'elle l'eut mis dans le lit où le Christ
était couché (or ses yeux allaient se fermer pour
toujours), aussitôt que l'odeur des habits du Seigneur
Jésus-Christ eut touché cet enfant, ses yeux s'ouvrirent, et appelant sa mère d'une voix forte[a], il demanda du pain, et quand on lui en eut donné, il le
suçait. Alors sa mère dit : O dame Marie! je connais
maintenant que la vertu de Dieu habite en vous, de
sorte que votre fils guérit les enfants qui deviennent
avec lui participants de la même nature, aussitôt
qu'ils touchent ses habits. Cet enfant qui fut guéri
de cette sorte est celui qui, dans l'*Évangile*, est appelé Barthélemi[b].

XXXI. Au reste, il y avait là une femme lépreuse
qui, allant voir la divine dame Marie, mère de Jésus,
disait : Madame, aidez-moi; et la divine dame Marie
répondait : Quel secours demandez-vous? est-ce de
l'or ou de l'argent, ou que votre corps soit guéri de
la lèpre? Mais qui est-ce, demandait cette femme, qui
pourrait me donner cela? La divine Marie lui dit :
Attendez un moment, jusqu'à ce que j'aie lavé mon
fils Jésus, et que je l'aie remis au lit. La femme atten-

---

[a] Act., IX, v. 40. — [b] Matth., X, v. 3; Marc, III, v. 18; et Luc, VI, v. 14.

dait comme on lui avait dit, et Marie, après qu'elle eut mis Jésus au lit, donnant à la femme l'eau dont elle avait lavé son corps : Prenez, dit-elle, un peu de cette eau, et la répandez sur votre corps : ce qu'ayant fait, étant guérie sur-le-champ, elle glorifiait Dieu, et lui rendait graces.

XXXII. Elle s'en alla donc après qu'elle eut demeuré trois jours chez elle; et lorsqu'elle fut revenue à la ville, elle y vit un prince qui avait épousé la fille d'un autre prince; mais, lorsqu'il eut regardé sa femme, il aperçut entre ses yeux des marques de lèpre, de la forme d'une étoile, de sorte que son mariage fut cassé et déclaré nul. Cette femme les ayant vues dans cet état, chagrines et fondant en pleurs, leur demanda la cause de leurs larmes. Mais ne vous informez pas, lui dirent-elles, de notre état; car nous ne pouvons raconter notre malheur à aucun mortel, ou le communiquer à aucun étranger. Elle insistait cependant, et les priait de le lui confier, qu'elle leur en montrerait peut-être le remède. Comme ils lui montrèrent donc la jeune femme, et les marques de lèpre qui paraissaient entre ses yeux : Moi que vous voyez ici, dit la femme, j'ai eu la même maladie, et j'allai à Bethléem pour mes affaires. Y étant entrée dans une certaine caverne, je vis une femme, nommée Marie, laquelle avait un fils qui s'appelait Jésus : me voyant lépreuse, elle me plaignit, et me donna de l'eau dont elle avait lavé le corps de son fils; j'en arrosai mon corps, et j'ai été guérie. Ces femmes disaient donc : O madame, ne vous leverez-vous pas, et partant avec nous, ne nous montrerez-vous pas la divine dame

Marie? Elle y consentant, elles se levèrent, et allèrent vers la divine dame Marie, portant avec elles de magnifiques présents; et lorsqu'elles furent entrées, et lui eurent offert les présents, elles lui montraient cette jeune femme lépreuse qu'elles avaient amenée. La divine Marie disait donc : Que la miséricorde du Seigneur Jésus-Christ habite sur vous! et leur donnant un peu de l'eau dont elle avait lavé le corps de Jésus-Christ, elle ordonnait qu'on en lavât la malade; ce qu'elles firent, et tout d'un coup elle fut guérie, et elles et tous les assistants glorifiaient Dieu. Étant donc joyeuses et de retour dans leur ville, elles chantaient des louanges au Seigneur. Or, le prince, apprenant que son épouse était guérie, la reçut chez lui; et célébrant de secondes noces, il rendit graces à Dieu de ce que son épouse avait recouvré la santé.

XXXIII. Il y avait aussi une jeune fille tourmentée par Satan; car ce maudit lui apparaissait de temps en temps sous la forme d'un grand dragon, et avait envie de l'avaler; il avait aussi sucé tout son sang; de sorte qu'elle ressemblait à un cadavre. Chaque fois donc qu'il s'approchait d'elle, joignant ses mains sur sa tête, elle criait et disait : Malheur! malheur à moi! parcequ'il n'y a personne qui me délivre de ce très méchant dragon. Or, son père et sa mère, et tous ceux qui étaient autour d'elle, ou la voyaient, s'attristaient sur elle, et pleuraient; et tous ceux qui étaient présents pleuraient et se lamentaient, principalement lorsqu'elle pleurait, et disait : O mes frères et mes amis! n'y a-t-il personne qui me délivre de cet homicide? Mais la fille du prince, qui avait été guérie de sa lèpre, entendant la voix de cette jeune fille, monta sur le toit de son château, et la vit qui fondait en larmes les mains jointes sur sa tête, et toute l'assemblée qui l'environnait pleurant également. Ainsi, elle demanda au mari de la possédée, si la mère de sa femme était vivante. Lui ayant dit que son père et sa mère vivaient : Envoyez-moi, dit-elle, sa mère; et lorsqu'elle la vit venir : Cette possédée, dit-elle, est-elle votre fille? Oui, dit-elle, triste et pleurante : ô madame! elle est engendrée de moi. La fille du prince répondit : Cachez mon secret; car je vous avoue que j'ai été lépreuse; mais la dame Marie, mère de Jésus-Christ, m'a guérie. Que si vous desirez que votre fille recouvre sa première santé, la menant à Bethléem, cherchez Marie, mère de Jésus; et ayez confiance que votre fille sera guérie; car je crois que votre fille étant saine, vous reviendrez joyeuse. Elle n'eut pas achevé le mot, qu'elle se leva; et étant partie avec sa fille pour le lieu désigné, elle alla vers la divine dame Marie, et lui apprit l'état de sa fille. La divine Marie ayant entendu sa prière, lui donna un peu de l'eau dont elle avait lavé le corps de son fils Jésus, et ordonna de la répandre sur le corps de la fille; et lui ayant donné une petite bande des langes du Seigneur Jésus : Prenez, dit-elle, cette bande, et faites-la voir à votre ennemi chaque fois que vous le verrez; et elle les renvoya en paix.

XXXIV. Lorsqu'elles l'eurent quittée et furent de retour dans leur ville, le temps auquel Satan avait coutume de l'épouvanter approchait, et à la même heure ce maudit lui apparut sous la forme d'un grand dragon; et la fille le voyant fut saisie de frayeur. O ma fille! dit sa mère, cessez de craindre, et laissez-le approcher de vous; alors vous lui opposerez la bande que la dame Marie vous a donnée, et voyons ce qui en arrivera. Ainsi ce Satan approchant en dragon terrible, le corps de la fille fut saisi d'une crainte effroyable; mais aussitôt qu'elle montra cette bande mise sur sa tête et déployée aux yeux, il sortait de la bande des flammes et des étincelles de feu qui s'élançaient contre le dragon. Ah! combien grand est ce miracle, qui arrivait à mesure que le dragon regardait la bande du Seigneur Jésus! car le feu en sortait et se répandait contre sa tête et ses yeux, de sorte qu'il s'écriait d'une voix forte[a] : Qu'ai-je *à faire* avec vous, ô Jésus, fils de Marie? Où fuirai-je *loin* de vous? Et étant tout effrayé et se retirant, il laissa la jeune fille. Ainsi il cessa de faire de la peine à cette jeune fille, qui chantait à Dieu des actions de graces et des louanges, et avec elle tous ceux qui avaient été présents à ce miracle.

XXXV. Dans ce même endroit était une autre femme dont le fils était tourmenté par Satan. Il se[b] nommait Judas, et chaque fois que Satan s'emparait de lui, il mordait tous ceux qui étaient présents; et s'il ne se trouvait personne devant lui, il se mordait les mains et les autres membres. La mère de ce misérable entendant donc parler de la divine Marie et de son fils Jésus, se leva promptement; et ayant pris son fils Judas dans ses bras, elle le porta vers la dame

---

[a] Marc, I. v. 24; Luc, IV, v. 34, etc. — [b] Luc, XXII, v. 3; et Jean, XIII, v. 26.

Marie. Cependant Jacques et Josès[a] venaient d'emmener le Seigneur enfant Jésus pour jouer avec les autres enfants; et étant sortis de la maison, ils s'étaient assis, et avec eux le Seigneur Jésus. Or, Judas le possédé s'approchant, et s'asseyant à la droite de Jésus, comme Satan le tourmentait suivant la coutume, il tâchait de mordre le Seigneur Jésus, et ne pouvant pas l'atteindre, il le frappait au côté droit, de sorte que Jésus pleurait; et à la même heure, Satan fuyant, sortit de cet enfant sous la forme d'un chien enragé. Or, cet enfant qui frappa Jésus, et duquel Satan sortit sous la forme d'un chien, fut Judas Iscariote, qui le livra aux Juifs; et les Juifs percèrent d'une lance ce même côté où Judas l'avait frappé.

XXXVI. Lors donc que le Seigneur Jésus eut sept ans accomplis, un certain jour qu'il était avec d'autres enfants ses camarades du même âge, lesquels en jouant fesaient différentes figures avec de la terre, des ânes, des bœufs, des oiseaux, et autres semblables; et chacun vantant son ouvrage, tâchait de l'élever au-dessus de celui des autres. Alors le Seigneur Jésus disait aux enfants : Pour moi j'ordonnerai aux figures que j'ai faites qu'elles marchent. Ces enfants lui demandant s'il était le fils du Créateur : le Seigneur Jésus leur commandait qu'elles marchassent; et à la même heure elles sautaient; et lorsqu'il leur ordonnait de revenir, elles revenaient. Il avait aussi fait des figures d'oiseaux et de moineaux, lesquelles, lorsqu'il leur ordonnait de voler, volaient, et s'arrêtaient

---

[a] Deux fils de Joseph, frères de Jésus. Voyez l'art. XVII du *Protévangile de Jacques*, note *a*, page 384.

lorsqu'il le leur commandait ; que s'il leur présentait à manger et à boire, elles mangeaient et buvaient. Lorsque ensuite les enfants se furent en allés, et eurent rapporté ces choses à leurs parents, leurs pères leur disaient : Gardez-vous, ô mes enfants ! d'aller davantage avec lui, parcequ'il est sorcier ; fuyez-le et l'évitez, et dès ce moment ne jouez jamais avec lui.

XXXVII. Un certain jour aussi le Seigneur Jésus, jouant et courant avec des enfants, passait devant la boutique d'un teinturier, dont le nom était Salem, et il y avait dans sa boutique plusieurs pièces d'étoffe des citoyens de cette ville, qu'ils voulaient faire teindre de diverses couleurs. Le Seigneur Jésus étant donc entré dans la boutique du teinturier, prit tous ces morceaux d'étoffe, et les jeta dans la chaudière de teinture. Salem étant de retour, et voyant ses étoffes perdues, commença à crier très fort, et à gronder le Seigneur Jésus, disant : Que m'avez-vous fait, ô fils de Marie ! vous avez fait tort à moi et à mes citoyens ; car chacun demande la couleur qui lui convient, et vous êtes venu tout perdre. Le Seigneur Jésus répondait : De quelque pièce d'étoffe que vous vouliez changer la couleur, je vous la changerai ; et aussitôt il commença à tirer de la chaudière les morceaux d'étoffe teints chacun de la couleur que le teinturier desirait, jusqu'à ce qu'il les eût tous sortis[a]. Les Juifs voyant ce prodige et ce miracle, glorifiaient Dieu.

---

[a] Pline (Liv. XXXV, ch. 11, § 42) dit que les teinturiers d'Égypte savaient donner diverses couleurs aux étoffes, en les plongeant dans la même chaudière.

XXXVIII. Or, Joseph, qui allait par toute la ville, menait avec lui le Seigneur Jésus, lorsqu'à cause de[a] son métier des personnes le demandaient pour leur faire des portes, ou des pots au lait, ou des cribles, ou des coffres; et le Seigneur Jésus l'accompagnait où qu'il allât. Et chaque fois qu'il arrivait à Joseph de faire quelque ouvrage trop long ou trop court, trop large ou trop étroit, le Seigneur Jésus étendait sa main contre, et cela s'arrangeait aussitôt comme Joseph le desirait; de sorte qu'il n'avait pas besoin d'achever aucun ouvrage de sa main, parcequ'il n'était pas fort entendu dans son métier.

XXXIX. Or, un certain jour Hérode, roi de Jérusalem, le fit venir, et lui dit : Joseph, je veux que vous me construisiez un trône de la mesure de ce lieu où j'ai coutume de m'asseoir. Joseph obéit; et, mettant aussitôt la main à l'ouvrage, il demeura deux ans dans le palais, jusqu'à ce qu'il eût achevé la construction de ce trône. Et comme il le posait à sa place, il vit qu'il s'en manquait de chaque côté dix-huit pouces de la mesure fixée : ce qu'ayant vu, le roi se fâchait très fort contre Joseph, et Joseph, craignant la colère du roi, allait coucher sans souper, n'ayant rien goûté du tout. Alors le Seigneur Jésus lui demandant pourquoi il avait peur : Parceque, dit Joseph, j'ai perdu un ouvrage auquel j'ai travaillé deux

---

[a] Marc, VI, v. 3; et Matth., XIII, v. 55. Justin, pag. 316 de son Dialogue avec Tryphon, dit que Jésus avait fait des charrues, des jougs, et autres ouvrages. Théodoret (Liv. III, Hist., ch. XXIII) rapporte aussi que Libanius ayant demandé à son précepteur chrétien ce que fesait le charpentier, il lui répondit : Il fait une bière pour Julien.

ans entiers. Et le Seigneur Jésus lui dit : Quittez la crainte, et ne vous abattez pas l'esprit; vous prendrez un des côtés de ce trône, et moi l'autre, afin que nous le réduisions à la juste mesure. Et lorsque Joseph eut fait comme le Seigneur Jésus avait dit, et que l'un et l'autre tirait fortement de son côté, le trône obéit, et fut réduit à la juste mesure de ce lieu. Les assistants qui voyaient ce prodige en étaient étonnés, et glorifiaient Dieu. Or, ce trône était fait de ce bois qui avait existé du temps de Soleiman [a], c'est-à-dire d'un bois marqueté de différentes formes et figures.

XL. Un certain autre jour le Seigneur Jésus étant venu dans la rue, et ayant vu des enfants qui s'étaient assemblés pour jouer, il se mêla dans la troupe. Ceux-ci l'ayant vu, comme ils se cachaient, pour qu'il les cherchât, le Seigneur Jésus vint à la porte d'une certaine maison, et demanda à des femmes qui étaient là, où ces enfants étaient allés. Et comme elles répondaient qu'il n'y avait personne là, le Seigneur Jésus reprit : Qui sont ceux que vous voyez dans le four? Comme elles répondirent que c'étaient des chevreaux de trois ans, le Seigneur Jésus s'écria et dit : Sortez ici, chevreaux, vers votre pasteur. Et aussitôt les enfants sortaient semblables à des chevreaux, et bondissaient autour de lui; ce que ces femmes ayant vu, elles furent fort étonnées, et la crainte et le tremblement les saisit. Tout d'un coup donc elles adoraient le Seigneur Jésus, et le priaient, disant : O notre Seigneur Jésus ! fils de Marie, vous êtes véri-

[a] Salomon.

tablement ce bon pasteur d'Israël^a! ayez pitié de vos servantes, qui se tiennent devant vous, et qui ne doutent point que vous, ô notre Seigneur! ne soyez venu pour guérir, mais non pas pour détruire^b. Ensuite, comme le Seigneur Jésus eut répondu que les enfants d'Israël étaient entre les peuples comme les Éthiopiens^c, les femmes disaient : Seigneur, vous connaissez toutes choses, et rien ne vous est caché^d; maintenant donc nous vous prions, et nous demandons à votre douceur que vous rétablissiez ces enfants, vos serviteurs, dans leur premier état. Le Seigneur Jésus disait donc : Venez, enfants, afin que nous nous en allions et que nous jouions : et sur-le-champ, en présence de ces femmes, les chevreaux furent changés, et revinrent sous la forme d'enfants.

XLI. Au mois d'Adar^e Jésus assembla des enfants, et les rangea comme *étant leur roi;* car ils avaient étendu leurs habits^f par terre pour qu'il s'assît dessus, et avaient mis sur sa tête une couronne de fleurs, et se tenaient à droite et à gauche comme des gardes se tiennent auprès d'un roi. Or, si quelqu'un passait par ce chemin-là, ces enfants l'amenaient par force, disant : Venez ici, et adorez le roi, afin que vous fassiez un bon voyage.

XLII. Cependant, tandis que ces choses se passaient, des hommes qui portaient un enfant dans une litière approchaient. Car cet enfant était allé sur la

---

^a Jean, x, v. 11. — ^b Jean, III, v. 17. — ^c Jérém., XIII, v. 23. — ^d Jean, XI, v. 24, seq.; XVI, v. 30; et XXI, v. 17. — ^e C'est le douzième chez les Juifs; il répond à la fin de février et au commencement de mars. — ^f Matth., XXI, v. 8.

montagne chercher du bois avec ses camarades, et y ayant trouvé un nid de perdrix, et y ayant porté la main pour en prendre les œufs, un malin serpent se glissant du milieu du nid, le piqua, de sorte qu'il implorait le secours de ses camarades, lesquels étant accourus promptement, le trouvèrent étendu par terre comme mort; et ses parents étaient venus, et, l'ayant enlevé, ils le reportaient à la ville. Étant donc parvenus à l'endroit où le Seigneur Jésus était assis comme un roi, et les autres enfants l'entouraient comme ses ministres, les enfants couraient au-devant de celui qui avait été mordu du serpent, et disaient à ses proches : Approchez, et saluez le roi. Mais comme ils ne voulaient pas approcher, à cause de la tristesse où ils étaient plongés, les enfants les entraînaient malgré eux. Et quand ils furent venus auprès du Seigneur Jésus, il leur demandait pourquoi ils portaient cet enfant. Et comme ils répondaient qu'un serpent l'avait mordu, le Seigneur Jésus disait aux enfants : Allez avec nous, afin que nous tuions ce serpent. Or, les parents de l'enfant demandant qu'on les laissât en aller, parceque leur enfant était à l'agonie de la mort, les enfants répondaient, disant : N'avez-vous pas entendu ce que le roi a dit : Allons, et tuons le serpent; et vous ne lui obéissez pas? Et ils faisaient ainsi rebrousser chemin à la litière. Et lorsqu'ils furent arrivés auprès du nid, le Seigneur Jésus disait aux enfants : Est-ce là le trou du serpent? Eux disant qu'oui, le serpent ayant été appelé par le Seigneur Jésus, paraissait aussitôt, et se soumettait à lui. Allez, lui dit-il, et sucez tout le venin que vous avez insinué à cet enfant. C'est pourquoi ce serpent se glissant vers l'enfant, enleva de nouveau tout son venin; et alors le Seigneur Jésus le maudit, pour qu'il mourût déchiré sur-le-champ; et il toucha l'enfant de sa main, pour qu'il recouvrât sa première santé. Et comme il commençait à pleurer : Retenez vos larmes, lui dit le Seigneur Jésus; car vous serez bientôt mon disciple : et c'est *lui qui* est Simon le Cananéen, dont il est fait mention dans l'*Évangile*[a].

XLIII. Un autre jour Joseph avait envoyé son fils Jacques au bois, et le Seigneur Jésus l'avait accompagné; et lorsqu'ils furent arrivés à l'endroit où il y avait du bois, et que Jacques eut commencé à en ramasser, voilà qu'une maligne vipère le mordit, de sorte qu'il commençait à pleurer et à crier. Jésus le voyant donc en cet état, s'approcha de lui, et souffla sur l'endroit où la vipère l'avait mordu, pour qu'il fût guéri sur-le-champ.

XLIV. Un certain jour aussi que Jésus se trouvait parmi des enfants qui jouaient sur un toit, un des enfants, tombant d'en haut, mourut tout d'un coup. Or, les autres enfants s'enfuyant, le Seigneur Jésus resta seul sur le toit, et lorsque les parents de cet enfant furent venus, ils disaient au Seigneur Jésus : Vous avez jeté notre fils à bas du toit. Mais lui le niant, ils criaient en disant : Notre fils est mort, et voilà celui qui l'a tué. Le Seigneur Jésus leur dit : Ne m'accusez pas d'une action dont vous ne pourrez nullement me convaincre; mais écoutez, interrogeons l'enfant lui-même, qu'il mette au jour la vérité. Alors

---

[a] Matth., x, v. 4.

le Seigneur Jésus descendant, se tint debout sur la tête de l'enfant, et d'une voix forte : Zeinun^a, dit-il, Zeinun, qui est-ce qui vous a précipité du toit? Alors le mort répondant : Seigneur, dit-il, ce n'est pas vous qui m'avez jeté, mais c'est quelqu'un qui m'en a fait tomber. Et lorsque le Seigneur eut dit aux assistants qu'ils fissent attention à ses paroles, tous ceux qui étaient présents louaient Dieu pour ce miracle.

XLV. Une fois la divine dame Marie avait ordonné au Seigneur Jésus de s'en aller, et de lui apporter de l'eau d'un puits. Lors donc qu'il fut allé puiser de l'eau, la cruche pleine se brisa en la retirant ; mais le Seigneur Jésus étendant sa serviette, en ramassa l'eau et la portait à sa mère, laquelle étonnée d'une chose toute merveilleuse, tenait cependant cachées et conservait dans son cœur^b toutes celles qu'elle avait vues.

XLVI. Un autre jour le Seigneur Jésus se trouvait encore avec des enfants sur le bord de l'eau, et ils avaient détourné l'eau de ce ruisseau par des fossés, se construisant de petites piscines ; et le Seigneur Jésus avait fait douze moineaux, et les avait arrangés, trois de chaque côté, autour de sa piscine. Or, c'était un jour de sabbat ; et le fils du Juif Hanani, s'approchant et les voyant agir de la sorte : Est-ce ainsi, dit-il, qu'un jour de sabbat vous faites des figures de terre ? et accourant promptement, il détruisait leurs piscines. Mais lorsque le Seigneur Jésus eut frappé des mains sur les moineaux qu'il avait

---

^a Zénon. — ^b Luc, II, v. 19.

faits, ils s'envolaient en criant. Ensuite le fils d'Hanani s'approchant aussi de la piscine de Jésus pour la détruire, son eau s'évanouit, et le Seigneur Jésus lui dit: Comme cette eau s'est évanouie, de même votre vie s'évanouira; et sur-le-champ cet enfant se dessécha.

XLVII. Dans un autre temps, comme le Seigneur Jésus retournait le soir à la maison avec Joseph, il fut rencontré par un enfant qui, courant rapidement, le heurta et le fit tomber. Le Seigneur Jésus lui dit: Comme vous m'avez poussé, de même vous tomberez, et ne vous relèverez pas; et, à la même heure, l'enfant tomba et expira.

XLVIII. Au reste, il y avait à Jérusalem un certain Zachée qui enseignait la jeunesse. Il disait à Joseph: Pourquoi, ô Joseph, ne m'envoyez-vous pas Jésus, pour qu'il apprenne les lettres? Joseph le lui promettait, et le rapportait à la divine Marie. Ils le menaient donc au maître qui, aussitôt qu'il l'eut vu, lui écrivit un alphabet, et lui commanda qu'il dît aleph. Et lorsqu'il eut dit aleph, le maître lui ordonnait de prononcer beth. Le Seigneur Jésus lui repartit: Dites-moi premièrement la signification de la lettre aleph, et alors je prononcerai beth. Et comme le maître lui donnait des coups, le Seigneur Jésus expliquait les significations des lettres aleph et beth; de même quelles figures des lettres étaient droites, obliques, doublées, avaient des points, en manquaient, pourquoi une lettre précédait une autre; et il se mit à détailler et éclaircir plusieurs autres choses que le maître n'avait jamais ni entendues ni lues dans aucun livre. Ensuite le Seigneur Jésus dit au maître: Faites attention à ce que je vais dire: et il commença à réciter clairement et distinctement aleph, beth, gimel, daleth, jusqu'à la fin de l'alphabet. Ce que le maître admirant: Je pense, dit-il, que cet enfant est né avant Noé; et se tournant vers Joseph: Vous m'avez, dit-il, donné à instruire un enfant plus savant que tous les maîtres. Il dit aussi à la divine Marie: Vous avez là un fils qui n'a besoin d'aucun enseignement.

XLIX. Ils le menèrent ensuite à un autre maître qui, lorsqu'il le vit: Dites aleph, dit-il. Et lorsqu'il eut dit aleph, le maître lui commandait de prononcer beth. Le Seigneur Jésus lui répondit: Dites-moi premièrement la signification de la lettre aleph, et alors je prononcerai beth. Comme ce maître le frappait de la main, aussitôt sa main sécha, et il mourut. Alors Joseph disait à la divine Marie: Dorénavant ne le laissons plus sortir de la maison, parceque qui que ce soit qui le contrarie, il est puni de mort.

L. Et lorsqu'il eut douze ans, ils le menèrent à Jérusalem à la fête[a]; et la fête passée, ils s'en retournaient: mais le Seigneur Jésus restait en arrière dans le temple, parmi les docteurs et les vieillards, et les savants des enfants d'Israël, à qui il fesait diverses questions sur les sciences, et répondait aux leurs. Car il leur disait: Le messie de qui est-il fils[b]? Ils lui répondaient: Fils de David. Pourquoi donc, dit-il, l'appelle-t-il en esprit son Seigneur, quand il dit[c]:

---

[a] Luc, II, v. 42. — [b] Matth., XXII, v. 42. — [c] Ps. CIX, v. 1.

Le Seigneur a dit à mon Seigneur: Asseyez-vous à ma droite, afin que je soumette vos ennemis aux traces de vos pieds? Alors un certain prince des maîtres l'interrogeait: Avez-vous lu des livres? Et des livres, répondait le Seigneur Jésus, et les choses qui sont renfermées dans les livres; et il expliquait les livres et la loi, et les préceptes, et les statuts, et les mystères contenus dans les livres des prophètes, choses que l'entendement d'aucune créature n'a comprises. Ce maître disait donc: Pour moi, jusqu'à présent je n'ai vu ni entendu une telle science : que pensez-vous que sera cet enfant[a]?

LI. Et comme il se trouvait là un philosophe savant dans l'astronomie, et qui demandait au Seigneur Jésus s'il avait étudié l'astronomie; le Seigneur Jésus lui répondait, et expliquait le nombre des sphères et des corps célestes, et leurs natures et opérations; l'opposition, l'aspect trine, quadrat, et sextil; leur progression et rétrogradation; enfin le comput et le prognostic, et autres choses que jamais la raison d'aucun homme n'a approfondies.

LII. Il y avait aussi parmi eux un philosophe très savant en médecine et en science naturelle, qui, comme il demandait au Seigneur Jésus s'il avait étudié en médecine, lui, répondant, lui expliqua la physique et la métaphysique, l'hyperphysique et l'hypophysique, les vertus et les humeurs du corps et leurs effets; le nombre des membres et des os, des veines, des artères, et des nerfs, aussi les tempéraments, le chaud et le sec, le froid et l'humide, et ceux qui en déri-

[a] Luc, 1, v. 66.

vaient; quelle était l'opération de l'ame sur le corps, ses sensations et ses vertus; les facultés de parler, de se fâcher, et de desirer; enfin la congrégation et la dissipation, et autres choses que jamais l'entendement d'aucune créature n'a pénétrées. Alors ce philosophe se levait et adorait le Seigneur Jésus : O Seigneur Jésus, dit-il, désormais je serai votre disciple et votre serviteur.

LIII. Comme ils s'entretenaient de ces choses et d'autres, la divine dame Marie arrivait, après avoir couru trois jours en le cherchant avec Joseph : et le voyant assis entre les docteurs[a], les interrogeant et leur répondant tour-à-tour, elle lui disait : Mon fils, pourquoi avez-vous agi ainsi avec nous? voici que moi et votre père vous avons cherché avec une grande fatigue. Mais pourquoi, leur dit-il, me cherchiez-vous? ne saviez-vous pas qu'il convient que je vaque dans la maison de mon père? mais eux ne comprenaient pas les paroles qu'il leur disait. Alors ces docteurs demandaient à Marie s'il était son fils; et elle disant qu'oui : O Marie, disaient-ils, que vous êtes heureuse d'avoir un tel fils! Or, il retournait avec eux à Nazareth[b], et il leur obéissait en toutes choses. Et sa mère conservait toutes ses paroles dans son cœur. Et le Seigneur Jésus profitait en taille, et en sagesse, et en grace devant Dieu et les hommes.

LIV. Et depuis ce jour il commença à cacher ses miracles et ses secrets, et à s'appliquer à la loi, jusqu'à ce qu'il eût trente ans accomplis[c]; quand le père

---

[a] Luc, II, v. 46. — [b] Luc, II, v. 51. — [c] Luc, III, v. 23.

le déclara publiquement vers le Jourdain, par cette voix venue du ciel[a]: Celui-ci est mon fils bien-aimé, en qui je me plais; le Saint-Esprit présent sous la forme d'une colombe blanche.

LV. C'est là celui que nous adorons humblement, parcequ'il nous a donné l'essence et la vie, et nous a fait sortir du sein de nos mères[b], qui a pris un corps humain à cause de nous, et nous a rachetés, afin que la miséricorde éternelle nous environnât, et qu'il nous donnât sa grace par sa libéralité, sa bienfesance, sa générosité, et sa bienveillance. A lui soit gloire et louange, et puissance, et empire, depuis ce temps dans les siècles éternels. Ainsi soit-il.

Fin de tout l'*Évangile de l'enfance*, par le secours du Dieu suprême, suivant ce que nous avons trouvé dans l'original.

Enfin le quatrième Évangile apocryphe qui nous reste en entier est celui de Nicodème, dont nous avons donné le préambule selon quelques manuscrits, ou la conclusion suivant d'autres, n° XXXVIII. En voici donc actuellement la suite.

---

[a] Luc, III, v. 22. — [b] Ps. CXXXVIII, v. 13.

ÉVANGILE

DU DISCIPLE NICODÈME[1],

DE LA PASSION ET DE LA RÉSURRECTION DE NOTRE MAÎTRE ET SAUVEUR JÉSUS-CHRIST[2].

I. Car Annas et Caïphas, et Summas, et Datam, Gamaliel, Judas, Lévi, Nephthalim, Alexandre, et Cyrus, et les autres Juifs, viennent vers Pilate au sujet de Jésus, l'accusant de plusieurs mauvaises accusations, et disant: Nous savons que Jésus est fils de Joseph le charpentier, né de Marie, et il dit qu'il est fils de Dieu[a] et roi; et non seulement il dit cela, mais il veut détruire le sabbat[b] et la loi de nos pères. Les Juifs lui disent: Nous avons pour loi de ne point guérir un jour de sabbat; or il a guéri des boiteux, des sourds, des paralytiques, des aveugles, et des lépreux, et des démoniaques par de mauvaises pratiques. Pilate leur dit: Comment, par de mauvaises pratiques? Ils lui disent: Il est magicien; et c'est par le prince des démons qu'il chasse les démons, et qu'ils lui sont tous soumis[c]. Pilate dit: Ce n'est point là chasser les démons par l'esprit immonde, mais par la vertu de Dieu[d]. Et les Juifs disent à Pilate: Nous prions

---

[1] Appelé aussi les *Actes de Pilate;* voyez ci-devant, page 331. B.
[2] Voyez ma note, page 359. B.
[a] Matth., XXVII, v. 11; Marc, XV, v. 2; Luc, XXIII, v. 2.
[b] Matth., XII; Luc, XIII, v. 16; et Jean., V, v. 18.
[c] Matth., IX, v. 34; et XII, v. 24; et Luc, X, v. 17.
[d] Matth., XII, v. 28; Luc, XI, v. 20.

votre grandeur que vous le fassiez paraître devant votre tribunal, et entendez-le. Or Pilate, appelant un coureur, lui dit : Par quel moyen amènera-t-on le Christ? Mais le coureur sortant, et le connaissant, il l'adora, et étendit par terre un manteau qu'il portait à sa main, disant : Seigneur, marchez là-dessus, entrez, parceque le gouverneur vous demande. Mais les Juifs, voyant ce que fit le coureur, s'en plaignirent à Pilate, disant : Pourquoi ne l'avez-vous pas fait assigner par un huissier plutôt que par un coureur? Car le coureur le voyant l'a adoré, et a étendu par terre le manteau qu'il tenait à la main, et lui a dit : Seigneur, le gouverneur vous demande. Pilate, appelant le coureur, lui dit : Pourquoi avez-vous fait cela? Le coureur lui dit : Lorsque vous m'envoyâtes de Jérusalem à Alexandrie[a], je vis Jésus monté sur une humble ânesse, et les enfants des Hébreux criaient *Hosanna*, tenant des rameaux dans leurs mains; mais d'autres étendaient leurs habits dans le chemin, disant : Sauvez-nous, vous qui êtes dans les cieux; béni celui qui vient au nom du Seigneur! Les Juifs crièrent donc contre le coureur, disant : A la vérité les enfants des Hébreux criaient en hébreu; mais vous qui êtes Grec, comment entendez-vous la langue hébraïque? Le coureur leur dit : J'ai interrogé quelqu'un des Juifs, et lui ai dit : Qu'est-ce que ces enfants crient en hébreu? et il me l'a expliqué, disant : Ils crient *Hosanna*, ce qui veut dire, ô Seigneur, rendez saint, ou bien, Seigneur, sauvez. Pilate leur dit : Mais vous,

---

[a] Act., IV, v. 6. — Cette citation, prise dans Fabricius, n'est pas exacte. Il fallait citer : Matth., XXI, 9; Marc, XI, 9; Jean, XII 13. B.

pourquoi attestez-vous les paroles que les enfants ont dites? en quoi le coureur a-t-il péché? et eux se turent. Le gouverneur dit au coureur : Sortez, et de quelque manière que ce soit, faites-le entrer. Mais le coureur sortant fit comme la première fois, et lui dit : Seigneur, entrez, parceque le gouverneur vous demande. Jésus entra donc vers les porte-enseignes qui tenaient leurs étendards, et leurs têtes se courbèrent, et ils adorèrent Jésus; ce qui fit crier davantage les Juifs contre les porte-enseignes. Or, Pilate dit aux Juifs : Vous n'approuvez pas que les têtes des étendards se sont courbées d'elles-mêmes, et ont adoré Jésus; mais comment criez-vous contre les porte-enseignes parcequ'ils se sont baissés et l'ont adoré? Eux dirent à Pilate : Nous avons vu que les porte-enseignes se sont inclinés et ont adoré Jésus. Mais le gouverneur appelant les porte-enseignes, il leur dit : Pourquoi avez-vous fait ainsi? Les porte-enseignes disent à Pilate : Nous sommes des hommes païens et serviteurs des temples; comment l'avons-nous adoré? mais comme nous tenions nos étendards, ils se sont courbés, et l'ont adoré. Pilate dit aux chefs de la synagogue : Choisissez vous-mêmes des hommes forts, et qu'ils tiennent les étendards, et voyons s'ils se courberont d'eux-mêmes. Les vieillards des Juifs voyant donc douze hommes très forts, ils leur firent tenir les étendards, et paraître devant le gouverneur. Pilate dit au coureur : Faites sortir Jésus, et faites-le rentrer comme vous voudrez; et Jésus et le coureur sortirent du prétoire. Et Pilate appelant les premiers porte-enseignes, leur jurant par le salut de César que s'ils ne portent pas ainsi les étendards lorsque Jésus entrera, je couperai vos têtes. Et le gouverneur ordonna que Jésus entrât une seconde fois, et le coureur fit comme la première fois, et pria instamment Jésus de marcher sur son manteau; et il y marcha et entra. Mais comme Jésus entrait, les étendards se courbèrent et l'adorèrent.

II. Or, Pilate, voyant cela, fut saisi de crainte, et commença à se lever de son siége; mais comme il pensait à se lever, l'épouse de Pilate, qui était éloignée, lui envoya dire: Ne vous mêlez point de ce juste[a]; car j'ai beaucoup souffert à cause de lui cette nuit en songe. Les Juifs, entendant cela, dirent à Pilate: Ne vous avons-nous pas dit qu'il est magicien? Voilà qu'il a envoyé ce songe à votre épouse; mais Pilate, appelant Jésus, lui dit: Entendez-vous ce qu'ils déposent contre vous? et vous ne dites rien. Jésus lui répondit: S'ils n'avaient pas le pouvoir de parler, ils ne parleraient pas; mais parceque chacun a le pouvoir de parler bien ou mal, ils verront. Les vieillards des Juifs répondirent à Jésus: Que verrons-nous? La première chose que nous avons vue de vous, c'est que vous êtes né de la fornication. Secondement, qu'à votre naissance les enfants de Bethléem ont été massacrés. Troisièmement, que votre père et votre mère Marie s'enfuirent en Égypte, parcequ'ils n'avaient pas confiance au peuple. Quelques uns des Juifs assistants, qui pensaient bien, disent: Nous ne disons pas qu'il est né de la fornication; le discours que vous tenez là n'est pas vrai, parceque le mariage s'est fait,

[a] Matth., XXVII, v. 19.

comme le disent ceux mêmes qui sont de votre nation. Annas et Caïphas disent à Pilate : Il faut entendre toute la multitude qui dit qu'il est né de la fornication, et qu'il est magicien; mais ceux qui nient qu'il soit né de la fornication sont des prosélytes et ses disciples. Pilate dit à Annas et Caïphas : Quels sont les prosélytes? Ils disent: Ils sont fils de païens, et maintenant ils sont devenus Juifs. Éliézer et Astérius, et Antoine, et Jacques, Caras[a] et Samuel, Isaac et Phinées, Crippus et Agrippa, Annas et Judas, disent : Nous ne sommes point prosélytes, mais nous sommes fils de Juifs, et nous disons la vérité, et nous avons assisté au mariage de Marie. Or, Pilate, portant la parole aux douze hommes qui dirent cela, leur dit : Je vous conjure par le salut de César, s'il n'est pas né de la fornication, ou si ce que vous avez dit est véritable. Ils disent à Pilate : Nous avons pour loi de ne point jurer, parceque cela est péché : qu'ils jurent eux par le salut de César, que ce n'est pas comme nous avons dit, et nous sommes coupables de mort. Annas et Caïphas disent à Pilate : Ces douze ne nous croiront pas parceque nous savons qu'il est né du crime, et qu'il est magicien; et il dit qu'il est fils de Dieu et roi, ce que nous ne croyons pas, et que nous craignons d'entendre. Pilate fesant donc sortir tout le peuple, excepté les douze hommes qui ont dit qu'il n'est pas né de la fornication, et ayant aussi fait retirer Jésus à l'écart, il leur dit : Pour quelle raison les Juifs veulent-ils faire mourir Jésus? Ils lui disent : Leur zèle vient de ce qu'il guérit le jour du sabbat.

[a] Cyrus.

Pilate dit : C'est pour une bonne œuvre qu'ils veulent le faire mourir? Ils lui disent : Oui, Seigneur.

III. Pilate alors, rempli de colère, sortit du prétoire, et dit aux Juifs : Je prends la terre à témoin que je ne trouve aucune faute en cet homme. Les Juifs disent à Pilate : S'il n'était pas un malfaiteur, nous ne vous l'eussions pas livré. Pilate leur dit : Prenez-le, vous, et le jugez selon votre loi. Les Juifs disent à Pilate : Il ne nous est permis de faire mourir personne. Pilate dit aux Juifs : Elle vous dit donc[a] ne tuez point : mais non pas à moi? Et il entra une seconde fois dans le prétoire, et il fit venir Jésus seul, et lui dit : Êtes-vous le roi des Juifs? et Jésus répondant, dit à Pilate : Dites-vous cela de vous-même, ou d'autres vous l'ont-ils dit de moi? Pilate répondant, dit à Jésus : Est-ce que je suis Juif, moi? la nation et les princes des prêtres vous ont livré à moi. Qu'avez-vous fait? Jésus répondant, dit : Mon royaume n'est pas de ce monde; si mon royaume était de ce monde, mes ministres résisteraient, et je n'aurais pas été livré aux Juifs; mais maintenant mon royaume n'est pas d'ici. Pilate dit : Vous êtes donc roi? Jésus répondit : Vous dites que je suis roi. Jésus dit encore à Pilate : Je suis né en cela, je suis né pour cela, et je suis venu pour cela, afin que je rende témoignage à la vérité; et tout homme qui est de la vérité entend ma voix. Pilate lui dit : Qu'est-ce que la vérité? Jésus dit : La vérité est du ciel. Pilate dit : La vérité n'est donc pas sur la terre? Jésus dit à Pilate : Faites attention que la vérité est sur la terre parmi ceux

[a] Exod., xx, v. 13.

qui, pendant qu'ils ont le pouvoir de juger, se servent de la vérité, et rendent des jugements justes.

IV. Pilate laissant donc Jésus dans le prétoire, sortit dehors vers les Juifs, et leur dit : Je ne trouve pas une seule faute en Jésus. Les Juifs lui disent : Il a dit[a] : Je puis détruire le temple de Dieu et le rebâtir en trois jours. Pilate leur dit : Quel est ce temple dont il parle? Les Juifs lui disent : Celui que Salomon bâtit en quarante-six ans[b], il a dit *qu'il peut* le détruire et le rebâtir en trois jours; et Pilate leur dit une seconde fois : Je suis innocent du sang de cet homme, vous verrez. Les Juifs lui disent : Que son sang *soit* sur nous et sur nos enfants! Pilate appelant les vieillards et les scribes, les prêtres et les lévites, il leur dit secrètement : Ne faites pas ainsi : je n'ai rien trouvé digne de mort dans votre accusation touchant la guérison des malades et la violation du sabbat. Les prêtres et les lévites disent à Pilate : Par le salut de César, si quelqu'un a blasphémé[c], il est digne de mort. Or, celui-ci a blasphémé contre le Seigneur. Le gouverneur fit une seconde fois sortir les Juifs du prétoire, et fesant venir Jésus, il lui dit : Que vous ferai-je? Jésus lui répondit : Ainsi qu'il est dit. Pilate lui dit : Comment est-il dit? Jésus lui dit : Moïse et les prophètes ont annoncé ma passion et ma résurrection. Ce que les Juifs ayant appris, ils en

---

[a] Jean, II, v. 20.

[b] On trouve le même nombre dans l'*Évangile de saint Jean* (c. II, v. 20), quoique Salomon l'eût bâti en sept ans (Liv. III, Reg., c. VI, v. 38), et qu'il eût été rebâti par Hérode en neuf ans et demi. (Josèphe, Antiq., liv. XV, ch. XIV.) — [c] Levit., XXIV, v. 16; Deut., XIII, v. 10. — Au lieu du *Deutéronome*, il faut probablement lire ici : *Nombres*, XVI, 30. B.

furent irrités, et dirent à Pilate: Que voulez-vous entendre davantage le blasphème de cet *homme?* Pilate leur dit: Si ce discours vous paraît un blasphème, prenez-le, vous, et le citez à votre synagogue, et jugez-le selon votre loi. Les Juifs disent à Pilate: Notre loi décide que si un homme pèche contre un homme, il soit digne de recevoir quarante moins un *coup*[a]; mais s'il a blasphémé contre le Seigneur, d'être alors lapidé. Pilate leur dit: Si ce discours est un blasphème, jugez-le vous-mêmes selon votre loi. Les Juifs disent à Pilate: Notre loi nous ordonne[b] de ne tuer personne. Nous voulons qu'il soit crucifié, parcequ'il est digne de la croix. Pilate leur dit: Il n'est pas bon qu'il soit crucifié; mais châtiez-le[c], et le renvoyez. Or, le gouverneur, regardant le peuple des Juifs qui l'environnait, vit plusieurs Juifs qui pleuraient, et il dit aux princes des prêtres des Juifs: Toute la multitude ne desire pas qu'il meure. Les vieillards des Juifs disent à Pilate: Nous ne sommes venus ici, nous et toute la multitude, qu'afin qu'il meure. Pilate leur dit: Pourquoi mourra-t-il? Ils lui disent: Parcequ'il se dit être fils de Dieu et roi.

V. Or, un certain Nicodème, homme juif, se présenta devant le gouverneur, et dit: Je vous prie, juge miséricordieux, que vous daigniez m'entendre un instant. Pilate lui dit: Parlez. Nicodème dit: C'est moi qui ai dit aux vieillards des Juifs, et aux scribes, et aux prêtres, et aux lévites, et à toute la multitude des Juifs dans la synagogue: Que cherchez-vous avec cet

---

[a] II, Corinth., xi, v. 24. — [b] Exod., xx, v. 13. — [c] Luc, xxiii, v. 16.

homme? Cet homme fait plusieurs prodiges bons et glorieux, tels qu'aucun homme sur la terre n'en a fait ou n'en fera; renvoyez-le, et ne lui faites *aucun* mal. S'il est de Dieu[a], ses prodiges subsisteront; mais s'il est des hommes, ils seront dissipés. De même que *quand* Moïse, envoyé de Dieu en Égypte, fit des prodiges que Dieu lui dit de faire devant Pharaon, roi d'Égypte, il y avait Jannès et Mambrès[b], magiciens, et ils firent, par leurs enchantements, les prodiges qu'avait faits Moïse, mais non pas tous; et les prodiges que firent les magiciens n'étaient pas de Dieu, comme vous savez, vous scribes et pharisiens : ils périrent eux qui les firent, et tous ceux qui les crurent[c]; et maintenant renvoyez cet homme, parceque les prodiges dont vous l'accusez sont de Dieu, et il n'est pas digne de mort. Les Juifs disent à Nicodème: Vous êtes devenu son disciple, et vous parlez pour lui. Nicodème leur dit : Est-ce que le gouverneur est aussi devenu son disciple, et qu'il parle pour lui? Est-ce qu'il ne tient pas sa dignité de César? Or, les Juifs frémissaient lorsqu'ils entendirent ces *paroles*, et grinçaient des *dents* contre Nicodème, et lui disaient: Recevez de lui la vérité, et ayez votre possession avec le Christ. Nicodème dit : Ainsi soit-il, que je la reçoive comme vous l'avez dit.

VI. Un certain autre, sortant d'entre les Juifs, priait le gouverneur qu'il voulût entendre une parole. Le gouverneur dit : Dites tout ce que vous voulez dire. J'ai été couché pendant trente ans à Jérusalem auprès

---

[a] Act., v, v. 38. — [b] II, Tim. III, v. 8, on lit *Jambrès*. — [c] Act., v, vers. 37.

de la piscine probatique^a, souffrant une grande infirmité, attendant la santé, qui revenait à l'arrivée de l'ange qui troublait l'eau selon le temps; et celui qui descendait le premier dans l'eau après l'agitation de l'eau, était guéri de toute infirmité; et Jésus m'y trouvant languissant, me dit : Voulez-vous être guéri? Et je répondis : Seigneur, je n'ai pas un homme qui me mette dans la piscine, lorsque l'eau aura été troublée; et il me dit : Levez-vous, prenez votre lit, et marchez. Et étant guéri sur-le-champ, je pris mon lit et je marchai. Les Juifs disent à Pilate : Seigneur gouverneur, demandez-lui quel jour c'était quand ce languissant fut guéri. Le languissant guéri dit : Le sabbat. Les Juifs disent à Pilate : N'est-ce pas ainsi que nous vous avons appris qu'il guérit dans le sabbat, et qu'il chasse les démons par le prince des démons? Et un certain autre Juif sortant, dit[b] : J'étais aveugle, j'entendais les voix, et ne pouvais voir personne, et comme Jésus eut passé, j'entendis la troupe qui passait, et je demandai ce que c'était; et ils me dirent que Jésus passait; et je criai, disant: Jésus, fils de David, ayez pitié de moi; et s'arrêtant, il me fit conduire vers lui, et me dit: Que voulez-vous? Et je dis : Seigneur, que je voie; et il me dit : Regardez; et aussitôt je vis, et je le suivis plein de joie et rendant graces. Et un autre Juif sortant, dit : J'étais lépreux, et il m'a guéri d'une seule parole, disant: Je veux[c], soyez guéri; et tout d'un coup je fus guéri de la lèpre. Et un autre Juif sortant, dit : J'étais courbé[d], et il m'a redressé d'une parole.

[a] Jean, v, v. 5. — [b] Marc, x, v. 46. — [c] Matth., VIII, v. 3. — [d] Luc, XIII, v. 12, dit que c'était une femme.

VII. Et une certaine femme[a], nommée Véronique, dit : J'avais une perte de sang depuis douze ans, et j'ai touché la frange de son vêtement, et aussitôt le flux de mon sang s'est arrêté. Les Juifs disent : Nous avons une loi[b] qu'une femme n'est pas reçue en témoignage; et un certain Juif, après autres choses, dit : J'ai vu Jésus[c] être invité à des noces avec ses disciples, et le vin manquer en Cana de Galilée; et lorsque le vin eut manqué, il ordonna à ceux qui servaient de remplir d'eau six cruches qui étaient là, et ils les remplirent jusqu'au bord, et il les bénit et changea l'eau en vin; et toutes sortes de gens en burent en admirant ce prodige. Et un autre Juif se présenta dans le milieu, et dit : J'ai vu Jésus[d] à Capharnaüm enseigner dans la synagogue; et un certain homme était dans la synagogue, ayant le démon, et il s'écria, disant : Laissez-moi. Qu'y a-t-il entre nous et vous, Jésus de Nazareth? vous êtes venu nous perdre. Je sais que vous êtes le saint de Dieu; et Jésus le reprit, et lui dit : Taisez-vous, esprit immonde, et sortez de cet homme; et aussitôt il en sortit, et ne lui fit aucun mal; et un certain pharisien dit ces *paroles*: J'ai vu qu'une grande troupe[e] est venue vers Jésus, de Galilée et de la Judée, et des bords de la mer, et de plusieurs régions en-deçà du Jourdain; et plusieurs infirmes venaient à lui, et il les guérissait tous[f]; et j'ai entendu les esprits immondes[g] criant, et disant : Vous êtes le Fils de Dieu; et Jésus les me-

---

[a] Matth., ix, v. 20, ne dit pas son nom. — [b] Selden., liv. II, de Synedr., xiii, n° 11. — [c] Jean, ii. — [d] Marc, i, v. 21. — [e] Marc, iii, v. 7. — [f] Matth., xii, v. 15. — [g] Marc, iii, v. 11.

naçait fortement, pour qu'ils ne le fissent pas connaître.

VIII. Après cela, un certain nommé Centurion[a] dit : J'ai vu Jésus à Capharnaüm, et je l'ai prié, disant : Seigneur[b], mon enfant est couché paralytique à la maison. Et Jésus me dit : Allez, et qu'il vous soit fait comme vous avez cru; et l'enfant fut guéri à l'heure même. Ensuite un certain prince[c] dit : J'avais un fils à Capharnaüm qui se mourait; et lorsque j'appris que Jésus arrivait en Galilée, j'allai et le priai qu'il descendît dans ma maison, et qu'il guérît mon fils, car il commençait à mourir. Et il me dit : Allez, votre fils est vivant; et mon fils fut guéri à l'heure même. Et plusieurs autres d'entre les Juifs, tant hommes que femmes, crièrent, disant : Celui-là *est* véritablement le fils de Dieu, puisqu'il guérit tous les *maux* d'une seule parole, et que les démons lui sont soumis en toutes choses. Quelques-uns d'eux disent : Cette puissance n'est que de Dieu. Pilate dit aux Juifs : Pourquoi les démons ne se soumettent-ils pas à vous qui enseignez ? Quelques-uns d'entre eux disent : Cette puissance n'est que de Dieu, pour que les démons soient soumis. Mais d'autres dirent à Pilate[d] : Parcequ'il a fait sortir du tombeau Lazare mort depuis quatre jours. Le gouverneur, entendant ces *choses*, dit, tout effrayé, à la multitude des Juifs : Que vous servira-t-il de répandre le sang innocent ?

IX. Et Pilate fesant venir Nicodème et les douze hommes qui dirent qu'il n'était pas né de la fornica-

---

[a] Matth., viii, v. 5, dit que *centurion* était le nom de son office. — [b] Luc, vii, v. 2, dit mon serviteur. — [c] Jean, iv, v. 46. — [d] Jean, xi.

tion, il leur dit : Que ferai-je, parcequ'il se fait une sédition dans le peuple? Ils lui disent : Nous ne savons pas, que ceux qui excitent la sédition voient eux-mêmes. Pilate, fesant revenir une seconde fois la multitude, leur dit : Vous savez que c'est votre coutume, le jour des azymes ª, que je vous délivre un prisonnier ; j'ai un insigne prisonnier ᵇ homicide, qui se nomme Barrabas, et Jésus qui s'appelle Christ, en qui je ne trouve aucune cause de mort. Lequel donc de ces deux voulez-vous que je vous délivre? Ils crièrent tous, disant : Délivrez-nous Barrabas. Pilate leur dit : Que ferai-je donc de Jésus, qui s'appelle le Christ? Ils disent tous : Qu'il soit crucifié! Ils crièrent une seconde fois disant à Pilate ᶜ : Vous n'êtes pas ami de César si vous le délivrez, parcequ'il a dit qu'il est fils de Dieu et roi : est-ce peut-être que vous voulez que ce soit lui et non César? Alors Pilate, rempli de fureur, leur dit : Votre nation a toujours été séditieuse, et vous avez été contraires à ceux qui vous ont fait du bien. Les Juifs répondirent : Qui sont ceux qui ont été pour nous? Pilate leur dit ᵈ : Votre Dieu, qui vous a tirés de la dure servitude des Égyptiens, et vous a fait traverser la mer Rouge à pied sec, et vous a nourris dans le désert avec la manne et la chair des cailles, et a produit de l'eau de la pierre, et vous a donné une loi du ciel ; et en toutes choses vous avez irrité votre Dieu, et vous avez cherché à vous faire un veau jeté en fonte, et vous avez adoré, et vous avez immolé, et vous avez dit : Israël,

---

ª Jean, xviii, v. 39. — ᵇ Matth., xxvii, v. 16. — ᶜ Jean, xix, v. 12. — ᵈ Act., vii, v. 36.

ce sont là tes dieux, qui t'ont fait sortir de la terre d'Égypte. Et votre Dieu a voulu vous perdre; et[a] Moïse a prié pour vous afin que vous ne mourussiez pas, et votre Dieu l'a écouté, et il vous a remis votre péché. Ensuite, étant irrités, vous avez voulu tuer[b] vos prophètes, Moïse et Aaron, quand ils s'enfuirent dans le tabernacle; et vous avez toujours murmuré contre Dieu et ses prophètes. Et, se levant de son tribunal, il voulut sortir dehors. Mais tous les Juifs crièrent : Nous savons que César est roi, *et non Jésus.....*[c] Car quand il naquit, alors des mages vinrent et lui offrirent des présents. Ce qu'Hérode ayant appris, il fut fort troublé, et il voulut le faire mourir. Ce que son père ayant connu, il s'enfuit en Égypte avec sa mère Marie. Hérode, lorsqu'il eut appris qu'il était né, voulut le faire mourir, et il envoya massacrer tous les enfants qui étaient nés à Bethléem, et dans tous les environs, depuis l'âge de deux ans et au-dessous. Pilate, entendant ces paroles, craignit; et le silence étant fait dans le peuple qui criait, il dit à Jésus[d] : Vous êtes donc roi? Tous les Juifs disent à Pilate : C'est là celui qu'Hérode cherchait à faire mourir. Or Pilate, prenant de l'eau[e], lava ses mains devant le peuple, disant : Je suis innocent du sang de ce juste, vous n'avez qu'à voir. Et les Juifs répondirent disant : Que son sang *soit* sur nous et nos enfants! Alors Pilate fit amener Jésus devant lui, et lui dit ces paroles : Votre nation vous a réprouvé en qualité de roi. C'est pourquoi, moi,

---

[a] Exod., XXII, v. 31. — [b] Num., XIV. — [c] Il semble qu'il manque ici une phrase. Matth., II. — [d] Jean, XVIII, v. 37. — [e] Matth., XXVII, v. 24.

Hérode[a], j'ordonne que vous soyez flagellé selon les statuts des premiers princes, et que vous soyez d'abord lié, et pendu en croix dans le lieu où vous avez été arrêté, et deux méchants avec vous dont les noms sont Dimas et Gestas.

X. Et Jésus sortit du prétoire et deux larrons avec lui. Et lorsqu'ils furent arrivés au lieu qui s'appelle Golgotha[b], ils le dépouillèrent de son vêtement, et le ceignent d'un linge, et mettent une couronne d'épines sur sa tête, et lui donnent un roseau dans sa main. Et ils pendent pareillement les deux larrons avec lui, Dimas à sa droite, et Gestas à sa gauche. Or, Jésus dit : Mon père, pardonnez-leur, parcequ'ils ne savent ce qu'ils font. Et ils partagèrent ses vêtements en jetant le sort sur sa robe. Et les peuples se tinrent *là* ; et les princes des prêtres, et les vieillards des Juifs le raillaient, disant : Il a sauvé les autres, qu'il se sauve à présent lui-même s'il peut. S'il est fils de Dieu, qu'il descende maintenant de la croix. Or, les soldats se moquaient de lui ; et, prenant du vinaigre et du fiel, ils lui présentaient à boire et lui disaient : Si vous êtes le roi des Juifs, délivrez-vous vous-même. Mais le soldat Longin prenant une lance, ouvrit son côté ; et aussitôt il en sortit du sang et de l'eau. Or, Pilate mit sur la croix un écriteau en lettres hébraïques, et latines, et grecques, contenant ces *paroles* : Celui-ci est le roi des Juifs. Mais un des deux larrons qui étaient crucifiés avec Jésus, nommé Gestas, dit à Jésus : Si

---

[a] Matth., xxvii, v. 26, dit Pilate. — [b] Matth., xxvii, v. 33.

vous êtes le Christ, délivrez-vous vous-même, et nous *aussi*. Mais le larron qui était pendu à sa droite, nommé Dimas, répondant, le reprit et dit : Ne craignez-vous pas Dieu, vous qui êtes *du nombre* des condamnés dans ce jugement? Pour nous, c'est avec raison et justice que nous avons reçu la récompense de nos actions ; mais ce Jésus, quel mal a-t-il fait? Et après cela il dit à Jésus en soupirant : Seigneur, souvenez-vous de moi lorsque vous serez venu dans votre royaume. Mais Jésus répondit, et lui dit : En vérité, je vous dis que vous serez aujourd'hui avec moi en paradis.

XI. Or, il était près de la sixième heure, et les ténèbres couvrirent toute la terre jusqu'à la neuvième heure. Mais le soleil s'obscurcissant, voilà que le voile du temple se fendit depuis le haut jusqu'en bas, et les pierres se fendirent, et les monuments furent ouverts, et plusieurs corps des saints qui sont morts, ressuscitèrent. Et environ la neuvième heure, Jésus s'écria à haute voix, disant : *Eli! Eli! lamma sabacthani;* ce qu'on a interprété : Mon Dieu, mon Dieu, pourquoi m'avez-vous délaissé? Et après cela, Jésus dit : Mon père, je recommande mon esprit en vos mains. Et disant cela il rendit l'esprit. Mais le centurion voyant que Jésus, en criant ainsi, avait rendu l'esprit, glorifia Dieu, et dit : Véritablement cet homme était juste. Et tous *ceux du* peuple qui étaient présents furent grandement troublés à ce spectacle ; et considérant ce qui s'était passé, ils frappèrent leurs poitrines, et alors ils revenaient à la ville de Jérusalem. Le centurion, venant vers le gouverneur, lui rapporta tout ce qui s'était passé. Et lorsque le gouverneur eut appris tout ce qui s'était passé, il fut très chagrin; et, fesant assembler *tous* les Juifs à-la-fois, il leur dit : Avez-vous vu les signes qui ont paru au soleil, et tous les autres *prodiges* qui sont arrivés tandis que Jésus mourait? Ce que les Juifs ayant entendu, ils répondirent au gouverneur : L'éclipse est arrivée selon la vieille coutume. Or, tous ceux de sa connaissance se tenaient de loin, de même que les femmes qui avaient suivi Jésus de la Galilée, en regardant ces choses. Et voici un certain homme d'Arimathie, nommé Joseph[a], lequel Joseph était aussi disciple, en cachette cependant, à cause de la crainte des Juifs; il vint au gouverneur, et pria le gouverneur qu'il lui permît qu'il enlevât le corps de Jésus de la croix. Et le gouverneur le permit. Or, Nicodème vint, apportant avec soi un mélange de myrrhe et d'aloès, d'environ cent livres; et ils descendirent, en pleurant, Jésus de la croix, et l'enveloppèrent dans des linges avec des aromates, comme les Juifs ont coutume d'ensevelir, et ils le mirent dans un monument neuf que Joseph avait construit, et qu'il avait fait tailler dans la pierre, dans lequel aucun homme n'avait été mis, et ils roulèrent une grande pierre à la porte de la caverne.

XII. Or, les Juifs injustes apprenant qu'il a demandé le corps de Jésus et qu'il l'a enseveli, cherchaient et Nicodème et ces douze hommes qui ont dit devant le gouverneur qu'il n'est pas né de la fornication, et les autres bons qui avaient déclaré ses bonnes œuvres.

[a] Jean, xix, v. 38.

Or, tous s'étant cachés à cause de la crainte des Juifs, le seul Nicodème se montra à eux quand ils entrèrent dans la synagogue, et les Juifs lui dirent : Et vous, comment avez-vous osé entrer dans la synagogue, parceque vous étiez sectateur du Christ? Que sa part soit avec vous dans le siècle à venir! Et Nicodème répondit : Ainsi soit-il, que cela soit ainsi, que ma part soit avec lui dans son royaume! Joseph pareillement, lorsqu'il fut monté vers les Juifs, il leur dit : Pourquoi êtes-vous irrités contre moi, parceque j'ai demandé à Pilate le corps de Jésus? Voilà que je l'ai mis dans mon monument, et je l'ai enveloppé dans un suaire propre, et j'ai placé une grande pierre à la porte de la caverne : pour moi, j'ai bien agi à son égard, au lieu que vous avez mal agi envers le juste pour le crucifier; mais vous l'avez abreuvé de vinaigre, et vous l'avez couronné d'épines, et vous l'avez déchiré de verges, et vous avez fait des imprécations sur son sang. Les Juifs, entendant cela, eurent l'esprit chagrin et troublé. Ils se saisirent de Joseph, et le firent garder avant le jour du sabbat jusqu'après le jour des sabbats; et ils lui dirent : Reconnaissez qu'à cette heure il ne convient pas de vous faire aucun mal jusqu'au premier jour du sabbat. Mais nous savons que vous ne serez pas digne de la sépulture, mais nous donnerons vos chairs aux volatiles du ciel et aux bêtes de la terre. Joseph répondit : Ce discours est semblable à l'orgueilleux Goliath, qui insulta le Dieu vivant envers saint David[a]. Mais vous, savez-vous, scribes et docteurs, que Dieu dit par le pro-

---

[a] I, Sam., XVII, v. 10.

phète ª : A moi la vengeance, et je rendrai le mal dont vous me menacez seulement? Dieu, que vous avez pendu en croix, est *assez* puissant pour m'arracher de votre main. Tout le crime viendra sur vous. Car lorsque le gouverneur a lavé ses mains, il a dit ᵇ : Je suis pur du sang de ce juste. Et vous répondant, vous avez crié : Que son sang soit sur nous et nos enfants! Puissiez-vous, comme vous avez dit, périr à jamais! Mais les Juifs, entendant ces discours, en furent très irrités. Et, se saisissant de Joseph, ils l'enfermèrent dans une chambre où il n'y avait point de fenêtre. Annas et Caïphas mirent le scellé à la porte sur la clef, y posèrent des gardes, et tinrent conseil avec les prêtres et les lévites pour faire une assemblée générale après le jour du sabbat. Et ils pensèrent de quelle mort ils feraient mourir Joseph. Cela étant fait, les princes Annas et Caïphas ordonnèrent qu'on amenât Joseph. Toute l'assemblée, entendant ces choses, fut saisie d'admiration, parcequ'ils trouvèrent la clef de la chambre scellée ᶜ, et ne trouvèrent pas Joseph. Annas et Caïphas s'en allèrent.

XIII. Comme tous admiraient ces choses, voici qu'un des soldats qui gardaient le sépulcre dit dans la synagogue : Que comme nous gardions le monument de Jésus, il s'est fait un tremblement de terre ᵈ, et nous avons vu l'ange de Dieu ; comment il a roulé la pierre du monument, et il était assis dessus, et son regard était comme la foudre, et son vêtement comme la neige. Et nous sommes devenus comme

---

ª Deut., xxxii, v. 35. — ᵇ Matth., xxvii, v. 24. — ᶜ Act., 5, 18, et 23. — ᵈ Matth., xxviii, v. 2.

morts de peur. Et nous avons entendu l'ange disant aux femmes *qui étaient venues* au sépulcre de Jésus: Ne craignez point; je sais que vous cherchez Jésus crucifié; il est ressuscité ici comme il l'a prédit. Venez et voyez le lieu où il avait été mis, et allez vite dire à ses disciples qu'il est ressuscité des morts, et il vous précédera en Galilée; c'est là que vous le verrez, comme il vous l'a dit. Et les Juifs fesant venir tous les soldats qui avaient gardé le tombeau de Jésus, ils leur dirent : Quelles sont ces femmes à qui l'ange a parlé? pourquoi ne les avez-vous pas arrêtées? Les soldats répondant dirent: Nous ne savons ce qu'ont été ces femmes, et nous sommes devenus comme morts par la crainte de l'ange; et comment aurions-nous pu arrêter ces femmes? Les Juifs leur dirent: Le Seigneur est vivant parceque nous ne vous croyons pas. Les soldats répondant dirent aux Juifs: Vous avez vu et entendu Jésus qui fesait de si grands miracles, et vous ne l'avez pas cru, comment pourriez-vous nous croire? Vous avez certes bien dit: Le Seigneur est vivant, et le Seigneur est véritablement vivant. Nous avons appris que vous avez enfermé Joseph, qui ensevelit le corps de Jésus, dans une chambre dont vous aviez scellé la clef, et l'ouvrant vous ne l'avez pas trouvé. Donnez-nous donc Joseph que vous avez gardé dans une chambre, et nous vous donnerons Jésus, que nous avons gardé dans le sépulcre. Les Juifs répondant dirent: Nous vous donnerons Joseph, donnez-nous Jésus. Joseph est dans sa ville d'Arimathie. Les soldats répondant dirent: Si Joseph est dans Arimathie, Jésus est en

Galilée, comme nous l'avons appris de l'ange qui le disait aux femmes. Les Juifs, entendant ces choses, craignirent, disant en eux-mêmes : Certes, tous ceux qui entendront ces discours croiront en Jésus. Et rassemblant beaucoup d'argent, ils le donnèrent aux soldats, disant : Dites que, comme vous dormiez, les disciples de Jésus sont venus la nuit, et ont dérobé le corps de Jésus. Et si cela est rapporté à Pilate le gouverneur, nous répondrons pour vous, et nous vous mettrons en sûreté. Or, les soldats, en recevant ainsi, dirent comme les Juifs le leur avaient ordonné, et leur discours se divulgua partout.

XIV. Or, un certain prêtre nommé Phinées, et Ada maître d'école, et un lévite nommé Agée, ces trois vinrent de Galilée à Jérusalem, et dirent aux princes des prêtres et à tous ceux qui étaient dans les synagogues : Ce Jésus que vous avez crucifié, nous l'avons vu parlant avec ses onze disciples, étant assis au milieu d'eux sur la montagne[a] des Oliviers, et leur disant : Allez dans tout le monde, prêchez toutes les nations, les baptisant au nom du Père, du Fils, et du Saint-Esprit. Et[b] celui qui aura cru et aura été baptisé, sera sauvé. Et lorsqu'il eut dit ces paroles à ses disciples, nous l'avons vu qui montait au ciel. Et les princes des prêtres, et les vieillards et les lévites entendant cela, dirent à ces trois hommes : Rendez[c] gloire au Dieu d'Israël, et confessez-lui si ce que vous avez vu et entendu est vrai. Mais eux répondant dirent : Le Seigneur de nos pères est vivant, le Dieu

---

[a] Matth., xxviii, v. 16. — [b] Marc, xvi, v. 16 et 19. — [c] Jos., vii, v. 19.

d'Abraham, et le Dieu d'Isaac, et le Dieu de Jacob, comme nous avons entendu Jésus parler avec ses disciples, et comme nous l'avons vu monter au ciel; ainsi nous vous disons la vérité. Et ces trois hommes répondant dirent[a] :.... Et ajoutant ces paroles, ces trois hommes dirent: Nous pècherons, si nous ne disons pas les paroles que nous avons entendues de Jésus, et que nous l'avons vu monter au ciel. Aussitôt les princes des prêtres se levant, tenant la loi du Seigneur, ils jurèrent contre eux, disant: N'annoncez plus désormais les paroles que vous avez dites de Jésus; et ils leur donnèrent beaucoup d'argent. Et ils envoyèrent avec eux d'autres hommes, pour les conduire jusque dans leur contrée, afin qu'ils ne s'arrêtassent point à Jérusalem. Tous les Juifs s'assemblèrent donc, et firent entre eux une grande lamentation, disant : Quel est ce prodige qui s'est fait à Jérusalem ? Mais Annas et Caïphas les consolant, dirent: Est-ce que nous devons croire les soldats qui ont gardé le monument de Jésus, qui nous disent qu'un ange a roulé la pierre de la porte du monument? Peut-être que ce sont ses disciples qui le leur ont dit, et qui leur ont donné de l'argent pour le leur faire dire, et pour enlever le corps de Jésus. Or, sachez qu'il ne faut croire en aucune manière à des étrangers, parcequ'ils ont reçu de nous beaucoup d'argent. Et ils ont dit à tout le monde comme nous leur avons dit de dire. Ou ils nous garderont la foi, ou aux disciples de Jésus.

---

[a] Il semble qu'il manque ici quelques paroles. — Cette note est traduite de Fabricius. B.

XV. Nicodème se levant donc, dit : Vous parlez à propos, enfants d'Israël. Vous avez entendu tout ce qu'ont dit ces trois hommes jurant en la loi du Seigneur, lesquels ont dit : Nous avons vu Jésus parlant avec ses disciples sur la montagne des Oliviers, et nous l'avons vu monter au ciel. Et l'Écriture nous enseigne que le bienheureux prophète Élias[a] fut enlevé, et qu'Élisée, interrogé par les fils des prophètes, Où est notre père Élias ? leur dit qu'il a été enlevé. Et les fils des prophètes lui dirent : Peut-être l'esprit l'a-t-il enlevé dans les montagnes d'Israël. Mais choisissons des hommes avec nous, et, parcourant les montagnes d'Israël, peut-être le trouverons-nous. Et ils prièrent Élisée, et il marcha trois jours avec eux, et ils ne le trouvèrent point. Et maintenant, fils d'Israël, écoutez-moi, et envoyons des hommes dans les montagnes d'Israël, de peur que l'esprit n'ait enlevé Jésus, et peut-être nous le trouverons et nous ferons pénitence. Et le conseil de Nicodème plut à tout le peuple, et ils envoyèrent des hommes, et cherchant ils ne trouvèrent pas Jésus, et étant de retour, ils dirent : En allant de côté et d'autre nous n'avons pas trouvé Jésus, mais nous avons trouvé Joseph dans sa ville d'Arimathie. Les princes et tous les peuples entendant ces choses se réjouirent et glorifièrent le Dieu d'Israël, parcequ'on a trouvé Joseph qu'ils ont enfermé dans une chambre, et qu'ils n'ont pas trouvé. Et fesant une grande assemblée, les princes des prêtres dirent : Par quel moyen pouvons-nous faire venir Joseph à nous, et parler avec lui ? Et prenant un tome

---

[a] IV, Reg., ch. II, v. II.

de papier, ils écrivirent à Joseph, disant : La paix soit avec vous et tous ceux qui sont avec vous ! Nous savons que nous avons péché contre vous et contre Dieu. Daignez donc venir vers vos pères, parceque nous avons admiré votre délivrance. Nous savons que nous avons eu un mauvais dessein contre vous, et le Seigneur a pris soin de vous, et le Seigneur lui-même vous a délivré de notre dessein. Paix à vous, Joseph honorable, *de la part* de tout le peuple. Et ils choisirent sept hommes amis de Joseph, et ils leur dirent : Lorsque vous serez arrivés vers Joseph, saluez-le en paix en lui donnant la lettre. Et les hommes arrivant vers Joseph, le saluant en paix, lui donnèrent le livret de la lettre. Et lorsque Joseph eut lu, il dit : Béni *soyez-vous*, Seigneur Dieu, qui m'avez délivré d'Israël, afin qu'il ne répandît pas mon sang ! Béni *soyez-vous*, Seigneur Dieu, qui m'avez couvert de vos ailes ! Et Joseph les embrassa et les reçut dans sa maison. Mais un autre jour Joseph, montant son âne, marcha avec eux, et ils allèrent à Jérusalem. Et tous les Juifs l'ayant appris, ils lui coururent au-devant criant et disant : Paix à votre entrée, père Joseph ! Auxquels répondant, il dit : Paix à tout le peuple ! Et tous l'embrassèrent. Et Nicodème le reçut dans sa maison, fesant un grand festin[a]. Mais un autre jour de préparation, Annas, Caïphas, et Nicodème, dirent à Joseph : Confessez au Dieu d'Israël, et manifestez-nous toutes choses sur lesquelles vous serez interrogé, parceque nous avons été fâchés de ce que vous avez enseveli le corps du Seigneur Jé-

[a] Luc, v, v. 29.

sus : vous enfermant dans une chambre, nous ne vous avons pas trouvé, et nous avons été fort étonnés, et la crainte nous a saisis jusqu'à ce que nous vous avons reçu présent. Devant Dieu donc manifestez-nous ce qui s'est fait. Or, Joseph répondant, dit : Vous m'enfermâtes bien un jour de préparation vers le soir. Comme je fesais mon oraison le jour du sabbat à minuit, la maison fut suspendue par les quatre angles, et je vis Jésus comme un éclat de lumière, et je tombai par terre de frayeur. Mais Jésus, tenant ma main, m'éleva de terre, et une rosée me couvrit. Et essuyant ma face il m'embrassa, et me dit : Ne craignez point, Joseph, regardez-moi, et voyez que c'est moi[a]. Je regardai donc, et je dis : Mon maître Élias. Et il me dit : Je ne suis pas Élias moi, mais je suis Jésus de Nazareth, dont vous avez enseveli le corps. Mais je lui dis : Montrez-moi le monument où je vous ai mis. Or, Jésus tenant ma main, me conduisit dans le lieu où je l'ai mis, et me montra le suaire et le lange dans lequel j'avais enveloppé sa tête. Alors je connus que c'est Jésus, et je l'adorai, et je dis[b] : Béni *soit* celui qui vient au nom du Seigneur! Mais Jésus, tenant ma main, me conduisit à Arimathie dans ma maison, et me dit : Paix à vous, et jusqu'au quarantième jour ne sortez pas de votre maison. Pour moi, je vais vers mes disciples.

XVI. Lorsque les princes des prêtres et les autres prêtres et les lévites eurent entendu toutes ces choses, ils furent étonnés, et tombèrent par terre comme morts sur leurs visages, et s'écriant entre eux, ils

---

[a] Luc, xxiv, v. 39. — [b] Matth., xxiii, v. 39.

dirent : Quel est ce prodige qui s'est fait à Jérusalem ? Nous connaissons le père et la mère de Jésus. Et un certain lévite dit : J'ai connu plusieurs *personnes* de sa parenté craignant Dieu, et offrant toujours dans le temple des hosties et des holocaustes avec des oraisons au Dieu d'Israël. Et lorsque le grand-prêtre Siméon le reçut, le tenant dans ses mains, il lui dit[a] : Maintenant, Seigneur, vous renvoyez votre serviteur en paix selon votre parole, parceque mes yeux ont vu votre salut, que vous avez préparé devant la face de tous les peuples ; la lumière pour la révélation des nations et la gloire de votre peuple d'Israël. Pareillement le même Siméon bénit Marie, mère de Jésus, et lui dit : Je vous annonce touchant cet enfant qu'il a été mis pour la ruine et pour la résurrection de plusieurs, et pour signe de contradiction. Et le glaive traversera votre ame, et les pensées seront révélées de plusieurs cœurs. Alors tous les Juifs dirent : Envoyons à ces trois hommes qui dirent qu'ils l'avaient vu parlant avec ses disciples sur la montagne des Oliviers. Cela étant fait, ils leur demandèrent qu'est-ce qu'ils avaient vu. Lesquels répondant dirent d'une voix : Le Seigneur Dieu d'Israël est vivant, parceque nous avons vu clairement Jésus parlant avec ses disciples sur la montagne des Oliviers, et montant au ciel. Alors Annas et Caïphas les séparèrent l'un de l'autre, et les interrogèrent séparément. Lesquels, confessant unanimement la vérité, dirent qu'ils avaient vu Jésus. Alors Annas et

---

[a] Luc, II, v. 29.

Caïphas dirent: Notre loi contient[a]: De la bouche de deux ou de trois témoins toute parole est assurée. Mais que disons-nous? le bienheureux Énoch plut à Dieu[b], et fut transporté par la parole de Dieu, et[c] la sépulture du bienheureux Moïse ne se trouve pas. Mais Jésus a été livré à Pilate, flagellé, couvert de crachats, couronné d'épines, frappé d'une lance, et crucifié, mort sur le bois, et enseveli, comme l'honorable père Joseph a enseveli son corps dans un sépulcre neuf, et a témoigné qu'il l'a vu vivant. Et ces trois hommes ont témoigné qu'ils l'ont vu parlant avec ses disciples sur la montagne des Oliviers, et montant au ciel.

XVII. Joseph donc se levant, dit à Annas et Caïphas: C'est véritablement avec raison que vous admirez ce que vous avez entendu, que Jésus, depuis sa mort, a été vu vivant et montant au ciel. C'est véritablement admirable, parceque non seulement il est ressuscité des morts, mais encore il a ressuscité les morts des monuments, et[d] ils ont été vus de plusieurs *personnes* à Jérusalem. Et maintenant écoutez-moi, parceque nous avons tous connu le bienheureux Siméon, grand-prêtre, qui reçut dans ses mains[e] l'enfant Jésus dans le temple. Et ce même Siméon a eu deux fils, frères de père et de mère, et nous avons tous été à leur mort et à leur sépulture. Marchez donc et voyez leurs monuments, car ils sont ouverts, parcequ'ils sont ressuscités, et voilà qu'ils sont dans la ville d'Arimathie, vivant ensemble en oraison.

---

[a] Deuter., xvii, v. 6. — [b] Genes., v, v. 24. — [c] Deuter., xxxiv, v. 6. — [d] Matth., xxvii, v. 53. — [e] Luc, ii, v. 28.

Quelques-uns les entendent criant, ne parlant cependant avec personne, mais se taisant comme des morts. Mais venez, allons vers eux avec tout honneur et modération, conduisons-les vers nous. Et si nous les conjurons, peut-être nous diront-ils quelques mystères touchant leur résurrection. Les Juifs entendant ces choses se réjouirent tous grandement ; et Annas et Caïphas, Nicodème et Joseph, et Gamaliel, allant, ne les trouvèrent pas dans leur sépulcre, mais marchant dans la ville d'Arimathie, ils les trouvèrent à genoux appliqués en oraison. Et les embrassant avec toute vénération et crainte de Dieu, ils les conduisirent à Jérusalem dans la synagogue. Et ayant fermé les portes, prenant la loi du Seigneur et la mettant dans leurs mains, ils les conjurèrent par le Dieu Adonaï, et le Dieu d'Israël, qui par la loi et les prophètes a parlé à nos pères, disant : Si vous croyez que c'est Jésus même qui vous a ressuscités des morts, dites-nous ce que vous avez vu, et comment vous êtes ressuscités des morts. Charinus et Lenthius, entendant cette conjuration, tremblèrent du corps, et troublés du cœur, ils gémirent. Et regardant ensemble vers le ciel, ils firent un signe de croix sur leurs langues avec leurs doigts. Et aussitôt ils parlèrent ainsi, disant : Donnez-nous à chacun des tomes de papier, et nous vous écrirons tout ce que nous avons vu. Et ils leur donnèrent, et s'asseyant ils écrivirent chacun disant :

XVIII. Seigneur Jésus et Dieu père, résurrection et vie des morts, permettez-nous de dire vos mystères que nous avons vus après la mort de votre croix, parcequ'on nous a conjurés par vous. Car vous avez défendu à vos serviteurs de rapporter les secrets de votre divine majesté, que vous avez faits dans les enfers. Or, comme nous étions placés avec nos pères dans le profond de l'enfer, dans l'obscurité des ténèbres, tout-à-coup une couleur d'or du soleil et une lumière rougeâtre *nous* a éclairés, et aussitôt Adam le père de tout le genre humain avec tous les patriarches et prophètes ont tressailli, disant : Cette lumière est l'auteur de la lumière éternelle, qui nous a promis de nous transmettre une lumière coéternelle. Et le prophète Jésaïas s'est écrié, et a dit : C'est là la lumière du père et du fils de Dieu, comme j'ai prédit lorsque j'étais vivant sur la terre[a] : la terre de Zabulon et la terre de Nephtalim au-delà du Jourdain ; le peuple qui marche dans les ténèbres a vu une grande lumière : et la lumière est levée à ceux qui habitent dans la région de l'ombre de la mort. Et maintenant elle est arrivée et a brillé pour nous qui étions assis dans la mort. Et comme nous tressaillions tous de joie dans la lumière qui a brillé sur nous, il nous est survenu notre père Siméon, et en tressaillant de joie il a dit à tous : Glorifiez le Seigneur Jésus-Christ fils de Dieu, que j'ai reçu enfant dans mes mains dans le temple, et poussé par le Saint-Esprit, je lui ai dit et confessé : Parceque maintenant mes yeux ont vu votre salut, que vous avez préparé devant la face de tous les peuples; la lumière pour la révélation des nations et la gloire de votre peuple d'Israël. Tous les saints qui étaient au profond de l'enfer,

---

[a] Isaïe, IX, v. 1.

entendant ces choses, se réjouirent davantage. Et ensuite il survint comme un ermite [a], et tous lui demandent : Qui êtes-vous? Et leur répondant, il dit : Je suis la voix de celui qui crie dans le désert, Jehan-Baptiste, prophète du Très-Haut, présent devant la face de son avénement *pour* préparer ses voies, pour donner la science du salut à son peuple, pour la rémission de leurs péchés. Et moi Jehan, voyant Jésus venir à moi, j'ai été poussé par le Saint-Esprit, et j'ai dit : Voilà l'agneau de Dieu, voilà celui qui ôte les péchés du monde. Et je l'ai baptisé dans le fleuve du Jourdain, et j'ai vu le Saint-Esprit descendant sur lui en espèce de colombe. Et j'ai entendu une voix du ciel disant : Celui-ci est mon fils bien-aimé, dans lequel je me suis bien complu ; écoutez-le. Et maintenant [b] le précédant devant sa face, je suis descendu vous annoncer que dans très peu le fils de Dieu même, se levant d'en-haut, nous visitera, venant à nous, qui sommes assis dans les ténèbres et dans l'ombre de la mort.

XIX. Mais lorsque le père Adam, premier formé, eut entendu ces choses que Jésus a été baptisé dans le Jourdain, il cria à son fils Seth : Racontez à vos fils les patriarches et les prophètes toutes les choses que vous avez entendues de Michel archange, quand je vous ai envoyé aux portes du paradis, afin que vous priassiez Dieu, et qu'il oignît [c] ma tête lorsque j'étais malade. Alors Seth, s'approchant des saints patriarches et des prophètes, dit : Moi, Seth, comme j'étais

[a] Matth., III, 3. — [b] Luc, I, v. 76. — [c] Marc, VI, v. 13; et Jac., V, v. 14.

priant le Seigneur aux portes du paradis, voilà que l'ange du Seigneur, Michel, m'apparut, disant : J'ai été envoyé vers vous par le Seigneur; je suis établi [a] sur le corps humain. Je vous dis, Seth : Ne priez point Dieu dans les larmes, et ne le suppliez point à cause de l'huile de la miséricorde du bois, afin que vous oigniez votre père Adam pour la douleur de sa tête, parceque vous ne pourrez le recevoir en aucune façon, si ce n'est dans les derniers jours et les derniers temps, si ce n'est quand cinq mille et cinq cents ans auront été accomplis; alors le très tendre Fils de Dieu viendra sur la terre ressusciter le corps humain d'Adam [b], et ressusciter en même temps les corps des morts, et lui-même venant sera baptisé dans l'eau du Jourdain [c]; et lorsqu'il sera sorti de l'eau du Jourdain, alors il oindra de l'huile de sa miséricorde tous ceux qui croiront en lui, et l'huile de sa miséricorde sera pour la génération de ceux qui doivent naître de l'eau et du Saint-Esprit pour la vie éternelle. Alors Jésus-Christ le très tendre Fils de Dieu, descendant sur terre, introduira notre père Adam vers l'arbre de miséricorde dans le paradis. Tous les patriarches et les prophètes, entendant toutes ces choses de Seth, tressaillirent davantage de joie.

XX. Et comme tous les saints tressaillaient de joie, voilà que Satan, prince et chef de la mort, dit au prince des enfers : Je m'apprête à prendre Jésus de Nazareth lui-même, qui s'est glorifié d'être Fils de Dieu, et *qui* est un homme craignant la mort, et

---

[a] Ex Judæ Ep., v. 9. — [b] Matth., xxvii, v. 52. — [c] Matth., iii, v. 13.

disant[a] : Mon ame est triste jusqu'à la mort ; et me causant plusieurs maux et à plusieurs autres que j'ai rendus aveugles et boiteux, et que de plus j'ai tourmentés par différents démons, il les a guéris d'une parole, et il vous a enlevé les morts que je vous ai amenés. Or, le prince des enfers répondant, dit à Satan : Quel est ce prince si puissant, puisqu'il est un homme craignant la mort? Car tous les puissants de la terre sont tenus assujettis par ma puissance, *après* que vous les avez amenés assujettis par votre force. Si donc il est puissant dans son humanité, je vous dis véritablement, il est tout puissant dans sa divinité, et personne ne peut résister à son pouvoir ; et lorsqu'il dit qu'il craint la mort, il veut vous tromper, et malheur à vous sera dans des siècles éternels. Or, Satan répondant, dit au prince du Tartare : Qu'avez-vous hésité, et qu'avez-vous craint de prendre ce Jésus de Nazareth, votre adversaire et le mien? Car je l'ai tenté, et j'ai excité contre lui par le zèle et la colère mon ancien peuple juif. J'ai aiguisé une lance pour sa passion ; j'ai mêlé du fiel et du vinaigre, et je lui ai fait donner à boire, et j'ai préparé du bois pour le crucifier, et des clous pour percer ses mains et ses pieds ; et sa mort est très proche ; et je vous l'amènerai assujetti à vous et à moi. Or, le prince du Tartare répondant, dit : Vous m'avez dit que c'est lui qui m'a arraché les morts. Ceux qui sont détenus ici, pendant qu'ils vivaient sur la terre, n'ont point été enlevés par leurs pouvoirs, mais par les divines prières, et leur Dieu tout puis-

---

[a] Matth., xxvi, v. 38 ; et Ps. xlii, v. 5.

sant me les a arrachés. Quel est donc ce Jésus de Nazareth, qui, par sa parole, m'a arraché les morts sans prières? C'est peut-être lui qui m'a arraché, et a rendu à la vie, par son pouvoir, Lazare mort depuis quatre jours, sentant mauvais et dissous[a], que je détenais mort. Satan, répondant au prince des enfers, dit: C'est ce même Jésus de Nazareth. Le prince des enfers entendant ces choses, lui dit: Je vous conjure par vos vertus et par les miennes, ne me l'amenez pas; car lorsque j'ai appris la force de sa parole, j'ai tremblé très effrayé de crainte; et en même temps tous mes mauvais ministres ont été troublés avec moi; et nous n'avons pas pu retenir Lazare même; mais se secouant avec toute la malignité et la vitesse *possibles*, il est sorti sain d'avec nous, et la terre même qui tenait le corps mort de Lazare l'a aussitôt rendu vivant. Or, je sais maintenant que le Dieu tout puissant a pu faire ces choses, *lui* qui est puissant dans son empire, et puissant dans son humanité, et qui est le sauveur du genre humain. Ne me l'amenez donc point; car tous ceux que je retiens ici renfermés en prison sous l'incrédulité, et enchaînés par les liens de leurs péchés, il les dégagera, et les conduira à la vie éternelle de sa divinité.

XXI. Et comme Satan et le prince de l'enfer disaient ces choses alternativement, tout d'un coup on entendit une voix comme le tonnerre[b] et un bruit comme un orage. Prince, levez vos portes; et portes éternelles, élevez-vous, et le roi de gloire entrera[c].

---

[a] Jean, xi, v. 39. — [b] Apocal., xiv, v. 2. — [c] Ps. xxiii, v. 7.

Or, quand le prince du Tartare eut entendu ces *paroles*, il dit à Satan : Éloignez-vous de moi, et sortez dehors de mes demeures; si vous êtes un puissant combattant, combattez contre le roi de gloire; mais qu'avez-vous avec lui? Et il renvoya Satan hors de ses demeures; et le prince dit à ses impies ministres : Fermez les solides portes d'airain, et poussez les verrous de fer, et résistez vaillamment, de peur que nous ne soyons emmenés captifs en captivité. Toute la multitude des saints entendant ces *paroles*, ils dirent au prince des enfers, en le réprimandant d'une voix forte : Ouvrez vos portes, afin que le roi de gloire entre; et David, ce divin prophète, s'écria, disant : Est-ce que, lorsque j'étais vivant sur la terre, je ne vous ai pas bien prédit[a]? Que les miséricordes du Seigneur le louent et ses merveilles pour les enfants des hommes, parcequ'il a rompu les portes d'airain et brisé les verrous de fer. Il les a retirés de la voie de leur iniquité, car ils ont été humiliés à cause de leurs injustices; et, après cela, un autre prophète, savoir saint Ésaïas, dit pareillement à tous les saints : Est-ce que, lorsque j'étais vivant sur la terre, je ne vous ai pas bien prédit[b]? Les morts qui sont dans les monuments s'éveilleront et ressusciteront, et ceux qui sont dans la terre tressailleront de joie, parceque la rosée qui est du Seigneur est leur santé; et j'ai encore dit[c] : Mort, où est votre victoire? Mort, où est votre aiguillon? Or, tous les saints, entendant ces paroles d'Isaïe, dirent au prince des enfers : Ouvrez maintenant vos portes, et enlevez vos verrous

---

[a] Ps. cvi, v. 15 et seq. — [b] Isaïe, xxvi, v. 14. — [c] Osée, xiii, v. 14.

de fer, parceque vous serez vaincu et sans pouvoir; et on entendit une grande voix comme le bruit du tonnerre, disant [a] : Princes, levez vos portes, et portes infernales, élevez-vous, et le roi de gloire entrera; mais le prince des enfers voyant qu'on avait crié deux fois, feignant d'ignorer, dit : Qui est le roi de gloire? Or, David, répondant au prince des enfers, dit : Je connais ces paroles de la voix, parceque ce sont les mêmes que j'ai prophétisées par son esprit; et maintenant je vous dis ce que j'ai dit ci-devant : Le Seigneur fort et puissant, le Seigneur puissant dans le combat, c'est lui qui est le roi de gloire; et [b] le Seigneur est dans le ciel, et il a regardé sur la terre, afin qu'il entendît les gémissements de ceux qui sont dans les fers, et qu'il délivrât les fils de ceux qui ont été mis à mort; et maintenant, très vilain et très sale prince de l'enfer, ouvrez vos portes, et que le roi de gloire entre, parcequ'il est le Seigneur du ciel et de la terre. David, disant ces *mots* au prince des enfers, le Seigneur de majesté survint en forme d'homme, et il éclaira les ténèbres éternelles, et il rompit les liens indissolubles; et, par une vertu invincible, il visita ceux qui étaient assis dans les profondes ténèbres des crimes, et dans l'ombre de la mort des péchés.

XXII. La Mort impie, entendant cela avec ses cruels ministres, ils furent saisis de crainte dans leurs propres royaumes, ayant connu la clarté de la lumière; tandis qu'ils virent tout d'un coup le Christ établi dans leurs demeures, ils s'écrièrent disant:

---

[a] Ps. XXIII, v. 9. — [b] Ps. CII, v. 19 et 20.

Nous sommes déjà vaincus par vous, vous dirigez au Seigneur notre confusion. Qui êtes-vous qui, sans atteinte de corruption, avez, pour preuve incorruptible de majesté, des splendeurs que vous méprisez? Qui êtes-vous si puissant ou impuissant, grand et petit, humble et élevé soldat, qui pouvez commander sous la forme de serviteur, comme humble combattant? et roi de gloire mort et vivant, que la croix a porté étant tué : qui avez été couché mort dans le sépulcre, et qui êtes descendu vivant vers nous. Et à votre mort toute créature a tremblé, et tous les astres ont été ébranlés; et maintenant vous êtes devenu libre entre les morts, et vous troublez nos légions. Qui êtes-vous qui déliez les captifs et remettez dans leur première liberté ceux qui sont tenus liés par le péché originel? Qui êtes-vous, qui pénétrez d'une lumière divine, brillante, et éclatante, *ceux qui sont* aveuglés par les ténèbres des péchés? De même toutes les légions des démons, effrayées d'une pareille crainte, crièrent avec une soumission craintive, et d'une voix, disant : Comment et d'où vient, Jésus-Christ, que vous êtes un homme si fort et brillant de majesté, si beau, sans tache, et pur de crime? car ce monde terrestre, qui nous a toujours été assujetti jusqu'à présent, qui nous payait des tributs pour nos sombres usages, ne nous a jamais fourni un tel homme mort, n'a jamais destiné de pareils présents aux princes des enfers? Qui êtes-vous donc, vous qui êtes ainsi entré sans crainte dans nos confins; et non seulement vous ne craignez pas de nous causer de grands supplices, mais, de plus, vous tâchez de nous délivrer tous de nos liens? Peut-être êtes-vous ce Jésus, de qui Satan disait tout-à-l'heure à notre prince, que, par votre mort de la croix, vous deviez enlever toute la puissance de la Mort. Alors le Seigneur de gloire, foulant aux pieds la Mort, et saisissant le prince des enfers, le priva de toute sa puissance, et attira notre père terrestre à sa clarté.

XXIII. Alors les princes du Tartare, prenant Satan, lui dirent en le reprenant fortement : O Belzébuth, prince de perdition et chef de destruction, dérision des anges de Dieu, ordure des justes, qu'avez-vous voulu faire ici? Vous avez voulu crucifier le roi de gloire, dans la ruine duquel vous nous avez promis de si grandes dépouilles : ignorant comme insensé, qu'avez-vous fait? Car ne voilà-t-il pas que déjà ce Jésus de Nazareth, par l'éclat de sa glorieuse divinité, chasse toutes les horribles ténèbres de la Mort, a brisé les bas et les hauts des prisons, et a mis dehors tous les captifs, et a délivré tous ceux qui étaient dans les fers? et tous ceux qui, à cause des cruels tourments, avaient coutume de soupirer et de gémir, nous insultent, et nous sommes accablés de leurs imprécations? Nos royaumes impies sont vaincus; et il ne nous reste plus aucun genre d'homme, mais plutôt ils nous menacent fortement, parceque ces morts ne nous ont jamais été superbes, et ces captifs n'ont jamais pu être joyeux. O Satan, prince de tous les maux, père des impies et des violateurs, qu'avez-vous voulu faire ici, parceque, depuis le commencement jusqu'à présent, ils ont désespéré du salut et de la vie? maintenant aucun de leurs gémissements ne se fait entendre, et on ne trouve aucune trace de larmes dans la face d'aucun d'eux. O prince Satan, possession des enfers, vous avez maintenant perdu, par le bois de la croix, vos richesses que vous aviez acquises par le bois de la prévarication et la perte du paradis, et toute votre joie a péri : pendant que vous avez pendu ce Jésus-Christ roi de gloire, vous avez agi contre vous et contre moi : désormais vous connaîtrez quels grands tourments et *quels* supplices éternels et infinis vous devez souffrir. O Satan, prince de tous les méchants, auteur de la mort et source de tout orgueil, vous auriez dû premièrement chercher une mauvaise cause de ce Jésus de Nazareth contre lequel vous n'avez trouvé aucune cause de mort. Pourquoi, sans raison, avez-vous osé le crucifier injustement, et amener dans notre région l'innocent et le juste? et vous avez perdu les mauvais, les impies, et les injustes, de tout le monde. Et comme le prince des enfers parlait à Satan, alors le roi de gloire dit au prince même des enfers Belzébuth : Le prince Satan sera sous votre puissance pendant tous les siècles, substitué à la place d'Adam et de ses enfants mes justes.

XXIV. Et Jésus, étendant sa main, dit : Venez à moi, tous mes saints, qui avez été créés à mon image, qui avez été damnés par le bois, le diable, et la Mort. Vivez par le bois de ma croix, maintenant que le diable prince du monde est damné, et que la Mort est renversée. Alors aussitôt tous les saints de Dieu furent réunis sous la main de Dieu très haut. Mais le Seigneur Jésus, tenant la main d'Adam, lui dit :

Paix à vous avec tous vos enfants mes justes. Or, Adam, se jetant aux genoux du Seigneur Jésus-Christ, le supplia humblement avec larmes, disant d'une voix forte[a] : « Seigneur, je vous exalterai, parceque vous « m'avez reçu, et que vous n'avez pas délecté mes « ennemis sur moi. Seigneur Dieu, j'ai crié à vous, « et vous m'avez guéri, Seigneur. Vous avez retiré « mon ame de l'enfer, vous m'avez sauvé de ceux qui « descendaient dans le lac. Chantez des psaumes au « Seigneur, tous ses saints, et confessez à la mémoire « de sa sainteté. Parceque la colère est dans son in- « dignation, et la vie dans sa volonté. » Et pareillement tous les saints de Dieu, se jetant aux genoux du Seigneur Jésus, dirent d'une voix : Vous êtes arrivé, rédempteur du monde, et vous avez accompli par les faits en ce moment, comme vous avez prédit par la loi et par vos saints prophètes. Vous avez racheté les vivants par votre croix, et par la mort de la croix vous êtes descendu vers nous, pour nous arracher des enfers et de la mort par votre majesté. Seigneur, comme vous avez placé votre croix, le titre de votre gloire, dans le ciel, et vous l'avez érigée le titre de la rédemption sur la terre; de même, Seigneur, placez dans l'enfer le signe de la victoire de votre croix, afin que la Mort ne domine plus. Et le Seigneur Jésus, étendant sa main, fit un signe de croix sur Adam et sur tous ses saints; et, prenant la *main* droite d'Adam, il sortit des enfers. Et tous les saints de Dieu le suivirent. Alors le prophète royal

---

[a] Ps. xxx, v. 1, 2 et 3.

saint David cria fortement disant ᵃ : « Chantez au Sei-
« gneur un cantique nouveau, parcequ'il a fait des
« choses admirables. Sa droite et son saint bras nous
« a sauvés pour lui. Le Seigneur a fait connaître son
« salut, et a révélé sa justice en face des nations. »
Et toute la troupe des saints répondirent disant ᵇ :
« Toute cette gloire est à tous les saints de Dieu. Ainsi
« soit-il. Louez Dieu. » Et après cela le prophète Habacuc s'écria disant ᶜ : « Vous êtes sorti pour le salut
« de votre peuple, pour délivrer vos peuples. » Et tous
les saints répondirent disant ᵈ : Béni soit celui qui vient
au nom du Seigneur, le Seigneur Dieu qui nous a
éclairés. C'est ici notre Dieu à jamais et pour le siècle
du siècle, il nous régira pour les siècles. Ainsi soit-
il. Louez Dieu. Et de même tous les prophètes, rap-
portant des *textes* sacrés de ses louanges, suivaient le
Seigneur.

XXV. Or, le Seigneur, tenant la main d'Adam, la
donna à Michel archange, et tous les saints suivaient
Michel archange, et la grace glorieuse les introduisit
dans le paradis; et deux hommes anciens des jours
vinrent au-devant d'eux; mais étant interrogés par les
saints : Qui êtes-vous, qui n'avez pas encore été avec
nous dans les enfers, et qui avez été placés corpo-
rellement en paradis? un d'eux, répondant, dit : Je
suis Énoch qui ai été transporté par une parole. Et
celui-ci qui est avec moi est Élias thesbite, qui a été
enlevé par un char de feu ᵉ. Ici, et jusqu'à présent,
nous n'avons point éprouvé la mort; mais nous de-

ᵃ Ps. cxlviii, v. 1, 2 et 3. — ᵇ Ps. cxlix, v. 9. — ᶜ Habacuc, iii, v. 13.
— ᵈ Matth., xxiii, v. 39. — ᵉ IV, Reg., ii, v. 11.

vons revenir pour l'avénement du Christ, armés de signes divins et de prodiges pour combattre avec lui et en être tués dans Jérusalem, et, après trois jours et demi[a], vivants derechef, être enlevés dans les nuées.

XXVI. Et comme saint Énoch et Élias disaient ces *paroles*, voici qu'il survient un autre homme très misérable, portant sur ses épaules le signe de la croix. Et lorsque tous les saints le virent, ils lui dirent : Qui êtes-vous? parceque vous avez l'air d'un larron, et pourquoi portez-vous une croix sur vos épaules? Et leur répondant, il dit : Vous avez dit vrai que j'ai été un larron, fesant tous les maux sur la terre. Et les Juifs me crucifièrent avec Jésus; et je vis les merveilles des créatures qui furent faites par la croix du Seigneur Jésus crucifié; et je crus qu'il est le Créateur de toutes les créatures, et le roi tout puissant; et je le priai, disant : Souvenez-vous de moi, Seigneur, lorsque vous serez venu dans votre royaume. Aussitôt, ayant égard à ma prière, il me dit[b] : En vérité, je vous dis, vous serez aujourd'hui avec moi en paradis. Et il me donna ce signe de croix, disant : portez-le, et marchez dans le paradis; et si l'ange[c] gardien du paradis ne vous laisse pas entrer, montrez-lui le signe de croix, et dites-lui que Jésus-Christ fils de Dieu, qui est maintenant crucifié, m'a envoyé à vous. Lorsque j'eus fait cela, je dis toutes ces choses à l'ange gardien du paradis, qui, lorsqu'il me les entendit *dire*, ouvrant aussitôt, il me fit entrer, et me plaça à la droite du paradis, disant : Voilà,

---

[a] Apocal., xi, v. 11. — [b] Luc, xxiii, v. 43. — [c] Gen., iii, v. 24.

tenez-vous un moment là, afin qu'Adam, le père de tout le genre humain, entre avec tous ses fils les saints et les justes du Christ Seigneur crucifié. Lorsqu'ils eurent entendu toutes les paroles du larron, tous les patriarches d'une voix dirent : Vous êtes béni, Dieu tout puissant, père des biens éternels, et père des miséricordes, qui avez donné une telle grace à ses péchés, et l'avez rétabli en grace du paradis, et l'avez placé par une vie spirituelle très sainte dans vos pâturages spirituels et abondants. Ainsi soit-il.

XXVII. Ce sont là les divins et sacrés mystères que nous avons vus et entendus, moi Charinus et Lenthius ; il ne nous est plus permis de raconter les autres mystères de Dieu, comme Michel archange déclarant hautement nous dit : Allant avec mes frères à Jérusalem, vous serez en oraison, criant et glorifiant la résurrection du Seigneur Jésus-Christ, *vous* qu'il a ressuscités avec lui. Et vous ne parlerez avec aucun homme, et vous resterez comme muets jusqu'à ce que l'heure arrive que le Seigneur vous permette de rapporter les mystères de sa divinité. Or Michel archange nous ordonna d'aller au-delà du Jourdain, dans un lieu très bon et abondant, où sont plusieurs qui sont ressuscités en témoignage de la résurrection du Christ : parceque c'est seulement pour trois jours que nous sommes ressuscités des morts, que nous avons été envoyés à Jérusalem pour célébrer la pâque du Seigneur avec nos parents en témoignage du Seigneur Christ, et nous avons été baptisés dans le saint fleuve du Jourdain. Et depuis nous n'avons été vus de personne. Ce sont là les grandes choses que Dieu nous a ordonné de vous rapporter, et donnez-lui louange et confession, et faites pénitence, et il aura pitié de vous. Paix à vous par le Seigneur Dieu Jésus-Christ et Sauveur de tous les nôtres. Ainsi soit-il, ainsi soit-il, ainsi soit-il. Et après qu'en écrivant ils eurent accompli toutes choses, ils écrivirent chaque tôme de papier. Or Charinus donna ce qu'il écrivit dans les mains d'Annas et de Caïphas, et de Gamaliel. Et pareillement Lenthius donna ce qu'il écrivit dans les mains de Nicodème et de Joseph ; et tout d'un coup ils furent transfigurés très blancs [a], et on ne les vit plus. Or leurs écrits se trouvèrent égaux, n'ayant rien, *pas même* une lettre de moins ou de plus. Toute la synagogue des Juifs, entendant tous ces discours admirables de Charinus et de Lenthius, se dirent l'un à l'autre : Véritablement c'est Dieu qui a fait toutes ces choses, et béni soit le Seigneur Jésus dans les siècles des siècles, ainsi soit-il. Et ils sortirent tous avec une grande inquiétude, avec crainte et tremblement, et ils frappèrent leurs poitrines, et chacun se retira chez soi [b]. Toutes ces choses que les Juifs dirent dans leur synagogue, Joseph et Nicodème l'annoncèrent aussitôt au gouverneur; et Pilate écrivit tout ce que les Juifs avaient fait et dit touchant Jésus, et mit toutes ces paroles dans les registres publics de son prétoire.

XXVIII. Après cela Pilate étant entré dans le temple des Juifs, assembla tous les princes des prêtres, et les scribes, et les docteurs de la loi, et il entra avec eux dans le sanctuaire du temple, et ordonna

---

[a] Marc, IX, v. 2. — [b] Act., XXI, v. 6.

que toutes les portes fussent fermées, et il leur dit : Nous avons appris que vous avez une certaine grande bibliothèque dans ce temple, c'est pourquoi je vous prie qu'elle soit présentée devant nous ; et lorsqu'ils eurent apporté cette grande bibliothèque ornée d'or et de pierres précieuses par quatre ministres, Pilate dit à tous : Je vous conjure par le Dieu votre père qui a fait et ordonné que ce temple fût bâti, de ne me point taire la vérité : vous savez tout ce qui est écrit dans cette bibliothèque, mais dites-moi maintenant si vous avez trouvé dans les Écritures que ce Jésus que vous avez crucifié est le fils de Dieu qui doit venir pour le salut du genre humain, et manifestez-moi en combien d'années des temps il devait venir. Étant ainsi conjurés, Annas et Caïphas firent sortir du sanctuaire tous les autres qui étaient avec eux ; et ils fermèrent eux-mêmes les portes du temple et du sanctuaire, et ils dirent à Pilate : Nous sommes conjurés par vous, ô juge ! par l'édification de ce temple, de vous manifester la vérité et la raison. Après que nous avons crucifié Jésus, ignorant qu'il était le fils de Dieu, et pensant qu'il fesait les vertus par quelque enchantement, nous avons fait une grande assemblée dans ce temple. Et conférant l'un avec l'autre les signes des vertus que Jésus avait faites, nous avons trouvé plusieurs témoins de notre race qui ont dit qu'ils l'ont vu vivant après la passion de sa mort, et nous avons vu deux témoins dont Jésus a ressuscité les corps d'entre les morts, qui nous ont annoncé plusieurs merveilles que Jésus a faites chez les morts, que nous avons écrites entre nos mains. Et c'est notre coutume que chaque année ouvrant cette sainte bibliothèque devant notre synagogue, nous cherchons le témoignage de Dieu, et nous avons trouvé dans le premier livre des *Septante*, où Michel archange parla au troisième fils d'Adam le premier homme, de cinq mille cinq cents ans dans lesquels devait venir du ciel le très aimé fils de Dieu le Christ, et nous avons encore considéré que peut-être il est le Dieu d'Israël qui dit à Moïse[a] : « Faites-vous une arche du « *Testament* de la longueur de deux coudées et de-« mie, de la hauteur d'une coudée et demie, de la « largeur d'une coudée et demie. » Dans ces cinq coudées et demie, nous avons compris et nous avons connu dans la fabrique de l'arche du vieux *Testament*, que dans cinq mille ans et demi Jésus-Christ devait venir dans l'arche de son corps; et ainsi nos Écritures attestent qu'il est le fils de Dieu, et le Seigneur, et le roi d'Israël, parcequ'après sa passion, nous princes des prêtres, admirant les signes qui se fesaient à cause de lui, nous avons ouvert cette bibliothèque, examinant toutes les générations jusqu'à la génération de Joseph et de Marie, mère de Jésus, pensant qu'il était de la race de David; nous avons trouvé ce que fit le Seigneur, et quand il fit le ciel et la terre, et Adam le premier homme, jusqu'au déluge, deux mille deux cent et douze ans. Et depuis le déluge jusqu'à Abraham, neuf cent douze ans. Et depuis Abraham jusqu'à Moïse, quatre cent trente ans. Et depuis Moïse jusqu'au roi David, cinq cent dix ans. Et depuis David jusqu'à la transmigration de Baby-

[a] Exod., xxv, v. 10.

lone, cinq cents ans. Et depuis la transmigration de Babylone jusqu'à l'incarnation du Christ, quatre cents ans. Et ils font ensemble cinq mille et demi[a]; et ainsi il apparaît que Jésus que nous avons crucifié est Jésus-Christ fils de Dieu, vrai Dieu, et tout puissant. Ainsi soit-il.

Pour rendre ce recueil plus intéressant, nous joindrons ici deux Lettres et une Relation de Pilate à l'empereur Tibère; et nous finirons par les Actes de Pierre et de Paul que nous avons promis dans l'avant-propos [1].

DEUX LETTRES[2]
DE PILATE A L'EMPEREUR TIBÈRE.

LETTRE PREMIÈRE.
PONCE PILATE SALUE CLAUDE[b].

Il arriva dernièrement, et je l'ai moi-même prouvé, que les Juifs par envie se punirent, ainsi que leurs descendants, par une cruelle condamnation. Comme il avait été promis à leurs pères que Dieu leur enverrait du ciel son saint qui serait à juste titre appelé

---

[a] De 5500, il s'en manque 536; l'addition ne donne que 4964.
[1] Page 341. B.
[2] Voyez ma note, page 359. B.
[b] Tibère avait ce nom, parcequ'il était de la famille patricienne Claudia. (Sueton., ch. 1 et xlii, in ejus vita.)

leur *roi*, et qu'il leur avait promis de l'envoyer sur terre par une vierge ; et comme le Dieu des Hébreux l'avait envoyé en Judée lorsque j'en étais gouverneur, voyant qu'il avait rendu la vue aux aveugles, purifié les lépreux, guéri les paralytiques, chassé les démons des possédés, même ressuscité des morts, commandé aux vents, marché à pied sec sur les eaux de la mer, et fait plusieurs autres miracles, tout le peuple des Juifs disait qu'il était fils de Dieu ; mais les princes des Juifs prirent envie contre lui, s'en saisirent, me le livrèrent, et le chargèrent de fausses accusations, m'assurant qu'il était magicien, et qu'il agissait contre la loi. Je crus que cela était ainsi, et l'ayant fait flageller, je le leur abandonnai pour en faire ce qu'ils voudraient. Ils le crucifièrent, et mirent des gardes à son tombeau. Mais comme mes soldats le gardaient, il ressuscita le troisième jour ; mais la méchanceté des Juifs en fut si irritée, qu'ils donnèrent de l'argent aux gardes pour leur faire dire que ses disciples avaient enlevé son corps ; mais quoiqu'ils eussent reçu de l'argent, ils ne purent taire ce qui était arrivé ; car ils attestèrent qu'ils l'avaient vu ressusciter, et que les Juifs leur avaient donné de l'argent. C'est pourquoi je vous l'ai écrit, de peur que quelqu'un ne le rapporte autrement, et ne croie devoir ajouter foi aux mensonges des Juifs.

LETTRE II.

PILATE SALUE TIBÈRE CÉSAR.

Je vous ai nettement déclaré dans ma dernière lettre que, par le complot du peuple, Jésus-Christ avait enfin subi un cruel supplice, comme malgré moi, et sans que j'aie osé m'y opposer. Aucun âge n'a certainement vu ni ne verra un homme si pieux et si sincère; mais ce qu'il y a d'étonnant dans cet acharnement du peuple, et cet accord de tous les scribes et vieillards, c'est que leurs prophètes, ainsi que nos sibylles, ont prédit le crucifiement de cet interprète de la vérité, et les signes surnaturels qui ont paru, tandis qu'il était en croix, et qui ont fait craindre la ruine de l'univers, de l'aveu des philosophes. Ses disciples, loin de démentir leur maître par leurs œuvres, et la continence de leur vie, font au contraire beaucoup de bien en son nom. Si je n'avais pas craint la sédition du peuple qui était prête à éclater, peut-être ce gentilhomme vivrait encore *parmi* nous; mais suivant moins ma volonté, que me laissant entraîner par la foi de votre grandeur, je n'ai pas résisté de toutes mes forces pour *empêcher* que le sang du juste, exempt de toute accusation, ne fût livré et répandu pour assouvir la cruelle méchanceté des hommes (comme les Écritures l'expliquent). Portez-vous bien. Le quatre des nones d'avril[a].

[a] C'est-à-dire le premier.

RELATION
DU GOUVERNEUR PILATE[1],

TOUCHANT JÉSUS-CHRIST NOTRE SEIGNEUR, ENVOYÉE A L'EMPEREUR TIBÈRE, QUI ÉTAIT A ROME[a].

Lorsque notre Seigneur Jésus-Christ eut souffert la mort sous Ponce Pilate, gouverneur de la province de Palestine et de Phénicie, ces *Actes* furent composés à Jérusalem, *sur ce* que les Juifs firent contre le Seigneur ; mais Pilate, de sa province, en envoya à Rome une copie à l'empereur en ces termes :

« Au très puissant, très auguste, et invincible empereur Tibère, Pilate, gouverneur de l'Orient.

« Je suis obligé, très puissant empereur, quoique saisi de crainte et de terreur, de vous apprendre par ces lettres ce qu'un tumulte a causé dernièrement, d'où je prévois ce qui peut arriver par la suite. A Jérusalem, ville de cette province où je préside, toute la multitude des Juifs m'a livré un homme nommé Jésus, et l'a dit coupable de plusieurs crimes, sans pouvoir le prouver par de solides raisons. Ils s'accordèrent cependant tous à dire que Jésus avait enseigné qu'il ne fallait pas observer le sabbat ; car il en a guéri plusieurs ce jour-là, a rendu la vue aux aveugles, la faculté de marcher aux boiteux, a ressuscité des morts,

---

[1] Voyez ma note, page 359. B.
[a] N° 2493 des Manuscrits de Colbert.

purifié des lépreux, fortifié des paralytiques qui étaient si débiles, qu'il ne leur restait plus aucune force du corps ou des nerfs. Non seulement d'une seule parole il a rendu à tous ces malades l'usage de la voix, de l'ouïe, et la faculté de marcher et de courir; mais il a fait quelque chose de plus grand, et que nos dieux ne peuvent faire : il a ressuscité un mort de quatre jours d'une seule parole, et seulement en l'appelant par son nom ; et le voyant dans le tombeau, déjà rongé de vers, et puant comme un chien, il lui ordonna de courir; de sorte qu'il ressemblait moins à un mort qu'à un époux sortant du lit nuptial, tout parfumé : et ceux qui avaient l'esprit aliéné, étaient possédés des démons, et se tenaient dans les déserts comme des bêtes féroces, et se nourrissaient avec les serpents, il les a rendus doux et tranquilles, et d'une seule parole les a fait revenir à eux, habiter de nouveau les villes, parmi des hommes nobles, qui, ayant tout leur esprit et toutes leurs forces, mangeassent avec eux, et les vissent combattre en ennemis les démons pernicieux dont ils avaient été tourmentés. Il y avait un homme qui avait une main sèche, ou plutôt la moitié du corps comme changée en pierre, et qui, à force de maigreur, avait à peine la forme d'homme : il l'a aussi guéri, et lui a rendu la santé d'une seule parole. De même une femme ayant une perte de sang, les veines et les artères épuisées, tenant à peine aux os, elle ressemblait à une morte, avait perdu la voix, et les médecins de cet endroit n'y pouvaient apporter aucun remède. Comme Jesus passait, ayant repris des forces par son ombre, elle toucha en secret la frange de sa robe par derrière, et à la même heure elle fut remplie de sang, et délivrée de son mal; ce qu'étant fait, elle courut bien vite dans sa ville de Capharnaüm, et put faire le chemin en six jours. Or, je vous ai rapporté ces miracles de Jésus, plus grands que ceux des dieux que nous adorons, comme ils se sont d'abord présentés à ma mémoire. Hérode, Archélaüs, Philippe, Annas, et Caïphas, avec tout le peuple, me le livrèrent, ayant excité contre moi un grand tumulte à son sujet. J'ordonnai donc qu'après avoir été flagellé, il fût mis en croix, quoique je n'eusse trouvé en lui aucune cause de maléfices et de crimes; mais aussitôt qu'il fut crucifié, les ténèbres couvrirent toute la terre, le soleil s'étant obscurci en plein midi, et les astres paraissant; tandis qu'au milieu des étoiles, la lune, loin de briller, était comme teinte de sang et éclipsée. Alors tout l'ornement des choses terrestres était enseveli; de sorte qu'à cause de l'épaisseur des ténèbres, les Juifs ne pouvaient pas même voir ce qu'ils appellent leur sanctuaire; mais on entendait le bruit de la terre qui s'ouvrait, et des foudres qui éclataient. Au milieu de cette terreur, des morts ressuscités se firent voir, comme les Juifs eux-mêmes qui en furent témoins, l'affirmèrent. *On vit* entre autres Abraham, Isaac, Jacob, les douze patriarches, Moïse, et Jean, dont une partie était morte, comme ils disent, il y avait plus de trois mille et cinq cents ans; et plusieurs qu'ils avaient connus pendant leur vie, pleuraient la guerre qui les menaçait à cause de leur impiété, et plaignaient le renversement des Juifs et de leur loi. Le tremblement de terre dura depuis la sixième heure du jour de la préparation jusqu'à la neuvième; mais le premier jour de la semaine étant arrivé, on entendit un bruit du ciel le matin, et le ciel parut sept fois plus lumineux que les autres jours. Le troisième jour de la nuit, le soleil parut brillant d'une clarté incomparable; et, comme les éclairs brillent tout-à-coup dans une tempête, de même des hommes, vêtus d'une robe brillante et d'une grande gloire, apparurent avec une multitude innombrable qui criait, et disait, d'une voix comme d'un fort tonnerre : « Le Christ crucifié est ressuscité! » Et ceux qui avaient été en servitude sous terre, dans les enfers, revinrent à la vie, la terre s'étant aussi fort ouverte que si elle n'avait point eu de fondements; de sorte que les eaux mêmes paraissaient sous l'abîme, tandis que des esprits célestes, ayant pris un corps, venaient au-devant de plusieurs morts qui étaient ressuscités : mais Jésus, qui avait ressuscité tous les morts, et qui avait enchaîné les enfers : Dites aux disciples, dit-il, qu'il vous précédera en Galilée; c'est là que vous le verrez. Au reste, cette lumière ne cessa point d'éclairer pendant toute la nuit; mais un grand nombre de Juifs furent engloutis dans l'ouverture de la terre; de sorte que le lendemain il manquait plusieurs des Juifs qui avaient parlé contre le Christ. Les autres virent des fantômes, tels qu'aucun de nous n'en a jamais vu; et il ne subsista pas à Jérusalem une seule synagogue des Juifs; car elles furent toutes renversées. Au reste, les soldats qui gardaient le sépulcre de Jésus, effrayés de la présence de l'ange, s'en allèrent tout hors d'eux-mêmes par l'excès de la crainte et de la terreur. Ce sont là les choses que j'ai vues se passer de mon temps; et, fesant le rapport à votre puissance de tout ce que les Juifs ont fait, avec Jésus, Seigneur, je l'ai envoyé à votre divinité. »

Lorsque ces lettres furent arrivées à Rome, et qu'on en eut fait la lecture, plusieurs qui étaient dans la ville étaient tout étonnés que l'injustice de Pilate, les ténèbres, et les tremblements de terre, eussent affligé toute la terre. C'est pourquoi l'empereur, rempli d'indignation, ayant envoyé des soldats, se fit amener Pilate enchaîné.

EXTRAIT DE JEAN D'ANTIOCHE[a].

Pendant la jeunesse de Néron Auguste, l'administration de la république était entre les mains de Sénèque et de Burrhus. Cependant Néron s'appliquait aux études de la philosophie, et, entre autres, s'informait de Jésus, qu'il croyait certainement être encore vivant. Mais lorsqu'il eut appris que les Juifs l'avaient mis en croix, il en fut si irrité, qu'il se fit amener les pontifes Annas et Caïphas, avec Pilate, enchaînés, et les questionna sur tout ce qui s'était passé dans son jugement. Annas et Caïphas dirent que, pour eux, ils l'avaient jugé suivant leurs lois, et qu'ils n'avaient en rien péché contre la majesté du prince, et que tout s'était passé à la volonté du gouverneur Pilate. Ce qu'ayant entendu, Néron mit Pilate en prison, mais renvoya Annas et Caïphas sans leur faire aucun mal.

---

[a] In excerptis Peiresc., page 809.

Et peu de temps après, il fit passer Pilate au fil de l'épée, parcequ'il avait osé punir de mort un si grand homme sans l'autorité du prince. Après cela, Néron fit élever Pierre en croix, et décapiter Paul.

RELATION DE MARCEL[1].

Des choses merveilleuses, et des actes des bienheureux apôtres Pierre et Paul, et des arts magiques de Simon le magicien.

Lorsque Paul fut venu à Rome, tous les Juifs s'assemblèrent auprès de lui, disant : Défendez notre foi dans laquelle vous êtes né, car il n'est pas juste que vous qui êtes Hébreu, venant des Hébreux, vous vous déclariez le maître des Gentils, et que, devenu le défenseur des incirconcis, vous qui êtes circoncis, vous anéantissiez la foi de la circoncision. Lors donc que vous verrez Pierre, entreprenez de disputer contre lui, parcequ'il a anéanti toute l'observation de notre loi; il a retranché le sabbat et les néoménies[2], et supprimé toutes les fêtes établies par les lois. Paul leur répondit : Vous pourrez éprouver ici que je suis Juif, et vrai Juif, puisque vous pourrez voir que j'observe véritablement le sabbat et la circoncision. Car le jour du sabbat, Dieu se reposa de ses œuvres. Nous avons les pères, et les patriarches, et la loi. Que prêche de tel Pierre dans le royaume des Gentils? Mais si par hasard il veut introduire quelque nouvelle doctrine, sans trouble, sans envie, et sans bruit, annoncez-lui que nous nous voyions, et je le convain-

---

[1] Voyez ma note, page 359. B.
[2] Nouvelles lunes.

crai en votre présence. Que si par hasard sa doctrine est munie d'un véritable témoignage, et des livres des Hébreux, il est convenable que nous lui obéissions tous. Comme Paul tenait ces discours, et autres semblables, les Juifs allèrent vers Pierre, et lui dirent : Paul vient des Hébreux, il vous prie de venir vers lui, parceque ceux qui l'ont amené disent qu'ils ne peuvent pas lui permettre de voir qui il veut, avant qu'ils le présentent à César. Pierre, entendant ces choses, en eut une grande joie, et se levant aussitôt, il alla vers lui. En se voyant ils pleurèrent de joie, et se tenant très long-temps embrassés, ils se mouillèrent réciproquement de leurs larmes. Et lorsque Paul lui eut rendu compte de toutes ses affaires, et que Pierre lui eut dit quelles embûches lui dressait Simon le magicien, Pierre se retira sur le soir, pour revenir le lendemain matin.

A peine le jour commençait avec l'aurore, que voilà Pierre qui arrive à la porte de Paul, où il trouva une multitude de Juifs. Or, il y avait une grande altercation entre les Juifs, les Chrétiens, et les Gentils. Car les Juifs disaient : Nous sommes la race choisie, royale, des amis de Dieu, Abraham, Isaac, et Jacob, et de tous les prophètes avec lesquels Dieu a parlé, auxquels Dieu a montré ses secrets; mais vous, Gentils, vous n'avez rien de grand dans votre race, si ce n'est dans les idoles, et, souillés par vos figures taillées, vous avez été exécrables. A ces choses, et autres semblables que disaient les Juifs, les Gentils répondaient, disant : Pour nous, aussitôt que nous avons entendu la vérité, nous avons abandonné nos erreurs, et nous l'avons suivie; mais vous, qui avez vu les vertus de vos pères, les sectes, et les signes des prophètes, et avez reçu la loi, et avez passé la mer à pied sec, et avez vu vos ennemis abaissés, et une colonne vous a apparu dans le ciel pendant le jour, et du feu pendant la nuit, et la manne vous a été donnée du ciel, et les eaux ont coulé pour vous de la pierre; et après toutes ces choses vous vous êtes fait l'idole d'un veau, et vous avez adoré une figure taillée; mais nous, sans voir aucun signe, nous avons cru ce Seigneur que vous avez abandonné sans croire en lui. Comme ils disputaient sur ces choses, et autres semblables, l'apôtre Paul leur dit qu'ils ne devaient point avoir ces disputes entre eux, mais plutôt faire attention que le Seigneur avait accompli ses promesses, qu'il avait juré à Abraham notre père que, dans sa race, toutes les nations deviendraient son héritage; car il n'y a point d'acception de personnes auprès du Seigneur; que quiconque aurait péché sous la loi serait jugé selon la loi, et que ceux qui auraient erré sans la loi, périraient sans la loi; car il y a tant de sainteté dans les sens humains, que la nature loue les bonnes choses, et punit les mauvaises, tandis qu'elle punit jusqu'aux pensées qui s'accusent entre elles, ou récompense celles qui s'excusent.

Comme Paul disait ces choses, et autres semblables, il arriva que les Juifs et les Gentils furent apaisés; mais les princes des Juifs insistaient. Or, Pierre dit à ceux qui le reprenaient de ce qu'il interdisait leurs synagogues: Mes frères, écoutez le Saint-Esprit, qui promit au patriarche David qu'il mettrait sur son siége du fruit de son ventre. C'est donc celui à qui le Père dit *du haut* des cieux : Vous êtes mon Fils, je vous ai engendré aujourd'hui. C'est celui que les princes des prêtres ont crucifié par envie ; mais pour qu'il accomplît la rédemption nécessaire au siècle, il a permis qu'on lui fît souffrir toutes ces choses, afin que, de même que de la côte d'Adam fut formée Ève, de même, du côté du Christ mis en croix, fût formée l'Église qui n'eût ni tache, ni ride. Dieu a ouvert cette entrée à tous les fils d'Abraham, d'Isaac, et de Jacob, afin qu'ils soient dans la foi de l'Église, et non dans l'infidélité de la synagogue. Convertissez-vous donc, et entrez dans la joie d'Abraham votre père, parceque, ce qu'il lui a promis, il l'a accompli ; aussi le prophète chante-t-il : Le Seigneur a juré, et il ne s'en repentira pas, vous êtes prêtre pour toujours, selon l'ordre de Melchisédech. Car il a été fait prêtre sur la croix, lorsqu'étant hostie, il a offert le sacrifice de son corps et de son sang pour tout le siècle. Pierre et Paul disant ces choses, et autres semblables, la plus grande partie des peuples crut : et il y en eut peu qui, avec une foi feinte, ne pouvaient cependant négliger ouvertement leurs avis ou leurs préceptes. Or, les principaux de la synagogue et les pontifes des gentils voyant que, par leur prédication, leur fin en particulier approchait, ils firent en sorte que leur discours excitât le murmure du peuple ; d'où il arriva qu'ils firent paraître Simon le magicien devant Néron, et qu'ils les accusèrent. Car tandis que des peuples innombrables se convertissaient au Seigneur par la prédication de Pierre, il arriva que Livie, femme de Néron, et que la femme du gouverneur Agrippa, nommée Agrippine, se convertirent aussi, et se retirèrent d'auprès de leurs maris. Or, par la prédication de Paul, plusieurs abandonnant la milice, s'attachaient au Seigneur, de sorte qu'ils venaient même à lui de la chambre du roi; et étant chrétiens, ils ne voulurent retourner ni à la milice, ni au palais. De là Simon, irrité par le murmure séditieux des peuples, se mit à dire beaucoup de mal de Pierre, disant qu'il était un magicien et un séducteur. Or, ceux qui admiraient ses signes le croyaient; car il fesait qu'un serpent d'airain se mouvait, courait et paraissait tout-à-coup dans l'air. Au contraire, Pierre guérissait les malades par la parole, rendait la vue aux aveugles en priant, fesait fuir les démons à son ordre, et cependant ressuscitait les morts mêmes. Or, il disait au peuple non seulement de fuir sa séduction, mais encore de l'abandonner, de peur qu'ils ne parussent s'accorder avec le diable. Ainsi il arriva que tous les hommes religieux, ayant Simon en exécration, l'abandonnèrent comme un magicien scélérat, et vantèrent Pierre dans les louanges du Seigneur. Au contraire, tous les scélérats, les railleurs, les séducteurs, et les méchants, s'attachèrent à Simon, en quittant Pierre comme magicien, ce qu'ils étaient eux-mêmes, puisqu'ils disaient que Simon était dieu. Et ce discours vint jusqu'à Néron César, et il ordonna que Simon le magicien entrât vers lui; lequel, étant entré, commença à se tenir debout devant Néron, et à changer tout-à-coup de figure, de sorte qu'il devenait d'abord enfant, et ensuite vieillard, et à une autre heure, jeune homme. Il changeait de sexe et d'âge, et prenait successivement plusieurs figures par le ministère du diable. Ce que voyant Néron, il pensait qu'il était le véritable fils de Dieu : mais l'apôtre Pierre enseignait qu'il était voleur, menteur, magicien, vilain scélérat, et dans toutes les choses qui sont de Dieu, adversaire de la vérité; et qu'il ne restait plus rien qu'à faire connaître, par l'ordre de Dieu, son iniquité devant tout le monde. Alors Simon, étant entré vers Néron, dit : Écoutez-moi, bon empereur; je suis le fils de Dieu qui suis descendu du ciel : jusqu'à présent, je souffrais Pierre qui se dit apôtre; mais à présent le mal est doublé; car l'on dit que Paul, qui enseigne aussi les mêmes choses, et qui pense contre moi, prêche avec lui : ce qu'il y a de certain, c'est que si vous ne pensez pas à les faire mourir, votre royaume ne pourra pas subsister.

Alors Néron, agité d'inquiétude, ordonna qu'on les lui amenât promptement. Or, le lendemain, comme Simon le magicien, et les apôtres de Christ, Pierre et Paul, furent entrés vers Néron, Simon dit : Ce sont là les disciples de ce Nazaréen, qui n'ont pas tant de bonheur que d'être du peuple des Juifs. Néron dit : Qu'est-ce que le Nazaréen? Simon dit : Il y a une ville dans la Judée qui a toujours fait contre vous; elle s'appelle Nazareth, et leur maître en était. Néron dit : Dieu avertit tout homme et le chérit. Pourquoi les persécutez-vous? Simon dit : C'est cette race d'hommes qui ont détourné toute la Judée de me croire. Néron dit à Pierre : Pourquoi êtes-vous si perfides, comme votre race? Alors Pierre dit à Simon : Vous en avez pu imposer à tous, mais jamais à moi ; et ceux que vous aviez trompés, Dieu les a retirés par moi de votre erreur ; et puisque vous avez éprouvé que vous ne pouvez me surpasser, j'admire de quel front vous vous vantez, en présence du roi, de surpasser par votre art magique les disciples de Jésus-Christ. Néron dit : Quel est le Christ ? Pierre dit : Celui-là est le Christ, qui a été crucifié pour la rédemption du monde ; et ce Simon le magicien affirme que c'est lui qui l'est ; mais il est un homme très méchant, et ses œuvres sont diaboliques. Or, si vous voulez savoir, ô empereur ! ce qui s'est passé en Judée touchant le Christ, envoyez, et prenez les lettres de Ponce Pilate, adressées à Claude César ; et ainsi vous connaîtrez toutes choses. Néron ayant entendu cela, les fit prendre et lire en sa présence. Or, le texte de l'Écriture était de cette manière :

PONCE PILATE SALUE CLAUDE[1], etc.

Et lorsque la lettre eut été lue, Néron dit : Dites-moi, Pierre, est-ce ainsi que toutes choses ont été faites par lui ? Pierre dit : Oui, je ne vous trompe pas, bon empereur. Ce Simon, plein de mensonges et environné de tromperies, pense être aussi ce que Dieu est, quoiqu'il soit un homme très méchant. Or, il y a dans le Christ les deux substances de Dieu et de l'homme ; de l'homme qu'a pris cette majesté incompréhensible, qui par l'homme a daigné subvenir aux hommes : mais dans ce Simon, il y a les deux sub-

---

[1] Voyez cette Lettre de Ponce Pilate, page 477. B.

stances de l'homme et du diable, qui par l'homme tâche d'embarrasser les hommes[a]. Simon dit : Je vous admire, ô empereur, que vous regardiez comme de quelque conséquence cet homme ignorant, pécheur, très menteur, qui n'est remarquable ni par la parole, ni par sa famille, ni par quelque puissance. Mais, pour ne pas souffrir plus long-temps cet ennemi, je vais commander à mes anges qu'ils viennent, et me vengent de lui. Pierre dit : Je ne crains pas vos anges, mais eux pourront me craindre dans la vertu, et dans la confiance de mon Seigneur Jésus-Christ, que vous prétendez faussement être. Néron dit : Pierre, vous ne craignez pas Simon, qui affirme sa divinité par des effets ! Pierre dit : La divinité est dans celui qui sonde les secrets des cœurs ; si donc la divinité est en lui, qu'il me dise maintenant ce que je pense ou ce que je fais. Avant qu'il devine ma pensée, je vais vous la dire à l'oreille, afin qu'il n'ose pas mentir ce que je pense. Néron dit : Dites-moi qu'est-ce que vous pensez? Pierre dit : Ordonnez que l'on m'apporte un pain d'orge, et qu'on me le donne en cachette. Et lorsqu'il eut ordonné qu'on l'apportât, et qu'on le donnât à Pierre, ayant pris le pain, Pierre le rompit, le cacha sous sa manche, et dit : Qu'il dise maintenant ce que j'ai pensé, ce qu'on a dit, ou ce qu'on a

---

[a] Hégésippe, l. III, ch. II, *De Bello judaico, et urbis Hierosolimitanæ excidio*, et Abdias, ch. XVI, *Apostol. Histor.*, avant de rapporter l'aventure des chiens et du pain d'orge, racontent comment Pierre, par la prière, ressuscita, au nom de Jésus-Christ, un jeune homme, noble et parent de César, après que Simon eut en vain tâché de le faire revivre par ses enchantements. Le mort avait paru remuer la tête; mais Pierre le fit parler, marcher, et le rendit vivant à sa mère.

fait. Néron dit : Voulez-vous donc que je croie, parceque Simon n'ignore pas ces choses, lui qui a ressuscité un mort, et qui, ayant été décollé, s'est représenté après le troisième jour, et a fait tout ce qu'il avait dit qu'il ferait? Pierre dit : Mais il ne l'a pas fait devant moi. Néron dit : Il a fait toutes ces choses en ma présence, car il a dit à ses anges de venir à lui, et ils sont venus. Pierre dit : Donc il a fait ce qui est très grand, pourquoi ne fait-il pas ce qui est moindre? Qu'il dise ce que j'ai pensé, et ce que j'ai fait. Néron dit : Que dites-vous, Simon? Je ne saurais être d'accord entre vous. Simon dit : Que Pierre dise ce que je pense. Pierre répondit : Je vous ferai voir que je sais ce que pense Simon, pourvu que je fasse ce qu'il aura pensé. Simon dit : Sachez cela, ô empereur! que personne ne connaît les pensées des hommes, sinon Dieu seul. Pierre dit : Vous donc qui dites que vous êtes fils de Dieu, dites ce que je pense; exprimez, si vous pouvez, ce que je viens de faire en cachette. Car Pierre avait béni le pain d'orge qu'il avait reçu, et l'avait rompu, et l'avait mis dans sa manche droite et gauche. Alors Simon, indigné de ce qu'il ne pouvait pas dire le secret de l'apôtre, s'écria, disant : Que des grands chiens s'avancent et le dévorent en présence de César! et sur-le-champ parurent des chiens d'une grandeur étonnante, et ils s'élancèrent contre Pierre. Or Pierre, étendant les mains pour prier, montra aux chiens le pain qu'il avait béni. Et les chiens ne l'eurent pas plus tôt vu, qu'ils disparurent tout-à-coup. Alors Pierre dit à Néron : Voilà que je vous ai montré que je sais ce qu'a pensé Simon, non par des paroles, mais par des faits; car ayant promis qu'il ferait venir contre moi des anges, il n'a fait paraître que des chiens, afin qu'il montrât qu'il n'avait pas des anges de Dieu, mais de chien. Alors Néron dit à Simon : Qu'est-ce que c'est, Simon ? nous sommes vaincus, je pense. Simon dit : Il m'a fait ces choses dans la Judée, dans toute la Palestine, et dans la Césarée, et en combattant souvent avec moi, c'est pourquoi il dit que cela lui est contraire; il dit donc cela pour m'échapper. Car, comme j'ai dit, personne ne connaît les pensées des hommes que Dieu seul. Et Pierre dit à Simon : Certes vous mentez en vous disant dieu; pourquoi donc ne manifestez-vous pas les pensées de chacun ? Alors Néron s'étant tourné vers Paul, dit ainsi : Paul, pourquoi ne dites-vous rien ? Paul dit : Sachez cela, César, parceque si vous laissez ce magicien faire de si grandes choses, il en arrivera un plus grand mal à votre patrie, et il fera déchoir votre royaume de son état. Néron dit à Simon : Que dites-vous, Simon ? Simon répondit : Si je ne démontre pas ouvertement que je suis dieu, personne ne me rendra la vénération qui m'est due. Néron dit : Et pourquoi différez-vous, et ne montrez-vous pas que vous êtes dieu, afin que ceux-ci soient punis ? Simon dit : Ordonnez que l'on me fasse une tour élevée de bois, et je monterai dessus, et j'appellerai mes anges : et je leur ordonnerai qu'à la vue de tout le monde ils me portent au ciel vers mon père. Comme ceux-ci ne pourront pas le faire, vous éprouverez qu'ils sont des hommes ignorants. Or Néron dit à Pierre : Avez-vous entendu, Pierre, ce que Simon a dit? de là il apparaîtra quelle grande vertu il a, ou lui ou votre Dieu. Pierre répondit à cela : Très bon empereur, si vous vouliez, vous pouviez le comprendre, parcequ'il est plein du démon. L'empereur Néron dit: Que me faites-vous chercher des détours de paroles? Le jour de demain vous éprouvera. Simon dit : Vous croyez, bon empereur, que je suis magicien, puisque j'ai été mort, et je suis ressuscité. Car le perfide Simon avait fait par son prestige, qu'il avait dit à Néron : Ordonnez que l'on me décolle dans l'obscurité, et que l'on m'y laisse, après m'avoir tué; et si je ne ressuscite pas le troisième jour, sachez que j'étais un magicien; mais si je ressuscite, sachez que je suis le fils de Dieu. Et comme Néron avait ordonné que cela se fît dans l'obscurité, il fit, par son art magique, qu'un bélier fut décollé, lequel bélier parut être Simon pendant le temps qu'on le décollait. Ayant été décollé dans l'obscurité, lorsque celui qui l'avait décollé eut examiné et porté sa tête à la lumière, il trouva que c'était une tête de bélier; mais il n'en voulut rien dire au roi, de peur de se découvrir ; car on lui avait ordonné de faire cela en cachette. C'était donc de là que Simon disait qu'il était ressuscité le troisième jour, parcequ'il avait enlevé la tête et les membres du bélier, et le sang y était figé; et le troisième jour il se montra à Néron, et dit: Faites essuyer mon sang qui a été répandu, parceque voilà que j'avais été décollé, et que je suis ressuscité le troisième jour, comme je l'ai promis. Lors donc que Néron eut dit: Le jour de demain vous éprouvera, s'étant tourné vers Paul, il dit : Vous, Paul, pourquoi ne dites-vous rien, ou qui vous a enseigné, ou quel maître avez-vous eu, ou comment avez-vous enseigné dans les villes, ou quels disciples avez-vous formés par votre doctrine? car je pense que vous n'avez aucune sagesse, et que vous ne pouvez opérer aucune vertu. A cela Paul répondit : Pensez-vous que je doive parler contre un homme perfide, et un magicien désespéré, un enchanteur qui a destiné son ame à la mort, et à qui le trépas et la perdition arriveront bientôt, qui feint d'être ce qu'il n'est pas, et par l'art magique fait illusion aux hommes pour leur perdition ? Si vous voulez écouter ses paroles, vous perdrez peut-être votre ame et votre empire, car cet homme est très méchant. Et comme les magiciens d'Égypte, Jannès et Mambrès, qui entraînèrent Pharaon et son armée dans l'erreur jusqu'à ce qu'ils fussent engloutis dans la mer, de même celui-ci persuade les hommes par la science du diable son père, et fait plusieurs maux par la nécromancie, et d'autres maux s'il y en a chez les hommes, et en séduit ainsi plusieurs qui ne se tiennent point sur leurs gardes, pour la perdition de votre empire. Mais moi, voyant répandre la parole du diable par cet homme, j'agis avec le Saint-Esprit, par les gémissements de mon cœur, afin qu'il puisse bientôt paraître ce qu'il est; car autant qu'il pense s'élever vers les cieux, autant il sera englouti dans le plus profond de l'enfer, où il y a des pleurs, et le grincement des dents. Or, quant à la doctrine de mon maître sur laquelle vous m'avez interrogé, il n'y a que ceux qui y apportent un cœur pur qui la comprennent; car je n'ai enseigné que ce qui regarde la paix et la charité, et j'ai accompli la parole de paix par le circuit depuis Jérusalem jusqu'en Illyrie, et j'ai surtout enseigné que les hommes se chérissent. J'ai enseigné qu'ils se préviennent réciproquement d'honneur. J'ai enseigné aux grands et aux riches de ne pas s'élever, et de ne pas espérer en l'incertain des richesses, mais de mettre en Dieu leur espérance. J'ai enseigné aux médiocres à être contents de la vie et du vêtement. J'ai enseigné aux pauvres à se réjouir dans leur indigence. J'ai enseigné aux pères à enseigner à leurs fils la discipline de la crainte du Seigneur. J'ai enseigné aux fils à obéir à leurs parents, et à leurs avis salutaires. J'ai enseigné à ceux qui ont des possessions, à payer les impôts aux ministres de la république. J'ai enseigné aux femmes à chérir leurs maris, et à les craindre comme leurs seigneurs. J'ai enseigné aux hommes à garder la foi à leurs épouses, comme ils veulent qu'elles leur gardent la pudeur en toutes manières; car ce qu'un mari punit dans une épouse adultère, le Seigneur, père et créateur des choses, le punit dans un mari adultère. J'ai enseigné aux maîtres qu'ils traitent leurs serviteurs plus doucement. J'ai enseigné aux serviteurs qu'ils servent leurs maîtres fidèlement, et comme Dieu. J'ai enseigné aux Églises des croyants à adorer un Dieu tout puissant et invisible. Or, cette doctrine ne m'a pas été donnée des hommes, ni par quelque homme, mais par Jésus-Christ, et par le Père de gloire, qui m'a parlé du ciel; et tandis que mon Seigneur Jésus-Christ m'envoyait pour la prédication, il me dit : Allez, et je serai avec vous, et tout ce que vous direz ou ferez je le justifierai. Néron ayant entendu ces choses, fut interdit, et s'étant tourné vers Pierre, il dit : Et vous, que dites-vous? Pierre dit : Toutes les choses que Paul a dites sont vraies, car il y a quelques années que j'ai reçu des lettres de nos évêques qui sont dans tout l'empire romain, et ils m'ont écrit des lettres de presque toutes les villes touchant ses actions; car comme il était persécuteur de la loi du Christ, une voix l'a appelé du ciel, et lui a enseigné la vérité, parcequ'il n'était pas ennemi de notre foi par envie, mais par ignorance. Car il y a eu avant nous de faux christs comme est Simon; il y a eu de faux apôtres, il y a eu de faux prophètes qui, venant contre les livres sacrés, se sont appliqués à détruire la vérité; et il était nécessaire d'agir contre eux; mais celui-ci qui, dès son enfance, ne s'était appliqué à autre chose qu'à examiner les mystères de la loi divine dans lesquels il avait appris cela, d'où il était le défenseur de la vérité, et le persécuteur de la fausseté, parceque sa persécution ne se fesait pas par émulation, mais pour défendre la loi; la vérité ellemême lui a parlé du ciel, lui disant : Je suis Jésus de Nazareth, que vous persécutez; cessez de me persécuter, parceque je suis la vérité même pour laquelle vous paraissez combattre. Ayant donc connu que cela était ainsi, il abandonna ce qu'il défendait, et il commença à défendre ce sentier du Christ qu'il poursuivait, qui est la véritable voie pour ceux qui marchent purement, la vérité pour ceux qui ne trompent point, et la vie éternelle pour ceux qui croient. Simon dit : Bon empereur, comprenez leur conspiration, ils sont sages contre moi. Pierre dit : Il n'y a aucune vérité en vous, ennemi de la vérité; mais c'est du seul mensonge que vous dites et que vous faites toutes ces choses. Néron dit : Et vous Paul, que dites-vous? Paul répondit : Croyez ce que vous avez entendu dire à Pierre et à moi, car nous avons un seul sentiment, parceque nous avons un seul Seigneur Jésus-Christ. Simon dit: Pensez-vous, ô empereur, que j'aie une dispute avec eux, qui ont fait un complot contre moi? Et s'étant tourné vers les apôtres, il dit: Écoutez, Pierre et Paul; si je ne puis rien faire ici avec vous, nous viendrons où il faut que vous me jugiez. Paul répondit : Bon empereur, voyez quelles menaces il nous fait. Et Pierre dit : Pourquoi ne vous riez-vous pas d'un homme vain et d'une tête aliénée qui, joué par les démons, pense ne pouvoir pas se manifester? Simon répondit: Je vous pardonne maintenant, jusqu'à ce que je montre ma vertu. A cela Pierre répondit : Si Simon ne voit la vertu de Christ notre Jésus-Christ, il ne croira pas qu'il n'est pas le Christ. Simon dit: Très sacré empereur, gardez-vous de les croire, parceque ce sont eux qui sont circoncis, et qui circoncisent. A cela Paul répondit: Pour nous, avant que nous connussions la vérité, nous avons gardé la circoncision de la chair; mais dès que la vérité nous a apparu, c'est de la circoncision du cœur que nous sommes circoncis, et que nous circoncisons. Et Pierre dit à Simon : Si la circoncision est mauvaise, pourquoi êtes-vous circoncis? L'empereur dit: Simon est-il donc aussi circoncis? Pierre répondit: Il ne pouvait pas autrement tromper les ames, s'il n'eût pas fait semblant d'être Juif, et n'eût montré qu'il enseignait la loi de Dieu. L'empereur dit : Vous, Simon, comme je vois, vous êtes conduit par le zèle, c'est pourquoi vous les poursuivez. Car il y a, comme je vois, un grand zèle entre vous et leur Christ, et je crains que vous ne soyez convaincu par eux, et que vous ne paraissiez détruit par de grands maux. Simon dit : Êtes-vous séduit, ô empereur? Néron dit : Qu'est-ce que c'est, êtes-vous séduit? Ce que je vois en vous, je le dis, que vous êtes l'adversaire évident de Pierre et de Paul, et de leur maître. Simon répondit : Le Christ n'a pas été le maître de Paul. Paul répondit : Celui qui a enseigné Pierre, m'a instruit par révélation; car parcequ'il nous accuse d'être circoncis, qu'il dise maintenant pourquoi il est lui-même circoncis. A cela Simon répondit : Pourquoi m'interrogez-vous là-dessus? Paul dit : C'est la raison que nous vous interrogions. L'empereur dit : Pourquoi craignez-vous de leur répondre? Simon dit : Je suis circoncis, moi, parceque la circoncision était commandée de Dieu dans le temps que je la reçus. Paul dit : Avez-vous entendu, empereur, ce qu'a dit Simon? Si donc la circoncision est bonne, pourquoi avez-vous trahi les circoncis, et les avez-vous obligés d'être tués précipitamment? L'empereur dit : Mais je ne pense pas bien de vous. Pierre et Paul dirent : Que vous pensiez bien ou mal de nous, cela ne fait rien à la chose; car il faudra nécessairement que ce que notre maître nous a promis se fasse. L'empereur dit : Et si je ne veux pas, moi? Pierre dit : Ce n'est pas ce que vous voudrez, mais ce qu'il nous a promis. Simon répondit : Bon empereur, ces hommes ont abusé de votre clémence, et vous ont mis dans leur parti. Néron dit : Mais vous ne m'avez pas encore rassuré sur votre compte. Simon répondit : Je suis surpris qu'après que je vous ai fait voir de si grandes choses, et de tels signes, vous paraissiez encore douter. L'empereur répondit : Je ne doute ni ne crois à aucun de vous, mais répondez-moi plutôt à ce que je vous demande. Simon dit : Je ne vous réponds rien à présent. L'empereur dit : Vous dites cela parceque vous mentez. Et si je ne puis rien vous faire, Dieu qui est puissant le fera. Simon dit : Je ne vous répondrai plus. L'empereur dit : Et moi, je ne vous compterai plus pour quelque chose, car, comme je le sens, vous êtes trompeur en tout. Mais à quoi bon plus de *discours?* Vous m'avez fait voir tous trois votre esprit indécis, et vous m'avez rendu si incertain en toutes choses que je ne trouve pas à qui je puisse croire. A cela Pierre répondit : Pour moi, je suis Juif de nation, et je prêche toutes ces choses que j'ai apprises de mon maître, afin que vous croyiez qu'il y a un Dieu, père invisible et incompréhensible et immense, et un notre Seigneur Jésus-Christ, sauveur et créateur de toutes choses. Nous annonçons au genre humain *celui* qui a fait le ciel et la terre, la mer et toutes les choses qui y sont, qui est le véritable roi, et son règne n'aura point de fin. Et Paul dit : Ce qu'il a dit, je le confesse semblablement, d'autant qu'il n'y a point de salut par un autre, sinon par Jésus-Christ. L'empereur dit : Qui est le roi Christ? Paul répondit : Le Sauveur de toutes les nations. Simon dit : Je suis celui que vous dites; et sachez, Pierre et Paul, qu'il ne vous arrivera pas ce que vous desirez, que je vous trouve dignes du martyre. Pierre et Paul dirent : Que ce que nous desirons nous arrive, et puissiez-vous, Simon, magicien et plein d'amertume, n'être jamais bien, parceque dans tout ce que vous dites vous mentez ! Simon dit : Écoutez-moi, César Néron, afin que vous sachiez qu'eux sont des faussaires, et que moi j'ai été envoyé du ciel ; le jour de demain j'irai aux cieux, et je rendrai heureux ceux qui croient en moi ; et je montrerai ma colère contre ceux-là qui ont osé me nier. Pierre et Paul dirent : Dieu nous appela autrefois à sa gloire, mais vous êtes appelé maintenant par le diable, vous courez aux tourments. Simon dit : César Néron, écoutez-moi. Séparez ces insensés de vous, afin que lorsque je serai venu vers mon père dans les cieux, je puisse vous être favorable. L'empereur dit : Et d'où prouvons-nous cela, que vous allez au ciel ? Simon dit : Ordonnez que l'on fasse une tour élevée de bois et de grandes poutres, et qu'on la place dans le Champ-de-Mars, afin que j'y monte ; et lorsque j'y serai monté, je commanderai à mes anges qu'ils descendent du ciel vers moi, et qu'ils me portent dans le ciel vers mon père, afin que vous sachiez que j'ai été envoyé du ciel. Car ils ne peuvent pas venir à moi sur la terre entre les pécheurs. L'empereur Néron dit : Je veux voir si vous accomplirez ce que vous dites. Simon répondit : Ordonnez donc que cela se fasse au plus vite afin que vous voyiez.

Alors Néron fit faire une tour élevée dans le Champ-de-Mars, et ordonna que tous les peuples et toutes les dignités s'assemblassent à ce spectacle. Or, le lendemain, l'empereur Néron, avec le sénat et les chevaliers romains, et tout le peuple, vinrent dans le Champ-de-Mars au spectacle; et, lorsque tous furent venus, l'empereur ordonna que Pierre et Paul fussent présents dans toute cette assemblée; et comme ils eurent aussitôt été amenés devant lui, il leur dit: La vérité va maintenant paraître. Pierre et Paul dirent: Ce n'est pas nous qui le démasquons, mais le Seigneur Jésus-Christ fils de Dieu, qu'il a dit faussement qu'il était lui-même. Et Paul, s'étant tourné vers Pierre, dit: C'est à moi à prier Dieu à genoux, c'est à vous à ordonner, si vous voyez Simon entreprendre quelque chose, parceque vous avez été élu le premier par le Seigneur. Et s'étant mis à genoux, Paul priait devant tout le peuple; mais Pierre regarda Simon, disant: Commencez ce que vous avez entrepris; car le moment approche que vous allez être découvert, et que nous allons être appelés de ce siècle; car je vois le Christ qui m'appelle et Paul aussi. Néron dit: Et où irez-vous contre ma volonté? Pierre répondit: Où le Seigneur nous appellera. Néron dit: Et quel est votre Seigneur? Pierre répondit: Le Seigneur Jésus-Christ que je vois, qui nous appelle. Néron dit: Et irez-vous au ciel? Pierre répondit: Nous irons où il plaira à celui qui nous appelle. A cela Simon répondit: Afin que vous sachiez, ô empereur! qu'ils sont des trompeurs, bientôt, quand je serai monté aux cieux, je vous enverrai mes anges, et je vous ferai venir à moi. L'empereur dit: Faites donc comme vous avez parlé[a]. Alors Simon monta dans la tour devant tout le monde, les mains étendues, couronné de lauriers, et commença à voler. Néron l'ayant vu, dit ainsi à Pierre : Ce Simon est véritable ; mais vous et Paul êtes des séducteurs ; et Pierre lui dit : Sans tarder vous saurez que nous sommes de véritables disciples du Christ, et que lui n'est pas le Christ, mais un magicien et un enchanteur. L'empereur dit : Persévérez-vous encore dans votre mensonge ? Voilà que vous le voyez pénétrer jusque dans le ciel. Alors Pierre dit à Paul : Paul, levez la tête et voyez ; et lorsque Paul eut élevé la tête pleine de larmes, et qu'il eut vu Simon voler, il dit ainsi : Pierre, que tardez-vous ? Achevez ce que vous avez commencé ; car notre Seigneur Jésus-Christ nous appelle maintenant ; et Néron, les entendant, dit en souriant : Ils voient déjà qu'ils sont vaincus ; ils sont actuellement en délire. Pierre répondit : Vous allez éprouver que nous ne sommes pas en délire. Paul dit à Pierre : Faites au plus vite ce que vous devez faire ; et regardant contre Simon, Pierre dit : Je vous conjure, anges de Satan, qui le portez dans les airs pour tromper les cœurs des hommes infidèles, par Dieu, créateur de toutes choses, et par Jésus-Christ, que dès cette heure vous ne le portiez plus, mais que vous l'abandonniez ; et ayant été lâché tout-à-coup[b], il tomba dans l'endroit qui s'ap-

---

[a] Hégésippe et Abdias disent qu'il monta sur le mont Capitolin, et que s'élançant d'un rocher il commença à voler.

[b] Abdias dit que les ailes qu'il avait prises s'étant embarrassées, il tomba, se brisa tout le corps, s'estropia les cuisses, et expira dans ce lieu même quelques heures après ; au contraire, Arnobe, l. II, *adversus gentes*,

pelle la Voie sacrée; et s'étant partagé en quatre parts, il assembla quatre cailloux en un, qui servent encore de témoignage à la victoire des apôtres, jusqu'aujourd'hui. Alors Paul leva la tête au bruit qu'il fit en se brisant, et dit : Nous vous rendons graces, Seigneur Jésus-Christ, qui nous avez exaucés, et avez démasqué Simon le magicien, et avez prouvé que nous sommes vos disciples dans la vérité. Alors Néron, plein d'une grande colère, fit mettre Pierre et Paul dans les chaînes; et, pour le corps de Simon, il le fit soigneusement garder trois jours et trois nuits, pensant qu'il ressusciterait le troisième jour; et Pierre lui dit : Vous vous trompez, ô empereur! il ne ressuscitera pas, parcequ'il est véritablement mort, et condamné à la peine éternelle. Néron lui répondit : Qui vous a permis de commettre un tel crime? Pierre répondit : Son obstination; et, si vous le comprenez, c'est un grand avantage pour lui qu'il soit péri, pour ne plus multiplier de si grands blasphèmes contre Dieu, qui aggraveraient son supplice. Néron dit : Vous m'avez rendu l'esprit suspect; c'est pourquoi, par un mauvais exemple, je vous perdrai. Pierre répondit : Ce n'est pas ce que vous voulez, mais ce qui nous a été promis, qui doit nécessairement s'accomplir. Alors Néron, rempli de colère, dit à son préfet Agrippa : Il faut perdre misérablement ces hommes irréligieux; c'est pourquoi, les ayant liés de chaînes

---

rapporte que son char et ses quatre chevaux de feu s'étant dissipés, il tomba par son propre poids, se brisa les cuisses, et qu'ayant été porté à Brindes, de douleur et de honte il se précipita une seconde fois du haut d'un bâtiment.

de fer, faites-les périr dans le bassin où se donne le combat naval; car il faut que tous les hommes de cette sorte périssent misérablement. Le préfet Agrippa dit[a] : Très sacré empereur, vous ne les faites pas punir par un exemple convenable. Néron dit : Pourquoi n'est-il pas convenable? Agrippa dit : Parceque Paul paraît innocent. Pierre, qui est coupable d'un homicide, doit souffrir une peine amère. Néron dit : De quel exemple périront-ils donc? Agrippa dit : A ce qu'il me semble, il est juste que Paul, irréligieux, ait la tête tranchée, et Pierre, qui de plus a commis un homicide, faites-le élever en croix. Néron dit : Vous avez très bien jugé; et, sur-le-champ, Pierre et Paul furent amenés en la présence de Néron. Paul fut décollé dans la voie d'Ostie; mais Pierre étant venu vers sa croix, dit : Parceque mon Seigneur Jésus-Christ est descendu du ciel en terre, il a été élevé sur une croix droite; mais moi que ma croix daigne appeler de la terre au ciel, ma tête doit être près de la terre, et mes pieds dirigés vers le ciel; donc, parceque je ne suis pas digne d'être en croix comme mon Seigneur, tournez ma croix, et crucifiez-moi la tête en bas; mais eux tournèrent la croix, et attachèrent ses pieds en haut, et ses mains en bas. Or, il s'assembla en ce lieu une multitude innombrable de peuple qui maudissaient César Néron, qui étaient si pleins de fureur, qu'ils voulaient brûler Néron lui-même; mais Pierre les empêchait, disant : Gardez-

---

[a] Lin, *de Passione Petri*, ajoute une autre cause du supplice de l'apôtre: c'est qu'il avait détourné les épouses d'Agrippa, d'Albin, et de quelques autres grands, de l'amour conjugal envers leurs maris.

vous bien, mes petits enfants, gardez-vous bien de faire cela; mais écoutez plutôt ce que je m'en vais vous dire; car il y a peu de jours qu'à la sollicitation des frères, je m'éloignai d'ici, et mon Seigneur Jésus-Christ me rencontra en chemin à la porte de cette ville, et je l'adorai, et lui dis : Seigneur, où allez-vous? Et il me dit : Suivez-moi, parceque je vais à Rome être crucifié une seconde fois; et, pendant que je le suivais, je revins à Rome, et il me dit : Ne craignez point, parceque je suis avec vous, jusqu'à ce que je vous introduise dans la maison de mon père; c'est pourquoi, mes petits enfants, gardez-vous bien d'empêcher mon voyage; mes pieds marchent déjà dans la voie du ciel. Ne vous chagrinez point; mais réjouissez-vous avec moi, parceque j'obtiens aujourd'hui le fruit de mes travaux; et après qu'il eut dit ces *paroles*, il dit : Je vous rends graces, bon pasteur, parceque les brebis que vous m'avez données ont compassion de moi. Je vous demande qu'elles participent avec moi à votre grace. Je vous recommande les brebis que vous m'avez confiées, afin qu'elles ne sentent pas qu'elles sont sans moi, en vous ayant, et je vous prie qu'elles soient toujours protégées par votre secours, Seigneur Jésus-Christ, par qui j'ai pu gouverner ce troupeau; et disant cela, il rendit l'esprit. Aussitôt y apparurent de saints hommes que jamais personne n'avait vus auparavant, et qu'ils ne purent voir depuis; car ils disaient que c'était à cause d'eux qu'ils étaient arrivés de Jérusalem; et de compagnie avec Marcel, homme illustre, qui avait cru, et qui, laissant Simon, avait suivi Pierre, ils enlevèrent son corps en cachette, et le mirent vers le Térébinthe auprès du canal où se donne le combat naval, dans le lieu qui s'appelle le Vatican. Or, ces hommes qui dirent qu'ils étaient arrivés de Jérusalem, dirent au peuple : Réjouissez-vous, et tressaillez de joie, parceque vous avez mérité d'avoir de grands patrons, et des amis de notre Seigneur Jésus-Christ. Or, sachez que ce Néron très méchant, après la mort des apôtres, ne pourra garder le royaume.

Or, il arriva après cela que Néron encourut la haine de son armée, et la haine du peuple romain, de sorte qu'ils résolurent de lui couper enfin le cou publiquement, jusqu'à ce qu'il fût mort, et expirât. Ayant eu vent de ce complot, il fut saisi d'un tremblement et d'une crainte insupportable, de sorte qu'il s'enfuit, et ne parut plus depuis. Il y en eut aussi qui disaient que comme il errait dans les forêts en fuyant, il était mort de froid et de faim, et avait été dévoré par les loups. Or, comme les Grecs enlevaient les corps des saints apôtres Pierre et Paul, pour les porter en Orient, il survint un grand tremblement de terre, et le peuple romain courut, et ils les arrêtèrent vers le lieu que l'on nomme Catacombe, dans la voie Appienne au troisième mille, et les corps y furent gardés un an et sept mois, jusqu'à ce qu'on eût préparé les lieux où leurs corps furent mis; et c'est là qu'ils sont considérés avec l'honneur et la révérence convenables, et par les louanges des hymnes; et le corps du très heureux Pierre fut mis dans le Vatican du combat naval, et celui de saint Paul dans la voie d'Ostie au second mille, où reçoivent les bienfaits de leurs prières ceux qui les demandent assidûment et fidèlement, pour la louange et la gloire de notre Seigneur Jésus-Christ, qui vit et règne dans les siècles des siècles. Ainsi soit-il.

Moi, Marcel, disciple de mon maître l'apôtre Pierre, j'ai écrit ce que j'ai vu.

Les curieux trouveront encore beaucoup d'autres pièces dans Fabricius, Grabius, Cotelerius, etc. On a cru que celles-ci suffisaient au grand nombre des lecteurs, que les savants ont toujours trop négligés.

FIN

DU TOME NEUVIÈME DES MÉLANGES.

TABLE

DES MATIÈRES DU NEUVIÈME VOLUME
DES MÉLANGES.

L'A, B, C, ou DIALOGUES ENTRE A, B, C, traduit de l'anglais de M. Huet. 1769. — PREMIER ENTRETIEN. Sur Hobbes, Grotius, et Montesquieu. Page 1
SECOND ENTRETIEN. Sur l'ame. 25
TROISIÈME ENTRETIEN. Si l'homme est né méchant et enfant du diable. 30
QUATRIÈME ENTRETIEN. De la loi naturelle, et de la curiosité. 43
CINQUIÈME ENTRETIEN. Des manières de perdre et de garder sa liberté, et de la théocratie. 49
SIXIÈME ENTRETIEN. Des trois gouvernements, et mille erreurs anciennes. 56
SEPTIÈME ENTRETIEN. Que l'Europe moderne vaut mieux que l'Europe ancienne. 61
HUITIÈME ENTRETIEN. Des serfs de corps. 66
NEUVIÈME ENTRETIEN. Des esprits serfs. 72
DIXIÈME ENTRETIEN. Sur la religion. 77
ONZIÈME ENTRETIEN. Du droit de la guerre. 86
DOUZIÈME ENTRETIEN. Du code de la perfidie. 97
TREIZIÈME ENTRETIEN. Des lois fondamentales. 103
QUATORZIÈME ENTRETIEN. Que tout état doit être indépendant. 108
QUINZIÈME ENTRETIEN. De la meilleure législation. 113
SEIZIÈME ENTRETIEN. Des abus. 117
DIX-SEPTIÈME ENTRETIEN. Sur des choses curieuses. 120
LETTRE ANONYME écrite à M. DE VOLTAIRE, et la RÉPONSE. 1769.—
AVERTISSEMENT du nouvel Éditeur. 138
Lettre écrite du Bas-Dauphiné, le 1er février 1769. 139
RÉPONSE de M. de Voltaire. 146
Lettre à M. de Voltaire, au sujet de l'ex-jésuite Nonotte, du 7 février 1769. 158
OBSERVATION IMPORTANTE. 162
CANONISATION DE SAINT CUCUFIN. La canonisation de saint Cucufin, frère d'Ascoli, par le pape Clément XIII, et son apparition au

sieur Aveline, bourgeois de Troyes, mise en lumière par le sieur Aveline lui-même. A Troyes, chez monsieur ou madame Oudot, 1767. 164
Saints à faire, 171. — Canonisation de saint Cucufin, 174. — Manière de servir les saints, 176. — Apparition de saint Cucufin au sieur Aveline, 178.

LETTRES a M. l'abbé Foucher, de l'académie des belles-lettres. 1769. —
   Avertissement du nouvel Éditeur. 182
   Première lettre, 183. — Deuxième lettre, 187. — Troisième lettre, 190

DISCOURS DE L'EMPEREUR JULIEN contre les Chrétiens, traduit par M. le marquis d'Argens ; avec de nouvelles notes de divers auteurs. 1769. — Avis au lecteur. 194
   Préface du nouvel Éditeur. 195
   Portrait de l'empereur Julien, tiré de l'auteur du *Militaire philosophe*. 197
   Examen du Discours de l'empereur Julien, contre la secte des Galiléens. 206
   Discours de l'empereur Julien, traduit par M. le marquis d'Argens. 209
   Supplément au Discours de Julien, par l'auteur du *Militaire philosophe*. 292

CINQUIÈME HOMÉLIE, prononcée à Londres, dans une assemblée particulière, le jour de Pâques. 1769. 298

LE CRI DES NATIONS. 1769. 310
   Des annates, 311. — Des dispenses, 312. — De la bulle *In cœna Domini*, 313. — Des juges délégués par Rome, 315. — Quelle peut être la cause de toutes ces prétentions, *ibid*. — Fraudes dont on s'est appuyé pour autoriser une domination injuste, 317. — De l'indépendance des souverains, 318. — Des royaumes donnés par les papes, *ibid*. — Nouvelles preuves du droit de disposer de tous les royaumes, prétendu par les papes, 320.

COLLECTION D'ANCIENS ÉVANGILES, ou Monuments du premier siècle du christianisme. Extrait de Fabricius, Grabius, et autres savants, par l'abbé B***. 1769. — Avertissement du nouvel Éditeur. 326
   Avant-propos. 327
   Notice et Fragments de cinquante Évangiles. 342
   I. Évangile d'André, apôtre, 345. — II. Évangile d'Apelles, *ibid*. — III. Évangile des douze apôtres, *ibid*. — IV. Évangile de Barnabé, *ibid*. — V. Évangile de Barthélemi, apôtre, *ibid*. — VI. Évangile des Basilides, 346. — VII. Évangile de Cérinthe, *ibid*. — VIII. Histoire de la famille du Christ, trouvée sous l'empereur Justinien, *ibid*. —

TABLE DES MATIÈRES.

IX. Histoire des Desposynes sur la généalogie du Christ, *ibid.* — X. Évangile des Ébionites, 347. — XI. Évangile selon les Égyptiens, 348. — XII. Évangile des Encratites, 349. — XIII. Évangile de l'enfance du Christ, *ibid.* — XIV. Évangile éternel, 351. — XV. Évangile d'Ève, *ibid.* — XVI. Évangile des gnostiques, *ibid.* — XVII. Évangile selon les Hébreux, 352. — XVIII. Évangile d'Hesychius, ou Hesyque, *ibid.* — XIX. Protévangile de Jacques-le-Mineur, *ibid.* — XX. Évangile de Jean, du trépas de sainte Marie, 353. — XXI. Évangile de Jude Iscarioth, *ibid.* — XXII. Évangile de Jude Thaddée, *ibid.* — XXIII. Évangile de Leucius, *ibid.* — XXIV. Évangile de Lucianus, *ibid.* — XXV, XXVI, XXVII. Évangile des Manichéens, 354. — XXVIII. Évangile de Marcion, *ibid.* — XXIX, XXX, XXXI. Trois livres de la naissance de sainte Marie, 355. — XXXII. Livre de sainte Marie et de sa sage-femme, *ibid.* — XXXIII, XXXIV. Interrogations de Marie grandes et petites, *ibid.* — XXXV. Livre du trépas de Marie, *ibid.* — XXXVI. Évangile hébreu de saint Matthieu dont se servaient les Nazaréens, *ibid.* — XXXVII. Évangile de Mathias, 356. — XXXVIII. Évangile de Nicodème, *ibid.* — XXXIX. Évangile de Paul, 357. — XL. Évangile de la perfection, *ibid.* — XLI. Évangile de Philippe, *ibid.* — XLII. Évangile de Pierre, apôtre, 358. — XLIII. Livre de la naissance du Sauveur, *ibid.* — XLIV. Évangile des Simoniens, *ibid.* — XLV. Évangile selon les Syriens, *ibid.* — XLVI. Évangile de Tatien, *ibid.* — XLVII. Évangile de Thaddée, *ibid.* — XLVIII. Évangile de Thomas, *ibid.* — XLIX. Évangile de Valentin, 359. — L. Évangile vivant, *ibid.*

ÉVANGILE DE LA NAISSANCE DE MARIE. 359

PROTÉVANGILE attribué à Jacques, surnommé le Juste, frère du Seigneur. 371

ÉVANGILE DE L'ENFANCE DU CHRIST. 390

ÉVANGILE DE L'ENFANCE. 394

ÉVANGILE DU DISCIPLE NICODÈME, de la passion et de la résurrection de notre maître et sauveur Jésus-Christ. 432

DEUX LETTRES DE PILATE A L'EMPEREUR TIBÈRE. Première lettre. 477
Lettre II. 478

RELATION DU GOUVERNEUR PILATE, touchant Jésus-Christ notre seigneur envoyée à l'empereur Tibère qui était à Rome. 480

EXTRAIT de Jean d'Antioche. 484

RELATION DE MARCEL. Des choses merveilleuses, et des actes des bienheureux apôtres Pierre et Paul, et des arts magiques de Simon le magicien. 485

FIN DE LA TABLE.

www.ingramcontent.com/pod-product-compliance
Lightning Source LLC
Chambersburg PA
CBHW071703230426
43670CB00008B/899